中国传统"和"文化研究

Study on Chinese Traditional Culture of "He"

杨文霞◎著

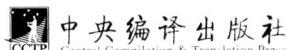

国家社会科学基金后期资助项目（项目批准号：12FZX013）

国家社科基金后期资助项目
出版说明

　　后期资助项目是国家社科基金设立的一类重要项目，旨在鼓励广大社科研究者潜心治学，支持基础研究多出优秀成果。它是经过严格评审，从接近完成的科研成果中遴选立项的。为扩大后期资助项目的影响，更好地推动学术发展，促进成果转化，全国哲学社会科学规划办公室按照"统一设计、统一标识、统一版式、形成系列"的总体要求，组织出版国家社科基金后期资助项目成果。

全国哲学社会科学规划办公室

序

新中国成立60多年、特别是改革开放30多年以来，我国社会主义现代化建设事业取得了举世瞩目的伟大成就，现在我国人均GDP已经达到6000多美元，已成为世界第二大经济体，综合国力增强，人民生活水平提高。中国在世界范围内社会主义处于低潮的情况下，举起了中国特色社会主义旗帜，开辟了中国特色社会主义道路，形成了中国特色社会主义理论。但是，我们面临的问题、矛盾也是十分尖锐和突出的，为此党中央提出了贯彻落实科学发展观和建设社会主义和谐社会等一系列的战略方针和举措，在实践中不断推进马克思主义中国化的进程，不断丰富和发展中国特色社会主义理论。任何理论的提出和发展都必须立足于现实实践、回答现实问题，但这种立足、这种回答都不是从一张白纸开始的，而是在继承前人成果及资料基础上进行的。推进马克思主义中国化进程和丰富发展中国特色社会主义理论也好，建设中国社会主义和谐文化与和谐社会也好，都是如此。这其中就包含了继承和弘扬我国传统的优秀文化。"中国传统'和'文化研究"这个论题显然是在关注现实问题，是在响应党中央的号召。因此，该论题所具有的现实意义和理论意义是显而易见的，既在实践上有利于建设社会主义和谐社会，也在理论上有利于推进社会主义和谐文化建设及其相关学术研究。

作者围绕"中国传统'和'文化研究"这个论题，设置了中国传统"和"文化探源、中国传统"和"文化产生和发展的特定社会条件和历史背景、中国传统"和"文化的魅力、中国传统"和"文化的隐忧、中国传统"和"文化需要进行现代转化、中国传统"和"文化现代转化的目标这六章。在"探源"这章中，考察了"和"字的起源，"和"字字形、语义的变迁，还对其他相关文字的字源学、语义学探源进行了考察；接着，作者从"和"是宇宙间事物存在与发展过程中的基本状态之一、

"和"是事物存在与发展的条件、"和"是一种理解和处理问题的思维方法、"和"是一种美这四个方面论述了我国古代"和"的基本内涵与价值，让读者对我国古代"和"文化有一个粗略的概念或了解。继而作者从中国古代的地理环境、中国古代的生产方式和经济形式、中国古代的整体性思维方式、中国古代的家国同构的社会结构、中国古代重视道德伦理的民族习俗、中国古代德治的政治传统等方面论述了中国传统"和"文化产生和发展的特定社会条件和历史背景；接着作者全面地深入地论述与分析了中国传统"和"文化的主要内容，展示了中国传统"和"文化的魅力，论述了自然的和谐、人与自然的和谐、人的身心和谐、人与社会的和谐、国家与国家之间的和谐等方面。在充分地全面地肯定和展示我国古代"和"文化的魅力之后，作者又从在"和"的宗旨下丧失基本原则，高扬"家和"旗帜下对于爱情的忽视、对于女性的压制以及父母对子女的"统治"，贵和的社会心理加剧了古代中国对法制的轻视三个方面，尖锐、犀利地揭示了中国传统"和"文化的隐忧。作者最后讨论了中国传统"和"文化的现代转化问题，以期在新的时代继续向世人展示中国"和"文化的独特魅力。可以看出，整本书章节相扣，由浅入深，由表及里，思路清晰，结构合理，逻辑严谨。

　　该书资料翔实，内容丰富。在对中国"和"字的字源学、语义学进行探源考察的时候，考察了甲骨文、金文中的"和"字；在考察"和"字语义变迁的时候，引用了中国早期的著名典籍《尚书》、《国语》、《礼记》、《易经》、《管子》、《春秋左传》、《周礼》等典籍。在对其他相关文字进行字源学、语义学探源的时候，考察了德、合（和合、合和）、谐、协（协和、和协）、调、中（中和）、仁、礼等文字的含义、与"和"的思想关联，实际上考察了我国古代"和"文化概念、范畴系统的产生与形成；在考察中国传统"和"文化中的人与自然和谐的时候，论述了儒家的人与自然和谐观、道家的人与自然和谐观、佛家的人与自然和谐观、医家的人与自然和谐观，在这个基础上还提炼与论述了我国古代朴素的可持续发展思想。在论述人的身心和谐时，分别论述了儒家、道家、佛家、医家的有关思想；在讨论人与社会的和谐时，论述了修身——实现人与社会和谐的前提；家和——人与社会和谐的摇篮；仁爱、不争、贵柔、守静、兼爱等——人与社会和谐的润滑剂；提倡和平，反对战争——人与社会和谐的重要保证等方面。

作者在讨论、分析、论述我国"和"文化的过程中，十分重视、非常自觉、也很有成效地运用了马克思主义哲学的立场、观点和方法，特别注意运用唯物史观和唯物辩证法的观点和方法。作者运用唯物史观的社会存在和社会意识相互关系的原理，生产力和生产关系、经济基础和上层建筑（分为观念性上层建筑和政治上层建筑两部分）相互关系原理分析和论述了我国古代"和"文化的形成和发展。作者富有见地地指出，一个国家的地理环境及其影响下的生产力、生产关系、政治制度、社会结构的状况与特点必将影响该国家的思想文化。中国传统的"和"文化的形成与发展也有特定的地理土壤和社会条件，尤其是中国早期所处的地理环境、生产关系、政治制度、社会结构等社会状况与特点，就构成了中国传统"和"文化必然产生与发展的历史因素。特别要指出的是，作者对社会存在的理解除了在归根结底意义上从与思想观念相对立的意义上所理解的物质性的社会存在，还从社会现实意义上把社会存在理解为包括了已经存在的思想观念在内的现实的社会存在。因此，作者在讨论我国古代"和"文化产生和形成的时候，就不仅从物质性的社会存在、生产力、生产关系综合所形成的经济基础对社会意识、思想观念的决定作用的角度进行讨论，也从思想文化所具有的相对独立性和发展过程中的连续性继承性规律性、社会意识各种形式之间的相互作用、思想观念内部相互作用的角度进行了讨论，而且还讨论得很有特色。作者同样运用马克思主义哲学立场、观点和方法，经过对我国古代"和"文化进行了实践的、唯物的、历史的、辩证的、具体的分析之后，充分展示其丰富内容，肯定其历史价值和当代价值，同时又尖锐、犀利地揭示了中国传统"和"文化中的消极成分。作者认为，中国传统"和"文化的产生与发展具有一定的历史条件和社会背景，它以自给自足的自然经济为基础，以重视血缘关系、以家族为本位的宗法社会为社会背景，以礼治、德治的传统为政治支持，在漫长的历史进程中得以不断地丰富与发展。中国传统"和"文化是中国传统文化的重要组成部分，它与中国古代的社会生产活动、社会生产关系、社会制度、社会心理等互动发展，贯穿于中国古代历史。到了近代，由于生产关系、经济基础、政治制度、宗法社会状况等发生了重大改变，作为中国传统文化组成部分的中国传统"和"文化已经发生了某种程度的相应变化。而到了现代，无论是生产关系、经济基础还是政治体制、政治制度、社会状况、文化交流，都出现了加速发展与急剧变革。社会的剧变,更是带来了中国传统文化前所未有的刺激与挑战,面对新时期的社会要求,中国传统"和"文化也不得不作出某种新的变化,以适应新形势的需要。因此,中国传统"和"文化的现代转化是经济基础决定上层建筑这一规律的具体体现,也是社会发展的必然要求。

还应该指出,作者在资料整理能力、理论分析思考能力、用字作文的写作能力等方面都经过了相当的历练,因此,能够在继承、吸收古今中外前人学术成果的基础上,开拓创新,提出自己的见解,整本书充满了新意、新见,有不少章节、段落读起来如行云流水,朗朗上口,引人入胜,扣人心扉。如:作者指出,中国传统"和"文化中所包含的向往和平的社会心理一方面培养了中华民族宽容、包容、温和、善良、仁慈、热情、乐于助人的美好性格;另一方面,也在一定程度上助长了中华民族妥协退让、随遇而安、委曲求全、忍辱负重、竞争意识淡薄、逆来顺受等消极的民族性格。"和事佬"、"好好先生"们的存在虽然也比较常见,但是,他们毕竟是一些个体的人。他们的存在,无论是发挥积极作用也好,还是产生消极影响也罢,其影响范围都比较有限。然而,作为一种民族性格特征之一的忍耐与顺从,对我们整个民族、国家的发展与进步都产生着不可估量的深远影响。作者还进一步指出,在中国传统文化中,与和谐相配套的内容比较多,如:"忍耐"、坚韧、包容、宽容、包涵……在中国历史上,有一个大家庭比较有名,全家上百口人,几世同堂生活了很长时间,当人们请教这家主人翁有何秘诀妙方来维持这个大家庭的时候,这家主人翁只说了一个字——忍。也难怪,"忍"在中国传统文化中的市场这么大,都是对"和谐"的过分强调给逼的。作者还引申出了一个很有新意的论断,认为,因而与中国传统"和"文化相配套的是"忍"文化的兴盛与发达,此论很有学术价值。还有,"高扬'家和'旗帜下对于爱情的忽视、对于女性的压制以及父母对子女的'统治'"这个标题,对家和的消极方面揭示得多么淋漓尽致啊。在论及封建社会中男女婚姻的消极方面时,作者设置了这样一个标题:以夫妻之间的恩情而不是爱情来维系婚姻的和谐,恩情与爱情一字之差,却揭示得十分深刻。

传统文化在当代应该实现现代转化,前人已有论及,但推广到"和"文化上则是作者的创见。作者说,在我国现代化进程中,包括

"和"文化在内的中国传统文化既是我们现代化建设可资利用的一笔巨大的精神财富,又是一个颇难跨越的思想障碍。因为一切事物都具有两重性,中国传统"和"文化也不例外。它既有优点,又有缺点,它的长处与弊端杂糅在一起,难分难解。因此,我们必须结合时代的特点与现实的需要,对中国传统"和"文化进行分析与甄别,加以批判地继承、改造、充实与发展,使之就像"凤凰涅槃"一样,在社会主义现代化建设的烈火中获得新生,从而焕发出更大的魅力。接着作者下了很大努力、用了很大篇幅论述了这种转化。作者首先论述了中国传统"和"文化进行现代转化的必要性、中国传统"和"文化进行现代转化的可能性,接着论述了中国传统"和"文化现代转化的指导思想,在论述中国传统"和"文化现代转化的目标时,作者从人与自然之间的和谐——摆正人与自然的关系,建设生态型社会;人自身的和谐——强健体魄,调整心理,塑造身心健康和谐的现代人;家和万事兴——重塑家庭伦理,建立和美家庭;构建和谐社会——加强社会公德建设,创建和谐人际关系;建设和谐世界——缓和国际冲突,促进世界和平五个方面进行了论述。

　　这部分的论述经常妙论连珠,思文并茂。请看,在对家和万事兴的传统"和"文化进行现代转化时,作者发表的观点和议论是,重塑家庭伦理,建立和美家庭:以爱为基,平等互助,彼此忠诚,甘苦与共——夫妻和谐、家庭幸福的重要条件;慈而民主,孝而有度——父母与子女融洽和谐的基本原则;相亲相爱,团结互助——兄弟姐妹之间和谐相处之道。这些观点、思想、提法既继承了我国古代家和文化的精华,又赋予现代韵味,真是体现了既是传统的又是现代的特点。

　　本书当然还存在着不足之处:1. 本书前后文在引文、论述两方面都还存在少量的重复;2. 引文和解释的关系还须作更好的处理:有些引文很长又难懂,但没有翻译和解释,这就增加了读者阅读和理解的困难。有些引文虽长但易懂,却有很长的解释,这就使得内容有累赘的感觉。

　　需要说明的是,中国古代的哲学和文化不是我的专业,我也没有从事过这一专业的学术研究,只是因为我参与主持了科学发展观与和谐社会建设的课题研究,哲学研究所博士后流动站才推荐我做了杨文霞同志的合作导师。合作过程是愉快的。每次讨论的时候,都是杨文霞博士侃侃而谈,我则时不时地提出一些问题和方法论建议。对于"中国传统'和'文化研究"这个论题的研究,杨文霞博士很上心,做了大量的读书笔记，数易其稿，在提高质量方面下了很大工夫，真是皇天不负苦心人、天道酬勤，这本书写得很出色、很优秀。读了真是由衷地感到兴奋，有感而发写了上面这些文字，权且作为评语。现在，该科研成果要付梓成书了，就把上述评语作为序言，以表祝贺。

吴元梁

目 录

绪 论 ··· 1

第一章 中国传统"和"文化探源 ··· 15
    第一节 中国"和"字的字源学、语义学探源 ··················· 17
    第二节 其他相关文字的字源学、语义学探源 ··················· 20
    第三节 中国古代"和"的基本内涵与价值 ······················· 40

**第二章 中国传统"和"文化产生和发展的
            特定社会条件和历史背景** ·· 52
    第一节 中国古代的地理环境及其所决定的
               生产方式与中国传统"和"文化 ······················· 53
    第二节 中国古代的整体性思维方式 ······························· 63
    第三节 中国古代的社会状况 ·· 85
    第四节 中国古代德治的政治传统 ·································· 92

第三章 中国传统"和"文化的魅力 ······································ 103
    第一节 自然的和谐 ·· 103
    第二节 人与自然的和谐 ·· 105
    第三节 人的身心和谐 ··· 118
    第四节 人与社会的和谐 ·· 135
    第五节 国家与国家之间的和谐 ····································· 178
    第六节 音乐的和谐 ·· 180

第四章 中国传统"和"文化的隐忧 ······································ 189
    第一节 在"和"的宗旨下丧失基本原则 ························· 189

第二节　高扬"家和"旗帜下对于爱情的忽视、对于
　　　　　　女性的压制以及父母对子女的"统治" ………… 195
　　第三节　贵和的社会心理加剧了古代中国对法制的轻视 ……… 203

第五章　中国传统"和"文化须进行现代转化 …………………… 210
　　第一节　中国传统"和"文化进行现代转化的必要性 ………… 210
　　第二节　中国传统"和"文化进行现代转化的可能性 ………… 218
　　第三节　中国传统"和"文化现代转化的指导思想 …………… 229

第六章　中国传统"和"文化现代转化的目标 ……………………… 236
　　第一节　人与自然之间的和谐：
　　　　　　摆正人与自然的关系，建设生态型社会 ……………… 236
　　第二节　人自身的和谐：
　　　　　　强健体魄调整心理，塑造身心健康和谐的现代人 …… 242
　　第三节　家和万事兴：重塑家庭伦理，建立和美家庭 ………… 258
　　第四节　构建和谐社会：
　　　　　　加强社会公德建设，创建和谐社会人际关系 ………… 282
　　第五节　建设和谐世界：缓和国际冲突，促进世界和平 ……… 294

结　语 ……………………………………………………………………… 299

参考文献 …………………………………………………………………… 302
索　引 ……………………………………………………………………… 310
后　记 ……………………………………………………………………… 313

绪　论

中华文化是中华民族生生不息、团结奋进的不竭动力。要全面认识祖国传统文化，取其精华，去其糟粕，使之与当代社会相适应、与现代文明相协调，保持民族性，体现时代性。

胡锦涛：《高举中国特色社会主义伟大旗帜 为夺取全面建设小康社会新胜利而奋斗——在中国共产党第十七次全国代表大会上的报告》，北京：人民出版社2007年版，第35页。

中华文化历史悠久，几千年来绵延不断，这在世界文化史上是绝无仅有的。世界上其他各民族、各民族的文化，林林总总，不下几十种、几百种之多，有的曾经雄立于世界辉煌一时，却不久就永远地销声匿迹；有的虽然也经历了不短的时间，最终也免不了烟消云散的结果。在古代历史上，中国文化与希腊文化、印度文化、希伯莱文化并肩而立，同为世界四大文化体系。然而，希伯莱文化早已中断，而现在的印度文化、希腊文化也已经不是原来的面目。而我们中华民族的文化，在数千年漫长的历史中，却始终保持着发展的连贯性，期间虽也曾遭受过外族文化的入侵，却都以自身的博大和包容将外来文化或吸收或改造地消解掉。中华传统文化不仅塑造了中华民族的性格，而且对世界文化的发展也产生过深远的影响。在历史上，包括朝鲜、日本、越南、缅甸等国家都深受其影响，形成所谓的"儒教文化圈"。据现代学者研究考察，17、18世纪的欧洲启蒙思想家曾从中国文化中汲取养料，因此可以说，欧洲历史上的启蒙运动，也曾受到中华文化的影响。在现代，儒学仍在韩国、新加坡、日本继续存在，并在它们的现代化过程中发挥着重要作用。这些都表明，中华民族的传统文化具有强大的生命力。这种内在的强大生命力不但造就了中国在历史上的辉煌成就，而且仍然可以在新的社会条件下发挥其积极作用。

一、现代社会与中国传统"和"文化

在中国传统文化中，有一个重要特色——贵和、重和。在中国传统文化中，做人要做有德之人，平时要修身养性，保持心平气和；家庭呢，经营的需是和睦之家；邻里之间要互相扶持、患难相助；治理国家，要施行德治仁政，以四海升平、国家安定和谐为念；在与外族、外国之间的关系上，反对战争与征伐，讲究睦邻友好，以礼相待，希望周边国家都是友好之邦。这是超越现实功利的形而上的追求，是中国传统文化的重要内容，也体现着中国传统文化的特征。而所有这些方面，都贯穿着一个"和"的理念。当然，这样讲并不是说"和"文化就等于传统文化，而是说"和"文化作为中国传统文化的重要成分，它在中国传统社会中产生过深刻而深远的影响。一方面，中国传统"和"文化所具有的强大的包容性、同化力、内聚力，对中华文明不间断的延续起了无可讳言的积极作用；另一方面，中国传统"和"文化所主张的宽容、"持中"、"中庸"、忍耐等思想又有与现实相妥协的一面，这种文化上的妥协性和忍耐性又在一定程度上削弱了人们积极斗争和开拓进取的精神，对中国科学的进步、对中华民族的发展起了一定的负面影响。

马克思主义认为，人们创造自己的历史，但不能随心所欲，人类只能在历史所提供的条件下展开自由创造的工作。一个民族或者国家，无论她怎样地洒脱、自由，也不可能完全摆脱特定时间和空间所给定的条件，不能抛弃传统，也不可以无视其他民族的进步与发展。可见，马克思主义在对待一个民族或者国家的发展问题时，主张既要继承传统，又需同时参照其他民族的进步与发展进行适当的文化借鉴与吸收。那么，我们就应该针对我国当前社会现实，同时了解国外文明进展状况，既要继承并发扬本民族传统文化中的精华，又要适当学习与借鉴国外进步文化，以推进本民族、本国的社会进步。

今天，改革开放政策的实行以及科学技术的进步，使我国的生产力发展已达到一定的水平，人们的生活水平也有了大幅度的提高；我国的政治、经济、军事、文化、外交等各项事业都出现了一片欣欣向荣的景象。然而，我们在举杯欢庆一个个胜利的时候，却又难以真正地释怀，无法彻底地放松。贫富差别与分配不公所引起的纷争与纠葛、形形色色的暴力与冲突、层出不穷的矿难事故、蠢蠢欲动的恐怖分子、难以排遣的环境污染、高科技诈骗所带来的恐惧与忧愁……不时地打破人们平静祥和的生活，给社会增添了一种不和谐的色彩。科技的创新、生产力的发展、制度的革新、文明的进步给人们解决了许多问题，消除了一些旧有的不和谐的因素；与其同时，社会中却又产生了不少新的难题，出现一些新的不和谐的现象。现在，针对当前我国的现状，党中央不失时机地提出了构建社会主义和谐社会的主张。那么，和谐社会究竟如何构建？在构建和谐社会时如何继承并发扬我国已有的"和"文化资源？如何科学地吸收并借鉴西方文化资源中的合理因素？所有这些问题都要求我们对中国传统"和"文化作进一步的研究与探讨。所以，我们在构建社会主义和谐社会的今天，断不能将我们的传统"和"文化弃如敝履，而是应该对之进行深入地挖掘，客观地评析，精心地培育，使它在新的历史条件下老枝发新芽，并开出芳香四溢的绚丽之花。

从现代文明的角度来看，中国传统文化中存有不少的弊端、缺陷与糟粕，这一点是毋庸置疑的。然而，我们不能因此就否定了中国传统文化的当代价值。尤其是现在，在全球化浪潮中，在世界各国接触日益频繁、中西方文化的对话与交流日益扩大的时候，世界有识之士也日益认识到中国传统文化中那独具特色的深沉博大与包容的精神内涵，那种与自然和谐相处的稳定观念，还有那种爱好和平、追求统一的民族观、世界观，对于这个充满硝烟与战乱纷争世界来说，具有很大的启示。因为虽然各国的文化都处在不断变动之中，但事实上却没有任何一个民族可以完全抛弃自己的文化传统而从头开始；那种脱离文化传统的根基而盲目求变求新的做法，必然会导致悲剧的结果。因此，我们对待自己的传统文化不是如何斩草除根的问题，而是如何适应现代化的要求，对中国传统文化进行必要而恰当的调整与转化的问题。

正如毛泽东所说："今天的中国是历史的中国的一个发展；我们是马克思主义的历史主义者，我们不应当割断历史。从孔夫子到孙中山，我们应当给以总结，承继这一份珍贵的遗产。"[①] 我们不该抛弃传统，抛弃传统就是割断历史，我们应该重新面对自己民族的历史，总结历史发展的经验教训，分析传统文化中的得失利弊，是精华就继承，是糟粕就抛

---

① 毛泽东：《中国共产党在抗日民族战争中的地位》，《毛泽东选集》第二卷，北京：人民出版社1991年版，第533页。

弃。不少国家的学者，都对中国的传统文化寄予很大的希望，我们更不应该妄自菲薄，手里捧着金饭碗去做乞丐。我们应该正确认识和估价我国传统文化，充分发挥其积极作用，努力克服其消极因素，使之为我们的现代化建设做出新的贡献。

任何国家在追求现代化的过程中，都会面临传统与现代的碰撞，甚至还有本国文化与外来文化之间的冲突。在传统与现代的碰撞时，人们不能简单地摒弃传统，而是应该重视传统文化的丰富内涵。英国学者吉登斯曾说："我认为，认识到社会需要传统，这是完全理性和合理的。我们不应该接受世界应该废弃传统的启蒙思想。传统是必需的，而且总是应该坚持，因为它们给生活予连续性并形成生活。"① 任何国家都不能在完全脱离传统文化的基础上建立真正现代化的社会，因为，所有国家的传统又都是针对他们本身的生态以及人文环境的特殊性而产生的，必然有它的优点及长处，不可能轻易言废。中国几千年的文化传统包含了宝贵的遗产，同时也有糟粕，我们必须以非常实际的态度加以分析。同时，在与西方文化进行比较的基础上，取长补短，根据现实社会需要对中国传统文化进行重新整合并创新，以实现中国传统文化的现代转化。"和"文化是中国传统文化中的重要内容，也是极具中华民族特色的文化。在中国漫长的历史上，"和"文化对于中华民族的繁荣和昌盛曾做出过一份贡献，但这并不意味着传统的"和"文化在今天仍然全部适用。所谓有其利必有其弊，中国传统"和"文化在历史上曾发挥过积极作用；但是同时，由于人们对"和"之度没有把握好，使得中国传统的"和"文化也曾对中国产生过一些消极作用和负面影响。

随着全球化浪潮的不断推进，我们通观世界各国发展概况，可以发现一个有趣的现象：一方面，在东方的国家里，因猛烈发展现代化的需要，迫切地向西方学习科学技术；另一方面，却是西方国家面对现代化以后所出现的种种问题，将求助的目光转向东方国家，要求到东方国家来，到中国来，学习古老的东方文化，从儒家、道家、佛家文化中汲取智慧。了解到这个情况，并不是说，因为西方人要学中国的传统文化，我们自己就马上回到传统，而是说，因为他们了解到中国传统文化的重要，我们也应该对自己的传统文化作一番新的认识，并在新的社会条件

---

① ［英］安东尼·吉登斯著：《失控的世界》，周红云译，南昌：江西人民出版社2001年9月版，第42页。

下，做好对中国传统文化进行现代转化的工作，以充分发挥其积极作用。总之，新时期社会的发展对我们提出了以下几个方面的要求：第一，现代化过程中对传统的超越与继承的双重要求赋予了我们研究传统文化的任务；第二，中国特色社会主义现代化过程所交织的从革命时期到建设时期的转变、从革命文化到建设文化的转变也对我们提出了研究传统文化的要求；第三，我国社会发展现阶段对和谐社会建设的要求更突出了对传统文化、特别是"和"文化研究的要求。

那么，将中国传统的"和"文化放在现实的社会背景之下进行重新审视，以审时度势的眼光来分析其优点与弊端、长处与不足，在与西方相关文化作对比的基础上对其进行现代的转化就成了现实的需要。这一点正是本书的努力方向。

二、国内外研究现状

(一) 国内研究状况

国内学术界关于中国传统文化的讨论早有探讨，专门研究者也层出不穷。自从现代化理论研究引进中国，国内学术界已经围绕中国传统文化与现代化的关系展开过几番激烈的讨论。在前期争论的焦点主要是中国实现现代化要不要传统文化的问题，目前的争论则主要围绕中国实现现代化如何具体继承中国传统文化中的精华同时吸收西方文化的问题。

1. 庞朴先生认为，"传统固然是一种保守的力量，但同时，传统也是一切前进的基地"。因此，"中国要实现文化现代化只能从中华文化出发，同时勇敢地大量地吸收西方文化的精华"。庞先生认为由于中国传统文化具有政治伦理控制一切的特点与不足，所以他主张中国传统文化的现代转化首先必须变革传统文化中的政治文化。俞吾金先生也提出要面对现实社会对传统文化加以选择的观点。

2. 张立文先生是国内研究传统文化方面的著名专家，他不但明确提出了"和合学"、"和合文化"的概念，而且主张中国的现代化应该从传统文化中汲取养料。通过研究传统文化对东亚社会的积极影响，张立文先生预言中国的传统文化将在21世纪得以复兴。张立文先生认为21世纪的人类面临着人与自然、人与社会、人与人、人的心灵以及文明之间的五个方面的冲突，为了化解人类五大冲突，和合学是最佳的文化方式的选择与最优化的价值导向。张立文先生提出的"和合学",是他在研究中国传统"和"文化的基础上,结合现代社会发展的要求所独自创立的一种新的文化体系,虽然其中包含有不少中国传统"和"文化的内容与因素,但却基本不同于中国传统"和"文化及其现代转化后的形态。

从总体上看,国内有不少学者虽然也有主张将传统文化进行现代转化观点,但大多也仅停留在方向性的理论阐发方面,至于如何具体转化方面的研究工作还比较薄弱。尤其是中国传统的"和"文化的现代转化工作,相对于丰富的传统"和"文化资源和现代化发展需要来说,目前的研究还显得比较笼统和薄弱,有待于进一步的深入。

(二) 国外研究状况

外国学者对中国传统文化的现代转化问题进行集中研究的并不多。主要有:

1. 美籍华人成中英先生在其著作《文化、伦理与管理——中国现代化的哲学反思》一书中认为文化的现代化是现代化的资源和根本动力,现代化与传统文化之间不仅并不对立,而且"现代化就是从传统里走出来"的。据此,他主张在中国的现代化过程中,必须将西方的长处融入传统文化之中进行整合,实现传统文化的现代转化能够有效地推动中国的现代化进程。他主要从伦理和管理两个方面对此进行了探索。美籍华人学者许倬云在其著作《中国文化与世界文化》中也提出保留中国传统文化中的精华、同时糅进西方进步观念的观点。

2. 马克斯·韦伯在《中国的宗教:儒教与道教》一书中,除了分析中国传统社会的结构因素对中国现代化的影响之外,还通过对中国"宗教"的研究,分析了中国现代化的精神条件。韦伯认为阻碍中国现代化的主要因素在于中国传统文化中的特殊心态,至于在新的历史条件下如何整合与转化中国传统文化中的不利因素以转变这种消极心态,韦伯则语焉不详。

3. 当代著名的现代化问题研究学者、以色列社会学家艾森斯塔特在其著作《帝国的政治体系》中,将社会的变迁分为"适应性变迁"、"总体性变迁"和"边际性变迁"三种类型。艾森斯塔特认为,历史上的中国是适应性变迁的一个最好范例,历史上的中国能够通过不断的内部微观调整、吸收社会中新的因素、修复自己内部"失效"的机制而得以延续下来,从而成为举世无双的"长寿文明"国家;然而,到了近代当中国遇到要进行现代化的课题的时候,这种适应性变迁又成为传统制度体系自我保护的一种手段,造成了中国对来自外部的现代性挑战不能做出有效反应、总体性社会变革难以进行的"有限现代化"局面。显然,艾森斯塔特从社会变迁的性质和特点上分析了中国传统文化对于现代化的不利影响。他还认为,要成功地实现现代化,在很大程度上依赖于传统社会中的某些因素,现代性实际上是从传统中发展出来的。因此,他主张"必须重新考察传统与变迁的关系",特别是需要对传统因素进行具体分析,需要分清传统中哪些因素是有利于和有助于变迁过程的,而哪些因素是妨碍变迁过程的。艾森斯塔特从宏观上分析了中国现代化对传统文化应持的态度,但遗憾的是,他同样没能给"现代化受挫"的中国在转化传统文化方面提出具体的应对措施。

4. 值得注意的是美国学者拉德米拉·莫阿卡宁(Radmila Moacanin),他在其著作《荣格心理学与西藏佛教:东西方精神的对话》(*Jung's Psychology and Tibetan Buddhism*:*Western and Eastern Paths to the Heart*)中,尽管并没有直接论述中国传统文化与现代化的关系,却从心理学的角度,深入挖掘了佛教典籍中的心理学内容与近现代心理学大师荣格心理学之间的联系与"暗合",揭示了佛教文化中关于人的心理和谐的理论在现代社会中的意义,以实际研究揭示了佛教文化走向现代化的可能性与必要性。而英国学者汤因比与日本学者池田大作在《展望二十一世纪:汤因比与池田大作对话录》一书中,以对话的形式预言中国传统文化将在21世纪世界文化的发展中做出重要贡献,并初步探索了佛教文化中所包含的科学因素在现代社会的作用和意义。

5. 相对来说,国外有一批学者就源于中国的传统儒学的现代转化问题给予了较多的关注。如美籍华人学者杜维明著有《新加坡的挑战:新儒家伦理与企业精神》,就传统儒家文化的现代转化及其显著成绩作了相关研究。杜维明先生认为,必须清晰地区别儒家思想的两个方面,"一面是政治化的儒家,另一面是儒家伦理。政治化的儒家就是国家权力高于社会;政治高于经济,官僚政治高于个人的创造性。这种形式的儒学,作为一种政治意识形态,必须加以彻底批判,才能释放一个国家的活力。另一面是儒家个人的伦理,它注重自我约束;超越自我中心,积极参与集体的福利、教育、个人的进步、工作伦理和共同的努力。所有这些价值,对于新加坡的成功是至关重要的"①。在杜维明先生看来,儒家思想本身需要现代化才能面对现代新加坡的挑战,在新加坡步入现代化的过程中,"应该从儒家思想的许多学派当中,挑选能够满足新加坡的需要的那些方面。我们没有侈谈全盘儒化。相反,我们必须寻找那些有用的、有潜力契合新加坡特殊环境的那些部分"②。杜维明先生以从儒家思想中汲取积极因素来建设新加坡的企业伦理为例,概括地阐明了儒家思想的现代转化问题,遗憾的是,他未能进一步进行系统而全面的深入研究。

6. 还有一些学者就本国的或者世界的传统文化与现代化问题展开了研究,如:韩国黄秉德著有《儒学与现代化——中韩日儒学比较研究》,从政治学的角度分别考察并比较了传统儒学在中国、日本与韩国现代化中的命运。黄秉德先生认为,日本儒学在现代化的过程中能改变其自身并积极适应,从而得以修正与转化,而中国与韩国的儒学则不能满足现代化的要求;他认为:"儒学作为一种思想和信仰的社会政治形态与现代化的要求是背道而驰的。"③ 为了解释日本儒学在迎接与适应现代化的挑战中所取得的成功,黄秉德先生将与现代化的社会变革始终对立的传统主义和整体主义儒学的错误放在了"后来的儒学"身上,他说:"为害者是后来的儒学,它们把儒家传统具体化、神圣化为一种超越时空的泛世、永恒的文化。古典儒学的绝对化意味着由孔子构想的社会秩序和政治制度的绝对化。后儒无视社会政治的相对主义和现实主义,并使孔子的儒家文化意识形态绝对化,消除后儒的影响并追索古典儒学的精粹是恢复儒学原来的务实本质并使之能够面对相适应现代化挑战的不二法门;也正是日本儒学在现代化过程中所遵循的道路。"④ 黄秉德先生的观点有一定道理,但是,这种笼统而模糊的说法缺少必要的详细分析与论证,不免使人难以信服。

韩国金日坤著有《儒教文化圈的伦理秩序与经济——儒教文化与现

---

① [美]杜维明著:《新加坡的挑战:新儒家伦理与企业精神》,高专诚译,北京:生活·读书·新知三联书店1989年10月版,第116页。
② [美]杜维明著:《新加坡的挑战:新儒家伦理与企业精神》,高专诚译,北京:生活·读书·新知三联书店1989年10月版,第185页。
③ [韩]黄秉德著:《儒学与现代化——中韩日儒学比较研究》,刘李胜等译,北京:社会科学文献出版社1995年版,第480页。
④ [韩]黄秉德著:《儒学与现代化——中韩日儒学比较研究》,刘李胜等译,北京:社会科学文献出版社1995年版,第482—483页。

代化》，金日坤先生从文化比较的角度主要探讨了韩国与日本的经济发展问题，通过考察儒教文化伦理秩序的历史演变过程，对壬辰倭乱以后的韩国李朝时代与日本德川时代的文化与经济进行了相关比较。金日坤先生认为："儒教文化最突出的特征，是借助家族集团主义去建立一定的秩序。"① 在现代化过程中，"儒教文化国和地区是依靠传统的秩序原理和欧美进步文化所包含的高效率和合理性原则获得了经济发展的"②。在金日坤先生看来，儒教文化国与地区能够将儒家文化中的集团主义等伦理秩序进行现代转化，并将其与欧美先进的技术相结合，正是促成日本、韩国、新加坡以及台湾、香港等地区进入新型工业区的主要原因。金日坤先生还大胆预测说："从宏观的角度来看，在今后的一段时间之内，儒教文化圈的秩序原则还有相当的生命力。"③ 金日坤先生对儒教文化的乐观估计固然令人鼓舞，但他却未能进一步对传统儒教文化如何进行现代转化，以适应不断发展的新形势的需要作出必要的说明。美国学者 C. E. 布莱克著有《现代化的动力》等。另外，还有一些学者的研究中虽然涉及中国的现代化问题，却多是从政治学、经济学、社会学等角度进行研究，如美国学者兰比尔·沃拉、吉尔伯特·罗兹曼以及鲍大可等人。

总之，这些国外学者分别从社会学、经济学、政治学等不同角度对中国传统文化与现代化的关系进行了宏观性研究，有的还提出了方向性的意见和建议，然而，他们并没有就中国传统文化的现代转化问题作出具体而有价值的系统研究，更没有集中对中国传统的"和"文化的现代转化给予全面而深入的探讨。但是，我们却可以从他们的相关研究中得到有益的启发，还可以借鉴他们那富有创造性的研究方法和见解，这一点对于本课题的研究也具有重要意义。

三、本项研究的科学意义及创新之处

（一）科学意义

1. 现实意义

---

① ［韩］金日坤著：《儒家文化圈的伦理秩序与经济——儒教文化与现代化》，邢东田等译，北京：中国人民大学出版社1991年版，第111页。
② ［韩］金日坤著：《儒家文化圈的伦理秩序与经济——儒教文化与现代化》，邢东田等译，北京：中国人民大学出版社1991年版，第155页。
③ ［韩］金日坤著：《儒家文化圈的伦理秩序与经济——儒教文化与现代化》，邢东田等译，北京：中国人民大学出版社1991年版，第155页。

从各国现代化走过的曲折道路来看，在现代化的启动阶段，一般都要发生对传统的整体性的大否定和大冲击。像中国这样的"后发型"国家的现代化，往往更是要经历一个全面否定传统包括传统文化的阶段。然而，现代化与本国传统文化之间本来并非矛盾和对立的关系，相反，其他国家现代化的经验也证明现代化的建设离不开本民族传统的文化根基。因此，对传统文化尤其是其中颇具中国特色的"和"文化进行分解性的再估价，并结合现实需要适当吸收西方相关文化，对其进行有选择地整合与传承，完成传统文化的现代转化，就成了亟待解决的现实问题。对这一问题的尝试性探索对目前我国和谐社会的构建与现代化的推进具有较重要的现实意义。概括起来主要有下述三方面的意义：第一，对构建社会主义和谐文化有意义；第二，对构建社会主义和谐社会有意义；第三，对加强我国在国际交往中的软实力，对构建和谐世界有意义。

2. 理论意义

目前我国理论界关于中国传统文化与现代化相结合问题的研究虽然比较多，但大多只是作宏观上的学理性讨论，且研究方法单一，深层分析少，研究成果一般只是方向性的结论；而那些对中国传统文化进行具体的现代转化的研究却比较笼统而薄弱，其成果也较为零碎和分散，尚构不成全面、系统的研究。"中国传统'和'文化研究"这一课题将从理论上填补中国传统文化的现代转化问题研究方面的不足，在马克思主义基本原理的指导下，从中国进行现代化建设的客观现实出发，探索中国传统"和"文化精华与时代特点相结合、与外国进步文化相结合，以推进社会主义和谐文化的建设及其相关学术研究。

(二) 创新之处

1. 首次提出中国传统"和"文化是拥有完整的概念系统或范畴体系。其中，和（和谐）是理想和目标，德、仁、礼是和（和谐）在人们的思想、道德、政治、制度等方面的体现和保证，而合（和合、合和）、谐、协（协和、各协）、调、中（中和）则是实现和（和谐）的手段和方法。

2. 明确提出，中国传统"和"文化不仅拥有优点、在漫长的中国历史上对社会起到了积极的作用，还有其自身的不足与缺陷，对中国的历史与社会曾产生消极影响。本书以中国传统"和"文化这一颇具中国特色的传统文化为切入点，自觉站在马克思主义的客观立场上，运用纵向和横向两种比较进路，采取多学科交叉的研究方法，具体分析中国传统"和"文化中的有利成分和消极因素，探索它们分别在中国历史上所产生的积极作用和负面影响；大大改变了学术界因推崇中国传统文化而片面强调其优点、或因贬损中国传统文化而片面强调其缺点的做法。

3. 明确提出经过现代转化的、新时代"和"文化的具体目标与形态。本书将中国传统"和"文化放在全球化的现代背景下，以现代科学成果作参照，揭示其中的普世性价值；根据时代的要求，提出了使其现代转化的主张，并探索了进行现代转化的具体原则与目标。

这些创新之处同时也是本书的难点所在。

四、本书的结构框架和主要内容

本书共分为七个部分：

第一，绪论。这一部分主要概述本项研究的背景、国内外研究现状、科学意义及创新之处、结构框架和主要内容、研究方法等。

第二，中国传统"和"文化探源。这一部分主要从字源学和语义学的角度来对中国传统"和"文化进行追踪探源，并概括中国古代"和"的多层含义。一种文化的源头往往可以从该文化的外壳——文字的流变中寻到踪迹。尤其是中国的汉字，因其独特的造字构词法而蕴含丰富的内容与含义。这一部分还采用考据学与训诂学的研究方法，分析相关文字如"和"、"礼"、"德"、"谐"、"协"、"仁"、"合"、"中"、"调"等文字在甲骨文、金文、篆字中的结构与含义。并系统梳理传统"和"文化发展的大体脉络。同时，该部分还通过考察中国上古时期至先秦时期的代表性典籍，从宏观上概述中国传统"和"字几方面的基本含义及丰富的内涵。

第三，中国传统"和"文化产生和发展的特定社会条件和历史背景。任何民族的文化都是适应其本民族所处的特定社会条件而产生的，其发展和最终成型也是不断适应历史新变化的结果。这一部分主要运用马克思主义的基本方法来研究中国古代特定的地理环境、生产方式、思维方式、社会状况、民族习俗以及政治传统，分析这些因素对中国传统"和"文化之产生与发展的制约和影响。

第四，中国传统"和"文化的魅力。中国传统的"和"文化不是零碎的思想片断，而是具有总体特色的文化体系，涵盖了政治、经济、外交、艺术、建筑等等社会的方方面面。这一部分主要运用系统论的研究方法将中国传统"和"文化作为一个整体理论来分析和考察，分别从自然的和谐、人与自然的和谐、人的身心和谐、人与社会的和谐、国家与国家之间的和谐、音乐的和谐等方面，全面而详细地阐述中国传统"和"文化体系，充分展示了中国传统"和"文化的魅力。

第五，中国传统"和"文化的隐忧。马克思主义认为，凡事都要把握一个"度"，做到适可而止；不足当然不好，但是过分同样会带来不好的结果，所谓"过犹不及"说的就是这个道理。在历史上，中国因过分强调"和"而带来一系列问题，如：在民族精神上，因过分强调和谐与一致，往往会泯灭人们的创新精神，不仅培养了人们随大溜的被动心态，还在潜移默化中限制了人们创造能力的发挥。个体的人因为过分追求"和"而导致安分守己、妥协忍让、委曲求全、逆来顺受等性格，如那些所谓的"好好先生"、"和事佬"。家庭因向往"四世同堂"、"五世同堂"大家庭表面上的繁荣与和谐而对家庭成员个性的压抑与部分权利的剥夺。民众因过分珍惜安宁、和平、稳定的生活而在国家统治腐败之际仍然苟且偷安，而不是奋起反抗、主动争取社会的公平和应有的待遇。历史上的中国往往因追求世界和平而强调国家关系的和谐，在其强盛时期如唐朝固然有不主动侵略掠夺别国的优点，但处于国势衰微时期，却免不了用"和亲"、"进贡"类的方式去换取短暂和平的悲剧，而不是积极地壮大国势以争取国际地位的提高。这一部分内容剖析了中国传统"和"文化的历史局限性。

第六，中国传统"和"文化须进行现代转化。中国传统"和"文化毕竟是形成于中国古代那种特定的社会土壤并在漫长的历史中逐渐发展起来的。而到了现代，无论是生产关系、经济基础还是政治体制、政治制度、社会状况、文化交流，都出现了加速发展、变革的时期。社会的剧变，更是给中国传统文化带来前所未有的刺激与挑战，面对新时期的社会要求，中国传统"和"文化也不得不作出某种新的变化，以适应新形势的需要。因此，中国传统"和"文化的现代转化是经济基础决定上层建筑这一规律的具体体现，也是社会发展的必然要求。

第七，中国社会"和"文化现代转化的目标。尽管今、古社会状况已经发生巨大改变，中国传统"和"文化中有些内容即使曾经在历史上起过积极作用，在今天也已经失去效用，或失去部分效用。然而，中国传统"和"文化中毕竟还有些精华内容，并不随着时间的变化而失去活力，即使在今天也仍然可资利用。不仅如此，它还可以跨越空间的制约，被其他民族和国家所借鉴，成为普世性优秀文化的组成部分。这部分内容具体挖掘了中国传统"和"文化中不受时空制约而能长久发挥积极作用的精华内容。但是，不是说是精华就不用作任何改变而原封不动地拿来就用。即使是精华，也要做一些适当的调整，以使之更加切合现实需要，更加充分地发挥其效能。

五、本书中所采取的研究方法

（一）文献研究法。研究传统"和"文化，必须结合中国古代经典原著。对经典原著进行正确理解和阐释，是展开本项目研究的基础和前提。主要考察的典籍有：《易经》、《左传》、《尚书》、《管子》、《诗经》、《论语》、《道德经》、《墨子》、《商君书》、《礼记》、《大学》、《中庸》、《孝经》、《孟子》、《庄子》、《荀子》、《韩非子》、《吕氏春秋》、《黄帝内经》、《淮南子》、《春秋繁露》、《说文解字》、《抱朴子》、《太平经》、《云笈七签》、《二程全书》、《四书集注》等，在笔者力所能及的情况下兼涉其他资料。其中，先秦诸子百家著作集中代表了中国传统文化发展史上繁荣时期的思想成果，也是笔者探索中国传统"和"文化的着力点。此外，在挖掘中国古典原著的基础上，运用字源学和语义学的研究方法，对中国传统"和"文化的产生及多层含义进行追踪探源式的发掘。

（二）采取历史分析与逻辑分析相结合的研究方法。对中国传统"和"文化产生与发展的客观必然性的研究以历史分析为主，忠实于当时的社会状况和历史背景来进行分析；对中国传统"和"文化之现代转化部分的研究主要以逻辑分析为主，使之符合社会发展的需要和时代的要求。

（三）运用时间上的纵向比较和空间上的横向比较相结合的研究方法。即采用纵向的今、古社会状况比较方法，分析中国传统"和"文化进行现代转化的可能性与必然性，通过横向的中西文化比较，对中国传统"和"文化进行必要的现代转化。

（四）采用马克思主义的辩证的分析方法。一分为二地看待中国传统"和"文化，既看到它的有利成分及其在历史上所起的积极作用，又要看到它的消极因素及其在历史上所产生的消极作用和负面影响。

（五）采取跨学科的研究方法。即一方面立足于中国传统文化与现代化相结合的哲学研究，另一方面还把社会学、心理学、医学等学科的方法融合在一起，力求使哲学分析与具体学科研究紧密结合，从而使中国传统"和"文化的现代转化落到实处，而不是仅仅流于泛泛的理论空谈。

本书引用了不少中国古籍，笔者本着忠实于原意的原则，参考了一些相关资料，主要采用"我注六经"的原则对原文进行解释和阐发；但是，也不排除有"六经注我"的情况发生。此外，本书中还引用了一些国外学者的观点及论述，笔者之所以这么做，是基于这种考虑：既然在自己所写的拙著中，中国传统文化占了不少比例，如果仅仅独自思考，或者只看国内学者的有关论述，难免有"不识庐山真面目，只缘身在此山中"的认识局限。因为，身为中国人的学者们，即便是那些学术大师们，也不能完全避免中国传统文化在潜移默化中的浸染，视野和思维会受影响，人们看待自己祖宗的东西往往因视阈的局限而或多或少地走点极端——要么把祖宗之物片面拔高，连祖宗拉的屎也说成香气扑鼻；要么把祖宗之物贬作一摊屎，还以彻底铲除这摊屎为能事。而外国人作为不太相干的第三者，他们看中国的历史和现实问题则相对比较客观，尤其是那些非政客出身的学者们；另外，由于他们所受文明浸染的差异、所处文化背景的不同，他们的思维方式与看问题的视角也不同，所以他们对中国历史现象和现实状况的认识、观点和结论都会与中国自己学者们的认识有所不同。他们的观点也并不一定就正确，但是，至少可以让我们听听不同的声音，并对照自己的思想和观点作出些许的思考与鉴别。

本书提到和引用了中国传统文化中的一些资源，虽然儒家、道家、佛家、法家、墨家、医家等派都有所涉及，但是以其中最具代表性、最为典型的人物或典籍为主。由于本书所涵范围较广，笔者的能力又有限，所以书中论述挂一漏万之处比比皆是，还望各位专家学者不吝批评指正。由于本书涉及面较大，参考文献较多，凡是直接引用的观点和思想，笔者都明确注明了出处；还有一些材料或观点，尽管笔者作了参考，却未能一一列明。本书借鉴了大量前人和今人的研究成果，可以说，没有前辈的研究基础，就不可能完成此书。

第一章 中国传统"和"文化探源

认识一个民族,不仅仅依据其上百万年来展现出的人类学的存在及生活环境,而且还依据其在语言、艺术及文字方面表现出来的社会自我意识,即依据其特定的自我意识。这种特定的自我意识,借助那些蕴含了创造和智慧的历史资料和书写形式,在时隔数千年之后仍然可以再现出来。就中国民族而论,其最具代表性的古老文字是甲骨文。

[意]安东尼奥·阿马萨里著:《中国古代文明——从商朝甲骨刻辞看中国上古史》(修订版),刘儒庭等译,北京:社会科学文献出版社1997年版,前言第1页。

马克思主义认为,语言是思维的外壳,语言与思维密切相关。因此,要想了解一种思想或者文化,必须首先了解这种思想或文化的载体——语言和文字。在西方的分析哲学中,语言哲学是一个重要分支,其目标就是研究语言的逻辑结构以及语言对思维和推理的正面限定与负面限定。中国的语言和汉字与西方的语言和字母、词汇有所不同:中国语言以表形达意为主导,而西方语言则以声音为标识。可以说,中国的语言和文字载有更加丰富的内容。

谚语云:"善树木者必固其本,善理水者必溯其源。"做学问亦如此,只有致力于穷根究底、探索源泉,才能知其然并知其所以然,才能有所发现、有所创造。因此,我们在挖掘中国传统文化资源中的"和"文化时,有必要对"和"及其相关字、词进行语义学的分析与考证。在中国古代,随着生产力的发展、分工的扩大,人们之间的交流也越来越广泛。交流的日益增多和复杂要求人们创造出语言之外的新的交流工具,而且,人们除了当下的手势、语言之外的交流,还需要将一些重要的事情记录下来,以突破时间流逝的限制。于是,文字逐渐产生。中国的文字属于象形会意文字，也就是说，字的构造原则是描摹实物的形状，而且，每个字有固定的读法。中国的义字本身具有丰富的含义，要了解中国的思想，离不开文字这个思想的载体。据此，我们可以通过考证具体的字的字形构造来分析其含义的来源。

由甲骨文演化而来的中国汉字具有独特的价值和魅力，由于汉字不像英语、法语、俄语等文字是由固定的字母组合而成，而是一个个独立的方块字，每一个字都有一定的意思。所以，汉字比较稳定。而由字母组合而成的文字就没有那么幸运了，据说，英语每年都会有许多字词"死去"，同时"诞生"一些新的字词。长此以往，若干年后的英语就会变得面目全非。然而，汉字在这方面的危险就小得多，因为，汉字的新词是由原来的字进行搭配而成，新词产生并不必然导致原有词汇的消亡，原有的字和词汇照样可以存在。因而，尽管在汉字的演化过程中也存在一定的新陈代谢现象，但是，相对于英语等文字来说，这种情况却少得多。所以，中国的汉字既古老又年轻，其中包含着丰富的内容和信息。因此，中国著名汉字学家萧启宏说："世间何人言可信？神通汉字获真经。"①

日本学者大隈重信认为中国的道德与文字有着密不可分的关系，他在其著作《东西方文明之调和》中说中国的"文字本身就包含着复杂深奥的意义。不仅如此，这些文字结合而成的文章，具有更复杂的文体和章句意义。这是中国的学术的特征。而中国学术的核心是道德学，所以道德思想与文字及文章在中国有着密切的关系，不可分开来考虑"。② 大隈重信认为中国的文字本身就包含着丰富的道德思想。他还讲："在中国，道德思想是穿着固有的复杂的文字及文章的外衣而出现。从这一点来观察，中国的文字及文章切实、精确而具体地将其道德思想收纳于其形式之中。换句话说，在文字这一定形的框架即形式之中，确实保存了虚无缥缈、抽象空洞、变化无常的道德思想，中国的文字及文章可以说是包藏着意义深奥的道德思想的宝库。也就是说，在西方，理论和概念给道德思想带来了切实的依据，而在中国，是文字及文章切实地保存了

---

① 参见冯理达著：《健康健美长寿学》第五卷，西安：陕西人民出版社2007年版，第438—440页。

② [日]大隈重信著：《东西方文明之调和》，卞立强等译，北京：中国国际广播出版社1992年版，第74页。

其道德思想。也可以这么说,文字及文章在中国之所以受到尊重,是因为它们是包藏着道德思想的工具。"① 大隈重信先生的这一思想从一个侧面说明了中国古代的一个造字法——象形会意,既然文字的结构是根据一定的思想造出来的,那么,反过来,我们通过分析文字的起源、原有结构以及演变史就可以追溯该文字的思想、含义及其变迁。英国著名学者汤因比先生也持类似观点,他将中国的文化与印度的文化进行比较时说:"中国人与印度人的思想、语言和文字是截然不同的。在这两个文明世界的每一个世界内,有特色的思想、语言和文字都是紧密相连的。"② 既然,中国的思想与文字的关系如此密切,那么,我们不妨就从中国的相关文字、语言开始来考察和梳理中国传统"和"文化。

第一节 中国"和"字的字源学、语义学探源

探讨中国传统"和"文化,当然应该先从对"和"字的认识开始。

一、"和"字的起源及其字形变迁

我国最早的文字是产生于殷商的甲骨文,而在甲骨文中就已经有了"和"字。仅此一点就足以说明我们的祖先在很早就已经有了向往、追求与重视"和"的思想了。甲骨文中的"和"字写作龠,从"龠"(口吹排箫),"禾"声。③ 而《说文解字》对于"龠"的解释为:"龠,乐之竹管,三孔以和众声也。"④

稍后的金文"和"字龠,与甲骨文大体相同。古文"和"字写作和,将甲骨文"龠"字的左部"龠"(口吹排箫)简化为"口"字,仍作"禾"声。篆文"和"字较为整齐,写作龢、咊。隶变后楷书分别写作"龢"与"咊"。俗又改作"和"。现在都用"和"来表示。⑤

汉朝许慎的《说文解字·龠部》有:"龢,调也。从龠,禾声。读

---

① [日]大隈重信著:《东西方文明之调和》,卞立强等译,北京:中国国际广播出版社1992年版,第74页。
② [英]阿诺德·汤因比著:《人类与大地母亲》,徐波等译,上海:上海人民出版社1992年版,第438页。
③ 参见高明编:《古文字类编》,北京:中华书局1980年版,第277页。
④ 徐中舒主编:《甲骨文字典》卷二,成都:四川辞书出版社1989年版,第199页。
⑤ 参见谷衍奎:《汉字源流字典》,北京:华夏出版社2003年版,第363—364页。

与和同。"《说文解字·口部》曰:"咊,相应也。从口,禾声。"① 指口相应。本义为声音相应,和谐地跟着唱或伴奏。在许慎那里,因为"龠"的声音须相谐和,所以能引申为"调"的意思;因此,"和"有协调、相应、和谐的意思。

二、"和"字的语义变迁

"和"字自古以来有多种含义。从"和"字的甲骨文的字形结构来看,"和"字的起源与音乐、谷物相关联。

首先,甲骨文的"和"字表明"和"字的起源与音乐的关联,"和"字的最初含义之一指音乐的和谐。中国早期的著名典籍《尚书·舜典》曰:"诗言志,歌永言,声依永,律和声。八音克谐,无相夺伦,神人以和。"其含义为:诗是表达思想感情的,歌就唱出表达思想感情的语言,宫、商、角、徵、羽五声是根据歌唱定出来的,六律是和谐五声的。如果八类乐器的声音能够调和,不搞乱相互的次序,那么神与人听了都会感到快乐、和谐。此处的"和"与"谐"字都包含有"和谐"的意思。不仅音乐上"律和声",而且还能因此而达到"神人以和",连人与神都感到和谐。而这里的"八音克谐"就是指多种音律的协调,包含着多样性统一的意思,同一种音律的延续或者不同音律的简单相加都不能产生和谐而美妙的音乐效果。除了有不同的声调和音律相互配合以共同组成一支完整的曲子这种意思之外,还有不同的声音互相应和、互相配合的意思。正因为音乐与"和"的这份先天的缘分,所以中国古人认为,音乐最能体现"和"。《国语·郑语》中就有:"和乐如一",《荀子·乐论》也说:"乐也者,和之不可变者也",《礼记·乐记》则曰:"乐者,天地之和也。"

其次,甲骨文"和"字的字形还表明,中国先人在造"和"字的时候,就已经深刻地认识到"和"与经济基础的密切关系——人们只有田里有禾,口中有粮,能够吃饱饭,才能具备"和"的基本条件。如果连肚子都填不饱,又怎能感觉到和平、安宁的幸福呢?同时,"和"字由"禾"构成,也表明了中国古代的主要生产方式是农业,而不是渔业或者狩猎等其他形式。

---

① 《说文解字新订》,[东汉]许慎撰,臧克和、王平校订,北京:中华书局2002年版,第78页。

后来，人们往往用音乐中的"和"来类比与表征社会的政治状况。于是，"和"的内涵不断丰富，从原来的音乐领域引申到社会的其他领域。

《尚书·虞书·尧典》中有："曰若稽古，帝尧曰放勋，钦明文思安安，允恭克让，光被四表，格于上下。克明俊德，以亲九族。九族既睦，平章百姓。百姓昭明，协和万邦。黎民于变时雍。"作为中国上古时代的政治文献，《尚书》此处所使用的"和"就不仅仅指音乐的和谐了，而是包含有协调各个邦国之间关系的政治方面的含义了。《尚书》中还有多处从政治层面来讲"和"的，如：《尚书·周书·周官》曰："推贤让能，庶官乃和，不和政庞。"意思是推举贤才，让位给有能力的人，百官就会和谐，百官不和，政事就会杂乱。《尚书·周书·无逸》中则讲了一位模范领袖——周文王的行为表现："徽柔懿恭，怀保小民，惠鲜鳏寡。自朝至于日中昃，不遑暇食，用咸和万民。"

《易经·乾卦》曰："乾道变化，各正性命，保合太和，乃利贞。"认为大自然的运行变化，万物各依其本质，保全太和元气，以利于守持正固。这里的"太和"，亦作"泰和"，经过后来的发展，具有了国泰民安的和平思想含义。《易经·说卦传》中还讲："昔者，圣人之作易也，幽赞神明而生蓍。观变于阴阳，而立卦；发挥于刚柔，而生爻；和，顺于道德而理于义；穷理尽性，以至于命。"《易经》认为："和"就是顺应于道德而又符合公理。在这里，就明确地把"和"与道德与公理直接联系了起来。管子曾说："畜之以道，养之以德。畜之以道，则民和；养之以德，则民合。和合故能习，习故能偕。偕习以悉，莫之能伤也。"①在这里，管子不仅把"道"与"德"联系起来，而且将"和"与"合"并列了起来。他认为，用"道"来对待百姓，百姓就能和谐相处；用"德"来对待百姓，百姓就可以团结在一起。春秋时期的大夫众仲对隐公说："臣闻以德和民，不闻以乱。以乱，犹治丝而棼之也。"② 可见，春秋时期的君臣在谈论治国方略时，将"德"作为使百姓和睦、使国家政治生活稳定和谐的手段。

此外，中国古人还将"和"看作人与物的重要德性之一。《周礼·地官·大司徒》中有："六德：知、仁、圣、义、忠、和。"董仲舒曰：

---

① 《管子·幼官》。
② 《春秋左传·隐公四年》。

"德莫大于和。"由此出发，中国古人把"和"作为德行教化的根本内容之一。《周礼·地官·大司徒》中有"以六乐防万民之情，而教之和"的说法。

以上情况表明，在生产力不发达的古代社会，人们的生存颇为艰难，中国的先人认识到，只有有了谷物食粮才算具备了"和"的起码的条件；同时，中国的先人们在实践中观察到，音乐的演奏需要人们之间互相配合，只有配合默契，应和得当，音乐才能顺利演奏。因此，中国"和"字的产生，其最初的含义与谷物和音乐有关，而这一点与当时人们的生存状况息息相关。

后来，随着社会状况的不断发展与变化，"和"的含义也发生了较大的改变，由最初的含义不断引申扩展，从而发展到社会关系乃至社会政治领域。比较耐人寻味的是，在汉语语法中，"和"可以作为一个介词用以引进相关或比较的对象；还可以作为一个连词用来表示联合，相当于"跟"、"与"的意思。

第二节 其他相关文字的字源学、语义学探源

在中国文字中，除了"和"字本身的含义直接体现了中国传统"和"文化的内容，还有其他一些文字的结构与含义也间接地反映了中国传统的"和"文化。

一、德

"德"字，在甲骨文中结构形体为㣃，由"直"符和"行"或"彳"符组成。① 其中"彳"符可视为"行"符的省略写法；而且据考证，"德"的古文，就是从这个"直"符得声的。从"德"字甲骨文的形体结构来看，"德"字古文表示有"通衢道路"之意。我们可以说"德"字古文的取像意义为：在古人看来，在道路旁边或中央画成表示正直有当的"直"符，就可以保证行为的正确无误。既然"德"由"直"得声受名，也就具有了一般的"正道直行"的字义。

"德"字演进到周代写成德，此形体结构从"彳"、从"直"、从

---

① 参见高明编：《古文字类编》，北京：中华书局1980年版，第118页。

"心",《说文解字》曰:"德,升也,从彳,悳声。"① 杜馥在《说文义证》中讲:"古升、登、陟、得、德五字义皆同。"据考证,"升"即古代祭祀的牲体:《仪礼·士冠礼》:"若杀,则特豚,载合升"。郑玄注:"煮于镬曰亨,在鼎曰升,在俎曰载"。"登"也是祭祀时用来盛肉食的礼器:《诗经·大雅·生民》曰:"卬盛于豆,于豆于登。"《尔雅·释器》则曰:"木豆谓之豆,竹豆谓之笾,瓦豆谓之登"。

由此可见,"德"字由最初"通衢道路"、"正道直行"的含义引申开来,与古代先民祭祀神灵祖先相关联,开始具有了协调人与神、人与人之间关系的社会性的含义。随着西周人们对神灵的质疑以及对人自身的肯定,"德"字的含义也逐渐偏重于人际关系的相应调整。② 而人际关系的调整,往往带有"和"的目的。于是,"德"就成了"和"的原则、途径和手段。"德"也就成了"和"思想的一个体现。大量关于上古时期的文献记载,也证实了"德"与"和"的关联。

《尚书·虞书·尧典》中讲:"克明俊德,以亲九族。九族既睦,平章百姓。百姓昭明,协和万邦。"这段话在描述尧在以德治国的时候,就同时提到了"和",指出尧是依靠"德"取得了九族亲睦与万邦协和的显著政绩。《易经·说卦传》曰:"和,顺于道德而理于义。"这就明确了"和"与"德"的关系。《春秋左传·隐公四年》记载众仲说:"臣闻以德和民,不闻以乱。"众仲对隐公说明用德行安定百姓的道理。《庄子·德充符》曰:"德者,成和之修也。"在庄子看来,所谓德,就是事得以成功、物得以顺和的最高修养。庄子在《庄子·缮性》中干脆指出"德"本身就是和谐。他说:"古之治道者,以恬养知。生而无以知为也,谓之以知养恬。知与恬交相养,而和理出其性。夫德,和也;道,理也。"庄子认为,古时候修道之人,是以恬静来调养心智的。心智生成却并不用智巧来行事,可以说是用心智来调养恬静。心智与恬静相互调养,因而和谐顺应之情就从本性之中自然流露出来。所谓德,就是和谐;而道,则是顺应。

董仲舒在《春秋繁露·威德所生》中阐述了"和"与"德"的关

---

① 《说文解字新订》,[东汉]许慎撰,臧克和、王平校订,北京:中华书局2002年版,第113页。
② 参见杨文霞的博士论文:《古代儒家德治论》,中共中央党校研究生院2006年,第9—11页。

系:"天之序,必先和然后发德,必先平然后发威,此可以见不和不可以发庆赏之德,不平不可以发刑罚之威,又可见德生于和,威生于平也,不和无德,不平无威,天之道也,达者以此见之矣。"显然,在董仲舒看来,"和"是"德"得以产生的前提条件,无"和"则"德"无以产生。他在《春秋繁露·楚庄王》中讲:"缘天下之所新乐而为之文曲,且以和政,且以兴德,天下未遍合和,王者不虚作乐。"此处,董仲舒从音乐对政治的影响的角度讲了"政和"与"德兴"的密切关系。

以上文献资料记载表明,"德"与"和"有着密切的联系。有时,"德"是达到"和"的重要条件,有时,"和"为"德"的前提;有时,"德"本身即是"和"的体现,有时,"和"为"德"的说明。可见,"和"与"德"是一种互为条件、相互促进的关系。

二、合、和合、合和

《说文解字》对"合"字的解释为:"合口也。从亼从口。"① "合"字在中国古代典籍中出现得也比较早,最初,它常常是被单独使用,含义也比较丰富。《周礼·春官宗伯》中讲:"以礼乐合天地之化,百物之产,以事鬼神,以谐万民,以致百物。"这里的"合",与下面的"谐"字相呼应,表示"礼乐"之"合"为万民和谐的一个条件。

"合"字更多的时候表示不同事物、元素之间的结合,以形成一种新的事物或者状态。《道德经·第三十二章》中讲:"天地相合,以降甘露。"其义为,天地间阴阳之气相合,就会降下甘露。显然,这里的天地阴阳之气的相"合"是产生甘露的前提与条件。荀子在《荀子·礼论》中讲:"天地合而万物生,阴阳接而变化起,性伪合而天下治。"认为"合"是万物化生、事物变化、治理天下的前提和条件。汉朝大儒董仲舒在《春秋繁露·基义》中对"合"作了较为详细的阐述:"凡物必有合;合必有上,必有下,必有左,必有右,必有前,必有后,必有表,必有里,有美必有恶,有顺必有逆,有喜必有怒,有寒必有暑,有昼必有夜,此皆其合也。阴者,阳之合,妻者,夫之合,子者,父之合,臣者,君之合,物莫无合,而合各有阴阳。阳兼于阴,阴兼于阳,夫兼于妻,妻兼于夫,父兼于子,子兼于父,君兼于臣,臣兼于君,君臣、父

---

① 《说文解字新订》,[东汉]许慎撰,臧克和、王平校订,北京:中华书局2002年版,第338页。

子、夫妇之义，皆取诸阴阳之道。"在董仲舒那里，"合"是相对事物之间的相互补充与统一。这种"合"是事物得以完整构成的力量与前提，也是事物达到和谐状态的必要条件。

在中国古代，"合"字也与"和"连用为"和合"一词，有时也称"合和"。这里的"和"，主要指组成事物各要素之间的融洽相处；"合"则主要是指各要素的汇集、合拢，并能彼此积极配合与合作。和合连用为一个词的时候，多指不同元素、要素有机地组合在一起，形成一种和谐的事物或者状态，有时，它还表示一种动力或者源泉。

在我国西周时期，"合"与"和"开始正式连在一起使用。《国语·郑语》中讲："商契能和合五教，以保于百姓者也。"意思是商朝的契能够灵活地综合运用父义、母慈、兄友、弟恭、子孝这五种道德教化手段，来使老百姓安身立命。《管子·幼官》曰："畜之以道，则民和；养之以德，则民合。和合故能习，习故能谐。谐习以悉，莫之能伤也。"管子将民众的和合作为民众道德的直接体现，认为和合是能够学习的，通过对和合的学习来加强道德训练，民众一旦能够和合，别人就无法伤害到他们。而墨子也在《墨子·尚同中》中表达了类似的看法，他认为天下不安定的原因主要是父子兄弟之间不团结，不能抱成一团。他说："内之父子兄弟作怨仇，皆有离散之心，不能相和合。"荀子在《荀子·礼论》中讲："故人之欢欣和合之时，则夫忠臣孝子亦惕诡而有所至矣。"在这里，荀子的"和合"也同样是人们之间和睦、互助、团结的含义。

有时候，"和合"还被用来表示宇宙、自然、万物乃至人类的起源、构成或者组合。《吕氏春秋·有始》曰："天地有始。天微以成，地塞以形。天地合和，生之大经也。"这里的"合和"是产生万物的一种途径、力量。而《淮南子·天文训》中则讲："道始于一，一而不生，故分而为阴阳，阴阳合和而万物生。故曰'一生二，二生三，三生万物。'"显然，这里的阴阳"合和"也是万物生长的动力和源泉，"合和"则表达了阴阳二气相交、相感的动态过程。那时人们已经知道"一而不生"，作为一的道只有分为阴阳，并且"阴阳合和"才"万物生"。这种朴素的辩证法思想很了不起。

"合和"有时候还被用在婚姻家庭方面，一般表示男女结合形成夫妻，组成固定的婚姻和家庭。《管子·入国》曰："所谓合独者，凡国、都皆有掌媒，丈夫无妻曰鳏，妇人无夫曰寡，取鳏寡而合和之，予田宅而家室之,三年然后事之。此之谓合独。"

可见,在我国先秦时期,"和合"已经是一个比较常见的词汇,被应用在政治、生活当中。较之"和"字,"和合"含义也更为丰富。首先,"和合"以承认不同事物之间存在差异为前提,正是不同事物之间的差别使得"和合"成为可能与必要。其次,"和合"包含有不同事物的相互组合而形成一个更具完整意义的新事物之意;在这种意义上,可以说"和合"本身是一种力量,和合的力量推动着更具生命力的新事物的不断孕育与产生。再次,"和合"而成的新事物是原来旧事物之间的"优化组合"——克服了原有旧事物各自的缺点、同时综合了原来旧事物各自的优点,所以,处在"和合"状态之下的新事物具有更大的优越性。

值得注意的是,在汉朝,自佛教传入中国之后,佛教的"因缘和合"说对我国的文化产生了重要的影响。"因缘和合"一词作为佛教解释万事万物形成、发展、灭亡的原因与机制而频频出现,甚至在人们的生活用语中也能常常见到它的身影。

东汉末年的道家人物于吉在《太平经·行道有优劣法》中说:"和合夫妇之道,阴阳俱得其所,天地为安。"认为和合是夫妇之道,阴阳各得其位,就会相安无事。

在"和合"一词中,由于"合"之对于组合、配合、合作、构成等含义的强调,使得"和合"一词包含了一种整体性的含义在内。所以,"和合"一词不仅丰富了中国传统"和"文化的内涵,还突出了中国特有的整体性思维特色。由于"合和"、"和合"具有丰富的内涵,它常常被视为中国传统"和"文化的重要概念,甚至被当作中国传统"和"文化的核心内容之一。我国著名学者张立文先生建立"和合学",已经受到国内外学术界的广泛关注。

三、谐

"谐"字古体写为"龤"(xié)。《说文解字·龠部》对"龠"的解释是:"乐之竹管,三孔,以和众声也。"《说文解字·龠部》对"龤"的解释是:"乐和龤也。从龠皆声。"[①] 古体的"龤"字由"龠"与

---

① 《说文解字新订》,[东汉]许慎撰,臧克和、王平校订,北京:中华书局2002年版,第130页。

"皆"组合而成，表明"谐"字的最初含义与音乐的关联性。

《说文解字·言部》对"諧"（xié）的解释是："詥也。从言皆声。"而对"詥"（hé）的解释为："谐也。从言合声。"① 从《说文解字》对于"諧"与"詥"的解释来看，二者具有同义互释性，都含有"和谐"的意思。

尽管"和谐"作为一个独立使用的词出现得比较晚，但是，从中国古代起，"谐"与"和"便具有相近的含义。有时候，二者还被连在一起使用，甚至还被作为同义词而互相解释。

《尚书·舜典》中有语："帝曰：'夔！命汝典乐，教胄子。直而温，宽而栗，刚而无虐，简而无傲。诗言志，歌永言，声依永，律和声。八音克谐，无相夺伦，神人以和。'"其中，"八音克谐"中的"谐"是今人的用法，其原文用的则是"龤"字。显然，在这里，"和"与"谐"便具有应和、谐和的意思。

《周礼·天官冢宰》中有语："三曰礼典，以和邦国，以统百官，以谐万民。"此节下面还有："三曰礼职，以和邦国，以谐万民，以事鬼神。"这些大概是中国古代将"和"、"谐"连在一起使用的比较早的记载了。而这里的"和"与"谐"都具有政治和谐的含义。《周礼》中类似的用法还较多，比如《周礼·地官司徒》中就有："四曰以乐礼教和，则民不乖。""以五礼防万民之伪，而教之中，以六乐防万民之情，而教之和。""调人掌司万民之难。而谐和之，凡过而杀伤人者，以民成之，鸟兽亦如之。"而《周礼·春官宗伯》中也讲："以六律、六同、五声、八音、六舞大合乐以致鬼、神、示，以和邦国，以谐万民，以安宾客，以说远人，以作动物。"可见，在周朝，"礼"是用来协调人与鬼神关系、调整国家秩序、和谐社会、利益动物的重要手段，而"和"与"谐"则是用来衡量"礼"之协调成功与否的重要标准。因而，"和"与"谐"的身影频频出现在《周礼》中。

周朝以后的文献著作里，"谐"作为"和"的搭档而一起出现就已经成为平常的事情。《春秋左传·襄公十一年》记载："晋侯以乐之半赐魏绛，曰：'子教寡人和诸戎狄，以正诸华。八年之中，九合诸侯，如乐之和，无所不谐。请与子乐之。'"此处的"和"与"谐"同样表达了政

---

① 《说文解字新订》，[东汉]许慎撰，臧克和、王平校订，北京：中华书局2002年版，第146页。

治的含义。

《尔雅·释诂》中有:"谐、辑、协,和也。关关、噰噰,音声和也。翩、燮,和也。"而《广雅·释诂三》中则将"和"字解释为:"和,谐也。"显然,这里的"和"与"谐"是一种同义互释的关系。

四、协、协和、和协

在中国的古代,"协"字写为"協"。"協"与"和"二字有着某种关联。二者不仅常常连在一起使用,而且含义相近。

在中国古代,由于中国较为特殊的自然条件所限,不利的自然环境使劳动协作成为生存的必需,这种生产特点强化了社会的群体性和整体意识。据考证,协作的"协"字,在卜辞《续·2,28·5》中写为"㐭",表示三人同力。

《说文解字·劦部》对"协"(即"協")解释说:"協:众之同和也。从劦从十。"而《说文解字·劦部》对于"劦"的解释则是"劦 xié,同力也。从三力。《山海经》曰:'惟号之山,其风若劦。'凡劦之属皆从劦。"① 可见,"协"字在古代,最初主要用于生产领域,表示人们在生产活动中一起出力、共同行动、互相帮助之意。

在中国古代文献中,"协"字除了表示人们生产劳动中的互相合作、互相帮助之外,还广泛使用于政治、生活、军事、外交等领域。其含义也由最初的一起出力引申为协调、调解以求和谐、合作、和睦之义。孔颖达在《疏》中说:"《释诂》以协为和,和合义同,故训协为合也。"

《尚书·虞书·尧典》记载了中国三代时期帝尧的英明政治,说他"克明俊德,以亲九族。九族既睦,平章百姓。百姓昭明,协和万邦。黎民于变时雍"。《尚书·虞书·尧典》中的"协和万邦",是指各个邦国之间互相尊重、协调,和谐相处,和平同处。显然,此处的"协"与"和"连用,表示邦国之间的政治和谐。

管子曾在《管子·五辅》中讲:"和协辑睦,以备寇戎。……夫民必知义然后中正,中正然后和调,和调乃能处安,处安然后动威,动威乃可以战胜而守固,故曰义不可不行也。"在这里,管子指出了国家内部百姓的和睦与协调在国防方面的重大意义,同时,他还指出,明白

---

① 《说文解字新订》,[东汉]许慎撰,臧克和、王平校订,北京:中华书局2002年版,第921页。

"义"是百姓和睦与协调的关键。

在《国语》中有多处关于"和协"的记载。《国语·周语上》中有："夫民之大事在农,上帝之粢盛于是乎出,民之蕃庶于是乎生,事之供给于是乎在,和协辑睦于是乎兴,财用蕃殖于是乎始,敦庞纯固于是乎成,是故稷为大官。"《国语·周语中》讲:"女今我王室之一二兄弟,以时相见,将和协典礼,以示民训则。"而《国语·郑语》则曰:"夫荆子熊严生子四人:伯霜、仲雪、叔熊、季䌷。叔熊逃难于濮而蛮,季䌷是立,薳氏将起之,祸又不克。是天启之心也。又甚聪明和协,盖其先王。"由此观之,在春秋时期,"协"字与"和"字相连用的现象已经比较普遍,有时用为动词,常用来表示协调、疏通、理顺各种关系,以便达到和谐、通畅的状态;有时候用为形容词,用来形容人的性格、某种事物或关系和谐的品质、性质或状态。另外,《春秋左传·隐公十一年》也有"寡人有弟,不能和协"的说法,在这里,表示团结、与其和睦相处的意思。

总而言之,在中国古代,"协"字具有合作、团结、互助、共同行动、协调一致等多重含义,本身即已含有和谐、一致、和睦之义。故而,它常与"和"字连用也就不足为怪了。中国古代文献中"协"字的较早出现及频繁使用,也表明中国古人在处理各种事情及各种关系时,较为倾向于选择合作与协调的方式,而非对抗或者斗争。究其原因,笔者猜测,古人在长期的生活实践中逐渐发现,人们在解决困难以争取利益的时候,如果选择以协调的方式与他人进行合作,那么往往能够顺利地解决问题,结果是大家利益均沾,皆大欢喜;而如果是选择排斥他人独自蛮干,甚至是与他人争斗以期达到利益独占的目的,则往往不能取得预期的效果,要么是一点好处也捞不到,要么是捞到了一点好处,却付出了相当大的代价,得不偿失。经过反复观察,领略过多次的经验教训,古人终于认识到,无论是在生活中,还是在生产中,比起对抗与斗争来说,协调、合作更加有效,于人于己都更为有利。于是,就格外地强调协调、协作、合作、和协、协和精神,那么,这些词汇在典籍中频繁出现也就不足为怪了。

五、调

另外,与"和"关系密切的还有"调"。"调"字古体写为"調"。三国时魏人张揖在《广雅·释诂三》中有对"调"字的解释为:"龙、利、芬、忍、调、庸，和也。"《说文解字·言部》对"调"的解释为："調，和也。从言，周声。"① 《贾谊新书·道术》对"调"的解释是："刚柔得适谓之和，反和为乖。合得密周谓之调，反调为盭。"可见，"调"的本义为配合、和谐。这表明，"调"的基本含义为"和"。这一点也可以从更早的文献记载中得以论证。

《诗经·小雅·车攻》曰："决拾既佽，弓矢既调。"意思是，扳指护臂都齐备，弓和箭两相匹配。

春秋时期的晏子曾讲："君子之大义，和调而不缘，溪盎而不苛，庄敬而不狡，和柔而不铨，刻廉而不刿，行精而不以明污，齐尚而不以遗罢，富贵不傲物，贫穷不易行，尊贤而不退不肖。此君子之大义也。"② 在晏子看来，君子的品格尽管随和而善于与人相处、配合，却并不攀援向上爬。显然，在晏子这里，君子和调的性格是天性使然，并不是出于功利目的的刻意行为。在这一点上，荀子有相似的主张。荀子认为，做人应该顺从而又不随大溜，温柔却又不屈从，宽容待人却又不违反原则，用正确的道理去启发君主因而事事都无不顺和，从而使君主能够感化改变，时时关心他，使他接受，这是侍奉暴君的原则。他在《荀子·臣道》中明确说："调而不流，柔而不屈，宽容而不乱，晓以至道而无不调和也，而能化易，时关内之，是事暴君之义也。"在这里，晏子的"和调而不缘"、荀子的"调而不流"与孔子的"和而不流"具有相同的含义，即：在搞团结的时候，并不是没有原则的一团和气，而应该把握一个"中和"的度，既不盲目附和，具有自己独立的主见，又不固执己见地把事情弄僵。

《墨子·兼爱中》中说："是故诸侯相爱则不野战，家主相爱则不相篡，人与人相爱则不相贼，君臣相爱则惠忠，父子相爱则慈孝，兄弟相爱则和调。"此处，墨子将"和"与"调"相连用，用于形容社会人事关系，表示人们之间的和睦状态。

庄子曾说："夫明白于天地之德者，此之谓大本大宗，与天和者也。所以均调天下，与人和者也。与人和者，谓之人乐；与天和者，谓之天

---

① 《说文解字新订》，[东汉]许慎撰，臧克和、王平校订，北京：中华书局2002年版，第146页。

② 《晏子春秋·叔向问君子之大义何若晏子对以尊贤退不肖第二十四》。

乐。"① 他还在《庄子·天运》中讲："夫至乐者，先应之以人事，顺之以天理，行之以五德，应之以自然。然后调理四时，太和万物。四时迭起，万物循生。一盛一衰，文武伦经。一清一浊，阴阳调和，流光其声。"显然，庄子将"调"用为动词，指均调、调理、协调，其行为的目的却是"和"，或者与人相和，或者使万物相和。

据《战国策·梁王魏婴觞诸侯于范台》记载："齐桓公夜半不嗛，易牙乃煎熬燔炙，和调五味而进之"，这里的"调和"是对食物味道的调理。

《贾谊新书·六术》曰："六律和五声之调，以发阴阳天地人之清声，而内合六行六法之道。是故五声宫、商、角、徵、羽，唱和相应而调和，调和而成理谓之音。"显然，在音律中，音符与声调必须有和有应、合理搭配以达到和谐的状态才能组成动听的音乐，否则，杂乱无章的声调的简单相加只能称为噪音。

董仲舒在《春秋繁露·度制》中说："圣者则于众人之情，见乱之所从生，故其制人道而差上下也，使富者足以示贵而不至于骄，贫者足以养生而不至于忧，以此为度而调均之，是以财不匮而上下相安，故易治也。"显然，董仲舒将"调均"作为争取社会和谐的政治手段来用的。董仲舒认为，如果对老百姓的财富"调均"有"度"的话，就能够使贫富分配合理，富人与穷人都能相安无事，社会就能安定和谐。

因为"调"作为一种事物的状态时，具有协调、调理、平衡、均衡的特点，所以，中国古代医家将"调"的状态看成"和"的一种表现。《黄帝内经·素问·生气通天论》曰："内外调和，邪不能害，耳目聪明，气立如故。"这里讲的是，如果能够做到既有人体内部的均衡与和谐，又有人体与外部环境的和谐，那么，人就不会受到病邪的侵害。《黄帝内经·素问·痹论》言："荣者，水谷之精气也，和调于五藏，洒陈于六腑，乃能入于脉也，故循脉上下，贯五脏，络六腑也。"这里说的是水谷的精华对于人体五脏的濡养，能够使五脏健康和谐。

又由于"调"作为动词时，具有调理、协调、使平衡、使均衡等含义，所以，《黄帝内经》在阐述防病治病的理论时，更是将"调"作为一个基本原则来应用：不仅要调阴阳，调四时，还要调五脏，调虚实，

---

① 《庄子·天道》。

调气血,调饮食,调五味等。《黄帝内经·素问·三部九候论》曰:"故人有三部,部有三候,以决死生,以处百病,以调虚实,而除邪疾。"这一点讲的是调虚实。《黄帝内经·素问·三部九候论》中讲:"必先度其形之肥瘦,以调其气之虚实,实则泻之,虚则补之。必先去其血脉,而后调之,无问其病,以平为期。"这里谈的是调气血。而《黄帝内经·素问·经脉别论》中有:"一阴至,厥阴之治也,真虚痟心,厥气留薄,发为白汗,调食和药,治在下俞。"此处说的则是调饮食,与服药相配合来治愈疾病。在中国传统医家看来,人体之所以产生疾病,根本原因在于因种种外邪内伤所侵害,人体原有的平衡状态被打破:有时候是人被七情六欲所伤,有时候则是受风寒燥湿热等外邪侵犯,人体内部的阴阳之气失去了平衡,从而引起气血运行不畅、经络受阻等,最终导致疾病的产生。因此,要想恢复健康,就必须对已经失衡的人体进行必要的调理和疏导,使之重新达到新的平衡,才能祛除疾病。

总之,"调"的行为不是盲目地乱来,更不是胡乱插手,"调"需使得被调的对象更加有序,更加顺畅,更为和谐,因为"调"的目标在于"和"。正因为"调"具有这种特点,所以,"调"与"和"经常连用为"和调"或者"调和"。

六、中、中和

在中国的传统思想文化里,"中"与"和"的关系也非常紧密。《说文解字》曰:"中,内也。从口、丨。上下通。"[①] 从这一解释我们可以看出"中"暗含内部通联、上下贯通的意思。"中"的引申义还包括适度、不偏不倚等意思。而"和"的实现,显然不能存在互相隔绝的现象。因此,"中"是"和"的基本要求之一。事物的各个部分、各个方面如果能够相互贯通、适度,达到"中"的状态,那么事物总体就能和谐。所以,中国的先人们对于"中"给予了较多的关注。尤其是儒家的学说,更加强调"中"。正因为"中"与"和"的这种含义上的关联性,"中和"常常被作为一个词来使用。

在儒家那里,表示适度的"中庸之道"是通向和的重要途径。孔子

[①] 《说文解字新订》,[东汉]许慎撰,臧克和、王平校订,北京:中华书局2002年版,第25页。

曾感叹道："中庸之为德也，其至矣乎！"① 儒家的中庸之道主张待人接物以适中为宜，过与不及都不可取。儒家以中庸作为做人的基本原则，提倡人们恪守中道，行为不要偏颇。孔子认为做人应该把握一个度，他说："君子惠而不费，劳而不怨，欲而不贪，泰而不骄，威而不猛。"② 如果行为没有尺度，就会导致狂狷。孔子曰："不得中行而与之，必也狂狷乎！狂者进取，狷者有所不为也。"③ 孔子的后人子思进一步提升了"中和"的地位，他在《中庸》中说："中也者，天下之大本也。和也者，天下之大道也。致中和，天地位焉，万物育焉。"这就将"中和"看成了宇宙的根本法则。认为通过对"中和"原则的体认与践履可以实现人与自然、人与人之间的和谐。

在处理人际关系方面，儒家也提倡使用中庸的方法，主张人们之间应该互让互谅，和睦相处。中庸的方法应用在国家政治生活中就是"宽猛相济"。孔子曰："政宽则民慢，慢则纠于猛，猛则民残，民残则施之以宽，宽以济猛，猛以济宽，宽猛相济，政是以和。"④ 荀子则主张统治者在治国理政的时候，应该贯彻"中和"的原则和方法。他说道："临事接民而以义变应，宽裕而多容，恭敬以先之，政之始也。然后中和察断以辅之，政之隆也。"⑤

老子在《道德经·第五章》中曾说："多言数穷，不如守中。"老子认为，走极端的做法并不可取，不仅无益，反而有害，不如持守中道。《淮南子·泰族训》有言："故圣人怀天气，抱天心，执中含和，不下庙堂而衍四海，变习易俗，民化而迁善，若性诸己，能以神化也。"《淮南子》认为圣人怀着天一样的气概，有着天一样的心怀，本着不偏不倚的中正原则与宽和包容的态度，不出庙堂便能施恩泽于四海，移风易俗，感化民众让他们从善，却像出自他们自己的本性，这就是精神感化。看来，在这里，"中和"是圣人所具有的内在特质，也是圣人感化百姓的条件。

董仲舒非常推崇"中和"之理，他在《春秋繁露·循天之道》中集

---

① 《论语·雍也》。
② 《论语·尧曰》。
③ 《论语·子路》。
④ 《孔子家语·正论解》。
⑤ 《荀子·致士》。

中阐述了他对于"中"、"中和"的认识："起之，不至于和之所不能生；养长之，不至于和之所不能成；成于和，生必和也；始于中，止必中也；中者，天地之所终始也，而和者，天地之所生成也。夫德莫大于和，而道莫正于中，中者，天地之美达理也，圣人之所保守也，诗云：'不刚不柔，布政优优。'此非中和之谓与！是故能以中和理天下者，其德大盛，能以中和养其身者，其寿极命。"在董仲舒看来，"中"是大道之理，而"和"则是德的极致。如果能够懂得"中和"的道理，并用来治理国家、天下的话，则可以光大自己的盛德；如果以之来养生的话，那么就可以立命保寿。董仲舒还说："阴阳之道不同，至于盛，而皆止于中，其所始起，皆必于中，中者，天地之太极也，日月之所至而却也，长短之隆，不得过中。天地之制也，兼和与不和，中与不中，而时用之，尽以为功，是故时无不时者，天地之道也。"在董仲舒看来，万事万物在阴阳两种势力的作用下，以达到势均力敌的平衡状态——"中"为宗旨。于是，董仲舒断言："中者，天之用也；和者，天之功也。举天地之道，而美于和。"① 在董仲舒看来，"中"是自然运行的机制，而"和"则是自然生发变化的效果，二者是"用"与"功"的关系。董仲舒最终将"和"视为天地之道的理想状态。可见，在董仲舒那里，"中"是自然变化的基本原则，其目的就是要达到"和"的状态。

东汉末荀悦在《申鉴·俗嫌》中说："养性秉中和，守之以生而已。"在荀悦这里，是把"中和"看成了修身养性的方法。与荀悦同一时代的于吉在《太平经·名为神诀书》中说："故纯行阳，则地不肯尽成；纯行阴，则天不肯尽生。当合三统，阴阳相得，乃和在中也。古者圣人治致太平，皆求天地中和之心。"于吉认为阴阳任何一方的偏盛都不利，只有阴阳相当，才能"和"，从而阴阳相得。在社会人事方面，圣人要使国家太平，也是追求天地中和的状态。《太平经·和三气兴帝王法》还讲："中和者，主调和万物者也。"这里明确将中和视为调和万物的力量。因此，"阴阳者，要在中和。中和气得，万物滋生，人民和调，王治太平。"阴阳的最佳状态是"中和"。得到中和之气，就可以使万物滋生，百姓安居乐业，国家太平。可见，中和不仅是自然的理想状态，还是社会的理想状态。

---

① 《春秋繁露·循天之道》。

此外，还有与"中"意思相似的一个字："适"，适度。在中国古代，就已经认识到了"适度"对于"和"的重要意义。《吕氏春秋·大乐》从音乐的角度谈了"适"与"和"的关系："声出于和，和出于适。"其意为，声音产生于和调，和谐来源于适度。《贾谊新书·道术》中有："刚柔得适谓之和，反和为乖。"显然，在贾谊看来，"和"必须适度。

由此看来，在中国"和"传统文化中，"中"常常被理解为适度的意思而作为"和"的标准。如果能够做到"中和"，就是比较理想的事情了。

七、仁

"仁"字在中国古籍中出现得比较早。"仁"在《尚书》中曾出现过多次。《尚书·商书·仲虺之诰》曰："惟王不迩声色，不殖货利。德懋懋官，功懋懋赏。用人惟己，改过不吝。克宽克仁，彰信兆民。"《尚书·商书·太甲下》中讲："惟天无亲，克敬惟亲。民罔常怀，怀于有仁。"《尚书·周书·泰誓中》中有："虽有周亲，不如仁人。"从这几处记载来看，在我国商周时期，"仁"已经具有了好品德、较高的道德境界的含义，且被引入政治伦理的领域：不仅统治者在治理国家时需具备"宽"、"仁"的品质，老百姓也是以做"仁人"为佳。

汉朝许慎对"仁"的解释为："亲也。从人从二。"① 从"仁"字的字形结构来看，此字含有"二人"，当然，这个"二"是泛指，表示多的意思，而非实数。因此，"仁"暗含了对待他人的态度、与人相处时需持的心态以及在多人相处时人际关系的状态等。正是因为"仁"的这些含义，所以，《易经》将"仁"与"义"一起作为"立人之道"也就不足为奇了。《易经·说卦传》曰："立天之道，曰阴与阳；立地之道，曰柔与刚；立人之道，曰仁与义。"

"仁"在儒家那里，具有较为重要的地位。孔子关于"仁"的论述有多处，他分别从不同角度对"仁"作了解释和阐发。据《论语》记载，颜渊曾经向孔子问"仁"。孔子回答说："克己复礼为仁。一日克己

---

① 《说文解字新订》，[东汉] 许慎撰，臧克和、王平校订，北京：中华书局2002年版，第518页。

复礼，天下归仁焉。为仁由己，而由人乎哉？"① 孔子的意思是，克制自己的欲望与行为，恢复周朝的礼，自觉地用周礼来约束自己的思想、行为，就能恰当地处理人际关系，从而做到"仁"。因为孔子认为，"周礼"已经详细地规定了人们的各种行为准则，因此，只要人们自觉恢复并遵守周礼就可以做到"仁"了。

当仲弓向孔子问"仁"的时候，孔子又从另一个角度对"仁"进行了阐释。他说："出门如见大宾，使民如承大祭。己所不欲，勿施于人。在邦无怨，在家无怨。"② 在孔子看来，要正确对待人际关系，做到"仁"，还必须将心比心，自己不喜欢做的事情，不要勉强别人去做。

在孔子那里，"仁"的核心为"爱人"。而当樊迟向孔子问仁的时候，孔子则比较简单地回答说："爱人。"③ 这个回答看似简单，其实做起来并不容易。因为，孔子所谓的爱人，并不局限于自己的亲人，而是"泛爱众"④。不过，孔子还是注重爱人要从自己的亲人爱起。《易经·系辞上传》也曾说："安土敦乎仁，故能爱。"《易经》认为，人们安于所居的土地，富于仁德，所以能够爱。《易经》的这种观点，将爱看成"仁德"自然发生的结果，又似乎并不太难。

那么，如何实现"仁"这种道德目标呢？子张曾经向孔子请教"仁"的问题，孔子回答说："能行五者于天下，为仁矣。"子张要求孔子作进一步的解释，孔子就说："恭、宽、信、敏、惠。恭则不侮，宽则得众，信则人任焉，敏则有功，惠则足以使人。"⑤ 由此可见，在孔子那里，"仁"还是一种程度很高的道德修养。

可见，在孔子那里，"仁"具有双重的含义：既是道德理想和目标，同时又是一种很高的道德修养。在孔子的思想体系中，其"仁学"观点与其"德治"的政治主张都是密切相关的。正是因为孔子认为人们具有"爱人"的能力与为"仁"的意愿，所以孔子才极力推崇道德教化的力量，并以道德教化作为治国理政的主要方式，依靠人们的道德自觉来实现国家的稳定与社会的和谐，而不是依靠法律刑罚的威慑，用外在的国

---

① 《论语·颜渊》。
② 《论语·颜渊》。
③ 《论语·颜渊》。
④ 《论语·学而》。
⑤ 《论语·阳货》。

家机器的力量去强制人们来实现。

战国时期的孟子进一步发展了孔子的"仁学"思想。

一方面,孟子挖掘了"仁"之由来,认为"仁"是人的天性,是人的内在品质,天性使然,非由外铄。孟子说:"仁也者,人也。合而言之,道也。"① 孟子认为,仁是人之所以为人的道理,仁、人与道一样,都是与生俱来的。他还干脆说:"仁,人心也";② 他在《孟子·尽心下》中又说:"人皆有所不忍,达之于其所忍,仁也。"显然,这种源自于人的天性的"仁"具有一种天赋的道德观念的性质。因为,在孟子看来,人们的这种"仁"的本性与人心固有的本性相联系,他说:"恻隐之心,仁也;羞恶之心,义也;恭敬之心,礼也;是非之心,智也。仁义礼智,非由外铄我也,我固有之也,弗思耳矣。"③ 孟子的这些思想,也是其性善论的重要内容。

另一方面,孟子明确提出"仁政"的概念,并赋予"仁政"以极高的地位。既然孟子认为"仁"是人心固有的本性,那么,只要通过适当的引导与教化就可以使民众的"仁"性发挥出来。因此,统治者治理国家的关键在于以自己的"仁"作为榜样与示范,来诱导民众之"仁"。孟子曾讲过:"仁人无敌于天下。"④ 在孟子看来,"仁"具有非凡的力量。于是,孟子进一步将"仁"与政治相联系,明确提出了"仁政"的政治主张。孟子认为,"仁政"具有极大的威力,他在《孟子·公孙丑上》中很有信心地说:"行仁政而王,莫之能御也。"孟子的仁政政治主张虽然未被当时的统治者所采纳,但却受到了汉朝及其以后统治者的重视,在中国历史上产生了较大的影响。

此外,孟子还进一步对"仁"进行了探索。他说:"仁之实,事亲是也"⑤;"亲亲,仁也"⑥。这样,孟子就将"仁"与对父母等亲人的孝敬、侍奉联系起来,将"仁"由抽象的理论阐发转为具体的行为规定。然而,"事亲"与"亲亲"绝不是"仁"的全部,孟子继承了孔子关于"仁者爱人"的思想,认为,"仁人"不仅要爱人,要"泛爱众",而且

---

① 《孟子·尽心下》。
② 《孟子·告子上》。
③ 《孟子·告子上》。
④ 《孟子·尽心下》。
⑤ 《孟子·离娄上》。
⑥ 《孟子·告子下》。

还要爱一切人。他在《孟子·尽心上》中说："仁者无不爱也，急亲贤之为务。"在孟子看来，仁人爱人，被爱之人反过来敬爱仁人，那么，社会上的人们，无论亲疏远近，就会爱成一团。他说："仁者爱人，有礼者敬人。爱人者人恒爱之，敬人者人恒敬之。"①

也许，在孟子的理想中，当人们出于"仁"之天性，纷纷爱得不可开交的时候，社会和谐的实现也就近在眼前了。

当然，墨家、道家等其他思想派别也分别对"仁"表达过自己的看法。然而，"仁"学在他们那里都显得并不是那么突出，其对于中国传统文化的整体面貌的影响也并不太明显。如，老子就有反对仁的思想。老子在《道德经·第十八章》中说："大道废，有仁义；智慧出，有大伪；六亲不和，有孝慈；国家昏乱，有忠臣。"他还在《道德经·第三十八章》中讲："故失道而后德，失德而后仁，失仁而后义，失义而后礼。"在老子看来，社会的变动都是由对"道"的破坏而引起的。人们丧失了"道"以后产生了"德"，丧失了"德"才有了"仁"，丧失了"仁"才产生了"义"，丧失了"义"后才有了"礼"。正因为如此，老子主张："绝圣弃智，民利百倍；绝仁弃义，民复孝慈；绝巧弃利，盗贼无有。"②认为人们只有抛弃了"仁"和"义"，才能回到孝慈。

然而，老子又认为，在"大道"已废、道与德已失的情况下，不得已退而求其次，还得讲究仁、义。因此，他在《道德经·第八章》中说："居善地，心善渊，与善仁，言善信，政善治，事善能，动善时。夫唯不争，故无尤。"虽然在老子那里这种说法有些无奈，但在现实社会状况的逼迫之下，要想争取一个较好的社会状态，还需选择"仁"、"信"等作为谋生、处世的手段。

与老子的思想一脉相承，庄子也曾说："仁义之端，是非之途，樊然淆乱，吾恶能知其辩！"③庄子对"仁义"进行了严正的批评，他还说："夫残朴以为器，工匠之罪也；毁道德以为仁义，圣人之过也。"④庄子认为，正是儒家所谓的"圣人"们不以天道行事，按照自己的主观意图制定所谓的"仁义"法则，破坏了"道"的天然美德，才造成人世间的

---

① 《孟子·离娄下》。
② 《道德经·第十九章》。
③ 《庄子·齐物论》。
④ 《庄子·马蹄》。

混乱与无序。因此，庄子发出感叹道："削曾、史之行，钳杨、墨之口，攘弃仁义，而天下之德始玄同矣。"①

总而言之，在"仁"的问题上，中国古代的思想家们仁者见仁、智者见智，各抒己见。其中，以孔孟为代表的儒家提出了丰富而系统的"仁学"、"仁政"思想。由于儒家在中国漫长的历史中所特有的思想地位，孔孟关于"仁"的思想对后世中国的思想、政治、伦理影响深远。这种基于以"爱人"为核心内容的仁学思想在客观上要求统治者在治理国家时，必须充分考虑到人性中"仁"、"善"的一面，将治国的重点放在道德教化上，以身作则，用榜样示范的力量去影响与引导民众，向着淳化民风、和谐社会的方向发展。可以说，儒家的"仁学"思想是中国传统"和"文化的重要组成部分，它为人际和谐、政治和谐的实现提供了人性的依据。

八、礼

"礼"，古体作"禮"。《说文解字》对它的解释是："履也。所以事神致福也。从示从豊，豊亦声。"② 古人所说的"事神"，主要指祭祀神灵的活动。其中的"豊"，就是行礼用的器具。可见，"礼"最初与祭祀神灵有关，是祭祀天地、鬼神、祖先的仪式。在中国古代，礼的祭祀主要是通过玉器体现的，祭祀鬼神、祖先也要用礼器。比如，用玉璧、玉琮，玉璧祭天，玉琮祭地，天圆地方。

在周代，周公制礼作乐，使"礼"更加全面而深入地渗透到人们社会生活的各个领域。"礼"逐渐成了规范人们各种行为的律令。因此，周代的"礼"除了指仪式外，还含有规范与礼治的思想。《尚书·周书·周官》曰："宗伯掌邦礼，治神人，和上下。"这句话说明，在周代，"礼"作为治国安邦的手段，在国家的政治生活中发挥着重要作用，不仅被用来治理神与人，还被用来协调各个阶层之间的关系，以达到社会和谐的目标。可见，"礼"是"和"的重要手段与方法，而"和"则是"礼治"的根本目标，二者在一个较早的时期就已经纠缠在一起，并在以后漫长的历史中对中国社会产生着不可忽视的影响。

---

① 《庄子·胠箧》。
② 《说文解字新订》，[东汉]许慎撰，臧克和、王平校订，北京：中华书局2002年版，第4页。

到了春秋末期,社会动荡不安,礼崩乐坏,社会失序,国家战乱不止,人民流离失所痛苦不堪。孔子看到这种情况,痛心疾首,决心恢复周礼,以拯救社会。于是,他满怀希望地说:"周监于二代,郁郁乎文哉!吾从周。"① 主张"克己复礼",他认为,通过克己复礼就可以做到"仁",具体做法就是"非礼勿视,非礼勿听,非礼勿言,非礼勿动"。② 对于统治者,他则提出对民"齐之以礼"③的建议。这是孔子从政治上对"礼"所作的期望。

在生活上,"礼"也面面俱到地规定了人们的行为。当孟懿子向孔子问"孝"的时候,孔子只简单地回答说:"无违。"后来,樊迟请求孔子给予具体的解释,孔子就说:"生,事之以礼;死,葬之以礼,祭之以礼。"④ 显然,只要人们自觉遵从了"礼"的要求,那么,从生到死都不会有违背双亲意愿的行为了。由此可见,"礼"对人们行为的规范是何等的细密繁复!孔子希望用"礼"来保障天下父母们过上子女孝顺的舒心生活。

《春秋左传·隐公十一年》曰:"礼,经国家,定社稷,序民人,利后嗣者也。"认为"礼"是治理国家的准则和依据。《春秋左传·庄公二十三年》还有:"夫礼,所以整民也。"意谓"礼"是统治者整肃民众的工具。《春秋左传·昭公二十六年》对"礼"的作用描绘了一幅颇具诱惑力的图景,它说:"礼之可以为国也久矣。与天地并。君令、臣共、父慈、子孝、兄爱、弟敬、夫和、妻柔、姑慈、妇听,礼也。"这该是一种多么和谐的社会啊!但是,它对人们的要求也相当高,《春秋左传·昭公三十一年》中对君子们提出的要求是:"君子动则思礼,行则思义,不为利回,不为义疚。"笔者思忖:如果一定要这样做才称得上君子的话,恐怕世间君子的数量不会太多!

战国的荀子则赋予了"礼"以法的功能,他说:"《礼》者,法之大分,类之纲纪也。故学至乎《礼》而止矣。"⑤ 他认为,"礼"不仅是养生之道,还是安身立命、经世致用之理。他在《荀子·修身》中讲:

---

① 《论语·八佾》。
② 《论语·颜渊》。
③ 《论语·为政》。
④ 《论语·为政》。
⑤ 《荀子·劝学》。

"凡用血气、志意、知虑，由礼则治通，不由礼则勃（通"悖"）乱提（通"偍"，"媞"，舒缓之意）僈（通"慢"）；食饮、衣服、居处、动静，由礼则和节，不由礼则触陷生疾；容貌、态度、进退、趋行，由礼则雅，不由礼则夷固僻违，庸众而野。故人无礼则不生，事无礼则不成，国家无礼则不宁。"

《礼记·曲礼》指出了"礼"的基本功能，它说："夫礼者，所以定亲疏、决嫌疑、别同异、明是非也。"《礼记·曲礼》认为，社会的正常秩序离不开"礼"，没有"礼"，社会就会乱了套："道德仁义，非礼不成；教训正俗，非礼不备；分争辨讼，非礼不决；君臣、上下、父子、兄弟，非礼不定；宦学事师，非礼不亲；班朝治军、莅官行法，非礼威严不行；祷祠、祭祀、供给鬼神，非礼不诚不庄。"《礼记·祭义》则明确说："天下之礼，致反始也，致鬼神也，致和用也，致义也，致让也。"由此看来，"礼"在协调各种社会、人事乃至人与鬼神的关系中起着重要的作用，在促进国家的稳定与社会的和谐方面有着重要的影响。

在中国古代的典籍中，《周礼》、《仪礼》等对各种"礼"作了详细的规定。可以说，在漫长的中国封建社会，"礼"无孔不入地渗透于社会生活的各个角落，用半强制、半教化的方式制约着人们的行为，影响着人们的思想观念。至于它所起到的作用，无论是当初制定"礼"的周公、"克己复礼"的孔子，还是后世继承"礼法"传统的历代思想家、政治家们，甚或那些将"礼"扭曲为杀人的"封建礼教"的理学家们，他们的初衷都无一例外地是希望通过"礼"来实现社会的和谐、有序与稳定。

以上内容主要是以几个典型的汉字为例，从文字学的角度来说明中国传统"和"文化的源远流长以及对人们日常生活无孔不入的渗透。同时，我们还可以看到和、德、合（和合、合和）、谐、协（协和、和协）、调、中（中和）、仁、礼这些文字实际上构成了我国传统"和"文化的概念系统或范畴体系。其中，和（和谐）是理想和目标，德、仁、礼是和（和谐）在人们的思想、道德、政治、制度等方面的体现和保证，而合（和合、合和）、谐、协（协和、和协）、调、中（中和）则是实现和（和谐）的手段和方法。中国传统"和"文化绝非思想的碎片，也不是个别零散的观点的偶然出现，而是一种理论化、系统化的思想体系。在某种意义上说，中国传统"和"文化也是一种价值观和方法论。

第三节 中国古代"和"的基本内涵与价值

在中国，古人对"和"从多角度给出了不同的理解，使得"和"在中国古代就已经具有丰富的含义。那么，在中国古人那里，"和"具备哪些基本内涵呢？概括地说，主要有以下几个方面。

一、"和"是宇宙间事物存在与发展过程中的基本状态之一

在中国古人看来，和谐是对立的双方在发展过程中相统一的一种基本状态。古人认为，以和谐有序为特征的平衡态是事物存在与发展过程中的常态，而打破了和谐的失衡状态则是非常态，是暂时的。中国古老的典籍《易经》认为，万事万物的发展和变化都取决于阴阳两种性质的力量之间此消彼长的变动，阴阳两种力量势均力敌，那么就容易导致稳定与和谐，如果阴阳两种力量有一方过于强大，另一方过于弱小的话，那么就容易失去平衡，从而背离稳定与和谐的状态。

老子讲："有无相生，难易相成，长短相形，高下相盈，音声相和，前后相随，恒也。"① 意思是，有与无互相对立而得以产生，难和易互相对立而形成，长与短互相对立而得以体现，高与下互相对立而存在，音与声互相对立而和谐，前与后互相对立而出现，这是永恒的。中国古贤荀子认为"天行有常，不为尧存，不为桀亡"。而这种"有常"指的就是一种自然规律自行运作的和谐有序的状态。《淮南子·氾论训》也将"和"看作最理想的自然状态，它说："天地之气，莫大于和。和者，阴阳调，日夜分而生物。"

天地自然如此，人自身的存在和发展也是如此，如传统中医思想认为，以身心和谐为特征的健康状态是人的常态，而身心因为杂有不和谐因素而患有疾病的失衡状态则是暂时的状态，经过调理或者医治，人们又会重新回到身心和谐的健康状态。

《礼记·中庸》认为："喜怒哀乐之未发谓之中，发而皆中节谓之和。中也者，天下之大本也；和也者，天下之达道也。致中和，天地位

---

① 《道德经·第二章》。

焉，万物育焉。"意思为：人们喜怒哀乐的感情不曾发作叫作"中"，表露出来都适度而没有乖戾叫作"和"。中是天下的根本，和是天下的大道。达到中和，天地就各正其位，万物就发育成长。朱熹对"达道"的解释是："达道者，循性之谓，天下古今之所共由，道之用也。此言性情之德，以明道不可离之意。"① 程颐、程颢把"和"视为一种有序的状态。他们说："一不正，便是无序。无序便乖，乖便不和。"②

董仲舒在《春秋繁露·循天之道》中讲："和者，天之正也，阴阳之平也，其气最良，物之所生也，诚择其和者，以为大得天地之奉也。天地之道，虽有不和者，必归之于和，而所为有功；虽有不中者，必止之于中，而所为不失。"董仲舒认为，"和"是宇宙自然的正常状态，即使有"不和"的时候，但终究会回归到"和"的正常状态。

张载也将"和"看成社会乃至宇宙的正常状态，他说："太和所谓道，中涵浮沉、升降、动静、相感之性，是生氤氲、相荡、胜负、屈伸之始。"③ 显然，张载并不认为"太和之道"就是风平浪静的一片宁静与祥和，而是充满了矛盾与斗争，只不过这些"中涵浮沉、升降、动静、相感之性"的矛盾与"氤氲、相荡、胜负、屈伸"的斗争都是达到"太和"之状态所必需的途径或手段。由此看出，在儒家那里，"和"不仅是人的思想感情的一种理想状态，还是古今所共同遵循的基本道理，也是整个宇宙的理想状态。

无独有偶，在西方，也有着类似的将和谐看作宇宙间万事万物存在和发展的一种基本状态的思想。

毕达哥拉斯学派的宇宙和谐论认为，宇宙间诸天体按照一定比例的距离环绕着"中心火"运转而发出的美妙声音，构成天体的和谐。④ 德国哲学家莱布尼茨提出"预定和谐"论，认为整个宇宙存在着和谐与秩序，是上帝预先设定好了的。西方近代，还有一种"社会均衡论"。斯宾塞在1862年出版的《第一原理》一书从进化论角度来研究社会的均衡问题，他把进化的起因看成"统一状态的不稳定性"以及效果的增长及其分离，这种均衡和分离一直进行到完全均衡为止。他在其后出版的

---

① 朱熹：《中庸集注·中庸章句》。
② 转引自朱熹：《论语集注》卷九。
③ 《正蒙·太和》。
④ 参见谭鑫田等主编：《西方哲学词典》，济南：山东人民出版社1992年版，第186页。

《生物学原理》一书中,提出有机体的适应性的进化是"内在的情况同外部世界趋于平衡"的结果。在斯宾塞那里,这种社会的均衡就是一种强调社会稳定和谐状态。斯宾塞在心理学方面则提出,生活是有机体的内部关系对外界关系的适应,人的认识接近现实,然而这种接近只是适应,而不是反映事物发展的内在倾向;不断地趋向均衡和安静;而失去均衡和安静则是外界因素引起的。总之,斯宾塞认为平衡是一切运动的开端和终结。世界上各种事物,或者已经平衡,或者正在走向平衡。①

可见,在将"和"作为事物存在和发展过程中的一种基本状态这一点上,古代、近代的中西方有着相似的观点。

事物存在和发展的过程,无非是斗争和统一。中国古人将"和"作为事物存在和发展的基本状态,对后世中国传统"和"文化的发展和壮大有着一定的影响。

二、"和"是事物存在与发展的条件

在中国古人那里,"和"不仅是事物存在和发展过程中的一种基本状态,还是万物得以生成和发展的根据。

在中国古人那里,"和"与"同"是两个完全不同的概念。和,指不同东西的和合与统一。同,则是指相同东西的简单相加或同一。西周末期的史伯首先将"和"与"同"作为有区别又有联系的一对范畴提出来。通过"和"与"同"的概念区分,史伯阐述了"和实生物"的思想。公元前 8 世纪,周王朝太史史伯在与郑桓公讨论周王朝国势衰落时说:"夫和实生物,同则不继。以他平他谓之和,故能丰长而物归之;若以同裨同,尽乃弃矣。故先王以土与金木水火杂,以成百物。是以和五味以调口,更四支(通"肢")以卫体,和六律以聪耳,正七体以役心,平八索以成人,建九纪以立纯德,合十数以训百体。"② 在这里,史伯指出了周王朝之所以衰落,其原因主要在于周幽王"去和取同"——在政治上排斥异己,只听某一类人的相同意见,却听不进不同意见。而只有不同事物之间相互结合、相互补充、相互配合、相互协调,达到事物多样性的统一与平衡,才能真正做到"和";反之,"若以同裨同,尽乃弃

---

① 参见成少森、叶川主编:《西方文化大辞典》,北京:中国国际广播出版社 1991 年版,第 492 页。
② 《国语·郑语》。

矣"。认为如果只是相同事物的简单相加,那么就会一事无成。因此,只有"以他平他"——把不同的东西统一起来,才能产生新的事物。所以,史伯极力赞同:"于是乎先王聘后于异姓,求财于有方,择臣取谏工而讲以多物,务和同也。"① 由此,史伯反对事物的单一性,认为:"声一无听,物一无文,味一无果,物一不讲。王将弃是类也而与剸同。天夺之明,欲无弊,得乎?"② 史伯这种"和实生物"的观点,即认为不同因素的整合与统一,才能使事物得以产生和发展,这一点不仅适用于自然界,还适用于社会生活领域。与中国遥相呼应的是,古希腊的哲学家毕达哥拉斯也认为"和谐起于差异的对立,是杂多的统一,不协调因素的协调",从而将宇宙看作一个和谐的整体。与此相似的是,另一位古希腊哲学家赫拉克利特主张"对立和谐"的观点,他认为"自然也追求对立的东西,它是从对立的东西产生和谐,而不是从相同的东西产生和谐"。③ 赫拉克利特认为,对立面结合在一起构成和谐,和谐不是各个分散部分的外在联合,而是它们基于本质联系的内在统一。

显然,中国古人所讲的"和实生物"是有条件的,这个条件就是:阴阳五行相互冲突融合而化生万物。《易经·系辞下》讲:"阴阳合德,而刚柔有体。"唐代孔颖达疏曰:"若阴阳不合,则刚柔之体无从而生。以阴阳相合,乃生万物,或刚或柔,各有其体。"此处的"合"指相区别、有差异甚至相冲突的事物取得一种平衡、融合与和谐。具体来说,就是"天地氤氲,万物化醇,男女构精,万物化生"④。所谓"合"就是阴阳、天地、男女的阴阳冲突、氤氲、融合而产生万物。反之,毫无差异的同类事物是不能产生新的事物的。《易经·革·彖》中讲:"二女同居,其志不相得。"意思为相同因素的简单相加不能产生新生儿,也不能化生新事物。

首先,在宇宙生成论方面,中国古人认为,"和"是万物得以产生的条件,也是万物之所以生成的力量。

《道德经·第四十二章》曰:"万物负阴而抱阳,冲气以为和。"是

---

① 《国语·郑语》。
② 《国语·郑语》。
③ 北京大学哲学系编译:《古希腊罗马哲学》,生活·读书·新知三联书店1957年版,第19页。
④ 《易经·系辞下传》。

说，万物都有阴阳两面性，就像背负着阴而怀抱着阳一样，万物就在阴阳二气的相互激荡、相互补充中得到统一。这里的"和"是阴阳二气处于和谐的状态，是万物得以稳定存在的条件。

《庄子·田子方》中讲："至阴肃肃，至阳赫赫。肃肃出乎天，赫赫发乎地，两者交通成和而物生焉。"可见，庄子认为，正是天地、阴阳相互交通才生成万物。荀子曾在《荀子·天论》中说："万物各得其和以生，各得其养以成。"显然，荀子将"和"看作万物得以产生的条件。

《吕氏春秋·有始》曰："天地有始。天微以成，地塞以形。天地合和，生之大经也。以寒暑日月昼夜知之，以殊形殊能异宜说之。夫物合而成，离而生。"《吕氏春秋》同样认为，天地合和是万物生成的根据。

《淮南子·天文训》中则有："道曰规始于一，一而不生，故分而为阴阳，阴阳合和而万物生。"其中，"合而生"、"和以生"，指和合化生。天地间的万物千差万别，却都因阴阳合和的力量而生生不息。《淮南子·氾论训》中还讲："天地之气，莫大于和。和者，阴阳调、日夜分而生物。"这就进一步明确指出了万物生成的条件正是阴阳合和的结果。《淮南子·泰族训》则具体阐述道："神明接，阴阳和，而万物生矣。"认为神明交接，阴阳融合，万物自然而然地就产生了。

董仲舒在《春秋繁露·循天之道》中也肯定地说："和者，天地之所生成。"董仲舒同样认为"和"是天地之所以生成的根据。

张载在《正蒙·诚明》中说："和则可大，乐则可久，天地之性，久大而已矣。"他认为，"和"是"天地之性"的内容，和乐使得天长地久成为可能。

由此可见，中国古人认为，世界万物产生，是天地、阴阳相合而达到和的状态之后所自然形成的结果。万物的发展，也离不开"和"的条件。

其次，在人自身的存在和发展方面。中国古人认为，人作为万物中的一种，也是"阴阳合和"的结果。

中国古代儒家认为，人原是男女交媾、阴阳合和化生的结果。《易经·系辞下传》曰："天地氤氲，万物化醇。男女构精，万物化生。"

中国的医家认为，人的生成与发展都离不开"和"。从人的生成来说，人的生成离不开男女的阴阳合和。《黄帝内经·素问·上古天真论》认为，男女首先要发育成熟，身体健康，阴阳二气平衡、和谐，"阴阳和，故能有子"。从人的存在与发展来说则离不开"和"，和是人健康的重要保证。《黄帝内经·素问·上古天真论》曰："上古之人，其知道者，法于阴阳，和于术数，食饮有节，起居有常，不妄作劳，故能形与神俱，而尽终其天年，度百岁乃去。"《黄帝内经》认为，上古之人懂得道，取法于阴阳的变化规律，与术数相和，生活起居符合养生之道，所以能够活到百岁。《黄帝内经·素问·生气通天论》曰："圣人陈阴阳，筋脉和同，骨髓坚固，气血皆从。如是则内外调和，邪不能害，耳目聪明，气立如故。"《黄帝内经·素问·六节脏象论》中则讲："五味入口，藏于肠胃，味有所藏，以养五气，气和而生，津液相成，神乃自生。"可见，《黄帝内经》将"和"看作人体身心健康的重要保证。可以说，一部《黄帝内经》就是讲"和"的医书：阴阳相和，五行相和，与四时相和，与五运相和……

再次，在社会生活方面，中国古人讲"和而不同"，包括正确对待矛盾与斗争。

某些学者认为，中国传统的"和"片面地强调矛盾双方的统一性，追求和解、协调、统一，不注重矛盾对立面之间的差异、排斥、斗争，是一种单一的和。笔者不同意这种观点。笔者认为，恰恰相反，中国传统的"和"思想中包含着丰富的辩证法因素，这可以从中国古人对于"和"的理解中体现出来，如前所述，"和"最初的含义之一为不同的乐器相互配合进行演奏，多种声音彼此协调，才能达到"和"的效果；如果是单一音调的长鸣，不仅不能产生"和"声妙音，反而会成为让人厌恶的噪音。

因为中国古代的"和"，本身包含了不同成分、不同因素之间差异的存在，是不同成分、不同因素互相补充、互相协调从而达到平衡与和谐的状态。承认并提倡"和而不同"，暗含着非但没有否认矛盾与斗争，反而恰恰是承认矛盾与斗争存在的合理性。正是基于对"和"的这种理解，当齐侯问晏婴"和与同异乎"之时，晏婴回答说："异。和如羹焉，水火醯醢盐梅以烹鱼肉，燀之以薪。宰夫和之，齐之以味，济其不及，以泄其过。"① 在晏婴看来，作为协调的"和"与"同"不一样。协调好像做羹汤，用水、火、醋、酱、盐、梅来烹调鱼和肉，用柴禾烧煮，

---

① 《春秋左传·昭公二十年》。

厨工加以调和，使味道适中，味道太淡就增加调料，味道太浓就加水冲淡。晏婴还认为，在政治上的"和"就是要做到"君所谓可而有否焉，臣献其否以成其可。君所谓否而有可焉，臣献其可以去其否。是以政平而不干，民无争心"①。意思是君臣之间可以通过不同意见的相互争论和补充来达到正确的认识，如果君说是臣也说是，君说否臣也说否，那就是随声附和，就是"同"，而不是"和"。真正的"和而不同"不是否定和取消差异，而是允许不同声音的存在并积极面对差异，把和谐作为目标，通过比较选出优秀的部分，同时考虑相互补充以取得和谐。

具体到人事方面的"和"，孔子曾说："君子和而不同，小人同而不和。"② 意思是：君子能取长补短，协调各种不同的意见，但不盲从附和；小人只求完全一致（或盲从附和），不讲不同意见的协调。显然，孔子是赞成"和而不同"的。《礼记·中庸》曰："故君子和而不流，强哉矫。"孔子认为君子能够称为刚强者有四，第一点即为"和而不流"，强调与人和谐相处却并不随波逐流。

"和而不同"的思想表现在政治生活中，则是要求允许不同声音和不同政见的存在，而且只有这样，才能保证政治的清明。春秋时期的晏子曾用一个形象的比喻来说明"和而不同"在政治生活中的重要意义，他说："所谓和者，君甘则臣酸，君淡则臣咸。今据也甘君亦甘，所谓同也，安得为和！"③ 他认为，"和"的价值恰恰在于不同意见的存在，只有看法不同、意见有异，才有争论，才能进行比较和鉴别，从而选择更加合理的方案。而人云亦云正是政治生活的大忌。《申鉴·政体》曰："君臣亲而有礼，百僚和而不同，让而不争，勤而不怨，无事惟职是司，此治国之风也。"意思是，君臣之间关系亲密而各遵其礼，朝廷百官虽然和睦相处，却并不盲目附和，互相谦让而不明争暗斗，勤于政事而从不抱怨，一心做好本职工作，这是太平国家的风气。

因此，中国传统的"和"并不是相同元素的简单相加，而是包含不同因素的相互补充与配合；也不是为了追求统一、一致、和谐而排斥差异的单一的"和"，而是承认不同意见的存在，并通过对不同意见的对比与整合而达到最终的"和"——意见的统一。方克立先生总结说：

---

① 《春秋左传·昭公二十年》。
② 《论语·子路》。
③ 《晏子春秋·内篇谏上》。

"'和'是与'同'相对的一个哲学范畴,它的含义很明确,就是包含着差异、矛盾、互为'他'物的对立面在内的事物多样性的统一。它是一个辩证的同一性概念。而'同'则是指无差别的同一,相同东西的简单相加。"① 毛泽东所提出的"百花齐放,百家争鸣"的方针,实际上就是既承认和允许差别与矛盾的存在,又希望达到和谐发展的理想状态。他的这一思想也充分体现了对"和而不同"这条规则的尊重。

综上所述,在中国古代,"和"是多种因素的相互补充与统一,强调不同因素的同存共生,而不是相同因素的简单相加。基于这种认识,在中国古人那里,"和"被看作万物生存和发展的条件,天地阴阳相和,才能够产生万物。同时,"和"还是万物得以发展的动力,在不同因素之间的相互激荡和相互补充从而达到"和"的过程中,万物得以发展和壮大。

三、"和"是一种理解和处理问题的思维方法:调解、调和

中国传统"和"的另一个含义就是将"和"作为一种解决问题、消解矛盾的基本方法和手段。

对于矛盾着的事物,中国古人往往从其"相辅相成"、"相济"、"相依"、"相融"、"相合"、"相参"的角度去看待,积极地从矛盾着的双方中寻求达成一致的基点,推动矛盾着的事物朝着相互融合的方向发展。

孔子曰:"我扣其两端而竭焉。"② 意思是,在认识事物、理解事物时,将两个不同的甚至极端的东西统一起来考虑,或者通过对事物正反两个方面的探索来把握事物,求得问题的解决。孔子的这一思维方法常常被称为"中庸"。孔子将"中庸"思想贯彻到政治领域,以避免政治上的极端,从而达到政和民治的效果。孔子主张:"政宽则民慢,慢则纠于猛,猛则民残,民残则施之以宽,宽以济猛,猛以济宽,宽猛相济,政是以和。"③ 在孔子看来,治理国家要把握一个度,要保持一种政治平衡与和谐,从而达到治国的目的,而达到和的途径则是政治得以延续的方法。

孟子在比较了杨朱的极端利己主义和墨子以"兼爱"为特征的极端

---

① 方克立:《关于和谐文化研究的几点看法》,《光明日报》2007年7月31日。
② 《论语·子罕》。
③ 《孔子家语·正论解》。

利他主义之后,赞扬了介乎二者之间的子莫的做法,他在《尽心上》篇中说:"杨子取为我,拔一毛而利天下,不为也。墨子兼爱,摩顶放踵利天下,为之。子莫执中。执中为近之,执中无权,犹执一也。所恶执一者,为其贼道也,举一而废百也。"孟子认为子莫的"执中"行为不偏不倚,才合乎常情,且容易做到。同时,孟子并不主张刻板教条地恪守中庸之道,而是提倡灵活变通的"权",认为如果不知道灵活变通的话,就与偏执一端的固执己见没有什么差别,而这种只抓住一点就不管其他的偏执一端会损害中庸之道。这说明,孟子反对极端主义的思想和方法,认为为达到和谐状态,在解决不和谐问题的时候,要讲究灵活变通的"执中"。

荀子曾说:"义以分则和,和则一,一则多力,多力则强,强则胜物。"① 荀子主张用礼义的准则来区分人们的等级,人们的关系就会和谐,和谐就能一致,一致力量就大,力量大就强盛,强盛就可以战胜万物。其中,荀子把"和谐"作为人们发展壮大的一个重要环节。然而,他的这一使民族、国家、社会发展壮大的理论基础却是建立在封建等级制基础之上,具有一定的局限性。荀子还说:"刑政平,百姓和,国俗节,则兵劲城固,敌国案自诎矣。"② 荀子认为,如果统治者的刑罚政令适当,百姓和谐,国家风俗节制有度,就会兵力强大,城池坚固,敌对的国家自然就会屈服。由此看来,荀子把百姓的和谐作为国家强大的一个重要条件。

道家的庄子在《庄子·天道》中说:"夫明白于天地之德者,此之谓大本大宗,与天和者也。所以均调天下,与人和者也。与人和者,谓之人乐;与天和者,谓之天乐。"其大意是:明白天地以无为为本的规律,这就叫作把握了根本和宗原,而成为与自然相和谐的人;用此来均平万物、顺应民情,便是跟众人和谐的人。跟人谐和的,称为人乐;跟自然和谐的,就称作天乐。

"和"还是处理"人体内部"矛盾的原则。荀悦在《申鉴·俗嫌》中说:"养性秉中和,守之以生而已。"说明在中国古人那里,"和"是养生保命的一个基本原则。

由此可见,"和"在中国古人那里还是一种缓解矛盾、解决问题的

---

① 《荀子·王制》。
② 《荀子·王制》。

方法。然而，这种"和"并不是无原则的和稀泥，也不是不同事物的任意掺和；构成"和"的各不同因素必须保持一定的度和量，无过亦无不及。因此，《礼记·中庸》中说："发而皆中节，谓之和。"西汉贾谊曰："刚柔得适谓之和。"① 南宋陈淳则说："那恰好处，无过不及，便是中。此中即所谓和也。"②

四、"和"是一种美

中国传统"和"文化渗透到中国传统文化的方方面面。中国古代哲人的一个基本观点便是"天人合一"，在此思想指导下，中国传统的政治、外交、文学、艺术、建筑等也无不以追求和为基本理念。尤其是中国传统的绘画、音乐、建筑往往以达到或表现人与自然的和谐相处作为基本原则和目的。正是因为中国的先人比较重视"和"，于是，中国的先人赋予了"和"以审美的意义。

管子曾这样说："人与天调，然后天地之美生。"③ 管子从天人关系方面提出：人与天协调一致，天地之间美好的事物就会产生。管子虽然并未直接讲和是一种美，却至少间接地说明了和是美得以产生的条件。

孔子晚年的弟子有子说："礼之用，和为贵。先王之道斯为美，小大由之。有所不行，知和而和，不以礼节之，亦不可行也。"④ 有子认为，礼的运用，以和谐为贵。先王治国之道的好处正在这里，不论小事、大事都照和的原则去做。但也有不能这样做的，只为了要和而一意求和，不用礼来节制，也是不可行的。孔子及其弟子既强调礼的运用以和为贵，又指出不能为和而和，要以礼来进行节制，要和而有度。由此，笔者认为孔子所提倡的和也不是无原则的调和，只有适度的和才能达到美的境界。

中国古代"贵和"的思维方式渗透到美学领域，主要表现为：中国画常常将和谐、充实、愉悦作为追求的最高境界之一。而中国画的技法原则之一就是将表现对象有机地融于周围环境之中，讲究表现对象与周围环境的和谐一致，而不是将表现对象从周围环境中突出出来。与此相

---

① 《新书·道术》。
② 《北溪字义·中和》。
③ 《管子·五行》。
④ 《论语·学而》。

关，中国画将淡雅、清丽、朴素看作和谐美的高级境界，而把矫饰、浮艳、过分的渲染和雕琢看作有损于和谐美的低级表达方法。

中国先秦、秦汉时期的音乐美学即有以和为美的观点，认为音乐美是由声音的大小、清浊、长短、徐疾等各种对立因素恰当地配合而达到的和谐统一。《吕氏春秋·适音》中对此有较为集中的论述："夫音亦有适，太巨则志荡，以荡听巨则耳不容，不容则横塞，横塞则振。太小则志嫌，以嫌听小则耳不充，不充则不詹，不詹则窕。太清则志危，以危听清则耳谿极，谿极则不鉴，不鉴则竭。太浊则志下，以下听浊则耳不收，不收则不特，不特则怒。故太巨、太小、太清、太浊皆非适也。何谓适？衷，音之适也。何谓衷？大不出钧，重不过石，小大轻重之衷也。黄钟之宫，音之本也，清浊之衷也。衷也者适也，以适听适则和矣。乐无太，平和者是也。"可见，《吕氏春秋》将适度作为音乐的首要原则，"太巨、太小、太清、太浊"都会破坏人们对音乐的欣赏，只有适度才能达到"和"，而"平和"正是音乐所追求的理想境界，是音乐之美的重要特征。

三国时期著名的音乐家嵇康继承了前代以和为美的思想，他在《声无哀乐论》中指出："音声有自然之和，而无系于人情。"认为音乐的和美取决于演奏者是否能够把各种声音进行恰当组合，并借助乐器加以表现，而与演奏者的主观情感无关。[①] 尽管嵇康关于音乐之美与演奏者的主观情感无关这种思想有些片面，但他所强调的乐器与声音之间的恰当配合、组合却颇有见地。

在中国传统文化中，这种以和为美的思想并不仅仅体现在音乐当中，而是广泛地渗透在一切艺术领域当中，包括中国传统的音乐、绘画、书法、雕刻、雕塑、舞蹈甚至建筑，无不贯穿着"和"的理念，讲究适度、平衡与协调。

其实，这种对于和的关注与重视并不是中国古人的专利，古希腊的哲学家毕达哥拉斯就曾有"美德即和谐"的道德命题。在道德领域，美德体现着社会秩序与人生中的完美与和谐。中世纪的奥古斯丁、托马斯·阿奎纳也将和谐看作美的理念。文艺复兴时期的西方美学认为，和谐是美的重要特征和源泉，和谐的基础在于人体理想的优美结构；在于

---

① 参见《哲学大辞典》编辑委员会编：《哲学大辞典》，上海：上海辞书出版社1992年版，第607页。

内外的相互渗透以及部分与整体、明暗等方面的协调。可见，"和"在西方思想史上同样不乏美学上的含义。

综上所述，在中国古代，"和"就已经具有了多重含义。中国的先贤不仅认为"和"是一种宇宙中万事万物存在和发展的基本状态，"和"是一种多种因素共存共生、相互补充的系统，认为"和"可以作为一种理解和处理问题的思维方法，而且还认为"和"本身就是一种美。可以说，"和"的丰富内涵是中国传统"和"文化得以蓬勃发展的基础和前提；正是由于"和"的多重含义，才使得"和"的理念广泛地渗透到人们社会生活的方方面面，从而形成丰富多彩的、富有特色的中国传统"和"文化。

第二章　中国传统"和"文化产生和发展的特定社会条件和历史背景

  人类文化的发展，尤其是他的方向、速度，一开始就不受人类意志的支配，却受外界物质的力量、自然界的条件、地理上的环境之支配。
  《瞿秋白文集》政治理论编第八卷，北京：人民出版社1998年版，第420页。

  正如每个人都有自己的秉性和性格一样，每个地区、民族也都有各自的特点。中国民间有句俗话说"三岁看到老"，讲的是：在多数情况下，一个人幼年时所表现出来的秉性、脾气、性格、体型等，将基本伴随其一生，不会发生太大的改变。民族文化同样如此，世界上的民族千差万别，它们的文化也各具特色，每个民族的文化都有自己的性格，而这种文化性格往往在该民族形成的早期即已形成。在文化发展的早期，一个民族的文化就会形成一个基本的发展倾向，在以后的发展中，也许在某些特定的阶段会暂时偏离自己原有的发展轨道，使自己的文化性情发生一定的改变，却不易完全脱离既有的发展轨道而呈现出迥然不同的性格，除非该民族完全被势力强大的异族所同化。
  一个国家的地理环境及其影响下的生产力、生产关系、政治制度、社会结构的状况与特点必将影响该国家的思想文化。中国传统"和"文化的形成与发展也有特定的地理土壤和社会条件，尤其是中国早期所处的地理环境、生产关系、政治制度、社会结构等社会状况与特点，就构成了中国传统"和"文化必然产生与发展的历史因素。

第一节 中国古代的地理环境及其所决定的生产方式与中国传统"和"文化

地理环境是环绕人类社会的自然界,既包括自然条件,也包括地理位置。它是人类社会赖以存在和发展的自然基础、物质生活必要的条件。张岱年先生认为:"地理环境的差异不仅会对生活在不同地理环境中的人们的生产力、生产方式发生直接的影响,而且会对他们的科学、艺术、宗教等产生直接的影响。"① 显然,在张岱年先生看来,一个国家的地理环境可以直接地影响该国家的文化。笔者颇为赞同这一观点。笔者认为,中国传统"和"文化作为一种上层建筑,归根结底是由社会存在决定的;而一个国家的自然条件、地理环境等尽管不能直接地决定该国文化的方方面面,却可以或直接或间接地影响该国的文化。俗话说"一方水土养一方人",在笔者看来,一方水土不仅养一方人,还培养一种特定的文化。特定区域内的地理条件和自然环境等自然因素总会在一定程度上决定本区域内的生产方式、经济形式,又通过这些生产方式、经济形式等上层建筑的内容影响到人们的风俗习惯、民族心理、民族性格乃至民族的"集体无意识"等,而这些都属于文化的范畴。

中国传统"和"文化萌发于中华大地上,因此,探索中国传统"和"文化历史发展的踪迹,就应该从认识远古时期中华民族所处的地理环境及其影响下的生产方式和经济基础入手。笔者并非持"地理环境决定论"者,也无意突出地理环境对于中国传统"和"文化的影响,不过是将人们容易忽略的地理环境的作用提出来,以赋予其应有的地位。

一、马克思主义关于地理环境、经济基础与上层建筑之间的关系的基本观点

马克思关于地理环境对于上层建筑的影响的集中表述并不多见,他的相关思想散见于对于其他因素的阐述中。

(一)马克思主义地理环境论

按照马克思主义的说法,地理条件、地理环境等自然因素对人类文

---

① 张岱年、程宜山著:《中国文化与文化论争》,北京:中国人民大学出版社1990年版,第123页。

化的影响还没有像西方某些学者所宣称的那样达到"决定"的程度。然而,也绝不可能离开地理条件、地理环境这些自然因素去谈论历史文化。因为,毕竟特定文化的产生总是需要一定的物质基础和载体。可以说,如果把特定的历史文化归结为地理条件、地理环境的产物的话,将会导致"地理环境决定论"的错误;那么,离开地理条件和地理环境等自然因素去谈论历史文化也会陷于唯心主义的泥淖。

可以说,一定的地理条件和地理环境是特定历史文化的基础与载体。任何文化都不可能是空中楼阁,而是必须建立在一定的区域之上。地理条件、地理环境本身并不能总是那么直接地作用于人们的思想,然而它却可以通过影响人们所从事的生产活动来间接地影响到人们的思维与观念。尤其是在人类社会的早期阶段,这种作用力更加强大与明显。马克思曾经指出:"自然界起初是作为一种完全异己的、有无限威力的和不可制服的力量与人们对立的,人们同自然界的关系完全像动物同自然界的关系一样,人们就像牲畜一样慑服于自然界。"① 自然条件的优劣、自然资源的富贫都在一定程度上制约着生产力水平的高低和生活方式的选择。而生产关系的差异和经济状况的特点又影响着文化、思想乃至政治的特色。

因此,列宁在批注格·瓦·普列汉诺夫的《马克思主义的基本问题》时说:"地理环境的特性决定着生产力的发展,而生产力的发展又决定经济关系以及随在经济关系后面的所有其他社会关系的发展……"② 可见,地理环境尽管不能直接地决定文化、思想、政治等社会意识,却可以通过生产力、生产关系这个中介来间接地影响文化、思想、政治等社会意识。

按照马克思主义的观点,人类社会越是处在早期,就越易受地理环境的影响和制约。这是因为,在人类社会的早期,人类的生产方式比较原始,无论是生产工具还是生产技术都不发达,在这种状态下,对于自然环境的依赖性就强。

(二)马克思主义关于经济基础决定上层建筑的原理

正如恩格斯所说:"'物质生活的生产方式制约着整个社会生活、政

---

① 《马克思恩格斯文集》第1卷,北京:人民出版社2009年版,第534页。
② 《列宁全集》第55卷,北京:人民出版社1990年版,第446页。

治生活和精神生活的过程',在历史上出现的一切社会关系和国家关系,一切宗教制度和法律制度,一切理论观点,只有理解了每一个与之相应的时代的物质生活条件,并且从这些物质条件中被引申出来的时候,才能理解。"① 作为上层建筑的中国传统"和"文化,其产生、发展和繁荣当然与中国古代的物质生活状况密切相关。

马克思主义认为,人类的文化是历史地发展着的,文化发展可以从总体上划分为两个阶段:第一个阶段是建立在"自然形成的生产工具"的基础上;第二个阶段则是建立在"由文明创造的生产工具"的基础上。②

与文化的发展阶段相关联,人与自然的关系,在第一阶段表现为人类依靠提供生产资料的直接的自然富源,在第二阶段表现为人类依靠提供生产资料的间接的自然富源。马克思指出:"在文化初期,第一类自然富源具有决定性的意义;在较高的发展阶段,第二类自然富源具有决定性的意义。"③ 由于在文化发展的第一阶段,文化的内容主要来源于人们与自然界的直接交往,所以,早期人类文化的内容更多地受到自然条件的制约。④ 并受该自然条件所决定的经济形式的影响。

中国传统"和"文化源远流长,在上古时期即已萌芽,所以,考察中国传统"和"文化,不能不考虑中国古代先民们所从事的生产方式与经济活动。

二、中国古代的地理环境、经济基础与"和"文化

既然马克思主义认为人类的文化、思想、政治等社会意识受地理环境、经济基础的影响和制约,那么,其中的机理何在呢?

(一) 中国古代的地理环境与中国传统"和"文化

钱穆曾经对中国文化的地理背景作过专门的分析,他说:"中国文化不仅比较孤立,而且亦比较特殊,这里面有些可从地理背景上来说明。埃及、巴比伦、印度的文化,比较上皆在一个小地面上产生。独有中国

---

① 《马克思恩格斯文集》第2卷,北京:人民出版社2009年版,第597页。
② 参见《马克思恩格斯选集》第1卷,北京:人民出版社1995年版,第103页。
③ 《马克思恩格斯文集》第5卷,北京:人民出版社2009年版,第586页。
④ 参见肖前主编:《马克思主义哲学原理》,北京:中国人民大学出版社1994年版,第691—692页。

文化，产生在特别大的地面上。这是双方最相异的一点。"① 众所周知，世界上任何民族的存在与发展都需要占据一定的地理空间。中华民族位于辽阔的亚洲大陆，其东面和南面临海，西面和西南两面靠山，这种靠山临海的地理位置，构成一个相对独立和完整的地理单元。然而，这一地理单元的形成经历了一个漫长的历史发展过程。

在上古时期，传说中原始社会末期的黄帝部落、炎帝部落就已经活动于黄河流域，东夷各部落主要活动于东方沿海地区，而苗蛮各部落则主要活动于长江中下游和江南地区。② 在漫长的发展进化过程中，这些部落之间也会发生一些战争或者融合，它们的地盘也会发生一些变化，而非永固不变的。

从原始社会末期，华夏民族的前身——炎黄集团、东夷集团、南蛮集团三大部落集团就已经分别聚居在了中原、东方和南方。大致说来，夏商朝时期，中国先人的活动范围东面直到大海，南面到江淮，西面到川陕之交，北面到河北。西周强盛时期的疆域进一步扩大，东至海滨，南跨长江，西至陇山，北逾辽河。③

秦朝统一中国以后，其疆域进一步扩展，将北方匈奴和南面百越的地盘划归自己的版图。初步奠定了华夏民族共同的地域。到了汉朝，其疆域东至大海，南过岭南，西越葱岭，西南至青藏高原，西北直到巴尔喀什湖，北至贝加尔湖，东北一直到黑龙江口。汉朝的疆域基本上确立了中华民族生存和发展的空间。④

秦汉以后，中国尽管又先后经历过三国、两晋、南北朝等分裂时期，但总起来说，则是统一的时候居多。尤其是中国的唐、宋、元时期，中国都是当时世界上的强大国家，不仅在政治、经济、文化上比较进步，而且国家疆域辽阔，为世界其他国家所不及。即使到了明、清——中国封建社会统治的衰落时期，在领土上，中国仍然占有较大的面积和范围。

考察中国古代不同时代的疆域，可以发现古代的中国在地理环境方面具有几个基本特点：

---

① 钱穆著：《中国文化史论》（修订本），北京：商务印书馆1994年版，第1页。
② 参见彭年著：《秦汉中华民族凝聚力研究》，广州：广东人民出版社1999年版，第30—35页。
③ 参见白寿彝主编：《中国通史纲要》，上海：上海人民出版社1980年版，第73页。
④ 参见彭年著：《秦汉中华民族凝聚力研究》，广州：广东人民出版社1999年月版，第43—49页。

第一，中国古代的疆域比较广阔，且在广阔的领土范围内具有地理环境、生产生活方式多样性特点。

考察中国古代不同时代的领土、疆域，不难发现，与希腊、罗马等国家相比，中国在古代，即已拥有较为辽阔的疆域。在古代中国辽阔的疆域内，地理条件、人文状况南北、东西差异较为明显。比如，同是农业生产，在长江以北，就以种植小麦、玉米等为主；而在长江以南，却以种植水稻居多。与人们所从事的生产方式相适应，人们的生活方式、风俗习惯、民族传统也各不相同。林语堂在《中国人·北方与南方》一文中对此有着较为详细的描写。①

从文化融合上来说，因为古代中国即由众多不同民族组成，所以民族间的文化交流活动就比较多，文化融合现象就相对突出。"凡一民族之组成分子愈复杂者，则其民族发展之可能性愈大。……现代欧洲诸名国之民族，殆无不经若干异分子之结合醇化，大抵每经一度之结合，则文化内容，必增丰一度。我族亦循此公例，四五千年，日日在化合扩大之途中，故精力所耗虽甚多，然根柢亦因之加厚。"② 在民族文化交流、民族文化融合的过程中，必然经历一些矛盾与冲突，但是，既然是本国内部的交流与融合，在主观上不带有敌视的性质与侵略的动机，而是以共同发展为目的；再加上在这一过程中，基本上以汉族为主体，以儒家思想为主导，所以，这种民族文化的交流与融合更多地带有"和"的性质，其结果也在一定程度上推动具有包容性、同化性等特点的"和"文化的产生与发展。

从政治统治上来说，在如此广袤的领土范围内，各地区各方面的情况完全一致是不可能的，有的地区之间、民族之间的差异还相当显著。对于国家内部不同地区、不同民族之间的差异，有的可以采用一定的方法进行全国统一。如秦朝时秦始皇对于度、量、衡的统一。但是并不是对所有的差异都能够采取强制统一的方法，而只能在"求同存异"的大原则之下允许差异的存在与发展。如因自然条件的不同而造成的各区域之间农作物、生产生活方式的差异，各区域不同民族间的生活习惯、宗教信仰、社会风俗之间的差异，就不能硬性地要求一致和统一，否则将

---

① 参见林语堂著：《中国人》，郝志东、沈益洪译，杭州：浙江人民出版社1988年版，第1—8页。

② 贾菁菁编选：《梁启超演讲集》，天津：天津古籍出版社2005年版，第101页。

会适得其反，造成不必要的矛盾和冲突。因此，对于统治者来说，要想在这种大面积的领土内实现有效的统治，就必须具有包容不同与差异存在的宽阔胸襟，并善于协调因各种差异而带来的矛盾与冲突。长此以往，就会形成一种包容性的政治和政策，也就会形成一种包容性的文化。

英国学者汤因比这样说："中国与希腊世界的地理结构是截然不同的。它不是由一系列的内陆海洋环绕，而是大片坚硬的陆地。这样，在运输问题可以解决的范围内，就造成了文化上的极大的一致性和政治统一的极大的持久性。"① 汤因比的这段话就是从地理结构之特点的角度分析了中国文化上的一致性与政治统一的原因。而无论是中国文化上的一致性的维持，还是中国政治统一的运转，都由"和"文化这种粘合剂来进行日常维护的。

以此推论，中国文化上的一致性、政治统一、"和"文化的形成，都与古代中国这种相对地域辽阔的特点脱不了干系。

第二，中国古代领土疆域的相对独立与隔绝。

考察古代中国的领土范围和疆域特点，正如杜伦先生所说："由于独特的地理位置和不便的交通条件，中国在空间上是一独立的个体。"② 的确，在交通极不发达的古代，中国在空间上的独立性这一特点尤为明显。尽管古代中国有陆上和海上两条丝绸之路与西亚国家相连，并可辗转达到地中海区域。中国在古代也曾与印度、阿拉伯等国家进行过文化交流，尤其是在汉、唐、元时代。然而，外界的影响对于古代中国来说始终不占主要地位，政治领域中的情况更是如此。正是由于古代中国的境外交通不便，各民族主要的对外经济文化联系便只能在本国内部进行。所以，国内各民族不管在哪个空间地域、处在何种历史时期，都积极参加中国本国的政治、经济、文化活动，融入到国家这个大集体当中。

其实，中国在疆域上不仅具有"独立"性特点，还具有一定的"隔绝"性特点。

中国古代疆域的这种隔绝性是相对的，其中既有客观原因，又有人为的因素。

---

① ［英］阿诺德·汤因比著：《人类与大地母亲》，徐波等译，上海：上海人民出版社1992年版，第310页。

② ［美］维尔·杜伦著：《东方的文明》，李一平等译，西宁：青海人民出版社1998年版，第913页。

从中国古代的地理环境等客观条件来说。正如日本学者大隈重信将希腊与中国进行对比后说:"希腊本土是一个狭窄的半岛,山岳较多,而且土地并不肥沃,除北方外,周围皆为大海所包围,另外面对小亚细亚方面拥有许多岛屿。而中国大陆情况完全相异。希腊是个半岛国家,而中国是世界性大陆国家。这个广大无边的大陆国家,其国民大多数都未曾见过海洋,其广大的陆地甚至令人感到可以自成一个世界。单就面积和位置来看,希腊民族如居于本国狭小的国土内,则很难获得充足的生活。相反,中国国民无需离开本国侵入他国领土,在其国内就可自足,处于一切立即可以获得的自给自足的境遇。希腊本土的民族居住在相当险阻的山间,必须为生活不断地奋斗,不断地向外扩张。相反,中国大陆乃是大自然中蕴藏着无限财富的一大乐园,加上土地广大,又是富有无限天然产物的沃土,概而言之,其民族生来就可以坐享其天佑。"① 大隈重信的分析具有一定的道理。也许大隈重信对中国地理条件的优越和自然资源的丰富程度有所夸张,但是,就中国在自己的国土内即可以做到自给自足这一点来说,中国国民"无需离开本国侵入他国领土"的说法是有一定道理的。土地平旷肥美的北方大平原是汉族文化的主要发源地之一,广阔肥美的大平原养成了人们开阔的胸襟与和平、好客的习性。由此可见,中国古代这种地理结构上的独立、隔绝与经济上的自给自足不仅培养了人们优越的心态,认为中国是世界的中心,是天朝大国;无论是政治、经济还是文化都比其他国家要先进;还培养了人们爱好和平的民族心理,因为在中国古人看来,中国要远比周边国家富足,没有必要侵略和掠夺贫穷落后的国家。这也是中国传统"和"文化产生和发展的原因之一。

从人为的因素方面来讲。在中国古代,在生产方式上本来是以农耕生产为主多种生产方式并存。但是,汉朝以后,由于受儒家思想的影响,中国封建统治者大多采取了"重农"政策,并在一定程度上对手工业、商业的发展进行了抑制甚至贬低。因为,在儒家看来,商业只是对物品进行地域上的移动,在这个过程中并不产生新的价值,所以,从事商业的人地位并不高;而手工业等又有"奇技淫巧"的嫌疑。在这种观念下,农业生产受到鼓励和提倡,而商业等则受到抑制。如此一来,与商

---

① [日]大隈重信:《东西方文明之调和》,卞立强等译,北京:中国国际广播出版社1992年版,第8—9页。

业有关的冒险精神和冒险行动就受到相应的压抑。农耕的生产方式本身就容易培养人们固守本土、安于现状的心态，再加上统治者"重农抑商"政策的影响，就更加束缚和限制了人们冒险侵略、扩张开拓的精神。这样一来，中国疆域上的"隔绝性"就在一定程度上被人为地强化了。

由中国古代疆域的特点可知，在辽阔的中国领土内，多种生产方式和生活方式的并存，为不同民族间的文化交流提供了客观条件与需要；同时，在政治统治方面，为了多民族统一的需要，统治者有必要采用宽容的政治策略与文化方针，提倡不同甚至迥异的文化并存共生。而在相对"隔绝性"的中国古代，较为优越的自然条件使得中国的先人们满足于简单的自给自足的生活，再加上对农业的偏爱与重视，便削弱了中国先人们侵略异国的斗志。所有这些都在一定程度上培养了人们爱好和平共处、稳定和谐、和平友爱的心态，为"和"文化的发展提供了适宜的温床。

（二）中国古代的经济形式与"和"文化

在中国漫长的历史上，农业经济占据主要地位。在中国的奴隶社会、封建社会中都是以自给自足的农业经济为基础来进行政治、思想、文化活动的。中国古代的这种自然经济不仅对中国社会的政治产生了深刻的影响，还对中国的文化产生了重大的作用，中国传统的"和"文化就深深地打上了这一烙印，形成了自己独特的风格。

在前面已经讲过，甲骨文的"和"字写作"龢"，从"龠"（口吹排箫），"禾"声。从"和"字的产生可以看出，"和"最初的含义与谷物食粮和音乐密切相关。而谷物作为中国先人最重要的食物来源之一，正是由农业而生产。因此，从"和"字的起源可以看出，在中国古代其主要经济形式——农业对于文化产生与发展的重要影响。这一现象也正是经济基础决定上层建筑这一原理在构造文字方面的典型反映。

在中国的原始社会，刚刚从动物界中分离出来的中华先民，主要依靠采集和狩猎来维持生存，其生产工具则主要是一些粗笨简陋的木棒、石器。显然，他们的生活状况非常艰苦。在这样恶劣的自然条件下，单独的个人很难生存。生存和繁衍的需要，使得中国的先人们"以群的联合力量和集体行动来弥补个体自卫能力的不足"[1]。

---

[1] 《马克思恩格斯文集》第4卷，北京：人民出版社2009年版，第45页。

到了新石器时期，原始农业的产生和对偶婚的出现为"和"文化的产生与发展提供了物质基础。在长期的采集活动中，中国的先人们经过反复观察，认识到某些植物的生长规律，经过一番试验和探索，逐渐摸索出了一定的栽培技术，从而开始从事原始农业的生活。比起原来的采集和狩猎生活来，原始农业的生活相对更加稳定一些。从事原始农业要求一定的水源和肥沃的土地，这样一来，在黄河中下游、长江中下游就渐渐形成了比较稳定的农耕经济带。当时的农耕经济是一种刀耕火种的原始农业，所使用的工具也只是一些石器。

夏、商、周时期，农业生产有了一定的发展，青铜工具开始出现。《诗经·周颂·载芟》中有语："载芟载柞，其耕泽泽。千耦其耘，徂隰徂畛。"这一记载说明，当时已经出现了耦耕技术，灌溉排水技术也已经使用。经过夏商周三个朝代，到了西周时期，周朝实力不断增强，并最终实现了在一定范围内统一的政治局面。周朝的统一，不仅导致了华夏民族的形成，而且使得被称为"四夷"的南北各族也都处于周王的统治之下，从而出现了"万姓悦服"的局面。

春秋、战国时期，生产力增长迅速，中国的农业经济进一步发展。

至秦汉时期，牛耕技术的推广和铁犁的普遍使用以及水利工程的发展，使得以灌溉为特征、以小农经济为经营方式的精耕细作型的传统农业基本定型，于是，便形成了黄河流域与长江流域这两大成熟的农业经济区。

秦汉以后，中国的统治者便把"重本抑末"作为治国之道，农业受到统治者的推崇，而商业、手工业等其他行业则受到贬低和抑制。在这种情况下，中国的农业因受到保护而得到了进一步的发展，农耕区范围也不断扩大。

因为"不同的生产方式对劳动者的素质也有不同的要求，如农业需要吃苦耐劳，牧业需要勇敢剽悍，工商业需要能说会道、精于计算，等等，这会影响到人们的道德观念、价值标准和审美趣味。不同的生产方式还会影响人口的稀密、交往的繁疏、人们之间关系的性质、政治治理的方法等。总而言之，生产方式会对文化的各个层次各个方面产生深刻的影响"。① 在某种意义上可以说，中国古代的这种农业经济制约了中国

---

① 张岱年、程宜山著：《中国文化与文化论争》，北京：中国人民大学出版社 1990 年版，第 162 页。

先人们对自然、他人和社会的态度，从而影响了中国传统文化中人与自然的关系、人与人的关系、人与社会的关系。

第一，在人与自然的关系方面。在中国古代的小农制经济中，最主要的生产资料为土地、水源、肥料和种子等，这些基本上都靠自然界的恩赐。土地的肥沃还是贫瘠、气候的优劣等自然状况直接关系到生产的好坏，因此，人们对自然界持一种敬畏和感恩的态度，在心理上也衷心希望大自然自身风调雨顺，处于一种和谐而有序的状态；希望人与自然和平相处，这些都是由小农经济条件下人对自然条件的这种依赖性决定了的。同时，农业生产本身需要遵循一定的自然规律：无论是播种，还是收获，都要按照季节行事，不能贻误农时，这就使得中国的先民们非常自觉地使自己的行动与自然的节拍相合。这种重视人与自然相和谐的习惯，深深地扎根在人们的心理深处，并逐渐形成一种民族心理。可以说，这一点是中国传统"和"文化产生与发展的一个心理根源。

第二，在人与人的关系方面。在中国古代农业经济下，生产规模相对较小，生产工具也比较落后，人们抵御自然灾害的能力普遍比较低。于是，这种农业生产状况在客观上要求人们在生产和生活中相互帮助，和谐相处，维持良好的社会关系以利于长期稳定地生活下去。在中国古代这种小农经济体制下，人们日出而作，日落而息，追求和平与稳定的生活。于是，以男耕女织为特点的田园牧歌式的生活，成为大多数中国人的理想追求。由于从事农业生产的人们内心里希望过一种稳定的生活，这就需要与周围的其他人处理好人际关系，不能今天树立了一个敌人、明天多了一个仇家，在仇敌的压力和排挤中抛家离业地四处迁徙。人与人互助合作的需要也在一定程度上促使了"和"文化的发展。

第三，在人与社会的关系方面。在这种小农经济下，土地、水源等等基本生产资料和劳动对象都是固定在特定地域的，不可以随意地挪动和迁移。一旦他们不得不离开的时候，他们是无法把土地、河流或者水井一起带走的。这种迁徙上的不便制约了人们的斗争积极性，使他们在面临斗争时都要三思而行。农耕生活方式使得他们更希望彼此和睦相处，互不争斗，各耕其田，各安其土。数千年沿袭下来，中国的农民们便养成了重土恋家的习性。在人们的观念中，背井离乡是万不得已而为之的事情。一旦背井离乡，人们仍旧对家乡念念不忘，希望有朝一日能够重返故土，重建家园。这种民族心态也使得中国人成为世界上最重视故土的人,"叶落归根"成为海外华人华侨终生的梦想。在社会交往中,他们崇尚中庸和谐,尽量避免走极端,注重求稳求和。而这些正是中国传统"和"文化得以产生并长期存在的一个深厚的社会根源。

从上面的分析可以看出,中国古代的生产方式制约人们的交往方式,同时,中国古代的生产方式还制约了人们的精神生活和文化生活。中国传统的"和"文化就是从中国古代的农业经济中孕育出来的。

第二节 中国古代的整体性思维方式

人的社会行为总要受人的思想的支配,因此,在人类的各种文化现象中,贯穿着思维的作用。正如刘长林先生所说:"思想史、科技史和艺术史分明地显示出,几乎每个民族都有自己独特的思维方式。而且思维方式的差异,正是构成不同文化类型的重要原因之一。""思维方式是人类文化现象的深层本质,属于文化现象背后的、对人类文化行为起支配作用的稳定因素。通过思维方式,能够说明文化现象的许多内在联系。"[①] 因此,我们在探索民族文化的时候不能不考虑该民族在思维方式上的特点。

具体来说,中华民族传统思维方式的特点并不是一句话或者几句话所能囊括,而是具有多重特征,如:整体性、直觉性、模糊性、内省性、意象性等。中华民族传统思维方式的这些特点在中国传统文化的方方面面中都有所体现。而且,正是由于中华民族传统思维方式所具有的这些特点,才造就了与西方迥然不同的中国传统文化形态。其中,整体性是中华民族传统思维方式的一个重要特点,它几乎贯穿于中华民族发展的全过程。考察起来,中国传统"和"文化这朵闪耀着中国特色的奇葩,与中国民族传统思维方式的整体性特点不无关系。

一、马克思主义关于社会意识的相对独立性和相互作用的原理

马克思主义认为,政治、思想、文化等属于上层建筑范畴的社会意识具有一定的独立性。它并不随着社会存在的消亡而立即消亡,而是具有一定的历史继承性和连续性。并且,政治、思想、文化等社会意识形

---

① 刘长林:《思维方式与中国文化的选择》,张岱年、成中英等著:《中国思维偏向》,北京:中国社会科学出版社1991年版,前言第1—2页。

式之间可以相互作用、彼此影响。因此，单纯用社会经济条件是不能来说明思想文化的发展的，因为各民族思想文化的差异在某种程度上还受到该民族思维方式的影响和制约。因为思维方式一旦定型，它的发展就具有相对独立性。思维方式的偏向严重地影响着社会意识其他方面发展的走向和路径。

如前所述，中国传统"和"文化属于文化的范畴，作为一种上层建筑，归根结底是由社会存在决定的。但是，它的产生、发展和繁荣不仅受物质存在的制约，还受思维方式的影响。中国传统"和"文化也不能单以经济的、物质的条件来说明。影响中国传统"和"文化的诸要素是同时起作用的，但各个要素所起作用的大小、地位又是不同的。相对来说，中国古代的民族思维方式对中国传统"和"文化的孕育和发展起了潜移默化的影响。

二、中国古代整体性思维方式的主要内容与特点

张岱年先生认为，在中国传统哲学中占主导地位的思维方式，以重和谐、重整体、重直觉、重关系、重实用为特色。他对"重和谐"的解释为：在对对立统一这个宇宙根本规律的把握上，着重于对立面的统一、协同而忽视对立面的斗争。对"重整体"的解释是：强调要从统一的角度去观察事物。强调宇宙的整体性和过程性，是中国传统哲学天道观的重要特点，把这种观点运用到方法论上，就成为整体思维。[①] 张岱年先生曾断言："不论儒家或道家，都强调整体观点。"[②] 其实，何止是儒家和道家，在中国古代，人们普遍倾向于认为宇宙及其中的人和物是一个整体，整体包括许多部分，整体中各个部分之间有密切的联系，息息相关的各个部分构成一个完整的整体。因此，要了解各个组成部分，必须了解整体。在这个世界上，人与其他万物一样都是宇宙整体中的组成部分。而具体到人来说，人自身也是一个有机的整体，相当于一个小宇宙。世界"大宇宙"与人体"小宇宙"之间相互依存、相互感应，人与自然之间更是不可分割。可以说，中国古代主要的思想派别所持的观点和主张无不体现着思维方式的整体性特点。

[①] 参见张岱年、程宜山著：《中国文化与文化论争》，北京：中国人民大学出版社1990年版，第219页。

[②] 张岱年著：《张岱年学术文化随笔》，北京：中国青年出版社1996年版，第38页。

（一）体现中国古代整体性思维方式的主要思想内容

中华民族的整体思维传统发祥很早，其源头可以上溯到原始社会。反映了我国早期人类社会智慧的《易经》一书，就已经将成熟的整体性思维运用自如了。概括地说，中国古代几种颇具代表性的重要思想都反映了中华民族的这种整体性思维方式，如天人合一思想、阴阳五行学说、气化论主张、道论等。

为方便起见，笔者主要以中国古代的主要思想派别为线索来论述，而实际上，有不少思想并不局限于某一种思想派别，而是共同存在于多个思想派别之中。

1. 儒家

能够体现儒家的整体性思维的思想主张比较丰富：在天人关系方面的"天人合一"思想，在万物构成、生发变化方面的阴阳五行学说，在家庭观方面的宗族、家族、大家庭观念，在政治观方面的"大一统"思想，等等。由于前者作为自然观则更加原始，更能潜移默化地影响后者的形成；而后两者属于社会人事方面的思维观念，常常由前两者所派生，而且在本书后面还有论述，所以，在这里仅以最能直接地体现中国先民的整体性思维特点的"天人合一"思想作为代表进行分析。

"天人合一"在中国古代主要是指天道与人道、自然与人为相通、相类和统一。《说文解字·一部》对"天"的解释为："至高无上，从一、大。"① 甲骨文和金文中的"天"字都是人形图像上面一扁圆形圈，具有人之上为天的含义。中国古代思想家一般都反对天与人相互敌对的观点，而主张天与人、自然与社会人事的统一。他们关于天与人统一的种种观点，形成了关于天人合一的不同学说。其中，尤以儒家的天人合一思想最为典型和突出。儒家的"天人合一"并不仅仅指人与神、人与自然的一体性、一致性，在"天人合一"的观念中还包括社会人事方面的内容。

中国古代较早的典籍《易经》就已经反映了中国先民这种"天人合一"的整体性思维方式。《易经·系辞上传》曰："易有太极，是生两仪，两仪生四象，四象生八卦。"《易经》认为宇宙和万事万物都统一于

---

① 《说文解字新订》，[东汉] 许慎撰，臧克和、王平校订，北京：中华书局2002年版，第2页。

"太极"，太极是宇宙的根源，是天地万物之母。显然，太极是作为一个整体而出现的。那么，太极是如何产生天地和万物的呢？宋朝易学大师周敦颐在《太极图说》中这样解释道："太极动而生阳，动极而静，静而生阴，静极复动。一动一静，互为其根，分阴分阳，两仪立焉。阳变阴合而生水火木金土。五气顺布，四时行焉。"《易经》认为，既然宇宙万物都同根同源，那么，人与天的关系也是统一的。于是，在太极产生天地万物的宇宙生成论基础上，《易经》进一步将天人合一视为人生理想的境界。《易经·乾卦·文言》中讲："大人者与天地合其德，与日月合其明，与四时合其序，与鬼神合其吉凶，先天而天弗违，后天而奉天时。"这种朴素的天人合一思想就是整体论思维的一个反映。

孔子虽然没有直接阐述过"天人合一"的思想主张，但是，从他的一些话语中可以间接地窥到他对于"天命"与人事之间关系的看法。孔子在《论语·为政》中曾说道："吾十有五而志于学，三十而立，四十而不惑，五十而知天命，六十而耳顺，七十而从心，所欲不逾矩。"这说明，孔子不仅承认"天命"的存在，而且认为"知天命"是为人处世之智慧所在；而仅仅"知天命"还不够，还应该"畏天命"，他说："君子有三畏：畏天命，畏大人，畏圣人之言。小人不知天命而不畏也，狎大人，侮圣人之言。"① 在孔子那里"知天"与"畏天"是联系在一起的，"知天"才能够"畏天"，否则，违逆了天命，就会带来上天或者自然界的惩罚。他曾警告说："不然，获罪于天，无所祷也。"② 显然，在孔子那里，"天"与"人"之间并不是孤立与隔绝的，而是有着密切的关系。孔子认为，尽管人不可以决定或者命令天，天却可以在冥冥之中监督着人间的事情；"天命"可以影响甚至主宰人事，人们明智的做法应该是认识并尊重、敬畏上天和自然，按照上天的意志、自然的规律去行事，才能安然无恙，不至于招致上天或者自然的惩罚。

孟子在心、性等思想的基础上提出"万物皆备于我"③ 的著名命题。孟子指出："尽其心者，知其性也；知其性，则知天矣。"④ 认为人与天相通，人的善性是天赋的，认识了自己的善性便能认识天，要求通过尽

---

① 《论语·季氏》。
② 《论语·八佾》。
③ 《孟子·尽心上》。
④ 《孟子·尽心上》。

心、养性等途径，达到"上下与天地同流"。在孟子看来，万物的本性由天所赋予，而天性即在我心，只要向内体验到本性，就能与天与万物之性相通，并与万物融为一体，从而实现天人合一这种最高境界。孟子认为，人能够了解自己的本性，就可以了解天。于是，孟子的天人合一思想赋予了人以更多的主动权，使人更加自觉地发挥自己的能动性，人们通过修养自己的心性，就能够与天相通。与孟子的观点相类似，《中庸》中也有："唯天下至诚，为能尽其性；能尽其性，则能尽人之性；能尽人之性，则能尽物之性；能尽物之性，则可以赞天地之化育；可以赞天地之化育，则可以与天地参矣。"

汉朝的儒家著名人物董仲舒在前人已有的"阴阳"、"五行"思想的基础上，加上了自己的设想，提出"人副天数"的命题，通过将自然界拟人化，从而把人看成天的副本。在此基础上，董仲舒发展了天人合一的思想。董仲舒强调天与人以类相合，认为"天人之际，合而为一"①。他还说："人有三百六十节，偶天之数也；形体骨肉，偶地之厚也；上有耳目聪明，日月之象也；体有空窍理脉，川谷之象也。"②天不仅与人的构造类似，而且天与人一样也有情绪变化，"天亦有喜怒之气，哀乐之心，与人相副，以类合之，天人一也"③。显然，董仲舒的这套理论属于形而上学的唯心主义观点，尽管比较粗糙，却仍然包含有合理因素，这就是它的整体的观点以及与此相联系的事物之间相互联系、相互制约、彼此影响的观点。他把人看作宇宙中的一个组成部分，而非宇宙的主宰，也具有其理论价值。虽然这种以宇宙大系统为内容的整体论并非董仲舒的首创，但是，在董仲舒那里，中国古代的零碎的整体论思想得以理论化、系统化地发展，这种整体论的思维方式对后世产生了一定的影响。综上所述，可以看出，董仲舒的天人合一的学说，侧重于从外部的形体结构上来论证天与人的同构、一致，而宋明时期的儒者则侧重于从人的内部精神方面阐述天与人的一体性。

与天人合一相联系的周敦颐的《太极图说》所主张的阴阳五行学说，认为太极分为阴阳，阴阳分为五行，阴阳五行的精华聚合为人，五行的性质就构成了人的本性。王夫之曾说周敦颐的这一思想彻底地弄清

---

① 《春秋繁露·深察名号》。
② 《春秋繁露·人副天数》。
③ 《春秋繁露·阴阳义》。

了天人合一的本源。

宋以后思想家则多发挥孟子与《中庸》的观点。北宋张载认为,太和即阴、阳二气矛盾统一所形成的最高的和谐。宇宙间包括人在内的万物都因禀赋太和之气而获得生命。张载曰:"乾称父,坤称母,予兹藐焉,乃混然中处。故天地之塞,吾其体;天地之帅,吾其性。民,吾同胞,物,吾与也。"① 张载主张通过反身而诚的道德修养,由穷理而尽性,来达到天人合一的境界。他说:"儒者则因明致诚,因诚致明,故天人合一。"② 张载提出,天就是那广大的虚空,而虚空就是气,人由气聚合而成,而人的精神和本性是气中固有的存在,因此"天人一物",即天和人都是一样的存在物。

二程曾说道:"天人本无二,不必言合。"③"天、地、人只一道也。""在天为命,在人为性,论其所主为心,其实只是一个道。"④ 二程认为,人是由气聚合而成的,气中有理,理是气的主宰,这个理,就是天理,人的本性和心就是天理,所以天与人本来就是一体的,并没有分为二,根本不必说什么"合"。天、地、人都是一个道理。在二程这里,天人合一的观点得到了进一步的发挥,变得更加彻底。

明清之际的王夫之曰:"惟其理本一原,故人心即天;而尽心知性,则存顺没宁,死而全归于太虚之本体,不以客感杂滞遗造化以疵类。圣学所以天人合一,而非异端之所可溷也。"⑤ 王夫之与张载一样,主张太和之气是天人合一的基础,人与天道是统一的。

综上所述,儒家关于天人合一的各种不同学说其共同之处在于,都力图探究人与天的相通之处,以求得天人之间的和谐、协调与一致。

总之,"天人合一"是儒家在"天人关系"问题争论上的重要命题,尽管围绕此问题还有不同观点,但其中"天人合一"思想在中国古代思想史上占据着主流地位。而儒家"天人合一"思想最大的特点就在于将天与人、自然与社会看作彼此相互影响、相互制约的整体,整体性、统一性、彼此联系、相互制约是这种思维方式的典型特征。然而,"天人合

---

① 《正蒙·乾称》。
② 《正蒙·乾称》。
③ 《二程遗书·二先生语六》卷六。
④ 《二程遗书·伊川先生语四》卷十八。
⑤ 《张子正蒙注·太和》。

一"思想并非儒家的专利,道家也持有这一观点。与儒家的"天人合一"有所不同,道家的"天人合一"主张人应该顺应自然。这一点,下面还有论述。

需要说明的是,并非所有的古代思想家在天人关系上都持"天人合一"的思想主张。例如子产就曾讲"天道远,人道迩,非所及也"①,认为天归天,人归人,天道的运行与人事互不相干。然而,子产却又说:"夫礼,天之经也,地之义也,民之行也。"② 将人类社会的"礼"视为天经地义,在一定程度上肯定了天对人事的决定权。即使在儒家内部,在天人关系问题上也有着不同的声音。比起子产来,荀子在"天人相分"之路上走得更远:荀子认为:"天行有常,不为尧存,不为桀亡。应之以治则吉,应之以乱则凶。……故明于天人之分,则可谓至人矣。"③ 荀子之所以持"天人相分"的思想主张,与他对"天"的认识密切相关。荀子的"天"乃自然之天,由阴阳化生万物而无形无迹,天地万物的生成与变化都是自然现象。自然的法则也不以人的意志为转移。荀子将宇宙看成由客观规律支配的统一体,日月、四时、阴阳、风雨、万物等自然现象是互相协调、互相作用、不断生成的统一体。他在《荀子·天论》中这样讲:"列星随旋,日月递炤,四时代御,阴阳大化,风雨博施,万物各得其和以生,各得其养以成,不见其事而见其功,夫是之谓神。皆知其所以成,莫知其无形,夫是之谓天。"尽管荀子明确地主张"天人相分"的观点,他却还曾说:"故天地生君子,君子理天地;君子者,天地之参也,万物之总也,民之父母也。"④ 认为天地生养了君子,君子治理天地。君子可以和天地的作用相配合,是万物的总管、百姓的父母。这说明,荀子也没有完全断绝天与人之间相通联的关系,而是认为天与人之间是一种相生、相应的关系。后来,唐朝的柳宗元提出"天人不相预"的观点,认为天与人分别属于自然现象和社会现象两个不同的领域,二者运行法则各异,相互之间并无干系。刘禹锡则提出了"天人交相胜"的命题,认为天与人分别统辖着自然界与人类社会,各有所长,主张人们应该发挥自己的主观能动性,力求胜天。然而,他们

① 《春秋左传·昭公十八年》。
② 《春秋左传·昭公二十五年》。
③ 《荀子·天论》。
④ 《荀子·王制》。

的思想主张并不占据儒家思想的主流，更不占据中国传统思想的主流。

2. 道家

中国传统的整体性思维方式在道家的思想中也有非常深刻的体现。"道"作为道家思想中最基本的概念，宇宙中的万事万物在它的统摄之下，相互勾连，彼此影响，使得整个世界相互联系，构成一个整体。

道家创始人老子在讲到他的"大道"之时说："道生一，一生二，二生三，三生万物，万物负阴而抱阳，冲气以为和。"① 老子认为，道是独一无二的。道本身包含阴阳二气，阴阳二气相交而生成一种适匀的状态，万物在这种状态中产生。万物有阴阳的两面性，并且在阴阳二气相互激荡、相互补充达到和谐状态的时候得以稳定地存在。因此，作为独立存在的"道"，产生了宇宙中的万事万物，是天下之母："有物混成，先天地生，寂兮寥兮，独立而不改，周行而不殆，可以为天下母，吾不知其名，字之曰道。"② 在老子看来，"道"是天地万物的总根源，"道"不仅产生天地万物，还决定着天地万物的生存和发展。他说："大道泛兮，其可左右。万物恃之以生而不辞，功成而不有。衣养万物而不为主，可名于小；万物归焉而不为主，可名为大。"③ 道广泛地存在，万物恃道而生存，道成就万物而不自以为有功，濡养万物却并不主宰万物。由此看来，在老子那里，"道"是派生演化天地万物的总根源，天地万物最终统一于"道"这个最高实在。显然，在老子那里，作为天下之母的"道"所产生的宇宙万物都是一个不可分割的整体，都统摄于大"道"之中。老子的这种以"道生万物"、"道统一切"为基本内容的宇宙生成论是一种典型的整体论思想。

到了庄子，他在《庄子·齐物论》中说："天地与我并生，而万物与我为一。"在庄子那里，"天"是自然，"人"是自然的一部分，天与人本来就是合一的，只是因为人们的主观区分，才破坏了天与人的统一。他主张："圣人未始有天，未始有人，未始有始，未始有物，与世偕行而不替。"④ 意思是，圣人心目中从来没有天的概念，从来没有人的概念，从来没有开始的概念，从来没有外物的分别，跟随世道一起发展变化而

---

① 《道德经·四十二章》。
② 《道德经·五十二章》。
③ 《道德经·三十四章》。
④ 《庄子·则阳》。

没有起止和更替。也就是一切顺应自然，消除一切差别，天人混一不分。庄子在《庄子·天下》中借惠施之口讲："泛爱万物，天地一体也。"肯定天地万物是一个整体。

汉代的刘安等人在《淮南子·天文训》中说："道始于一，一而不生，故分而为阴阳，阴阳合和而万物生。故曰'一生二，二生三，三生万物。'"刘安等人发挥了《道德经》的思想，认为"道"分阴阳，阴阳合和生成万物。显然，阴阳并不是互相割裂的两种东西，而是共同地统摄于"道"这个宇宙始源之中。

东汉末年的于吉等人在《太平经·守一明法》中说："夫道何等也？万物之元首，不可得名者。六极之中，无道不能变化。元气行道，以生万物，天地大小，无不由道而生者也。……王者百官万物相应，众生同居，五星察其过失。王者复德，德星往守之。行武，武星往守之。行柔，柔星往守之。行强，强星往守之。行信，信星往守之。相去远，应之近。天人一体，可不慎哉？"认为天地万物都由道而生，天体星辰监督着人间事务，天与人是统一的整体。

尽管道家并未明确提出"天人合一"这个概念，但道家的基本观点却蕴涵着"天人合一"的理念。而且，与儒家相比，道家更加彻底，它是将人消融在万物之中，使人与宇宙中的万事万物处在一个平等的地位。而在儒家那里，虽然也讲天人合一，但是，人的形象却常常从万物中凸现出来，具有更加优越的地位。

3. 医家

中国古代医家的整体性思维表现得最为充分，中国传统的医学思维属于典型的整体性思维方式。概括地讲，中国古代医家认为人与宇宙是统一的整体，人首先受到宇宙发展规律的制约，人体的休咎受到宇宙天体运行变化的影响。而人体的各部分脏器又是一个有机联系起来的整体，受着阴阳、五行变化规律的制约，人体的内脏和肢体器官之间存在着相互依存、彼此制约的关系。可以说，古代医家的基本学说和观点处处体现着整体性思维，无论是其天人相应理论、阴阳学说、五行学说，还是其脏腑学说、经络学说，都是基于一种整体性思维方式，用整体和系统的观点来研究人体、研究生命运动、研究疾病的发生和发展以及痊愈。

第一，我国传统的中医理论认为，不仅整个宇宙是一个统一的整体，人与宇宙自然也是统一的整体。

中国传统医家的宏著《黄帝内经》认为，人是自然界的产物，并受自然条件的制约。因此，人必须遵守自然界的基本规律，顺应自然界的各种变化，否则就会导致疾病。比如，如果不加防护，人就会受风寒侵袭而引起感冒，因炎热而中暑等。

《黄帝内经·素问·阴阳应象大论》里说："天地者，万物之上下也。"认为万物处于天地之间，并深受其影响与制约。《黄帝内经·素问·生气通天论》里说："天地之间，六合之内，其气九州、九窍、五脏、十二节，皆通乎天气。"这些论述表明，自然界中的万事万物和一切现象之间存在着相互联系、相互依存、相互影响的关系，而非孤立的存在。这种论述明确地指出了宇宙自然的整体性特性。

在此理论基础上，《黄帝内经》认为，就人与天地自然万物的关系来说，人与宇宙自然也是一个不可分割的整体，人体小宇宙受自然大宇宙的影响。中国古代医家将人体五行与自然界五行运行的现象联系在一起，认为自然界的四时八节变化运动与人体生理、病理是密不可分的。

《黄帝内经》认为，由于金星、木星、水星、火星、土星是离地球最近的几颗行星，所以，这几颗行星的运行状况对人体的健康状况具有相当的影响。尤其是当这几颗星离地球太近或者太远的时候，地球上人体的健康平衡态就会被打破，从而导致疾病的产生。以火星的运行为例，当火星之气过盛的时候，人体就会相应地产生一些疾病。《黄帝内经·素问·气交变大论》中说：

> 岁火太过，炎暑流行，肺金受邪。民病疟，少气，咳喘，血溢，血泄注下，嗌燥，耳聋，中热，肩背热，上应荧惑星。甚则胸中痛，胁支满胁痛，膺背肩胛间痛，两臂内痛，身热骨痛而为浸淫。收气不行，长气独明，雨水霜寒，上应辰星。上临少阴少阳，火燔焫，水泉涸，物焦槁，病反谵妄狂越，咳喘息鸣，下甚，血溢泄不已，太渊绝者死不治，上应荧惑星。

这是火星活动剧烈对地球上人体的影响。反之，当这五颗行星离地球距离太远，对人体同样会产生不利的影响，同样是火星，当火星距离地球太远以至于火星之气不足的时候，人体的健康平衡态同样受到影响而产生疾病。《黄帝内经·素问·气交变大论》曰：

岁火不及，寒乃大行，长政不用，物荣而下，凝惨而甚，则阳气不化，乃折荣美，上应辰星。民病胸中痛，胁支满，两胁痛，膺背肩胛间及两臂内痛，郁冒朦昧，心痛暴瘖，胸腹大，胁下与腰背相引而痛，甚则屈不能伸，髋髀如别，上应荧惑、辰星，其谷丹。复则埃郁，大雨且至，黑气乃辱。病鹜溏腹满，食饮不下，寒中肠鸣，泄注腹痛，暴挛痿痹，足不任身，上应镇星、辰星，玄谷不成。

这些说明，人体小宇宙内部气血的变化受制于各种因素，不仅与地球上的四时气候变化有关，还与宇宙中的天体星象变化有关。人体小宇宙、地球、太阳系乃至银河系等大宇宙之间都有密切的联系，而不是独立存在、互不通气的。尤其是与地球距离较近的星辰，它们的运行变化时刻影响着地球上的气候变化、动植物的生存状态以及人体的生命特征、精神状态等。相对来说，人体是一个整体，但它同时从属于地球这个更大的整体，因此，在考察人的肉体、精神的时候，是不能脱离地球这个大整体对它的影响的；同样的道理，地球是个较大的整体，但它同时属于太阳系这个更大的整体，在考察地球上的气候变化、灾变发生的时候也不能抛开太阳系的整体状况而进行孤立地考察……

中国古代医家的"五运六气"说也反映了自然界四时气候变化规律与人体病理之间的关系。"五运"指金、木、水、火、土五行的运行；"六气"指风、寒、湿、热、火、燥六种气象的流转。中国古代医家将五运和六气与纪年的天干、地支相联系，根据运、气相临的逆与顺，运用阴、阳相反相成及五行生克的理论，推测每年的气象特点及气候变化的周期性，进而探讨气候对发病因素及人体生理的影响，概括出六淫发病的一般规律。

可见，以《黄帝内经》为代表的中国古代医家的基本理论是以人天一体的整体论为基本立场的，它站在人与宇宙自然的关系的角度，认识到了宇宙自然状况对于人体健康的影响与制约，避免了孤立地看待人体的片面性，在宏观上探索并阐述了人体病因的复杂与微妙。

现代科学的发展已经证明了《黄帝内经》这种整体论思想的正确性。据现代科学揭示，人体除了受地球小宇宙的影响，还与天体的运行状况息息相关，由于太阳、月亮、金、木、水、火、土这几个天体距离地球较近，所以，这几个天体对人体的影响与制约也较为显著。就拿月亮为例，不仅人的生理状况深受月球运行的影响，就连人的心理活动也与月球脱不了干系。据称，女性的月经周期与月球绕地球运行的周期一致，说明月球运行规律对人体气血运行的影响。有趣的是，人的心理也受月球盈亏变化的影响，据一组科学统计表明：在每月的朔日，也就是阴历初一月亏时，人的情绪较为平稳，犯罪率不高；而当月圆时，人的情绪波动就大，犯罪率上升，在某种程度上可以说人的某些行为"都是月亮惹的祸"。

据此，中国传统的养生理论要求人们的日常饮食起居都要与"天"相合，从时间上来说要不违背天时，这一点在后面要谈到；从空间上来说，首先要符合地球的磁场要求，比如中国传统养生理论主张人们在睡觉时要头朝南、脚朝北，这样才与地球南北两极的磁场相协调。此外，还要符合周围具体环境的特点和要求，如在选择住宅建筑地点时，最好选在背山面水的向阳地带。这一点很容易理解，因为这样的地理环境温暖而不干燥，还能够较好地聚拢阳气。

第二，我国传统的中医理论认为人体本身是一个整体，人体的五脏六腑、奇经八脉之间相互联系、相互作用和相互影响。

具体到个体的人体，人体本身又是一个小宇宙，是一个统一的整体。人体的各个器官、各个脏腑之间不是孤立的，而是彼此影响、相互联系的。从内脏到肌肤和毛发，从腠理到血液与骨髓，都是密不可分、互相影响的。作为中国古代医家基础理论之一的五行学说将五行配五脏：肝为木，心为火，脾为土，肺为金，肾为水。这种五行学说认为，人的气血以五脏为中心通过经络沟通全身，各器官、部位、穴位分别归属于五行之一，五行之间互相关联，共同构成人体内在的整体性特质。

据此，中国古代医家认为，从人体表的色、脉、神、形，可以诊知体内的疾病，正如《黄帝内经·灵枢·本脏》所谓"视其外应，以知其内脏，则知所病矣"。《黄帝内经·素问·阴阳应象大论》中说："善诊者，察色按脉，先别阴阳；审清浊，而知部分；视喘息，听声音，而知所苦；观权衡规矩，而知病所主；按尺寸，观浮沉滑涩，而知病所生。以治无过，以诊则不失矣。"

在治疗上，中国传统医家也主张从体表治内症，如用针灸治疗心痛等；用内药治表症，如用清心去火之药治疗外疮等。《黄帝内经·素问·阴阳应象大论》中讲："故善用针者，从阴引阳，从阳引阴，以右治左，以左治右，以我知彼，以表知里，以观过与不及之理，见微得过，用之不殆。"中国有些习语对此有所反映，如：肝胆相照、脾胃相连等。所以有头痛医脚的说法，而这种说法在西医理论中简直是不可思议的。

第三，中国传统医家将人的肉体和精神视为一个相互作用、相互影响的整体。

中国传统医家习惯于将人的精神称为"情志"，认为情志由人体产生，并影响着人体的健康状况。《黄帝内经·素问·阴阳应象大论》中讲："天有四时五行，以生长收藏，以生寒暑燥湿风；人有五脏化五气，以生喜怒悲忧恐。故喜怒伤气，寒暑伤形。暴怒伤阴，暴喜伤阳。厥气上行，满脉去形。喜怒不节，寒暑过度，生乃不固。"中国传统医家认为，人的七情六欲左右着人的健康，七情过盛就会引起疾病的产生。

第四，中国传统医家还将人与当时的社会环境当作一个整体来对待。

中国传统医家认为社会环境这种"社会大气候"与自然界的四时气候一样，深深地影响着人体的健康状况，有不少种类的人体疾病就是所处的社会环境的产物。因此，医生在诊病、治病的时候，除了考虑自然的因素外，还要考虑到社会人事方面的因素。只有将自然、社会方面的因素都考虑全面了，诊病才能确诊，治病才更有效。《黄帝内经·素问·疏五过论》曰："诊有三常，必问贵贱，封君败伤，及欲侯王。故贵脱势，虽不中邪，精神内伤，身必败亡。"主张医生在诊断病情的时候，一定要询问病人社会人事方面的情况，以了解病人是否遭受情志方面的伤害。《黄帝内经·素问·疏五过论》还讲："凡未诊病者，必问尝贵后贱，虽不中邪，病从内生，名曰脱营。尝富后贫，名曰失精。五气留连，病有所并。医工诊之，不在脏腑，不变躯形，诊之而疑，不知病名。身体日减，气虚无精，病深无气，洒洒然时惊，病深者，以其外耗于卫，内夺于荣。良工所失，不知病情，此亦治之一过也。"《黄帝内经》认为，普通人在经历由高贵到贫贱的社会地位变迁的过程中，虽然并未曾遭受风寒燥湿等外邪入侵，但是却受到了情志方面的伤害，于是，病由内生。如果人们先富裕而后贫穷，遭受经济地位的社会变迁的话，也会产生或者加重疾病。这种由社会人事的因素所引起的疾病通常并不反映在病人的脏腑状况方面，也不会改变病人的形体表征；如果医生不懂得探究病人的社会人事方面状况的话，常常会导致误诊。

由此，《黄帝内经·素问·疏五过论》主张："圣人之治病也，必知天地阴阳，四时经纪，五脏六腑，雌雄表里；刺灸砭石，毒药所主，从容人事，以明经道，贵贱贫富，各异品理，问年少长，勇怯之理，审于分部，知病本始，八正九候，诊必副矣。"《黄帝内经》认为，高明的医生在治疗疾病的时候，必须了解病人当时所处的自然环境对他的影响，还要了解病人自身的脏腑状况，除此之外，还需了解病人社会地位的高低、性格的勇敢抑或懦弱等社会人事状况，这样综合起来考虑，才能全面而深刻地认识疾病的根源，使诊断结论与病人的实际情况相符。只有诊断无误，治疗起来才有充足的依据，治疗的效果才有足够的保证。

中国传统医家认为人不能脱离社会而孤立地存在，将人与社会看成一个整体：社会由人构成，而人则是社会中的一员。既然人处于社会环境之中，必然受到社会的影响和制约，他的情绪、心理、思想、感情都时时刻刻地随着社会环境的变化而变化，其生理状况、健康程度也相应地随之发生程度不同的变化。正是基于这样的认识，中国传统医家重视考察病人社会人事方面的状况，将其作为诊病和治病的重要依据之一。

以上仅仅以传统的儒家、道家、医家为代表，通过对几种比较典型的思想或观点进行阐述和分析，来考察中国古代整体性思维方式在人们思想中的具体体现。当然，中国古代的整体性思维方式并不仅仅局限于这么几家思想派别，也不仅仅表现为这有限的几种思想观点，而是比较普遍地存在于中国传统的多种思想当中。除了上文中所提到的那几种思想之外，还有：中国古代的"气论"、"理论"等思想。

总的说来，中国的先人们之所以那么热衷于谈论"天人合一"；那么情有独钟地将宇宙万物统一于"道"、统一于"太极"、统一于"气"、统一于"理"，正是受了整体性思维方式的支配。

(二) 中国古代整体性思维的主要特点及其表现

通过以上各个派别整体观的考察可以发现，中国传统整体性思维具有一些共同的特点，主要表现为：

第一，从总体上把握事物。

考察中国古代的宇宙观、世界观，一个总体特征就是从整体上把握事物，将天、地、人乃至万事万物视为统一的整体。中国传统整体性思维方式的这一特点在"天人合一"思想中比较明显地得以体现。

第二，从联系中把握事物。

在整体性思维方式的背景下，中国古人在观察事物、现象和分析问题时，重视事物之间的内在联系。《易经·系辞上传》曰："圣人有以见天下之动，而观其会通，以行其礼。"此处的"观其会通"就是观察事物与事物之间的统一关系。

中国传统整体性思维方式的这一特点在中国的"五行"学说中表现得也比较充分。中国的"五行"概念最早是在《尚书·周书·洪范》中提出来的："五行：一曰水，二曰火，三曰木，四曰金，五曰土。水曰润下，火曰炎上，木曰曲直，金曰从革，土爱稼穑。"它指出，金木水火土五者是宇宙中的五种基本元素。史伯在《国语·郑语》中说："夫和实生物，同则不继。以他平他谓之和，故能丰长而物归之；若以同裨同尽乃弃矣。故先王以土与金木水火杂，以成百物。"

《国语·郑语》进一步发展了"五行"的思想，用金木水火土之间相互结合而产生万物的道理来说明"和"生万物的机制。"五行"之间所具有的"相生相胜"的生克关系机制使宇宙万物在一个整体内相互牵制和制约，彼此决不能独立存在和发展。由于"五行"中的每一个元素都通过"相生"和"相胜"这两种方式与其他四种元素相联系，如：木为水生，又生火，木为金所胜，又胜土；这样一来，"五行"就通过"相生相胜"的机制构成一个不可分割的有机整体。这也是"和实生物，同则不继"所表达的含义。

三、中国古代整体性思维方式占据主导地位的原因

一个民族的思维方式往往受其早期社会生产方式、生活状况、信仰、思想等的影响。

中国古代社会占据主要地位的生产方式为农耕生产；由于当时的生产工具简陋，生产力发展水平低下，在一定程度上说，人们是靠天吃饭的；那时候，人类的各种活动都与自然息息相关；不仅如此，在人类的长期观察下，人们发现，宇宙中的万事万物都普遍联系、相互影响。而当时落后的农业生产方式，也逼迫人们为了抵御自然的各种灾害，如洪涝、干旱等，而不得不结成相互协作的生产联盟关系，从大局出发，从整体考虑，来制定各种应对措施，共同抵抗自然灾害所带来的风险。因而，中国古代的农业生产方式是整体性思维方式产生的根本原因，这也是生产方式决定上层建筑的典型表现。

此外，中国古代社会的人、神关系也是影响整体性思维方式产生的

一个重要原因。

人们普遍相信神灵的存在，人与神的关系是早期人类思想的重要内容之一。在人类社会的早期思想中，人与自然的关系和人与神、人与天的关系密切相关。在上古时代，人们往往将神、天看成自然意志的象征，从而把神和天当作自然界的代表。

陈来先生认为，在中国原始宗教的第一阶段上，有专门与神打交道的人员，而一般人则从事其他社会职业，不参与事神的活动，这一阶段叫作民神不杂、民神异业。在原始宗教的第二阶段上，人人祭祀，家家作巫，任意通天，这叫作民神杂糅、民神同位。结果造成了祭品匮乏、人民不再得到福佑的局面。为了制止这种状况，上帝就下达命令，断绝了人与神交流的通道，即《尚书·周书·吕刑》中所记载的"乃命重、黎，绝地天通，罔有降格"。于是，就到了第三阶段，绝地天通，恢复民神不杂的秩序。① 可见，在中国上古时期的很长时间，中国的先人们认为人的世界与神的世界并不是两个完全隔绝的世界，而是可以相互通联的，神可以下到人的世界，而人也可以通过一定的方式和途径将自己的意愿上达到神的世界。一般来说，古代的"巫"（女性与男性从事巫术活动者都可称巫）与"觋"（只指男巫师）就常常充当人与神之间的信使和中介。由于神的力量更加强大，拥有主宰自然界和社会人事的能力，所以人对神所持的态度是敬畏。《礼记·表记》曰："殷人尊神，率人事神。"在"尊天敬神"的思想指导下，周人一方面宣扬天命的不可违抗，另一方面又主张搞好人事就是顺应天命，并不否定人事上的主观能动性，只是人的这种主观能动性需以顺从天命为前提。与古代中国"神人相通"的观念相对应的是"天人合一"的思想观念。这种观念要求人们从人与神、人与自然普遍相联系的角度来考察事物。因此，与中国古代的"人神相通"、"天人合一"的观念相对应，中国古代的思维方式在总体上呈现为整体性思维方式，虽然并不否认差别和对立，但是比较强调"统一"与"和谐"。因此，《易经·乾》中讲："夫大人者，与天地合其德，与日月合其明，与四时合其序，与鬼神合其吉凶。先天而天弗违，后天而奉天时。"《易经》认为，"大人"的德行与天地好生之德相合，他的明察与日月的普照相合，他的进退与四季的变化相合，他的赏罚与

---

① 参见陈来著：《古代宗教与伦理：儒家思想的根源》，北京：生活·读书·新知三联书店1996年版，第23页。

鬼神所降的吉凶相合，他的作为，先于天时，但符合天的法则，天不会背弃他；后于天时，也遵循天的时机。显然，《易经》中的人非常自觉地认识自然规律，并按照自然规律来行事，以与天地、自然相合为原则，就会收到与天和谐一致的效果。

与中国古代天人关系上的"天人合一"基本观点不同，在西方文化中，人与自然的关系可以分为两个阶段。在早期西方文化中，人们向往着人与自然和谐相处。基督教产生以后，人与自然的关系渐渐对立，就连西方神话中的人与神也是分开或隔离破裂的。西方传统思想中有"神凡两分"的观念。在基督教的《圣经》记载中，天与地相分。当亚当和夏娃因蛇的诱惑偷吃了禁果而被逐出伊甸园之后，人与神便分开了。上帝惩罚亚当和夏娃以及他们的子孙后代，要付出艰苦的劳动——用双手去耕耘，去克服自然才能生存。于是，人与自然的关系也是分开的、对立的。由于西方神的世界不同于人类世界，神的世界是神圣的，神与人之间有鸿沟相隔，互不往来。人对神怀着一种敬畏和赎罪的感情，神人关系是一种降服与被降服的关系。人与自然的关系也相应地表现为一种分裂和对立的关系。西方传统思想讲"神凡两分"，尽管不否认统一的方面，却比较重视对立。所以说，西方的思维方式是割裂的，更加强调部分，而忽视了整体的存在。

对于以上中西方思维方式差异的原因分析，是从原始社会人与神之间的关系这个角度进行的。这种分析主要基于这样一种认识：上古时期人与神之间的关系状况深深地影响了当时人们的思维方式，人们往往从人与神之间的关系去推导人与自然、人与人、人与社会之间的关系。因此，不同地域早期的人、神关系特点给该地域人们的思维方式打上了深深的印记。

严耀中先生在分析中国古代整体性思维的时候，则把考察的重点放在了当时人们的生存环境上。他认为，中国古代的整体主义最初由来与生存环境大有关系。也就是说中国古代的整体主义思想与中国古代的社会状况紧密联系在一起：在中国古代，自然条件并不优越，黄河与长江流域的气候突变率较大，金属生产工具缺乏，这种不利的生存环境强化了社会的群体意识和整体意识。人们要想在工具简陋、季节性很强的气候条件下抢种抢收，必须依靠大规模的劳动协作。这种早期的集体劳作的形式培养了中国先民们的整体主义思想。此外，在古代中国促进和保持整体主义意识的因素还有两个：一是中华土地上的绝大部分初民在人种血缘上十分亲近。人种单纯所具有的亲和力，能够加快人群间的同化与融合，易于迅速铸成民族的整体，从而强化整体主义思想。二是华夏民族所生活的区域颇为独特：北方是冰天雪地的荒漠，东南及东是碧波浩淼的大洋，西南是被视为瘴疫之地的深山密林，南方是天涯海角，西边则有号称世界屋脊的巍巍大山。西北也是一望无垠的戈壁流沙；其间仅有千里小道蜿蜒于山水荒野之中。这种与外界隔绝的地理环境，使得其他世界的信息难以传达进来，却使华夏民族所在地自身成为一个相对独立的整体。封闭的地理环境使得人们在同一社会结构下的整体意识随着时间的推移而逐渐强化，慢慢形成一种传统，成为一种思维方式。

在这种整体主义思想作用下，中国的先民把追求统一作为一种政治理想。秦汉以降，随着中央专制集权政体加强的需要，统治阶级愈来愈把整体——封建大一统国家说成民生之本。尤其是汉武帝采用了董仲舒"罢黜百家，独尊儒术"的建议后，使得大一统色彩最为浓厚的儒家政治哲学正式被奉为社会的正统思想。①

这是两种具有代表性的不同观点，各有各的道理。笔者认为，思维方式的形成也不是单一因素作用的结果，应该是多种因素共同作用的结果。但是有一点是肯定的，一个民族思维方式的形成、定型，应该与其早期的经历密切相关。因此，笔者认为，一个民族思维方式的特点既受生产方式、人神关系状况的影响，又受生存环境状态的制约，它的形成是多种因素所产生的综合力作用之下的产物。

四、中国古代整体性思维方式对中国传统"和"文化的影响

思维方式是在特定的社会土壤和心理氛围中逐渐孕育而成的，同时，它也在漫长的岁月里，对思想文化的形成、社会政治制度的确立、社会风俗的培养具有重要作用，甚至对民族特性的塑造也产生着一种潜移默化的影响。

张岱年先生在谈到"天人合一"概念的时候，曾经指出："'天人合一'的比较深刻的含义是：人是天地生成的，人与天的关系是部分与全体的关系，而不是敌对的关系，人与万物是共生同处的关系，应该和睦

---

① 参见严耀中：《华夏民族意识中的整体主义背景》，陈秋祥、姚申、董淮平主编：《中国文化源》，上海：百家出版社1991年版，第297—306页。

共处。"① 在中华民族整体性思维方式的支配下，出于对整体、全局的争取和维护，必然要求协调各部分之间的矛盾与冲突，强调各个组成部分之间的平衡与和谐。因此，在古代中国这种带有浓重整体论色彩的思维方式中所展开的政治、经济、文化、外交、军事等活动中，往往以强调统一、和谐为目的。正是由于中国古代先人们思维方式的这种整体性特点，使得中国传统文化特别推崇整体意识、群体观念、大一统的观念以及与此密切相关的协同精神。每个社会成员都被要求一切以大局为重，自觉维护社会的安宁与和谐，个人应该服从群体。

也正是因为这种整体论的思维方式是如此地根深蒂固，所以中国古人在考虑问题的角度上，往往从整体和大局出发，看重整体的存在，注重各个部分之间的和谐。在处理问题时，则从整体利益和大局着眼，坚持中道，注意事物的平衡与协调发展。在治家方面，由于对于"四世同堂"型的大家庭的向往，必然主张"家和万事兴"，提倡家庭成员收敛个性的锋芒，而将"和"字奉为圭臬。在治国安邦方面，中国古人因对"大一统"局面的追求，就比较注意安抚百姓，实行以德治国；而在外交方面，由于看重国家整体上的长治久安，也将"睦邻友好"作为处理邦国关系的一个基本原则，提倡"亲近怀远"。可以说，下至普通百姓，上至国君大臣，都在整体性思维方式的驱使下而将"和"作为基本的行为准则。

第一，在个体的性格特征、价值追求方面，个体的独立意识被强大的长辈意志所遮蔽，缺乏必要的自主性。

中华民族的整体性思维方式对于个体的性格特征、价值追求的影响主要表现在，个体缺乏独立、自由的意识，社会普遍强调个体对于整体的依托，提倡个体对整体的义务和贡献。个体只有在整体中、作为整体的一分子才有意义，个体的价值也只有在整体中才能实现。在这种观念的影响下，中国人往往习惯于将自己融入一个群体或者集体当中，然后以这个群体或者集体为依托来实现自己的价值。因而，在中国传统文化中，家、宗族、国家等群体性的意识比较强，而个体意识则较弱。

大到在国家的政治生活中，一个地方官员只能循规蹈矩地按照国家既定的法规行事，或遵从上级领导的意愿行动，而难以按照自己的意愿

---

① 张岱年著：《张岱年学术文化随笔》，北京：中国青年出版社1996年版，第92页。

进行大刀阔斧的改革、创新,所以,这也造成了中国因循守旧的政治惯性。

小到在人们的日常生活中,比较典型的表现是,家庭中个体的人,似乎总也长不大,只要父辈、祖父辈的人还在,即使是一位已经成年的男性,在遇到生活问题时,也要请示长辈的意见和建议,请长辈来为自己做主。

第二,在社会生活方面,中国传统的整体性思维方式集中体现为家庭本位和国家本位。

在中国的整体性思维方式的背景下,群体利益被突出出来,而个体利益和权利则被淹没在群体利益之中。对于家族、宗族、国家等群体或集体利益与需要的强调,使得社会成员在强大的家族、国家义务的挟裹下常常会失去自我,变成缺乏个性,缺乏独立的价值追求。由于缺乏独立的价值追求,于是中国人在社会生活中,前者要求作为家庭成员的个人要孝敬父母,后者则要求国民忠于国家、忠于国家的象征——国君。

由于中国传统的整体主义意识强调个人对家庭、家族和国家的义务,要求社会成员的个人利益和需要服从于家族、宗族和国家的利益和需要。于是,表现在社会伦理上,就要求社会成员在错综复杂的人际关系中履行自己的义务,这在儒家的思想中得以集中地体现,儒家的"三纲"、"五常"就是这种思想的典型。

第三,在政治生活方面,中华民族的整体性思维方式衍生出"大一统"的思想观念。

在整体性思维方式的影响下,无论是远古时代原始社会的部落首领,还是后来的国家首脑,都希望在自己的统治下形成一种"大一统"的团结局面。可以说,大一统的政治观念成为传统中国社会一以贯之的政治理想。这种政治上的理想追求在中国古代典籍中即已比较常见。《诗经·小雅·谷风·北山》曰:"溥天之下,莫非王土;率土之滨,莫非王臣。"这段话表明了上古时期的人民对政治大一统局面的描述。"大一统"一词正式出现于《春秋公羊传·隐公元年》:"何言乎王正月,大一统也。"唐朝徐彦疏曰:"王者受命,制正月以统天下,令万物无不一一皆奉之以为始,故言大一统也。"

大一统作为一种政治理想,受到儒家的格外垂青,孟子在《孟子·梁惠王上》中提出"定于一"的思想,荀子在《王制》篇中也说:"近者歌讴而乐之，远者竭蹶而趋之，四海之内若一家，通达之属，莫不从服。"他还说："四海之内，莫不变心易虑以化顺之。"① 他们虽然并未直接提出"大一统"的政治主张，却也间接地表示了对"大一统"的欣羡与向往。

秦朝时期，秦始皇灭掉六国，使得中国统一的多民族封建国家正式确立。西汉时期，汉朝的董仲舒在争取了汉武帝的政治支持后，提出了"大一统"的政治主张。他在《举贤良对策》中说："《春秋》大一统者，天地之常经，古今之通谊也。"董仲舒认为，为了达到政治统一的目的，需实行思想统一。为此，他向汉武帝提出"罢黜百家，独尊儒术"的主张，受到汉武帝的支持。于是，大一统的政治思想进一步丰富和完善。西汉桓宽所汇编的作品《盐铁论·诛秦》中说："中国与边境，犹支体与腹心也。夫肌肤寒于外，腹肠疾于内，内外之相劳，非相为助也！唇亡则齿寒，支体伤而心惨怛。故无手足则支体废，无边境则内国害。"这段话表明，当时的人们能够比较清醒地认识到华夏各民族的整体性以及国家与边境之间唇亡齿寒的关系。

这种以整体性思维方式为特征的"大一统"思想深深地影响着中国古代的历史，对于国家的统一、民族凝聚力的增强、多元文化的整合起到了重要作用。在世界古代史上，找不出第二个像中国那样经历了长期统一局面的国家。且不说日本在封建时代延续了近千年的割据状态，使得"万世一系"的天皇制度徒有虚名，天皇也成为聋子的耳朵——摆设。印度在孔雀王朝之后，基本上呈现为一盘散沙的状态，再没能建立过统一的帝国。欧洲的情况也好不到哪里去，在纪元以来的头几个世纪，西欧的主要地区曾在罗马帝国的统一管辖之下；但此后就进入长期的分裂时期。可以说，封建时代的欧洲分裂为大大小小的邦国，意大利和德意志都各自有几十个"公国"与"侯国"，可谓邦国林立。

在中国古代史上，尽管也有几次重复出现的全国性的分裂局面，但是分裂的时间都不太长，只占封建时期的一小部分。而且，中国的统一始终处于不断加强的过程中，并不受奴隶制、封建制的影响。尽管分裂局面一再出现，然而，每次经过短时期的分裂之后，重新出现的都是程度更高的统一。中国历史上统一的不断强化，主要表现在集权政治的加

---

① 《荀子·儒效》。

强和思想文化的统一和同化,还有就是国家疆域的不断扩大。为什么中国能够建立如此持久的统一国家呢?为什么中国能够历经分裂、割权的考验却仍然"分久必合"、合而更久呢?在挖掘和清理中国那厚重的文化遗产的时候,我们不能不注意中华民族的思维方式,不能不关注中华民族的整体性思维方式对"大一统"政治思想的形成所产生的影响。

第四,中华民族的整体性思维方式还深深地影响着中华文化的其他方面。

在整体性思维方式的导向之下,中国传统文化总的倾向是反对割裂、冲突、斗争,强调"统一"、"和谐",积极寻求对立面的统一,习惯于对事物进行融会贯通地把握,追求一种自然的和谐。中国传统的建筑、艺术等也深受整体性思维方式的影响。无论是从建筑、艺术的内容来说,还是从其表现手法来讲,无不体现着这种整体性的思维特征而带有某种和谐的色彩。可以说,中国古代整体性思维方式决定了中国文化特有的"和"之风貌。

林语堂在谈到中国的住宅与庭园的特点时说:"中国的住宅与庭园有其更为错综复杂的一面,值得引起特别的注意。与自然保持和谐的原则在这里更向前推进了一步,因为在中国人的概念中,住宅与庭园是密不可分的,它们在一起构成了一个有机的整体。"① 林语堂认为,正是因为中国人将住宅与其庭园看作一个有机的整体,所以才更加注重住宅与其自然环境之间的和谐。

日本学者大隈重信在比较希腊艺术与古代中国的艺术时,指出:"在希腊等西方,显著的倾向是从外面来细致周密地描绘事物。而中国显著的倾向是,其目的主要并不在于外观或表象,而是其整体中所内涵的精神。外观可以是单纯的、简朴的,有时甚至是无规律的、不整齐的,重要的是整体中所表现的精神气质。"② 大隈重信先生不仅看到了中华民族思维内倾的特点,还看到了中华民族重视整体、以整体统领部分的文化特征。

---

① 林语堂著:《中国人·住宅与庭园》,郝志东、沈益洪译,杭州:浙江人民出版社1988年版,第291页。
② [日]大隈重信著:《东西方文明之调和》,卞立强等译,北京:中国国际广播出版社1992年版,第49页。

从建筑上来讲，中西不同的建筑风格就体现了中西思维方式的差异。古代希腊建筑和罗马建筑更多地强调对个体的赞美和对个性的张扬，注意将建筑从周围环境中突现出来，从而与周围环境之间形成显著的对比。英国的埃菲尔铁塔、法国的卢浮宫无不具有这种特点。而中国古代的建筑则更加强调建筑与周围环境作为整体的统一与和谐，注重将建筑融入周围环境中，讲究的是建筑与周围环境的浑然一体。即使在建筑的内部，也尽量营造一种自然的氛围。因此，中国的大型建筑中总是离不开自然的元素：假山、湖泊、树木、花草的形态、位置的设计都要以接近天然为原则。在这一点上，苏州园林有比较集中的体现。

从绘画上来说，中国画比较讲究"意境"，即画作所显现的整体风貌。有时候，中国画的表达对象本来是个人物，但这个人物却有一大块周围环境做背景，有时候甚至给人一种将人物淹没于环境之中的感觉。其实，中国画所追求的正是这种人物与环境融为一体的效果。

总的来说，一个民族的文化传统是由该民族的经济传统和政治传统所造就，同时，也与该民族稳定的思维方式紧密联系。一方面，一个民族的思维方式在潜移默化中影响该民族的文化传统；另一方面，一个民族的文化传统又巩固了该民族的共同思维方式和心理模式。

在研究中国传统"和"文化产生和发展的基础时，不能不注意到中华民族稳定的整体性思维方式。这种整体性思维方式，在中国漫长的原始社会、奴隶社会和封建社会，已经无孔不入地渗透在广大人民群众的观念、行为、习俗、信仰、情感状态等当中，自觉或者不自觉地支配着人们处理各种事务、关系与生活的方式与方法，同时也构成了中华民族的某种共同的心理模式与性格特征。这种整体性的思维方式与以"贵和"为特征的传统"和"文化的形成，有着内在的联系，它们之间是相互贯通的。可以说，中华民族稳定的整体性思维方式是传统"和"文化得以产生的思维根据，而传统"和"文化则是整体性思维方式在文化形态上的展开与体现。

第三节　中国古代的社会状况

正如恩格斯所说："人们自觉地或不自觉地，归根到底总是从他们阶级地位所依据的实际关系中——从他们进行生产和交换的经济关系中，吸取自己的伦理观念。"① 其实，从生产和交换的经济关系中所吸取的又何止是伦理观念？构成人类文化的种种方面无不与人们的生产和交换的经济关系有着或直接或间接的关系。因此，我们只有在人类无限丰富的社会实践里，结合当时的人类社会状况，才能理解一个民族的文化性格，才能全面了解一个民族的文化。

中国传统文化作为一种上层建筑，它的产生和性质归根结底是由社会存在决定的，它是对民族存在的一种反映。然而，它的种种特色却不能仅仅用经济的、物质的条件来说明，而是受到社会诸多因素的作用和影响。中国传统"和"文化是中国传统文化中的一朵奇葩，它的特色比较突出，如果仅用中国古代的农业经济方式是很难圆满地解释其特色的。在古代，世界上有那么多国家和地区的人们都以从事农业经济为主，但是，却并没有像中国那样都形成"和"文化。所以，要想揭示中国传统"和"文化产生和发展的独特路径，还需结合当时中国独特的社会状况来说明。

中国传统"和"文化的产生、发展和繁荣昌盛，除了受中国古代特定的地理环境、自然条件、思维方式的制约，与中国古代的农业经济有着不解之缘外，还与中国古代的社会状况密切相关。由于中国传统的"和"文化颇具中国特色，那么制约和影响中国传统"和"文化的产生及发展的也应该是那些具有中国特色的社会历史状况。概括说来，主要是中国古代社会家国同构的社会结构、重视道德伦理的民族习俗以及历史悠久的德治政制传统。

一、家国同构的社会结构及其对中国传统"和"文化的影响

古代的中国社会有一个重要特点，那就是"家国同构"。这种独特的社会结构深深地影响着古代中国的政治和文化。

（一）家国同构的社会结构

孟子曾曰："人有恒言，皆曰'天下国家'。天下之本在国，国之本在家，家之本在身。"② 孟子认为，天下的根本在于国家，国家的根本则在于宗族、家族、家庭，家的根本是人。在中国古代，由于宗法制度的

---

① 《马克思恩格斯文集》第9卷，北京：人民出版社2009年版，第99页。
② 《孟子·离娄上》。

长期盛行，使得家庭在中国社会居于中心位置。家庭不仅是基本的社会单位，还是一切社会组织的模型。"家国同构"是中国古代社会的一个重要特点。家是国的缩小，而国则是家的展开。所谓"万物之本在身，天下之本在家"、"家道正而天下正"、"政自家始"、"正家而天下定矣"等语，都旨在说明家国关系的不可分割。单单从"国家"这一词汇就可以看出，家国关系不仅不可分割，简直就是一体。因此，中国的国君被称为"天子"，而地方官则被称为"父母官"，老百姓被称为"子民"，好朋友结拜以后就是"兄弟"。

（二）家国同构的社会结构对中国传统"和"文化的影响

家国同构的社会结构可以说是中国古代社会的一个比较独特的特点，这种独特的社会特点不仅造就了中国独特的政治制度和政治形式，还对中国的文化产生了重要的影响。

这种家国同构的社会结构使得齐家与治国被联结为一个整体，"齐家治国平天下"被视为一个人的最高理想与天职。唐朝的张九龄就认为："治国之道，实由家治也。"① 正因为如此，有不少治家的理念被应用在治国上。于是，在古代的社会规范中，关于家庭的伦理道德成为治国的重要组成部分，甚至成为主要部分。黑格尔曾说："在中国人那里，道德义务的本身就是法律、规律、命令的规定。"② 道德越俎代庖，在一定程度上取代了法律的地位，这种现象对于黑格尔来说，是有些令人吃惊和费解。然而，对于中国人来说则是顺理成章的事情，根本就用不着大惊小怪。

大家知道，家庭是以血缘关系为纽带的，家庭成员之间都有着血浓于水的亲情关系，治理家庭是不靠武力和暴力的，靠的主要是感情、道德、伦理等软约束力。所以，儒家关于治国的德治主张被统治者所采用，并延续了相当长的时间，是有其内在必然性的。而在中国古代，法治长期被统治者冷落的原因也在这里。因为，在统治者看来，治国既然如同治家，就应该使用比较温情脉脉的方式，显然，冷冰冰的法律则不大适合。《礼记·大传》中的一段话颇能揭示其中的道理，它说："亲亲故尊祖，尊祖故敬宗，敬宗故收族，收族故宗庙严。宗庙严故重社稷，重社

---

① 张九龄：《千秋金鉴录》卷五《齐家第九章》，四部备要本。
② ［德］黑格尔著：《哲学史讲演录》第一卷，北京大学哲学系译，北京：生活·读书·新知三联书店1956年版，第125页。

稷故爱百姓,爱百姓故刑罚中,刑罚中故庶民安,庶民安故财用足,财用足故百志成,百志成故礼俗刑,礼俗刑然后乐。"

日本学者大隈重信在分析中国的家族制度对稳定社会的重要作用时说:"一个家族都是以夫妇之和、父子之亲、兄弟之谊等自然的人情(和乐、平和之情)来维系,这是家庭的特征,所以认为家庭首先是和乐、平和的中心,乃是中国古代的一般的理想。因而我们不能不作这样的想象:把仁爱、同情、孝悌等作为道德的核心的中国思想,其缘由甚深,在家族制度的基础上就已经存在着这样的道德秩序。"他还接着说:"因为社会、国家、天下归根结底就是一个大家庭,特别是在中国,家族主义直接扩张到社会、国家的形迹相当明显。家家是和乐的中心,家庭主要是由亲爱和睦之情来维系,而不是在权力关系上互相对立。同样,政治的关键是以治国平天下、社会与国家的和乐为目的,而且君臣的关系主要是以仁慈之情来维系,而不是权力的关系——这就是中国古代的政治的目的。"① 大隈重信先生虽然并没有使用"家国同构"一词,但他却明确地指出了在中国传统社会中,由于国家是家族的扩张,从而使得国家的政治变得颇为微妙——是以和乐为目的,而仁慈之情也介入到了严肃的政治生活中。

如果无论是家庭还是国家,都以和乐为目标,那么"和"文化产生在这个国家也就不足为奇了。

二、中国古代重视道德伦理的民族习俗及其对中国传统"和"文化的影响

中华民族自古以来就推崇道德伦理在人类社会生活中的地位与作用。中国的先人们认为,道德是"人禽之辨"的根本标准,这就把道德看作了人之为人的内在本质。中国重视道德伦理的民族习俗必然会对文化的构成与特点产生一定的影响。

(一)中国古代重视道德伦理的民族习俗

中国素以"礼仪之邦"闻名于世,中国重视道德伦理的传统也颇为久远。《尚书·周书·君奭》中有言:"天不可信,我道惟宁王德延。"

---

① [日]大隈重信著:《东西方文明之调和》,卞立强等译,北京:中国国际广播出版社1992年版,第171页。

意思是：上天是不能相信的，我们只有努力发扬文王的光荣传统，使之长久地保持下去。《尚书·召诰》曰："惟王其疾敬德，王其德之用，祈天永命。"其含义为：现在的希望是成王能够赶快敬重德行，王啊！只有根据道德行事，才能祈求天命的长存。《尚书》中的这些记载表明，在周朝时期，人们就已经比较普遍地用道德来自觉指导自己在社会生活中的行动了。

据《春秋左传·襄公二十四年》记载，范宣子曾与穆叔即鲁国贵族叔孙豹讨论身死而名"不朽"的问题，穆叔说："豹闻之，大（即：太。①）上有立德，其次有立功，其次有立言，虽久不废，此之谓不朽。若夫保姓受氏，以守宗祊，世不绝祀，无国无之，禄之大者，不可谓不朽。"在穆叔看来，"立德"、"立功"、"立言"为不朽之举，而且在这三者当中，"立德"居于首位，最为重要。《春秋左传》中这种"立德"、"立功"、"立言"三不朽的说法对后世的影响颇深。它使人们认识到，世俗的荣华富贵和权势功名都会随着生命的消失、时间的流逝而为人们所淡忘，只有涵养了高尚的品德、为国为民立下功劳、留下不朽的著作才能被百姓记在心头，虽死而不朽。另据《春秋左传·襄公二十四年》记载，子产曾经给子西（即：公孙夏）寄信转告范宣子说："德，国家之基也。有基无坏，无亦是务乎！有德则乐，乐则能久。"子产认为，"德"是一国之基，国家只有重视道德，才能使百姓和乐，从而使国家政权稳定持久。由此可见，在中国的早期社会中，道德不仅在人们的生活里发挥着重要作用，用以指导人们的日常行为，还在国家政治生活中有着极为重要的影响。

儒家的开山鼻祖孔子对于道德伦理也给予了高度重视，孔子不仅说"为仁由己"②，还认为"好仁者无以尚之"③。这里的"仁"主要指履行道德义务、遵守道德准则。在孔子看来，人不仅仅是被尊重、被爱的对象，还应该是给予别人以仁爱的主体。作为道德主体，人蕴涵着自主的力量。而那些乐善好施者正是最值得尊敬的人。孟子把人和禽兽的区别提到了突出的地位。孟子认为，人优于自然界的地方就在于人有自觉的道德意识，而这种道德意识在很大程度上是一种先验的道德情感——恻

---

① 参见杨伯峻编著：《春秋左传注》，北京：中华书局1981年版，第1088页。
② 《论语·颜渊》。
③ 《论语·里仁》。

隐之心、羞恶之心、恭敬之心、是非之心。

先秦法家的出现，突出了法的重要性。中国第一个统一的国家秦朝采用了法家的主张，实行"法治"，同时大力打击儒家等其他派别。然而，不幸的是，秦朝的"法治"社会并没有像其预期的那样持续太久，就在一场农民起义中土崩瓦解。秦朝的短命，极端法治下统治者的严苛与残暴固然起了激化社会矛盾的作用，它还有其他多方面的原因，而不能完全由"法治"来承担责任。但是，后世的政治家在总结强秦灭亡的原因时，却毫不客气地归咎于法家的"馊主意"。曾受法家沉重打击的儒家在秦朝以后的汉朝不仅翻了身，而且还受到统治者的青睐，它当然不会忘记刚刚遭受到的"焚书坑儒"的痛苦与耻辱。因此，董仲舒瞅了一个机会，向汉武帝提出"罢黜百家，独尊儒术"的建议，使得儒家思想成为官方的意识形态，不仅报了秦朝法家代表李斯的一"谏"之仇，还乘机顺带着贬低了其他派别的地位，削弱了它们的社会影响。孔子创立儒学，董仲舒首倡"独尊儒术"，使得孔子创立的儒家学说成为封建社会"定于一尊"的正统思想。自此，儒家思想一直占据着社会思想阵地的主流地位。历朝历代的统治者都不敢轻视或者忽视儒家思想主张。在汉朝以后的朝代里，多数统治者都公开地推行儒家的思想主张，即使是在统治者半推半就地实行"阳儒阴法"的日子里，儒家也没有失去其身份上的主导地位。就整个中国古代社会而言，强调道德伦理的儒家始终具有极高的地位。

自从儒家思想在汉朝时站稳了脚跟，儒家思想也逐渐渗透于国家政治和社会生活的各个角落。汉朝在选拔人才时也将儒家所主张的"修身"作为选拔标准之一，把道德修养纳入选贤任能的范畴之中。汉武帝以后，儒家思想在选拔人才、任用官吏中具有重要意义。

后来，隋朝开始使用科举制来选拔官吏，儒家的经典则成了考试的重要内容。科举是个指挥棒，科举内容指向哪里，哪里就成为知识分子趋之若鹜的读书目标。于是，四书五经就成了中国古代读书人的必修课，至于其他派别的典籍则沦为可有可无的选修课。所以，在中国漫长的封建社会历史中，国家的各级官吏大都是些深受儒家思想浸染的儒生，这些经过儒家思想洗礼的知识分子们在其掌握国家权力时，当然都要把儒家思想作为治国的指针，将儒家思想贯穿于中国封建政治和社会生活中。

就在这种社会背景下，中国人对于道德的重视形成了一个民族传统，这种传统一直延续到近代。

（二）中国古代重视道德伦理的民族习俗对中国传统"和"文化的影响

在中国传统观念中，"德"是人们安身立命之本，人们普遍将道德品质的高低作为衡量一个人优秀与否的重要标准。在中国古人眼里，"德"与"才"相比，常常是"德"占上风：有德有才之人固然最好，有德无才之人则优于有才而无德之人。因为有德无才之人最坏不过是无用，而有才而无德之人却会起到破坏作用。因此，不管在繁华的闹市，还是在偏僻的乡村，缺德之人即使有才有钱，也常常受到众人的鄙视与非议；而德高望重之人则普遍受到人们的敬重，并常常被邀请出面主持一些重大活动；或者主持公道，处理一些人事纠纷，成为地方上维护安定团结局面的举足轻重的人物。

在古人眼里，"德"不仅关系到个人的安身立命，还关系到国家的兴盛存亡。不仅正统的儒家人物将道德伦理作为社会稳定和谐的重要因素，就连那些多少有些"异端"思想的人物也是如此。如顾炎武就说："国家之所以存亡者，在道德之深浅，不在乎强与弱。"① 章太炎也认为："道德衰亡，诚亡国灭种之根极也。"② 可见，儒家所提倡的道德伦理、所强调的社会和谐在漫长的历史中，逐渐沉淀为中国传统文化性格的重要构成因素也就不难理解了。

英国学者弗兰西斯·培根对社会道德风气的力量颇为看重，他曾深有感触地说："一种集体的习惯，其力量更大于个人的习惯。因此如果有一个有良好道德风气的社会环境，是最有利于培养好的社会公民的。"③ 其实，一个有着良好道德风气的社会环境不仅有利于培养良好的社会公民，还会酝酿温和的社会文化传统。一个民族、一个国家在漫长的历史中所积淀下来的风俗习惯是影响其文化形态的一个重要因素。奥地利心理学家荣格一生都在强调"集体无意识"的巨大影响力。在他看来，每个人一生的行为都受到背后一只无形大手的控制，这只大手就是长期以

---

① 顾炎武：《宋世风俗》，《日知录》卷十三。
② 章太炎：《革命之道德》，《章太炎政论选集》，汤志钧编，北京：中华书局1977年版，第310页。
③ ［英］弗兰西斯·培根：《论习惯》，《人性的探索——培根随笔全集》，何新译，哈尔滨：黑龙江人民出版社1989年版，第143页。

来积淀在传统中具有文化同构特征的综合价值观念,它是人文地理的一个重要组成部分。①

中华民族这种重视道德伦理的习俗对于中国的民族心理、民族集体无意识影响颇深。世世代代浸染在这种崇尚道德伦理习俗之中的中国人非常重视道德的强大凝聚力,并将"和为贵"奉为圭臬。将好勇斗狠看成一种做人的缺点;将贪婪残暴的君主看作不称职的统治者,其不称职的统治终将会被推翻;将通过侵略别国来扩大地盘获取财富的国家视为无道义、不吉祥的国家,认为这种国家终将会受到惩罚而亡国。

此外,中国还有一些传统习俗以重视血缘亲情为主要特征,也在一定程度上加深了中国传统"和"文化的浓厚氛围。中国有四大传统节日:春节、中秋节、清明节、端午节。其中,春节与中秋节都是亲人团聚的节日,届时不管家庭成员怎样地天各一方,到了春节、中秋节,总会千方百计地回到故乡,与亲人们聚在一起,在相亲相爱的气氛中共同度过幸福、温馨的时光。而清明节则是活着的人凭吊、怀念死去亲人的日子。中国传统的习俗,不仅给活着的人提供专门的互爱互助、和和美美在一起的节日,还给死去之人接受在世之亲人祭品、倾听亲人汇报生活状况的机会。

第四节 中国古代德治的政治传统

马克思主义认为,政治与文化都属于上层建筑的范畴,二者都有各自的特殊地位和作用。一般来说,政治往往处于核心的地位,文化、思想则或强或弱地受到政治的制约。作为具有一定独立性的文化,对于政治也会产生程度不同的反作用——反过来影响政治,以尽量达成与政治之间的协调与一致。然而,文化对政治的反作用比较有限,有时候文化在统治者强势的政治权力面前是无能为力的,甚至不得不屈服于政治的压力。中国历史上秦朝对于文化的破坏、明朝与清朝对于文化的压制就是典型的表现。当然,在大部分情况下,政治与文化之间是交互作用、彼此影响的。

那么,中国传统"和"文化与中国古代政治传统之间的关系怎样

---

① 参见和文军著:《人文地理与中华伟人》,天津:天津人民出版社1998年版,第12页。

呢？中国传统"和"文化的产生与发展又受到中国古代政治的哪些影响呢？曾对中国政治思想作过系统研究的萧公权先生，在其著作中说："盖中国之政治思想者，中国文化与社会之产物，而同时为二者不可隔离之部分。吾人欲彻底了解中国文化与社会，自不得不研究中国之政治思想。"① 萧先生的见解比较中肯。鉴于政治比起社会意识的其他方面来，对于文化有着更大的影响，所以，在这里笔者将中国古代政治对中国传统"和"文化的影响作为单独一节来进行探讨。

一、中国古代德治的政治思想传统

说起中国的德治传统来，可谓历史悠久。甚至久到尚未建国的原始社会部落时期，就已经有了德治的思想。当然，还有德治思想的朋友——"和"思想。

早在原始社会时期，传说中的部落首领尧就提倡德治，《尚书·虞书·尧典》记载："曰若稽古，帝尧曰放勋，钦明文思安安，允恭克让，光被四表，格于上下。克明俊德，以亲九族。九族既睦，平章百姓。百姓昭明，协和万邦。"可见，尧的德治政策并非仅限"内部使用"，而是惠及了当时的国际社会。同时，这段记载表明，自德治思想开始有文字记录以来，它就与"和"联系在一起。这也难怪，"德"与"和"的这种亲缘关系本来就是天然存在的：一方面，有"德"之人更容易团结他人，也更容易与他人结成互助合作的同盟关系；有"德"之国更容易吸引百姓，使百姓归服，同时也能够与周边国家友好相处，甚至还可以招致别国百姓前来归服。另一方面，贵"和"之人，其"和"本身就是一种修养，就是一种品德。而贵"和"之国，亦需具备一种能够容纳不同声音的雍容大度的胸怀，拥有一副宽容异己的德性。

等到尧在选择舜做接班人的时候，他除了将两个女儿嫁入舜的家庭内部来考察舜本人的德行之外，还重点考察了舜对德教的推行情况。当然，舜不负尧望，做得比较谨慎小心，成功赢得了尧的赏识与信任。据《尚书·虞书·舜典》记载，舜"慎徽五典，五典克从；纳于百揆，百揆时叙；宾于四门，四门穆穆；纳于大麓，烈风雷雨弗迷。"经过三年的考验，德行无亏的女婿、德教有方的舜就接了尧的班，做了部落首领。

---

① 萧公权著：《中国政治思想史》，沈阳：辽宁教育出版社1998年版，第825—826页。

舜的后继者禹也不甘示弱，他接过了尧和舜手中的德治接力棒，也做了一番薪火传递的工作。《尚书·虞书·大禹谟》中记载禹说："於！帝念哉！德惟善政，政在养民。水、火、金、木、土、谷，惟修；正德、利用、厚生，惟和……"在这里，就用"和"来作为推行"正德"、"利用"、"厚生"基本国策情况的标准。

三代以后的夏商两朝，出现了两个著名的反面人物——桀和纣。这两个人之所以成为流传千古的反面历史教材，最重要的原因就在于他们毫不明智地摒弃了德治的治国策略，而是无可救药地选择了暴政。结果，这两个人的名字就永久地同暴政联系在一起而遗臭万年。同时，夏商两朝的悲惨下场也使后世的统治者引以为戒，在某种意义上提高并巩固了德治在历史上的地位。

西周的建立是中国历史上的里程碑，周朝出现的"大一统"局面，成为以后历朝历代统治者的向往和追求。周族最初活动于渭水上游，后来迁徙到岐山脚下的周原（陕西岐山县）。周族曾经先后"服事"夏、商二朝，到了周文王时期，由于周文王治国有方，国家声威大震，《诗经·周颂·清庙》记载了当时的状况："仪式刑文王之典，日靖四方。"到了周武王时期，已经是"大邦畏其力，小邦怀其德"①。周边一些诸侯国或被征服，或主动归附。牧野一战，"一戎衣，天下大定"②。现代学者认为，西周强盛时期，其势力东至山东，南跨长江，西逾甘肃，东北直到辽宁。③ 当时的西周，已经实现了黄河流域夏、商、周三族的融合，而且，被称为"四夷"的南北各族也属于周王的统治范围之内。

依照周朝那样辽阔的疆域来说，如果依靠武力来进行维护国土的安宁是既不现实，也不可能。一方面，当时的人口较少，且不集中，不可能到处派遣军队驻守；况且，当时的生产力比较落后，剩余生产资料有限，国家也不可能供养大批军队。另一方面，周朝统治者从夏、商两个王朝的覆亡过程中，看到了暴虐统治的弊端。据《尚书·周书·泰誓上》记载，周武王伐殷时，就在战前作了一番政治报告，控诉商王"沈湎冒色，敢行暴虐，罪人以族，官人以世，惟宫室、台榭、陂池、侈服，以残害于尔万姓。焚炙忠良，刳剔孕妇"。于是，周武王自称受命于天对

---

① 《尚书·周书·武成》。
② 《尚书·周书·武成》。
③ 参见白寿彝主编：《中国通史纲要》，上海：上海人民出版社1980年版，第73页。

商王进行讨伐。讨伐胜利之后,由于周武王亲眼目睹了商王实行暴政不得人心的悲惨下场,就下决心除旧布新,将国家长治久安的希望寄托在德治教化的功夫之上。于是,他积极采取了一系列的措施来推行自己的主张:"乃反商政,政由旧。释箕子囚,封比干墓,式商容闾。散鹿台之财,发钜桥之粟,大赉于四海,而万姓悦服。"① 周武王反商政而行之,废除暴政,施惠于民,取得了初步成效。周武王尝到了甜头,也巩固了他实行礼治德政的决心。正是在这种历史背景下,周王朝统治者极力地推崇"礼",使"周礼"大行天下。同时,在"礼"的基础上大力推行德治。

英明的周武王采取了一系列的统治政策:"列爵惟五,分土惟三。建官惟贤,位事惟能。重民五教,惟食、丧、祭。惇信明义,崇德报功。垂拱而天下治。"② 果然,周朝的"礼"、德治和教化取得了非凡的成效。由于周朝统治者崇尚以德立国,在治国实践中也实行了德治的治国方略,因此,后世的思想家、政治家往往将周朝"大一统"的辉煌局面归功于德治,尽管当时周朝的"大一统"远远比不上后来秦朝的"大一统"。

在春秋战国时期,由于社会正处于转型时期,各国之间为争夺霸权、土地、人口等不断发动战争,人民流离失所,社会动荡不安。恰恰是这种战乱频仍的社会状况更加激起人民对于和平与稳定的向往,刺激了思想家、政治家们对于和谐社会的思考与构建。以孔子为代表的思想家继承了上古高贤大德们的德治思想,并进一步阐述了德治主义的政治路线。

尤其是作为中国历史上主流思想派别的儒家,更是提倡以德治国的政治主张。儒家的开山鼻祖孔丘费尽心血地进行"克己复礼",就是恢复"周礼",也希望用周朝德治的治国方法来壮大国威,从而能够最终依靠"德"的威力来一统天下,结束诸国纷争的局面。孔子对"德治"寄予了厚望,他说:"为政以德,譬如北辰,居其所而众星共之。"③ 意思是,统治者如能够用德来作为施政纲领,那么他就像北斗星一样,大家就像众星捧星一般紧紧团结在以他为核心的朝中央。正因为在孔子眼里,"德治"有着这般良好的疗效,所以,他理直气壮地宣称:"道之以

---

① 《尚书·周书·武成》。
② 《尚书·周书·武成》。
③ 《论语·为政》。

政，齐之以刑，民免而无耻；道之以德，齐之以礼，有耻且格。"① 从这里可以看出，尽管孔子比较推崇"德治"和"仁政"，但他并不排斥刑、法的使用，只不过在孔子看来，比起刑法来，德治教化更为优越，在社会稳定、社会和谐方面所起的作用也更加彻底。

在他之后的孟子继承并发展了德治的政治主张，明确提出"仁政"的政治概念，提倡统治者以"仁爱"之心来对待老百姓。孟子认为："三代之得天下也以仁，其失天下也以不仁。国之所以废兴存亡者亦然。天子不仁，不保四海；诸侯不仁，不保社稷；卿大夫不仁，不保宗庙；士庶人不仁，不保四体。"② 因此，自上而下，都应该以"仁"为本。齐宣王曾询问孟子："德何如，则可以王矣？"孟子回答："保民而王，莫之能御也。"③ 这说明，孟子认为如果统治者事事都替老百姓着想，那么他就可以统一天下，没有人能够阻挡他；同时，为百姓着想也是德治的标准之一。孟子自有其理论根据，他说："民为贵，社稷次之，君为轻。是故得乎丘民而为天子，得乎天子为诸侯，得乎诸侯为大夫。"④ 孟子认为，在社会政治生活中，看起来至高无上的君主其实并不是最为重要的，人民才是最为重要的，人民是决定国家政权存亡的根本因素。所以说，只有得到人民的支持和拥护才能成为天子，只有得到天子的赏识才能成为诸侯，只有获得诸侯的垂青才能做大夫。与此相联系，既然民众是国家的根本，那么对于统治者来说，要想国家稳定、统治长久的话，就必须赢得民心。孟子还说："得天下有道：得其民，斯得天下矣；得其民有道：得其心，斯得民矣；得其心有道：所欲，与之、聚之；所恶，勿施尔也。"⑤ 在这里，孟子把统治者是否得民心作为能不能得天下的关键：统治者赢得民心的关键在于满足人民的实际需要，而不要做违背人民意愿的事情。孟子这种朴素的民本思想在中国古代封建专制社会中是难能可贵的，尽管历代封建统治者都难以真正做到以满足人民的利益为最高宗旨，但是，这种重民思想却也时不时地提醒着封建的统治者们注意不能过分侵犯百姓的利益，以免最终失去民心而丧失政权。

---

① 《论语·为政》。
② 《孟子·离娄上》。
③ 《孟子·梁惠王上》。
④ 《孟子·尽心下》。
⑤ 《孟子·离娄上》。

其后的儒家重要代表荀子提出了"隆礼重法"的观点，虽然比起孔孟来说，荀子比较重视法律的作用，但是，在对于"礼"的态度上，他仍然坚守了儒家的基本路线。

就先秦儒家来说，无论是"德治"、"礼治"，都以追求社会的和谐有序为其政治目标，尽管当时的那种有序是建立在等级秩序上的。甚至是法家，在追求社会的稳定、和谐、有序方面也毫不含糊。只不过，法家不像儒家那样试图凭借人们的"内功"——道德修养，法家所依靠的手段是严格的法律，用的是"外力"——靠法律的强制性。

在秦朝，秦始皇嬴政比较推崇法家，他听信了法家人物李斯摇唇鼓舌的政治鼓动，并采纳了李斯"焚书坑儒"的恶毒建议，在大力扶植法家学说的同时，对于法家的宿敌儒家给予了沉重的打击。在政治上，秦朝理所当然地起用了法家的"法治"主张。经过一番大张旗鼓的政治运动，法家的政治主张得以全面推行，儒家的德治教化被弃置一旁。国家不仅制定了严格全面的法律，而且对于胆敢触犯法律的人给予严酷的惩治。然而，事情的结果并不如法家所愿，严刑酷法的实行虽然也在某种程度上促进了经济的发展和社会秩序的稳定，带来了国家暂时的强盛；但是，其好景不长，由于法家在"法"的道路上走上了极端，以至于完全否定了道德教化的价值和作用，妄图单纯地依靠赏罚来达到治理国家的目的，结果却适得其反：秦朝的严刑酷法掩护下的残暴统治终于激起了人民的反抗，貌似强大的秦王朝在农民起义中迅速地土崩瓦解，在一片怒骂声中结束了其短暂的统治。后世的思想家、政治家们在总结秦朝速亡的教训时，往往将导致秦朝迅速败亡的原因归结为法家政治理论上的缺陷。于是，秦朝的速亡从反面论证了儒家"德治"政治主张的合理、安全与可靠。这也在一定程度上巩固了儒家德治思想的地位，推动了德治政治主张在后世的贯彻实行。

在西汉初期，由于刚刚经历过秦末大规模的农民战争，国家经济受到严重破坏，四境之内一片凋敝。为了迅速发展经济，恢复国家实力，于是汉朝统治者实行了"黄老政治"，以不扰民、与民休息的"无为"政治来进行国家统治。在汉初这种"休养生息"的政策眷顾之下，西汉的经济得以迅速恢复和发展，社会秩序也比较安定。在此基础上，汉朝统治者又进行了一番政治上的调整。由于西汉初期的君臣大都经历过秦朝灭亡的战乱过程，亲眼目睹了强秦的暴虐统治及其所激起的人民的痛恨与反抗。因此，西汉统治者吸取了秦朝败亡的经验教训，将治国安邦的政治希望寄托在了儒家学说之上。与其同时，刚刚蒙受了法家借秦杀人之害的儒家，在经历了一番痛苦的挣扎之后，不但没有绝种，生命力反而变得更加强盛。儒家在反省自己学说的基础上，又广泛吸收了其他学说的思想主张，包括法家的思想观点，进一步丰富了自己学说的内容，使之变得更加合理。儒家的人物当然也没有闲着，他们四处游说，积极宣传自己的思想学说和政治主张，博取统治者的青睐。其中，董仲舒以其出类拔萃的才华赢得了汉武帝的赏识。在董仲舒的不懈努力下，汉武帝采取了其"罢黜百家，独尊儒术"的主张。于是，儒家思想被正式确立为封建社会的官方意识形态，并在此后的漫长历史中占据思想统治地位。

随着儒家思想统治地位的确立，儒家的基本政治主张——德治也理所当然地被汉武帝乃至其后历代君主所推崇。

二、中国古代德治政治传统与传统"和"文化

可以说，中国传统"和"文化与中国传统的德治思想之间有着不解之缘。有史以来，二者就彼此纠缠在一起。这一点在前面第二章关于"德"字字源、语义的分析中已经有所阐述。可以说，德治的政治思想传统在一定程度上培植和催生了"和"文化的蓬勃发展。也可以说，因为重视"和"，为了达到"和"的状态，中华民族的思想家、政治家们才大力提倡实行柔和的德治教化，而非冰冷的刑法处罚。二者之间是相互促进、彼此加强的关系。

由于儒家思想在中国漫长的历史上长期处于主流地位，并被绝大部分的统治者作为官方意识形态。因此，儒家所倡导的德治的政治主张也基本贯穿于中国的封建历史。在此社会背景下，儒家的伦理纲常同时就是封建统治的政治信条，儒家的思想理念贯穿于社会的各个领域，儒家的经典和思想成了衡量一切是非曲直的标准。儒家的德治思想成了统治阶级的指导思想，就连封建统治的法律的制定与司法实践都要以体现儒家的德治精神为原则，儒家的经书甚至具有法律的效力。

纵观中国历史，在漫长的岁月里，尤其是在封建社会，中国政治的一大特色就是德治的传统。中国德治政治统治的一个重要目标就是使百姓安居乐业，社会和谐有序，国家富强稳定；中国的政治提倡天下太平，而不是像西方某些国家那样把侵略和掠夺别的国家和人民作为政治统治

的目标之一。即使中国统治者在谋求国家统一时，也主张用德性的光辉照耀百姓，使境内百姓自觉服从，使境外百姓自愿归顺，中国统治者提倡依靠自我修养的内在功力来提升自己的吸引力，同时通过征服人们的内心使人们自觉自愿地前来投奔；而不是凭借武力的征伐迫使敌国降服。中国传统的政治理念认为，倚仗暴力这种外在的力量达到的统一只是表面的统一，这种国家统一只是一种形式上的暂时的统一，不能真正获得民心，而没有民心归顺作基础的国家统一处处充满了危险、时时存在着危机，稍不留心就会爆发动乱。

儒家德治政治主张对中国漫长的封建统治产生了极其重要的影响：

首先，从对内这方面来说。在古代中国崇尚德治的传统下，统治者大谈"仁政"，注重道德教化，以礼仪道德而非法律规范来治理国家，而民众则逐渐形成自觉履行礼仪道德所规定的各项伦理义务，以追求稳定、和谐、有序为目标来协调各种复杂的人际关系，缓和矛盾，极力维系平衡与和谐。可以说，这种德治的政治主张进一步巩固了社会上重视道德伦理的习俗，使普通民众更加自觉地将道德修养作为日常生活的一种必修课。

中国人民这种注重道德修养、追求社会稳定、社会关系和谐的民族习惯逐渐发展成为一种民族心理，并一直延续下来，直到近代，甚至于流传到今天。英国学者罗素先生曾来华考察，他也惊奇地发现："中国人本质上有一种宽容和友好的态度，他们表现出谦恭有礼，并希望别人礼尚往来。假如中国人选择另一种行为方式，他们可能成为世界上最强大的民族。但是，他们仅仅渴望自由，而不期望统治别人。不过，假如其他民族强迫中国人为自己的自由而战，那么他们完全可能放弃自己的美德，学会做自己命运的主宰。"①

在中国古代儒家"德治"思想的浸染之下，社会上相应地形成一种"重文轻武"的观念。对中国的这种社会现象，利玛窦早就有所体会。他说，在中国"人们就更愿意学习文科而不愿从事武职，这对一个很少或没有兴趣扩张版图的民族是更合适的"②。对中国颇有研究的美国学者

---

① [英]伯特兰·罗素著：《中国人的性格·中西文明比较》，王正平译，北京：中国工人出版社1993年版，第44页。
② [意]利玛窦、[比利时]尼古拉·金尼阁著：《中国札记》，何高济等译，北京：中华书局1983年版，第6页。

费正清对此也颇有认识，他分析道："粗暴的人当然受儒家学者的轻视，因为后者认为，一个人借助于暴力，就表明他不能以理以德服人。有句相沿已久的话叫'好铁不打钉，好男不当兵'。这表达了以德治国的文人的思想，他们利用一切机会来贬低以武力取得权力的武士。贬低兵士的做法在旧中国的价值体系中是根深蒂固的。"① 的确，在中国传统思想里，重文轻武的观念根深蒂固，而这一观念与儒家的德治思想体系不无关联。

费正清还具体分析了在儒家崇德思想影响下的中国军事传统的特点，他说："中国的军事传统与欧洲或日本的类型不同。一旦王朝建立之后，政府便重文轻武。建立王朝，非武人不可，但他和他的子孙总是发现，通过文官以圣明之君的身份来治理天下，比较容易。"② 其实，在西汉，中国的统治者们在总结秦朝失败的经验教训时，就已经清醒地认识到了可以从"马上得天下"，却不能在"马上治天下"的真理。

其次，从对外这方面来说。德治的政治主张反对对外侵略，反对暴力征伐；即使是要谋求国家的统一和势力的扩大，也必须依靠统治者自身的道德教化，以德性的光辉来吸引百姓的自觉归化。由于中国社会长期以来深受德治思想的浸染，使得中国的政治明显地带有爱好和平的特色，以至于著名的意大利传教士利玛窦于明朝万历年间来到中国时，他惊奇地发现在他周游世界的过程中，明朝军队是他所见到过的最为强大的军队，它不仅数量最庞大，还装备精良。与此同时，他还发现这支强大的军队完全是防御性的，中国人居然没有想到过要用强大的武装来侵略别的国家。他这样感慨道："首先，如果我们停下来想一想，就会觉得非常值得注意的是，在这样一个几乎具有无数人口和无限幅员的国家，而各种物产又极为丰富，虽然他们有装备精良的陆军和海军，很容易征服邻近的国家，他们的皇上和人民却从未想过要发动侵略战争。他们很满足于自己有的东西，没有征服的野心。在这方面，他们和欧洲人很不相同，欧洲人常常不满足于自己的政府，并贪求别人所有的东西。西方国家似乎被最高统治权的念头消耗得精疲力尽，但他们连老祖宗传给他们

---

① ［美］费正清著：《美国与中国》，张理京译，北京：世界知识出版社2000年版，第65页。
② ［美］费正清著：《美国与中国》，张理京译，北京：世界知识出版社2000年版，第66页。

的东西都保持不住,而中国人却已经保持了达数千年之久。"① 为了进一步证实这一点,利玛窦还考察了中国的历史,他根据中国的历史论证道:"我仔细研究了中国人长达四千多年的历史,我不得不承认我从未见到有这类征服的记载,也没有听说过他们扩张国界。"② 这种话出自于一位西方人士之口,他以一种旁观者清的姿态发表了对于中国民族性格和精神面貌的见解,是颇有其客观性的一面的。

费正清先生清醒地看到了在传统的中国社会里,在治理国家方面,"德治"理念下的教诲和劝诫是统治者们的首选,而强制性的武力则被认为是道德教化失败之后无奈的补救手段。他说:"中国的军事机器与今日工业国家靠技术装备起来的军队不同,它并不是经济的主要组成部分。它维护王朝的秩序和统一,这意味着维护国内的和平与繁荣;但中国维护社会秩序的首要办法是灌输社会行为的正统原则(礼),其次是利用奖惩这种恩威兼施的办法。使用武力来维持秩序,被认为是最后一项手段,表示承认教诲和劝诫已经失效,并且也许显出这个政权已失去其构成'天意'的民心。"③

就德治政治主张实行的效果来看,德治的政治主张在某种意义上起到了巩固中国封建统治的历史作用。在中国两千多年的封建社会中,中国的政权性质为君主专制。然而,就在这漫长的专制主义统治下,中国的封建统治却获得了比其他任何国家的封建统治都更加长久的持续时间,以一种"超稳定"的封建统治而闻名于世。究其原因,其中一点就得益于古代儒家所倡导的"德治"。可以说,儒家的仁政、德治主张在一定程度上缓和了阶级对立,调和了阶级矛盾,使得中国的封建专制在缺乏民主的情况下,以一种非民主的方式为人民争得了一定的地位和利益。可以说,古代儒家所提倡的"德治"对于中国的政治生活、社会生活产生了深远的意义。

马克思主义认为,原因与结果也是相对来说的,有时,原因与结果的位置可以互换。恩格斯在谈到因果关系时,特别强调了要用整体的观

---

① [意]利玛窦、[比利时]尼古拉·金尼阁著:《中国札记》,何高济等译,北京:中华书局1983年版,第58—59页。
② [意]利玛窦、[比利时]尼古拉·金尼阁著:《中国札记》,何高济等译,北京:中华书局1983年版,第59页。
③ [美]费正清著:《美国与中国》,张理京译,北京:世界知识出版社2000年版,第67页。

点和联系的观点来考察问题。他这样讲:"原因和结果这两个概念,只有在应用于个别场合时才有其本来的意义;可是,只要我们把这种个别的场合放到它同宇宙的总联系中来考察,这两个概念就交汇起来,融合在普遍相互作用的看法中,而在这种相互作用中,原因和结果经常交换位置:在此时或此地是结果,在彼时或彼地就成了原因,反之亦然。"① 因此,中国重视道德伦理的民族习俗与礼治、德治的治国传统既可以看成中国追求与强调和谐的原因,同时也可以说,正是中国孜孜追求和谐的这种精神造就了中国重视道德伦理的民族习俗与以德治国的政治传统;这两者相互促进,互为因果。

中国传统"和"文化在中国的产生、繁荣与兴盛,绝不是单一因素作用的结果,而是历史上的综合因素形成社会合力共同作用的结果。正是由于中国古代以农业为主的生产方式、以整体论为特色的思维方式、对于血缘关系的重视、宗法制度的长期盛行、重视道德伦理的民族习俗以及礼治、德治的治国传统等原因,这一切因素交织在一起,所造就的一个事实就是:从中国古代起,中华民族就比较向往和、推崇和,中国特定的社会历史背景造就了以贵和、尚和为主要特征的具有中国特色的传统"和"文化。而这种文化一旦形成,就具有相对的独立性与稳定性,对中国社会、中国人以全方位、深层次的熏陶、浸染,在潜移默化中悄悄地给中国文化增添了特有的风貌。中国传统"和"文化不仅构成中国文化的重要组成部分,而且在几千年中融化于中国人的思想意识与行为规范里,积淀为一种普遍的民族心理。

需要指出的是,"和"文化并非中国古代所独有,外国同样有"和"文化,如,毕达哥拉斯的中庸思想、亚里士多德的中道思想、柏拉图的避免两种极端的思想、莱布尼茨的预定和谐思想,等等,他们的思想都从不同的角度体现了"和"文化的思想理念,可以看作"和"文化的组成部分。然而,由于在中国古代农业生产方式占据主要地位、天人合一为代表的整体性思维方式、家国同构的社会结构、礼治与德治的政治传统等综合因素的共同作用下,中国古代的"和"文化比世界上其他国家的"和"文化在内容上更丰富、在发展上更繁荣兴盛罢了。

---

① 《马克思恩格斯文集》第3卷,北京:人民出版社2009年版,第541页。

第三章 中国传统"和"文化的魅力

和谐文化是全体人民团结进步的重要精神支撑。

胡锦涛：《高举中国特色社会主义伟大旗帜 为夺取全面建设小康社会新胜利而奋斗——在中国共产党第十七次全国代表大会上的报告》，《人民日报》2007年10月25日第1版。

中国传统"和"文化内容丰富，具有无穷的魅力。中国古代的先贤们从大自然本身的和谐、人自身的和谐、人与自然的和谐、人与社会的和谐等不同方面阐述和的含义，肯定了和谐所具有的价值，并探索了达到和谐的种种方法。

第一节 自然的和谐

17、18世纪德国哲学家莱布尼茨曾在其"单子论"的理论基础上提出过一个比较著名的观点——"预定和谐说"。莱布尼茨认为，整个宇宙的秩序与万事万物都是和谐一致的，而这种和谐一致是上帝预先安排好了的。显然，莱布尼茨的这一观点明显地带有主观唯心主义的印记。然而，在遥远的古代，中国的先人们从朴素的唯物主义出发，提出宇宙自然普遍和谐的主张。中国的古人很早就注意到了大自然当中的美妙与和谐，认为和谐的现象普遍地存在于大自然当中。

早在我国的春秋时期，老子就认为在整个宇宙中，事物普遍地以对立统一的和谐状态存在着。他说："有无相生，难易相成，长短相形，高下相盈，音声相和，前后相随，恒也。"[①] 正如美国学者林顿所评价的那

---

① 《道德经·第二章》。

样，"老子哲学体系的基本观念是宇宙处在常衡不断的变化和重组之中，两条对立的原则阴和阳组成一个动力场，生生不息的宇宙就处在这个动力场中。这位中国贤人并不认为阴阳二原则是矛盾冲突的。它们像一根磁铁的两极一样达到了平衡。两种力都完全是非人力的、非道德的力量"①。在老子那里，宇宙中的万事万物处于一种普遍和谐有序的状态，但是，这种和谐有序的状态并不是静止不变的状态，而是一个不断发生运动和变化的动态过程，在这个动态过程中，阴阳两种势力总是在不断地生发变化，不断地产生新的事物，并维持着动态的平衡。究其原因，老子的这一观点与其宇宙生成论密切相关。在宇宙生成方面，老子认为，整个宇宙是一个统一的整体，整个宇宙万物都派生于"道"。他说："道生一，一生二，二生三，三生万物。万物负阴而抱阳，冲气以为和。"②老子认为"道"是产生宇宙万物的总根源，最先是由"道"产生统一的事物，统一的事物分裂为对立的两个方面，对立的两个方面又产生新的事物，就这样，宇宙中的万事万物不断化生。而宇宙万物的内部都包含、统摄着阴阳两种对立的势力，而阴阳这两种对立的势力就在看不见的气中得到统一，维持着平衡与和谐。

战国时期的荀子认为自然的"天"的运行过程是一个和谐有序的、不断发展变化的过程，而非杂乱无章的混乱过程。而万物生长、发育是各种自然现象相互作用、相互调和的结果。他在《荀子·天论》中说："列星随旋，日月递炤，四时代御，阴阳大化，风雨博施，万物各得其和以生，各得其养以成，不见其事而见其功，夫是之谓神。皆知其所以成，莫知其无形，夫是之谓天。"在荀子看来，天上的星星有序地作圆周形的运转，太阳和月亮交替照耀，春、夏、秋、冬四季一个接着一个，阴阳二气相互作用、化育，风雨普施大地，惠泽万物，万物由于得到以上宏观自然现象的相互协调而滋生，各自得到上述现象的给养而成长，看不见自然行事而看得见它的功绩，这叫作"神"。人们都知道自然所生成的万物，而不知道生成万物的没有形迹可见的过程，这叫作"天"。③

《淮南子·泰族训》曰："天致其高，地致其厚，月照其夜，日照其

---

① [美]拉尔夫·林顿著：《文化树——世界文化简史》，何道宽译，重庆：重庆出版社1989年版，第294页。
② 《道德经·第四十二章》。
③ 参见王森译注：《〈荀子〉白话今译》，北京：中国书店1992年版，第205页。

昼，阴阳化，列星朗，非其道而物自然。"在《淮南子》看来，天达到它的高度，地达到它的厚度，月亮照耀着夜空，太阳照耀着白昼，众星朗照，这些自然现象并不是按照人的意愿创造的，而是遵循规律自然这样的。

总之，在中国古代，人们普遍地认为宇宙是作为一个统一的整体而存在的，宇宙中的万事万物都是密切联系的。与这种宇宙整体论的观点相联系，人们认为和谐是宇宙万物存在的基本状态，不论是日月星辰等天体的运行，还是四时更替、气候变化都不是杂乱无章的，而总是遵循着一种内在的规律而有序地发展和进行，而和谐就体现在这种规律和有序之中。

第二节 人与自然的和谐

人与自然和谐相处的思想主要从人与自然关系的谈论中发展而来。而在人与自然的关系问题上，中国古代主要有三种观点。一种是以"天人合一"为典型代表的人与自然和谐说，一种是以老庄为代表的道法自然说，一种是以荀子为代表的征服自然说。其中，在中国占主导地位的是第一种，后两种都是少数派，不被众人所认可，其历史影响相对不大。因此，可以说，在中国古代众多思想流派中，以人与自然的和谐相处为主流思想。

在人与自然的关系问题上，中国古人大多认为，人与自然并不是对等的关系，自然自有其运行规律，它不依赖人而自存自在；而人却并不能脱离自然而独立存在，人的生存和发展都依赖于自然界，其行动要受自然规律的制约。基于这种基本的观点，中国古人主张人要顺应自然规律，与自然和谐相处。日本著名学者汤川秀树对此问题颇有见地，他说："对于东方人来说，自身和世界是同一事物。东方人几乎是不自觉地相信，在人和自然界之间存在着一种天然的和谐。"[1]

早在上古，中国的先人们就认为："天生烝民，有物有则。民之秉彝，好是懿德。"[2] 意思是说：上天养育了众生，所有事物都有其自身的法则。老百姓顺从它们的本质常性，故而喜爱这种美好的德性。这段话

---

[1] [日]汤川秀树著：《创造力与直觉：一个物理学家对东西方的考察》，周林东译，石家庄：河北科学技术出版社2000年版，第45页。

[2] 《诗经·大雅·荡》。

就蕴涵着人们顺从自然规律、追求天人和谐的意味。《易经·序卦传》也有："有天地，然后有万物；有万物，然后有男女；有男女，然后有夫妇"。可见，《易经》认为人类是自然界的产物，人与万事万物一样只是自然界的一部分，并没有凌驾于自然的权力。因此，《易经·乾》曰："夫大人者，与天地合其德，与日月合其明，与四时合其序，与鬼神合其吉凶。先天而天弗违，后天而奉天时。"意思是，大人的品德与天地的好生之德相合，其聪明与日月的普照相合，他的进退与四季的变化相合，他的赏罚与鬼神所降的吉凶相合，他的作为，先于天时，但符合天的法则，天不会背弃他；后于天时，也遵循天的时机。可见，《易经》在天人关系上的基本宗旨是，在适应自然并掌握自然规律的前提下发挥人的能动性，有节制地引导和开发自然，调整自然以符合人类的要求，达到人与自然的相互协调。《淮南子·精神训》曰："譬吾处于天下也，亦为一物矣。"认为人处于世间，与其他东西一样，只是世界万物中的一员。

需要予以说明的是，在中国古代典籍中，"天"常常用来表示"自然"的含义。如荀子在《天论》中开宗明义地说："天行有常，不为尧存，不为桀亡。"这里的"天"并不是指现代科学意义上的"天空"，而是指自然。

概括而言，中国古代哲人认为：一方面，人是自然的一部分，人不能脱离自然而独立存在和发展，更不能凌驾于自然之上；另一方面，人也不是完全由自然所决定的，人类可以通过对自然的认识，并"效法"自然，从而达到人与自然的和谐相处。

一、儒家的人与自然和谐观

正如英国学者莱芒·道逊所说："在中国历史中儒家态度占领着顽强无比的地位，正说明用许多篇幅详细地探讨早期儒家思想是有充分理由的。另一个充分的理由是，后世的中国文化有这样一个观点，认为如果根植于人性的德性得到良好的栽培和茂发，那么人的世界和自然的世界将会和谐一致，儒家思想对这个观点有着深邃的影响。其所以如此，因为无论是教育，还是政府都是以创造基于这些德性之上的和谐为宗旨的。"[①] 由于长期以来儒家思想在中国的历史上占据着主流意识形态的地

---

① [英] 莱芒·道逊著：《中华帝国的文明》，金星男译、朱宪伦校，上海：上海古籍出版社1994年版，第110页。

位,儒家思想渗透于中国传统文化的方方面面,所以,我们有必要首先简单地梳理一下儒家在人与自然关系问题上的思想观点。

儒家的创始人孔子曾说:"大哉,尧之为君也!巍巍乎!唯天为大,唯尧则之。"① 在这里,孔子肯定了天的伟大地位,只有尧能够效法天。不言而喻,其他人就更应该效法天的自然规律。孔子还亲自作出示范,用实际行动来保护生态平衡,反对滥捕滥猎。据《论语》中记载:"子钓而不纲,弋不射宿。"② 意思是:孔子用鱼竿钓鱼,却不用大绳拉网捕鱼;射鸟不射归巢歇宿的鸟。

孟子继承了孔子的这一思想,主张人们应该顺从天的自然规律以及由此衍生的自然万物生息变化的规律性。他说:"不违农时,谷不可胜食也;数罟不入洿池,鱼鳖不可胜食也;斧斤以时入山林,材木不可胜用也。谷与鱼鳖不可胜食,材木不可胜用,是使民养生丧死无憾也。养生丧死无憾,王道之始也。"③ 孟子认为,人们在生产活动中,自觉遵循自然界的规律,按照农时来从事播种、收割、捕捞、砍伐等,就能获得足够的物质生活资料,从而保证人们的生活需要,维持一种和谐自足的生活;同时,也是王道得以实现的应有之义。孟子还用拔苗助长的寓言故事警示了违背自然规律的后果:"宋人有闵其苗之不长而揠之者,芒芒然归。谓其人曰:'今日病矣,予助苗长矣。'其子趋而往视之,苗则槁矣。天下之不助苗长者寡矣。以为无益而舍之者,不耘苗者也;助之长者,揠苗者也。非徒无益,而又害之。"④ 显然,违背自然规律拔苗助长,非但于事无益,反而会适得其反,受到自然规律的惩罚。其中,孟子关于"数罟不入洿池"和"斧斤以时入山林"的思想,包含有合理开发和使用自然资源、维护生态平衡、自觉保护自然资源的积极因素,蕴涵着可持续发展思想的萌芽,在一定程度上维护了人类的代际和谐,至今仍有重要价值。

荀子也有类似的思想,他曾说:"圣王之制也:草木荣华滋硕之时,则斧斤不入山林,不夭其生,不绝其长也。鼋、鼍、鱼、鳖、鳅、鳝孕别之时,罔罟毒药不入泽,不夭其生,不绝其长也。春耕、夏耘、秋收、

---

① 《论语·泰伯》。
② 《论语·述而》。
③ 《孟子·梁惠王上》。
④ 《孟子·公孙丑上》。

冬藏，四者不失时，故五谷不绝，而百姓有余食也。污池渊沼川泽，谨其时禁，故鱼鳖优多，而百姓有余用也。斩伐养长不失其时，故山林不童，而百姓有余材也。"① 在荀子看来，遵从万物生长的季节演变规律，并有节制地进行利用，是人们保护自然生态资源的重要保证。只有首先保护好自然生态资源，做到万物的持续存在，才能使人们永续利用这些资源，从而维持自己的生存。

与孔子和孟子相比，尽管荀子在一定程度上强调了人的独立自主性，突出了人的主观能动作用，并提出了"天人相分"的著名观点，然而，他的这一观点也并没有否定"天"的主导地位，尽管人与天分开了，但是人对于天的尊重和顺应却并没有因为这种分离而抛弃。人的主观能动性的发挥仍然以对自然——天的认识、尊重为前提："天行有常，不为尧存，不为桀亡。应之以治则吉，应之以乱则凶。强本而节用，则天不能贫；养备而动时，则天不能病；循道而不贰，则天不能祸。故水旱不能使之饥，寒暑不能使之疾，妖怪不能使之凶。本荒而用侈，则天不能使之富；养略而动罕，则天不能使之全；倍道而妄行，则天不能使之吉。故水旱未至而饥，寒暑未薄而疾，妖怪未至而凶。受时与治世同，而殃祸与治世异，不可以怨天，其道然也。故明于天人之分，则可谓至人矣。"② 在荀子看来，自然界的存在和发展有其自身的规律，并不依赖人的存在而存在，也不以人的意志为转移。但是，人的存在和发展却必须尊重自然的规律。如果人们能够尊重自然规律，按照自然规律行事，那么一切事情都好说；如果人们恣意妄为，那么上天也搭救不了。

董仲舒在天人关系上的一个重要观点是"天人相类"、"人副天数"，他指出："天道之常，一阴一阳。……天亦有喜怒之气，哀乐之心，与人相副。以类合之，天人一也。"③ 在董仲舒看来，人具有与天相似的秉赋，属于天的同类。董仲舒认为，人相当于天的副本，既然人与天同类相通，人就应该像天、地具备好生之德那样具备一定的仁义之德。他说："天德施，地德化，人德义。"④ 在董仲舒看来，天、地、人同类相通的另一个重要表现就是，人与天、地一样都能够自觉能动地实行道德仁义，

---

① 《荀子·王制》。
② 《荀子·天论》。
③ 《春秋繁露·阴阳义》。
④ 《春秋繁露·人副天数》。

他说:"人受命乎天也,故超然有以倚。物疢疾莫能为仁义,唯人独能为仁义;物疢疾莫能偶天地,唯人独能偶天地。"① 接着,董仲舒用天地自然中物体或现象的特性来比附人的形体与功能,以此来证明"人副天数"是可信的。他说:"是故人之身,首妢而员,像天容也;发像星辰也;耳目戾戾,像日月也;鼻口呼吸,像风气也;胸中达知,像神明也;腹胞实虚,像百物也;百物者最近地,故要(腰)以下,地也。天地之象,以要为带。颈以上者,精神尊严,明天类之状也;颈以下者,丰厚卑辱,土壤之比也。足布而方,地形之象也。是故礼,带置绅必直其颈,以别心也。带而上者尽为阳,带而下者尽为阴,各其分。阳,天气也;阴,地气也。故阴阳之动,使人足病,喉痹起,则地气上为云雨,而象亦应之也。"② 由此可见,董仲舒提出"人副天数"的命题,目的之一在于使"人德义"合法化,让人们效法天、地之德,更加自觉自愿地去履行自己天赋的道德义务。对于这一点,王符的观点颇为简洁直接,他在《潜夫论·本训》中说:"天本诸阳,地本诸阴,人本中和。三才异务,相待而成,各循其道,和气乃臻,机衡乃平。"在王符看来,人和天、地一样,具有维持自然万物和谐、平衡的不可推卸的责任。

在李约瑟看来,中国人把自然看作一种有机体(organism)而非一件机器(machine),这种观点大致是有一定道理的。北宋时期张载"民胞物与"的观点颇能说明李约瑟的这一看法,张载说:"乾称父,坤称母,乃混然中处。故天地之塞吾其体,天地之帅吾其性。民吾同胞,物吾与也。"③ 他认为宇宙天地,是人的父母,万物都是我的同胞。在张载看来,人与天地万物本来是一体的,但是由于人的私欲作怪,人们往往不懂得"民胞物与"的道理,不明白天下万物皆与我一体,而仅仅认为自己这个小我才是我。为了纠正这种偏颇,张载主张人们要进行道德修养,以达到人与天地万物本来一体的自觉状态。

综上所述,在人与自然关系上,尽管荀子有天人相分的观点,"天人合一"仍不失为儒家思想的重要特征。儒家基本上认为人是自然界的一部分,天与人是相通的。基于"天人合一"的基本观念,儒家在人与自然关系上以人与自然的和谐相处为基本主张,提倡人们尊重自然规律,

---

① 《春秋繁露·人副天数》。
② 《春秋繁露·人副天数》。
③ 《正蒙·乾称》。

保护自然资源，维护生态平衡。

儒家认为人应该对自然怀有一份尊重和感恩之心；儒家虽然也讲利用厚生，人类可以从自然界中选取有用的东西来维持自身的生存和发展，但是，儒家在利用自然问题上讲究节制与有度，极力反对对自然进行恣意地开发和利用。因此，儒家对于自然的态度比较平和，虽然儒家也讲"万物有灵"，但其基本观点却认为人类为"万物之灵长"，在万物之中，人类的地位高于其他的物种。然而，即便人类的地位比较优越，儒家仍然主张人与自然应该和谐相处，在生存劳作的时候，应该注意有节制地利用自然资源。所以，儒家提倡人类在进行生产以维持生存的时候，应该斧斤以时入山林，数罟不入洿池，也不能"涸泽而渔"。这种有节制地利用自然资源的思想在今天尤其具有积极的意义，可以在某种程度上矫治今天工业生产发展迅速所带来的弊病。

二、道家的人与自然和谐观

在人与自然关系问题上，道家的基本主张为顺应自然。

（一）道法自然与无为——老子的人与自然和谐观

在老子那里，"道"是产生万物的本体和本原，而"道"的基本特性就是自然无为，他说："道之尊，德之贵，夫莫之命而常自然。"① 他在《道德经·第二十五章》中说："故道大，天大，地大，人亦大。域中有四大，而人居其一焉。人法地，地法天，天法道，道法自然。"老子认为，人与天、地和道一起为宇宙中的"四大"之一。然而，人要效法地，地需效法天，天效法道，而"道"是最高的存在，因而无对象可以效法，只有以自己的样子为法则，即道效法自然。由此推论，作为人，应当效法自然，以自然规律作为自己的行事准则，即从自然出发，最后又回归到自然，回归到一种人与道契合、人与自然合一的状态。

老子认为，达到人与自然合一的途径非常简单，就是"无为"。在老子看来，"为者败之，执者失之。是以圣人无为，故无败；无执，故无失。"② 正如林顿所讲："在大自然的面前，在庄严肃穆的自然力面前，

---

① 《道德经·第五十一章》。
② 《道德经·第二十九章》。

人确乎是微不足道的;明智的做法就是谋求了解自然力,避免扰乱自然。"① 道家似乎是深刻地认识到了人在自然界面前的渺小,人类对自然界的任何自以为是的改造都不过是作茧自缚。因此,人类明智的做法就是充分地尊重自然,顺应自然,等待自然自身的发展转化,只有这样,才能做到人与自然之间的相安无事。老子还以"舟舆"和"甲兵"为例来说明这个道理。老子在《道德经·第八十章》中说:"虽有舟舆,无所乘之,虽有甲兵,无所陈之。"在老子看来,人们最高明的行动就是最大限度地顺应自然,最大可能地保持自然原本的境况,尽量地不去主动地施加人为的因素。为了防备不时之需,人们也可以在不破坏自然、不妨害他人的情况下适当地做些事情或制造一些工具来备用,但是,即使已经拥有了人为的工具或者其他事物,也尽可能地不去使用,只有在万不得已的情况下才能启用。

(二)与天为一——庄子的人与自然和谐论

庄子认为对自然万物的人为束缚与羁绊就是残害事物的自然与本性,主张取消一切羁绊,让社会与事物都回到它的自然与本性上去。《庄子·马蹄》中讲:"故至德之世,其行填填,其视颠颠。当是时也,山无蹊隧,泽无舟梁;万物群生,连属其乡;禽兽成群,草木遂长。是故禽兽可系羁而游,鸟鹊之巢可攀援而窥。夫至德之世,同与禽兽居,族与万物并。"庄子认为,上古时代自然万物的天性保留得最为完善,在那个盛德的时代里,山野里没有路径与隧道,水面上没有船只与桥梁,各种物类共同生活,人类的居所互相通联而没有什么乡、县的区别,禽兽成群结队,草木自由地生长。因此禽兽可以用绳子牵着游玩,鸟鹊的窝可以爬上去看看。在那个盛德的时代,人类与禽兽同样居住,跟各种物类相互聚合并存。显然,在庄子眼里,盛德时代人与其他自然万物和谐相处的场景是多么让人怀念和留恋啊!在《庄子·盗跖》中,庄子借盗跖之口进一步描述了盛德时代人们与自然和谐相处的惬意生活:"神农之世,卧则居居,起则于于。民知其母,不知其父,与麋鹿共处,耕而食,织而衣,无有相害之心,此至德之隆也。"在庄子看来,神农时代,人们居住的时候是从容自如的,行动的时候则优游自得,人们只知道自己的母

---

① [美]拉尔夫·林顿著:《文化树——世界文化简史》,何道宽译,重庆:重庆出版社1989年版,第294页。

亲而不知道父亲，与麋鹿等动物生活在一起，自己耕作自己吃，自己织布自己穿，没有伤害别人的心思，这就是道德鼎盛的时代。

在《庄子·知北游》中庄子借孔子之口说："圣人处物不伤物。不伤物者，物亦不能伤也。唯无所伤者，为能与人相将迎。山林与，皋壤与？使我欣欣然而乐与！"庄子认为圣人在与外物相处时不伤害外物。不伤害外物的人，外物也不会伤害他；正因为没有伤害，所以能够与他人和平往来。无论是山林，还是旷野，都使我感到欣然快乐！当然，圣人对待外物的态度是我们的榜样，我们应该都向圣人学习，摒弃伤害自然万物之心。

由此出发，庄子反对人们干预自然，而是主张顺应自然，与大自然融为一体，即"与天为一"。与天为一是庄子的理想。他在《庄子·大宗师》中说："故其好之也一，其弗好之也一。其一也一，其不一也一。其一与天为徒，其不一与人为徒，天与人不相胜也，是之谓真人。"所谓"一"说的是万物为一，不管你喜欢也好，不喜欢也罢，万物都是齐而为一的。承认它是一也好，不承认它是一也好，反正它是一。承认万物为一的就是"与天为徒"的真人，不承认万物为一的就是"与人为徒"的凡人。与天为一就是要顺应自然，消融于自然，这样就达到了"天与人不相胜"的真人的境界。

在《庄子·山木》中提到老子"人与天一也"的观点。那么，何谓"人与天一"呢？庄子借孔子之口说："有人，天也；有天，亦天也。人之不能有天，性也。圣人晏然体逝而终矣！"① 人属于大自然，大自然不属于人；自然可以决定人，而人却不能改变自然，所以圣人要安然地顺从自然，任变而终，这就是人与天一。《庄子·达生》中有"夫形全精复，与天为一"。讲的也是要保持人的自然本性，以求与自然和谐的意思。

庄子的这种与天为一的思想，也是一种天人合一的理论。然而，庄子的这种天人合一说与儒家的天人合一说有所不同。儒家的天人合一说尽管也以天为本，却不否定人的独立存在，而庄子的天人合一说却取消了人的独立性。因此，儒家虽然讲天人合一，却同时主张人们应该积极地认识自然规律，并在顺应自然规律的前提下有节制地利用自然资源，

---

① 《庄子·山木》。

合理开发自然。而庄子讲天人合一，却主张将人完全融合于自然，人在自然面前最好什么都别做，因为自然决定着人，而人却无法改变自然。在庄子那里，以天之大将人淹没殆尽。因此，荀子批评庄子道："庄子蔽于天而不知人。"① 总之，庄子主张人类与自然的和谐与一致，具有一定的积极意义。然而他完全否定人对自然的改造活动，将人消融于自然当中又过于轻视了人的主观能动性。

黄老派思想集大成于汉初的《淮南子》。《淮南子》进一步丰富和发展了老庄的思想。

三、佛家的人与自然和谐观

佛教自汉朝传入中国以后，依靠其内容的深沉博大与精致细微，逐渐成为与儒家、道家思想相抗衡的中国三大思想流派之一。

在人与自然的关系问题上，与儒家、道家不同，佛家并没有"天人合一"的思想。然而，佛家却有着关爱自然、关爱众生的传统。佛家从"万物有灵、众生平等"的观念出发，认为宇宙中的山河大地、一草一木都有佛性，人与自然万物都是平等的关系。由此出发，佛家主张人们应该尊重自然、爱护自然。由于佛家持"万物有灵"的思想观念，主张对自然万物持一种更为爱护、更为平等的态度，不允许为满足人类的口腹之欲而滥杀生灵，尤其是作为"有情"的动物，与人类一样有着知觉和感情，应该受到人类的尊重与爱护。

此外，佛家"生死轮回"的思想认为，人们所杀的动物有可能就是自己死去的祖先或者亲人的投生，更是从道德伦理上断绝了人类杀害动物的合理性。美国学者雷蒙德告诫我们："我们看待万物的态度，决定了我们对待万物的态度。如果我们把万物看成是没有灵性的，我们就会用没有灵性的方式去对待它们；反之，如果我们的目光中的万物都是充满灵性的，我们就会用充满慈爱的方式去接触它们。"② 而佛家正是因为将万物看作有灵性的，才会从内心里对万物产生一种慈悲之情，才那么自觉自愿地怜惜自然万物。

---

① 《荀子·解蔽》。
② ［美］雷蒙德著：《埃及生死之书》，罗尘译，北京：京华出版社2001年版，第37页。

四、医家的人与自然和谐观

中国古代医家从保健养生的角度，对人与自然相和谐的重要性多有阐述。《黄帝内经·素问·上古天真论》曾有明确阐述："上古之人，其知道者，法于阴阳，和于术数，食饮有节，起居有常，不妄作劳，故能形与神俱，而尽终其天年，度百岁乃去。"《黄帝内经》这段话通过对通晓大道的"上古之人"生活方式的描述，从饮食男女、起居作息等不同的方面对人必须遵循大道规律、效法阴阳之道以达到人与自然和谐统一的观点进行了阐发。其理论观点包含有许多真知灼见，至今仍具有科学的指导意义。

那么，如何才能顺天应时、与自然和谐统一呢？中国古代医家认为最重要的是必须顺应四季气候变化，避免外邪入侵。中国古人认为，春生夏长，秋养冬藏是自然界的基本规律。据此，医家主张，人类作为宇宙中的一员，也须遵循这个规律。《黄帝内经·素问·四气调神大论》对于四季养生之道有着详细的阐述：

> 春三月，此谓发陈，天地俱生，万物以荣，夜卧早起，广步于庭，被发缓形，以使志生，生而勿杀，予而勿夺，赏而勿罚，此春气之应，养生之道也。逆之则伤肝，夏为寒变，奉长者少。
>
> 夏三月，此谓蕃秀，天地气交，万物华实，夜卧早起，无厌于日，使志无怒，使华英成秀，使气得泄，若所爱在外，此夏气之应，养长之道也。逆之则伤心，秋为痎疟，奉收者少，冬至重病。
>
> 秋三月，此谓容平，天气以急，地气以明，早卧早起，与鸡俱兴，使志安宁，以缓秋刑，收敛神气，使秋气平，无外其志，使肺气清，此秋气之应，养收之道也。逆之则伤肺，冬为飧泄，奉藏者少。
>
> 冬三月，此谓闭藏，水冰地坼，无扰乎阳，早卧晚起，必待日光，使志若伏若匿，若有私意，若已有得，去寒就温，无泄皮肤，使气亟夺，此冬气之应，养藏之道也。逆之则伤肾，春为痿厥，奉生者少。

基于这种人体与四时气候变化、天体运行之间密切相连的整体论思想,《黄帝内经》主张,人们养生必须遵循四时气候变化规律,自觉地与自然宇宙保持和谐。

医家认为,既然人与自然是一个整体,那么自然界的一切变化都会对人体产生影响。人作为自然界的成员,当然也受自然规律的制约,人与其他动物和植物一样,与一年四季的种种变化息息相关,人体的四肢百骸、五脏六腑、奇经八脉以及气血运行都受气候变化的制约。因此,对于自然规律,人们顺之则生,逆之则亡。据此,《黄帝内经·素问·四气调神论》曰:

> 逆春气,则少阳不生,肝气内变;逆夏气,则太阳不长,心气内洞;逆秋气,则太阴不收,肺气焦满;逆冬气,则少阴不藏,肾气独沉。夫四时阴阳者,万物之根本也。所以圣人春夏养阳,秋冬养阴,以从其根,故与万物沉浮于生长之门。逆其根,则伐其本,坏其真矣。故阴阳四时者,万物之终始也,死生之本也,逆之则灾害生,从之则苛疾不起,是谓得道。道者,圣人行之,愚者佩之。从阴阳则生,逆之则死,从之则治,逆之则乱,反顺为逆,是谓内格。是故圣人不治已病治未病,不治已乱治未乱,此之谓也。

唐代医家王冰对四时养生之道也有所论述,他说:"不顺四时之和,数犯八风之害,与道相失,则天真之气,未期久远而致灭亡,故养生者必谨奉天时也。"王冰认为,人们如果不顺应四季的气候要求,与自然相背逆,必然会破坏体内真气,从而影响到健康。所以,他主张养生必须顺天应时,使人体的小宇宙与外界的大宇宙和谐统一,只有人体的内外环境相协调,才能保持气血平衡。

总之,医家认为,人体内部的和谐、人与自然的和谐统一,是人生存和发展的基础。对此,《黄帝内经·灵枢·本神》有一个总的说法和要求,即:"故智者之养生也,必顺四时而适寒暑,和喜怒而安居处,节阴阳而调刚柔,如是则僻邪不至,长生久视。"人们只有根据自然变化的规律和特点来调节自己的行为才能避免或减少疾病的发生。

五、朴素的可持续发展思想

在以"天人合一"为代表的人与自然和谐相处的思想指导下,在我国古代，人们就已经有了保护生态环境、有节制地利用自然资源的思想，表现出了一种朴素的可持续发展思想萌芽。我国关于保护自然资源、自觉维护生态平衡的思想与活动有着悠久的历史，据《史记·殷本纪》记载：

> 汤出，见野张网四面，祝曰："自天下四方皆入吾网。"汤曰："嘻，尽之矣！"乃去其三面，祝曰："欲左，左。欲右，右。不用命，乃入吾网。"诸侯闻之，曰："汤德至矣，及禽兽。"

当时，商汤还只是一个诸侯，他有一次外出，看见有人正在野外张网捕鸟，口里还念念有词地祈祷说"希望天下四方的鸟儿都到我的网里来吧！"商汤有点气愤地说："嘻！你还想一网打尽啊！"于是命人将三面的网都撤掉，自己也祈祷说："鸟儿们，你们愿意向左飞就向左飞好了，愿意向右飞就向右飞吧。如果不听我的话，那你就自投罗网吧。"其他诸侯听到这件事就说："商汤这个人真是品德高尚啊，他的道德惠泽了鸟兽。"这就是历史上有名的"网开三面"典故的由来。如果商汤没有政治作秀的话，那么，商汤的言行可谓人与自然和谐相处的典范，体现了人自觉地对自然万物生命的尊重与爱护。

春秋初期出现的"里革断罟匡君"的典故也从一个侧面反映了当时人们保护生态平衡、有节制地利用自然资源，从而与自然和谐相处的情况。《国语·鲁语》中有这样的记载：

> 宣公夏滥于泗渊，里革断其罟而弃之，曰："古者大寒降，土蛰发，水虞于是乎讲罛罶，取名鱼，登川禽，而尝之寝庙，行诸国，助宣气也。鸟兽孕，水虫成，兽虞于是乎禁罝罗，獭鱼鳖以为夏犒，助生阜也。鸟兽成，水虫孕，水虞于是禁罝麗（lu 声，意思为小渔网），设阱鄂，以实庙庖，畜功用也。且夫山不槎蘗，泽不伐夭，鱼禁鲲鲕，兽长麑䴠，鸟翼鷇卵，虫舍蚔蝝，蕃庶物也，古之训也。今鱼方别孕，不教鱼长，又行网罟，贪无艺也。"公闻之，曰："吾过而里革匡我，不亦善乎！是良罟也，为我得法。使有司藏之，使吾无忘谂。"

春秋初期，鲁宣公在泗水上置罟捕鱼，大夫里革听说后就马上赶到泗水边，他将网罟割断扔到一旁，说："古人规定，大寒以后，蛰伏在土里的昆虫才会苏醒过来，掌管川泽禁令的水虞向人们讲授用网捕鱼的方法，捕捞到名鱼之后就拿到庙里去祭祀，让本诸侯国内的老百姓都照此做，这样做的目的是帮助阳气生发。鸟兽正在孕育的时候，水生物则已经成年，掌管鸟兽禁令的兽虞就禁止人们使用网罟去捕猎鸟兽，而只能捕捞鱼鳖等水生物来作为夏天改善生活的用品，这样做是为了帮助鸟兽繁殖生长。当鸟兽长成以后，水生物则正在孕育，于是，水虞就下令禁止人们使用小渔网去捕鱼捉鳖。而让老百姓设置陷阱来捕捉禽兽，用来祭祀祖宗、改善生活，古人这样做的原因是想长久地利用它们。况且，砍伐树木时不能砍掉山里树木新长出的枝条，割草时不能割掉湿地中的小草，捕鱼时不能将小鱼也一起捕上来，猎兽时不能抓取幼兽，捉鸟时不能破坏鸟蛋，采蚂蚁和蝗虫时要留下它们的幼虫，古人这样做是为了生物的持续存在和生殖繁衍，这些都是自古就有的规矩。现在正是鱼类的繁殖季节，您却不让它们去繁殖，还用网罟来捕捞它们，真是贪得无厌啊。"鲁宣公听了里革的这番话后说："我有过失，但里革却直言匡正我的行为，真是难得的举动啊！把这张意义非凡的渔网给我保存起来，让我永远记住这张渔网给我带来的忠告。"

　　即使在人与自然关系上主张"天人之分"的荀子也明确地提出要合理利用自然资源，那时，国家还设置"虞师"一职来专门负责养山护林工作，既保证国家的需要，又不破坏自然资源。他在《荀子·王制》中说：

　　圣王之制也：草木荣华滋硕之时，则斧斤不入山林，不夭其生，不绝其长也。鼋、鼍、鱼、鳖、鳅、鳝孕别之时，罔罟毒药不入泽，不夭其生，不绝其长也。春耕、夏耘、秋收、冬藏，四者不失时，故五谷不绝，而百姓有余食也。污池渊沼川泽，谨其时禁，故鱼鳖优多，而百姓有余用也。斩伐养长不失其时，故山林不童，而百姓有余材也。……

　　修火宪，养山林薮泽草木鱼鳖百索，以时禁发，使国家足用，而财物不屈，虞师之事也。

这些记载说明，在中国古代，尽管受当时历史条件所限，中国古人虽然不能像今天那样制定出全面、系统而完整的保护自然生态环境的法规与法律，但是却概括出了当时的社会所面临的具体问题，并提出了相应的保护措施，形成了一套自己的自然保护理论。这些理论主要包括以下几点内容：第一，尊重自然规律，合理使用自然资源。这主要是指，在草木发芽、生长的阶段，以及动物怀孕或者幼小的时候，不能采伐或者猎捕它们，以保护自然资源的可持续发展与永续利用。第二，有节制地利用自然资源。这一点主要是针对地球上那些不可再生资源来说的，如煤、石油等。第三，安排专门人员，负责自然资源保护以及监管工作。这一点说明，在我国古代，对自然资源、生态、环境的保护是由官方统一管理的，有章可依，并具有一定的强制性。

由此可见，在人与自然的关系问题上，中国古人的认识基本上是建立在主客不分的基础之上，其人与自然的和谐观还比较原始、朴素，所采取的措施与行动也并不那么全面、细致而详尽，但它们所包含的道理却令人深思。

综上所述，从总体上说，中国古人所持的这种天人协调说是建立在主客不分的基础之上，其思想带有明显的原始、朴素的特点，所采取的具体行动与措施也不够全面、细致而详尽。在某种意义上说，它甚至具有一定的自然中心主义色彩。但是，中国传统的人与自然和谐思想中却包含着深刻、永恒的理念：人类应当尊重自然，依照自然规律办事，在认识和尊重自然规律的前提下，可以适当发挥人的能动性，有节制地开发、引导、调整自然，以便达到人与自然的和谐。在这种基本理念指导下的人类实践，其结果要优于西方那种以征服、统治自然的理念为指导的人类实践。世界近现代历史的发展已经证明了这一点，可持续发展观的提出受到世界各国的普遍接受与认同。而正是现代的可持续发展思想，恰恰与历史悠久的中国古代的人与自然和谐说有着太多的重合与一致。

第三节 人的身心和谐

由于社会节奏较快，人们的工作压力大，生活紧张，现代的人们，尤其是都市人群普遍有身心交瘁之感。紧张焦虑、抑郁症、"亚健康"、"过劳死"等成了人们的口头语，新闻媒体上还时不时地报道一些自杀新闻，使得人们本来就紧张兮兮的心情更加多了一份兔死狐悲的忧郁。于是，为了挽救自我，拯救疲惫不堪的身心于水深火热，国内外曾掀起了修炼"瑜伽"的高潮，以缓解心理压力，强壮体魄。"瑜伽"源自印度，是印度古老文化的一部分，却被现代的人挖掘出来加以利用。在这个世界性潮流中，中国人也裹身其中，不甘落后地跟在英美人士的后面跑。其实，在中国传统文化中，有着丰富而宝贵的资源可资利用，我们却没有充分地开发和利用。就好比我们怀揣美玉却伸手去讨别人的石头一样，令人扼腕叹息。

一、儒家的人的身心和谐观

儒家提出了不少关于修身养性的思想和观点，也发明了不少修炼方法，以达到身心和谐的目的。儒家的修炼方法和内容主要见于孔子的《论语》、孟子的《孟子》、荀子的《荀子》、董仲舒的《春秋繁露》等儒家经典著作。儒家主张将修炼与正常的生活和道德修养融为一体，修炼的根本目的是为了更积极地入世，更好地治理国家，而不是像佛家那样为了出世，也不是像道家那样为了修成神仙，这也是儒家修身养性最为突出的特点。正因如此，儒家经典《大学》中宣称："古之欲明德于天下者，先治其国；欲治其国者，先齐其家；欲齐其家者，先修其身；欲修其身者，先正其心；欲正其心者，先诚其意；欲诚其意者，先致其知，致知则格物，格物而后知至。"这段话同时也说明了儒家修炼身心的基本方法就是正心、诚意、守静等。

据《史记·孔子世家》记载，孔子带领弟子周游列国时，在游历到陈国和蔡国之间，曾被陈军围困，"不得行，绝粮。从者病，莫能兴。孔子讲诵弦歌不衰"。弟子们都饿得有气无力，而孔子对饥饿却毫不介意，依然"讲诵弦歌不衰"，表现得从容而洒脱。这说明，儒家的掌门人孔子起码身体素质较好，经受得住恶劣生存环境的考验，而且他思想乐观，凡事拿得起放得下。《孔子家语·困誓》也有一记载，"孔子之宋，匡人简子以甲士围之。子路怒，奋戟将与战。"孔子却制止了冲动之下意欲动武的子路，反而命令子路"弹琴而歌"，孔子自己则应和着子路的音乐。奇怪的是，"曲三终，匡人解甲而罢"。在孔子及其弟子悠扬的音乐与歌声中，武装起来的匡地的人们居然自动解散了。孔子不仅面临危险与困境不绝望，不沮丧，不悲观，有些时候他还想"浪漫一下"，《论语·先进》有记载：子路、曾皙、冉有、公西华侍坐。子曰："以吾一日长乎尔，毋吾以也。居则曰：'不吾知也！'如或知尔，则何以哉？"子路率尔而对曰："千乘之国，摄乎大国之间，加之以师旅，因之以饥馑；由也为之，比及三年，可使有勇，且知方也。"夫子哂之。"求！尔何如？"对曰："方六七十，如五六十，求也为之，比及三年，可使足民。如其礼乐，以俟君子。""赤！尔何如？"对曰："非曰能之，愿学焉。宗庙之事，如会同，端章甫，愿为小相焉。""点！尔何如？"鼓瑟希，铿尔，舍瑟而作。对曰："异乎三子者之撰。"子曰："何伤乎？亦各言其志也。"曰："莫（暮）春者，春服既成。冠者五六人，童子六七人，浴乎沂，风乎舞雩，咏而归。"夫子喟然叹曰："吾与点也！"其大意是，孔子曾和他的四位学生子路、曾皙、冉有、公西华开座谈会，孔子随意地说：我比你们大一点，希望你们不要因此觉得拘谨。我平时经常听你们说，没有人了解你们的志向。假如现在有人了解你们，想要任用你们，你们打算怎么做呢？子路、冉有、公西华三名学生都急不可待地表明自己建功立业的理想，而一直潇洒奏乐的曾皙则说，他的理想是：到了暮春时节，穿上刚做的春衣，和自己的五六个成年朋友，再带上六七个小童，大家一起在沂水里嬉戏沐浴，然后在沂水边的求雨台上吹吹春风，感受春天的气息，吟诗唱歌一番再回去。孔子听了各位弟子的话，长叹了一声说：我的理想与曾点一样！这段文字记载形象地说明了貌似严谨的孔子，内心也非常向往潇洒浪漫的生活。孔子较好的身体素质和乐观的精神，反映了他的身心比较和谐、健康，这也可由他的寿命来验证——孔子73岁才去世。在古代，73岁就算是高寿了。孔子的身心健康得益于他的一套日常修炼方法。孔子就比较提倡"三戒"，他说："君子有三戒：少之时，血气未定，戒之在色；及其壮也，血气方刚，戒之在斗；及其老也，血气既衰，戒之在得。"① 朱熹注曰："血气，形之所待以生者，血阴而气阳也。得，贪得也。随时知戒，以理胜之，则不为血气所使也。"② 朱熹认为，得就是贪。贪色、纵欲、斗殴都会危害健康，损伤人的身体，导致疾病产生，甚至会威胁到生命。可见，贪"得"实在是得不偿失。明智的做法是用理智去克制自己的欲念和欲望，以达到"年弥高而德弥邵"的长寿效果与社会效果。

---

① 《论语·季氏》。
② 《论语集注·季氏》。

孟子则提出了重视存心养性的修身养性以立命的观点，孟子曰："尽其心者，知其性也。知其性，则知天矣。存其心，养其性，所以事天也。夭寿不贰，修身以俟之，所以立命也。"① 在具体方法上，孟子比较重视养心养性，培养人的正气和浩然之气。孟子明确指出养心最好的方法在于减少欲望，他指出："养心莫善于寡欲。其为人也寡欲，虽有不存焉者，寡矣；其为人也多欲，虽有存焉者，寡矣。"② 而当公孙丑向孟子询问什么是"浩然之气"的时候，孟子回答说："难言也。其为气也，至大至刚，以直养而无害，则塞于天地之间。其为气也，配义与道；无是，馁也。是集义所生者，非义袭而取之也。行有不慊于心，则馁矣。"③ 孟子认为，浩然之气要用正义的行为去培养，浩然之气的形成与仁义、道义紧密相连，是人的正义感日积月累而生成，它是仁义的积累，不是只做一两件仁义的事情就能得到的。

荀子也有一套协调身体与心理的方法，他说："治气养心之术：血气刚强，则柔之以调和；知虑渐深，则一之以易良；勇胆猛戾，则辅之以道顺；齐给便利，则节之以动止；狭隘褊小，则廓之以广大；卑湿重迟贪利，则抗之以高志；庸众驽散，则刦（劫）之以师友；怠慢僄弃，则炤之以祸灾；愚款端悫，则合之以礼乐，通之以思索。凡治气、养心之术，莫径由礼，莫要得师，莫神一好。"④ 荀子调理血气、涵养心理的方法是：如果血气刚强，就用柔和来调节；如果思虑过深，就用简单化的处理来使其好转起来；如果凶猛暴戾，就用训导来加以辅助；如果行为轻率，就用动静有度来节制他；如果心胸狭隘、度量小，就用广博宽大使他开阔；如果卑下、迟钝、贪图私利，就用高洁的品德、远大的志向来激发他；如果庸庸碌碌、才能低下却又思想散漫，就用良师益友来改造他；如果懈怠、轻浮、自暴自弃，就用灾祸来使他警醒；如果单纯朴实、诚实忠厚，就用礼乐来规范他，用深思熟虑来加以开导。总而言之，治气养心的方法，最直接的途径是按照礼去立身处世，最关键的是有良师，最能发生神妙作用的是自身的专心一志。

董仲舒在养生方面坚持"中和"的原则，认为人们应该遵循自然的

---

① 《孟子·尽心上》。
② 《孟子·尽心下》。
③ 《孟子·公孙丑上》。
④ 《荀子·修身》。

规律，效法天地和谐的美德。对外没有贪欲，就能保持内心的清静，从而达到内心的中正与平和。他在《春秋繁露·循天之道》中这样讲："故仁人之所以多寿者，外无贪而内清净，心和平而不失中正，取天地之美，以养其身，是其且多且治。"他还具体分析说："和乐者，生之外泰也，精神者，生之内充也，外泰不若内充，而况外伤乎！忿恤忧恨者，生之伤也；和说劝善者，生之养也。君子慎小物而无大败也，行中正，声向荣，气意和平，居处虞乐，可谓养生矣。"① 在董仲舒看来，行善积德、行为中正、气意和平等都能使人的身心和谐，养生之道亦在其中。

东汉末年的荀悦用身心和谐的原理解释了具有仁德之人长寿的原因，他在《申鉴·俗嫌》中说："或问：'仁者寿，何谓也？'曰：'仁者内不伤性，外不伤物，上不违天，下不违人，处正居中，形神以和，故咎征不至，而休嘉集之，寿之术也。'"

明朝时期，儒士高攀龙在总结自己的亲身实践经验的基础上，吸收佛、道思想精华，参考了程朱的方法，概括出一套静坐理论，作为修养身心达到身心和谐健康的方法。

总之，儒家为了培养人的意志和韧性，提高人的健康水平，也为了更好地入世，去济世救民，提倡一套静心养性养气的方法，这种方法的作用之一是使人达到身心和谐。

二、道家的人的身心和谐观

道家主张通过"坐忘"、"心斋"、"守静"、"至虚"等一些具体的措施使人的身体与心灵保持平静与和谐，并进而达到一种极高明而清虚的境界。

老子认为，人们要想获得身心和谐的宁静状态，应该尽量保持单纯质朴，减少各种妄念和欲望，过一种清静恬淡、纯真自然的生活。他在《道德经·第十九章》中讲："见素抱朴，少思寡欲，绝学无忧。"一个人如果能够做到稳重沉静的话，他就能够不被外物私欲所诱惑。即使有世俗的荣誉，仍然能够以泰然自若的态度超脱、淡然地处之。老子是这样说的："虽有荣观，燕处超然。"②

老子认为，人们要想获得心灵的安宁，就必须懂得知足。老子曰：

---

① 《春秋繁露·循天之道》。
② 《道德经·第二十六章》。

"知足者富。"① 在这里，"富"更多地指精神上的富足。人们只有精神上感到富足了，才不至于产生悲观失望的不安情绪。不仅如此，老子认为，只有知道满足，才能不会遭受侮辱，懂得适可而止就可以远离危险，这样就能够长久。他在《道德经·第四十四章》中说："故知足不辱，知止不殆，可以长久。"老子还从反面论证了不懂得知足的严重危害，他讲："祸莫大于不知足；咎莫大于欲得。故知足之足，常足矣。"② 在老子看来，人的祸患莫大于不知道满足，灾难莫过于强烈的占有欲望。所以懂得满足的这种满足，就是恒久的满足。在老子那里，知足与寡欲是一致的，只有自觉地减少不必要的各种欲念，才能知足，也才能够获得精神上的富足与安乐。

在如何达到身心和谐的问题上，比起老子，庄子提出的途径与方法更为具体。《庄子·天地》曰："有机械者必有机事，有机事者必有机心。机心存于胸中则纯白不备。纯白不备则神生不定，神生不定者，道之所不载也。"在庄子看来，有意识、有知识的心是谈不上保全纯洁空明之心的，它的存在即不可载道，即无法再返归恬淡的性情而回复自然的本初。所以，要去除心机智巧，浑然不用心机，释放心神，剔除其知觉之成心，达到心境的清明洞彻，心灵的淳和与无识的境界。只有这样，才能见道、载道，并最终与道贯通融合。

那么，怎样才能达到这样一种境界呢？庄子提出了"心斋"、"守神"等主张。

庄子曾借孔子之口说："若一志，无听之以耳而听之以心；无听之以心而听之以气。听止于耳，心止于符。气也者，虚而待物者也。唯道集虚。虚者，心斋也。"③ 可见，庄子所说的心斋主要指摒弃杂念，心思专一，不用耳去听而用心去领悟，不用心去领悟而用凝寂虚无的意境去感应；耳的功用只是聆听，心的功用只是跟外界事物交合；凝寂虚无的心境才是虚明而能应待宇宙万物的，只有大道才能汇集于凝寂虚无的心境。虚无空明的心境就叫作"心斋"。庄子认为通过心斋这种修炼方法可以达到神气合一的境界，是修身的关键。基于这种修炼，庄子不管在何种环境下都能保持乐观、豁达的心态和健康的身体。

---

① 《道德经·第三十三章》。
② 《道德经·第四十六章》。
③ 《庄子·人间世》。

至于养神,《庄子·刻意》中说:"纯粹而不杂,静一而不变,淡而无为,动而以天行,此养神之道也。"在庄子看来,纯净精粹而不混杂,宁静专一而不波动,恬淡而无为,一旦运动则顺应自然而行,这就是养神之道。

庄子还通过广成子之口说:"无视无听,抱神以静,形将自正。必静必清,无劳汝形,无摇汝精,乃可以长生。目无所见,耳无所闻,心无所知,汝神将守形,形乃长生。慎汝内,闭汝外,多知为败。"① 他认为达到虚静最好的途径是断绝一切与外界的通道,无知无欲。

由西汉刘向组织其八位宾客编写的《淮南子》一书详细地阐述了人的精神和谐在身心健康乃至立身处世方面的重要作用。《淮南子》认为,养生的途径在于保持清静无为之道。许多人之所以中途夭折而不能终其寿命,其原因就在于没有持守精神,没有达到"精神澹然无极不与物散"的状态。它说:"夫静漠者,神明之宅也;虚无者,道之所居也。是故或求之于外者,失之于内;有守之于内者,失之于外。譬犹本与末也,从本引之,千枝万叶莫不随也。夫精神者,所受于天地;而形体者,所禀于地也。"② 在这里,《淮南子》的作者强调了精神对于人的重大作用——就像树干对树枝的作用一样。人们只有内守精神,使之不向外泄散,才能达到修身养性的目的。《淮南子·精神训》还对其中的原理进行了较为具体的阐释:"是故血气者,人之华也;而五藏者,人之精也。夫血气能专于五藏而不外越,则胸腹充而嗜欲省矣。胸腹充而嗜欲省,则耳目清、听视达矣。耳目清、听视达,谓之明。五藏能属于心而无乖,则勃志胜而行不僻矣。勃志胜而行之不僻,则精神盛而气不散矣。精神盛而气不散则理,理则均,均则通,通则神,神则以视无不见,以听无不闻也,以为无不成也。是故忧患不能入也,而邪气不能袭。故事有求之于四海之外而不能遇,或守之于形骸之内而不见也。故所求多者所得少,所见大者所知小。"③ 人的精神不仅会影响到人自身的健康,而且还会影响到人在社会中的人际关系。如果人们不能持守精神的话,就可能会招致灾祸的降临。《淮南子》的作者说:"夫孔窍者,精神之户牖也;而气志者,五脏之使候也。耳目淫于声色之乐,则五脏摇动而不定矣。

---

① 《庄子·在宥》。
② 《淮南子·精神训》。
③ 《淮南子·精神训》。

五脏摇动而不定,则血气滔荡而不休矣。血气滔荡而不休,则精神驰骋于外而不守矣。精神驰骋于外而不守,则祸福之至,虽如丘山,无由识之矣。使耳目精明玄达而无诱慕,气志虚静恬愉而省嗜欲,五脏定宁充盈而不泄,精神内守形骸而不外越,则望于往世之前,而视于来事之后,犹未足为也,岂直祸福之间哉!故曰:'其出弥远者,其知弥少。'以言夫精神之不可使外淫也。是故五色乱目,使目不明;五声哗耳,使耳不聪;五味乱口,使口爽伤;趣舍滑心,使行飞扬。此四者,天下之所养性也,然皆人累也。故曰:嗜欲者,使人之气越,而好憎者,使人之心劳,弗疾去,则志气日耗。"①

据此,《淮南子》认为要想身心和谐、社会关系和谐,必须从节制感官享受入手,使"耳目精明玄达而无诱慕,气志虚静恬愉而省嗜欲",从而就能够使"五脏定宁充盈而不泄,精神内守形骸而不外越";因此,为防止血气日耗、心神荡漾、精神散逸,就赶快摒弃"嗜欲"。然而,光是去除"嗜欲"还不够,《淮南子》认为,人的喜、怒、忧、悲、好、憎、惊等情绪会影响到人体内阴阳气机的平衡,严重时甚至会导致疾病产生,因此,要想保持心平气和、身心安泰,就必须注意控制自己的情绪,使之不发生强烈的波动与变化。《淮南子·原道训》曰:"夫喜怒者,道之邪也;忧悲者,德之失也;好憎者,心之过也;嗜欲者,性之累也。人大怒破阴,大喜坠阳,薄气发喑,惊怖为狂。忧悲多恚,病乃成积;好憎繁多,祸乃相随。故心不忧乐,德之至也;通而不变,静之至也;嗜欲不载,虚之至也;无所好憎,平之至也;不与物散,粹之至也。"《淮南子》的这种思想与中国古代医家的思想有着相同之处。同时,也为今天的医学所承认和证实。

具体到个人的修养方法上,《淮南子》认为"养神"非常重要。《淮南子·泰族训》说:"治身,太上养神,其次养形;治国,太上养化,其次正法。神清志平,百节皆宁,养性之本也;肥肌肤,充肠腹,供嗜欲,养生之末也。"认为修身首先要"养神",其次才是形体的修炼;因为只有精神清明,心志平和,全身血脉才会顺畅安宁,这才是养性的根本;而将肌肤养得肥腴、脑满肠肥以满足嗜欲,这是养生的末节。《淮南子·俶真训》还强调了"养性"与"养德"的重要性。它说:"静漠恬

---

① 《淮南子·精神训》。

澹，所以养性也；和愉虚无，所以养德也。外不滑内，则性得其宜；性不动和，则德安其位。养生以经世，抱德以终年，可谓能体道矣。若然者，血脉无郁滞，五藏无蔚气，祸福弗能挠滑，非誉弗能尘垢，故能致其极。"

在东汉末年佛教传入中国以后，佛家与道家在各自的发展过程中吸收了对方的思想。于是，受佛教的影响，道家也将对"心"的重视提高了一个新的层面。这在汉代以后的道家文献中有所体现。

《太上老君内观经》中讲："心者，禁也，一身之主。心能禁制，使形神不邪也。"显然，《太上老君内观经》把"心"的地位和作用提高到了统摄形、神的高度。经中还言："人以难伏，唯在于心，心若清净，则万祸不生。所以流浪生死，沉沦恶道，皆由心也。"这样，不仅人的形、神状况受"心"的制约和影响，就连人的福祸、命运都受心的主宰。

《太上老君说常清静经》中比较集中地讲了除欲修心以葆"心静神清"的方法："夫人神好清，而心扰之；人心好静，而欲牵之。常能遣其欲，而心自静；澄其心，而神自清；自然六欲不生，三毒消灭。所以不能者，为心未澄，欲未遣也，能遣之者：内观其心，心无其心；外观其形，形无其形；远观其物，物无其物；三者既无，唯见于空。观空亦空，空无所空；所空既无，无无亦无；无无既无，湛然常寂。寂无所寂，欲岂能生；欲既不生，即是真静。真常应物，真常得性；常应常静，常清静矣。"显而易见，这里的"三毒"、"空"等思想明显地带有佛教的烙印。

由上可见，道家在促进人的身心和谐方面有着比较丰富的修炼方法，既有对人的精神、心理的调适方法，又有对人的身体的锻炼手段。其目标之一就是要使人的身心处于一种健康和谐的状态。

三、佛家的人的身心和谐观

断除由生老病死而带来的各种苦恼、解脱人的身心痛苦是佛家修道所要解决的问题之一。佛家认为，引起生、老、病、死、爱、憎、恨、怨等痛苦的根本原因在于人的自心。在佛家看来，疾病由人的业引起，而业则起于心，心的无明、烦恼，不仅导致了疾病的痛苦，还会引起恩爱别离、所求不得、怨憎相会、生老病死等痛苦。可以说，心的不净是一切痛苦的根源。《正法念处经·观天品》曰："心清静故，血则清静，血清静故,颜色清静。"而《四十二章经》中则讲:"心若调适,道可得矣。"又言:"学道之人,去心垢染,行即清净矣。"佛家认为,如果能够将"心"调适好,去除了各种妄想与杂念,那么不仅可以使自己的言行无污,甚至还可以得道。因此,解决人生众多痛苦的方案必须从心着眼,从精神方面入手。心若清静,行为端正,那么身体就会随之健康。

佛家认为,人的各种欲望是导致人心不得清净的重要原因之一,而人的欲望又是无休止的。《大宝积经》曰:"贪欲无厌,犹饮咸水。"其意为,贪欲没有满足,就好像饮下盐水以解渴一样,只会更渴。因此,只有去除贪婪与欲望,才有获得清净心的可能。《杂阿含经》告诫说:"速灭贪欲火,莫令烧其心。"主张人们应该快速灭除贪婪的欲望之火,不要让欲火烧焦了自心。

佛家提倡的禅定、瑜伽等修炼方法就是通过调适自心、自净其心而达到身心和谐乃至涅槃境界。佛家认为,既然疾病多由凡夫俗子的妄想与杂念所引起,那么通过瑜伽、修禅而入定,就可以在定心的状态中使身心进行自然的良性调整,从而达到祛除疾病、延年益寿的目的。

禅定方法是佛家修行的重要方法之一,禅定对于身心健康具有比较明显的调节作用。在强身健体、祛疾疗病方面,《小止观》曰:"夫坐禅之法,若能善用心者,则四百四病自然除差。"《摩诃止观》卷八说,如果能精勤修习天台宗四种三昧,"调和得所,以道力故,必无众病"。佛家认为,如果修习禅定得法的话,人们可以祛除很多疾病,从而达到身体的健康与心理的和谐。

美国学者乔兰德曾经用现代的语言来解释禅定和瑜伽对人所造成的良性影响,他说:"禅宗和瑜伽过去是作为弥合意识中的分裂的手段而发展着的。禅宗的'静坐',诃陀瑜伽的教义以及禅定,其目的都是为了帮助人去'超越'自我,去使自己与所有存在的东西统一为一个整体。当这种顿悟和统一出现时,这个人的行动便能够更加自如,动作更为优雅,推理更为有力,因为他不是在同时做两种事情,即不是在做某事的同时还去反思他正在做的那件事。"[①] 其实,乔兰德的这段话比较肤浅,他仅仅从表层阐述了修禅的效果,并没有揭示出其中深层的道理。

大道修炼不仅"炼心",而且"炼身",身心俱修,才能成佛得道。

---

① [美] S. M. 乔兰德著:《健全的人格》,许金声、莫文彬等译,北京:北京大学出版社1989年版,第38页。

如果说瑜伽或者禅定，可能对一般人来说会比较陌生，那么，对日常生活中的行为方式，佛家也有一定的讲究。比如睡眠，每个人都要睡，一个人每天大约有三分之一的时间在睡眠中度过，睡眠质量的好坏对人的健康影响很大。因此，佛家针对睡眠也有自己的一套修炼方法。《释氏戒律》中说，"卧为右侧"是"吉祥睡"，是最好的睡觉姿势。"吉祥睡"起源于中国古代佛教雕塑的卧佛造型，卧佛都是向右侧卧，所以"吉祥睡"又被称为"卧佛睡"。而据现代科学揭示，人们向右侧卧睡既不压迫心脏，又有利于气血的运行，对健康最为有益。而左侧卧则容易压迫心尖部位，如果将耳朵贴在枕头上，还可以听到心跳声，一旦入睡之后就容易做噩梦。而仰卧也不是理想的睡眠姿势，因为仰卧时虽然两腿和身体伸直，但是肌肉并不能完全放松，时间一长就会感到疲劳。俯卧更不可取。

总起来说，在如何达到人的身心健康和谐方面，比起儒家与道家来，佛家更加重视对"心"的调适与修炼。

四、医家的人的身心和谐观

中国的中医理论博大精深，其内容不但包含祛疾疗伤的医疗养生方法，而且包括指导人生的玄妙哲理，其对于人们的影响远远超出单纯的医学范畴。因此，不少有识之士认为：中国的中"医学是一门独立的学科。但是，从更广泛的意义上认识，中国传统医学似乎首先是一门人文科学，其次才是一门具体的自然科学，或者说是一种兼具人文科学特征和自然科学属性的交叉产物"[①]。

按照中医的说法，人们要想身心健康，必须保持人体内外的和谐，包括：人与自然的和谐，人与社会的和谐，人体自身的和谐。在医家看来，人与自然的和谐、人与社会的和谐都是实现人之身心和谐的条件。

（一）人的身体与心理相互作用、相互影响

在思维方式上，医家主张整体论，从大的方面来讲，医家认为人与自然是一个整体，人要受自然规律的影响和制约；从小的方面来讲，人体本身又是一个小整体，人体的各个器官和脏腑之间相互影响、相互制

---

① 张荣明主编：《道佛儒思想与中国传统文化》，上海：上海人民出版社1994年版，第316页。

约。医家还认为，人的身心之间也不是割裂的，而是紧密相连、彼此之间相互依赖、相互制约的，人的精神状态与肉体之间是相互影响的。

首先，人的肉体的健康与否制约着人的精神状态。

这一点极易理解。如果个体的人气血充足，脏腑调和，肌肉丰盈，骨骼健壮，整个身体都非常健康，那么，这个人就会精力充沛，情绪高涨，容光焕发，既乐于找点事去做，做起事来又容易成功。而一个气血不足、脏腑失调、容颜枯槁、肌肉贫瘠、形销骨立之人就很难精力充沛、快快乐乐地生活和工作。总之，人的身体健康程度对人的精神状态具有重要的制约作用。

其次，人的精神状态影响着人的肉体健康。

人的肉体健康状况固然影响人的精神状态，人的情绪和精神同样会制约人的肉体的健康与否。所以，《黄帝内经·素问·上古天真论》中说："夫上古圣人之教下也，皆谓之虚邪贼风，避之有时，恬淡虚无，真气从之，精神内守，病安从来。"就告诫人们不仅要避免风寒暑热等外邪对人体的入侵，还要注意保持恬淡虚无的心态，培养人体内的真气，如果精神内守，怎么会生病呢？人之所以生病，不外乎两方面的原因：一方面是外因，由受到风、寒、燥、湿、热、虫（即现代西医所讲的病毒、细菌等）等外邪入侵；另一方面是内因，由喜、怒、忧、思、悲、惊、恐等七情六欲失调引起。医家在《黄帝内经·素问·举痛论》中假借岐伯之口说：

> 怒则气逆，甚则呕血及飧泄，故气上矣。喜则气和志达，荣卫通利，故气缓矣。悲则心系急，肺布叶举，而上焦不通，荣卫不散，热气在中，故气消矣。恐则精却，却则上焦闭，闭则气还，还则下焦胀，故气不行矣。寒则腠理闭，气不行，故气收矣。炅则腠理开，荣卫通，汗大泄，故气泄。惊则心无所倚，神无所归，虑无所定，故气乱矣。劳则喘息汗出，外内皆越，故气耗矣。思则心有所存，神有所归，正气留而不行，故气结矣。

医家认为，百病生于气，人的不同情绪会引起气的不同变化；不同的外邪入侵也会带来体内之气不同的反应。那么，内伤和外邪到底会导致哪些后果呢？《黄帝内经·灵枢·本神》中对此有较为详细的阐述：

是故怵惕思虑者则伤神,神伤则恐惧流淫而不止。因悲哀动中者,竭绝而失生。喜乐者,神惮散而不藏。愁忧者,气闭塞而不行。盛怒者,迷惑而不治。恐惧者,神荡惮而不收。

心怵惕思虑则伤神,神伤则恐惧自失,破䐃脱肉,毛悴色夭,死于冬。

脾愁忧而不解则伤意,意伤则悗乱,四肢不举,毛悴色夭,死于春。

肝悲哀动中则伤魂,魂伤则狂忘(通"妄")不精,不精则不正当人,阴缩而挛筋,两胁骨不举,毛悴色夭,死于秋。

肺喜乐无极则伤魄,魄伤则狂,狂者意不存人,皮革焦,毛悴色夭,死于夏。

肾盛怒而不止则伤志,志伤则喜忘其前言,腰脊不可以俯仰屈伸,毛悴色夭,死于季夏。

恐惧而不解则伤精,精伤则骨酸痿厥,精时自下。是故五脏,主藏精者也,不可伤,伤则失守而阴虚,阴虚则无气,无气则死矣。

医家认为,人的七情——喜、怒、忧、思、悲、惊、恐等情绪强烈的时候,或者持续时间较长,如果不加以适当地控制和引导,就会引发各种相应的疾病。因此,人的七情是造成内伤疾病的主要因素,所以,中医里有"内伤七情"的说法。

人"七情内伤"现象也比较普遍,七情中的怒、惊、恐与大喜属于爆发性情绪,这些过激情绪对健康的伤害是有目共睹的。如人在发怒时,表现在人体生理指标上的有:血压升高,呼吸急促,面色发红;表现在行为上的有:失去理智,判断力不准,丧失自制力等。《儒林外史》中有"范进中举"一段,范进中举后突然疯癫,就是由于大喜过望引起的。七情中的忧、思、悲和喜乐属于弥漫性情绪,虽然并不强烈,但是时间一般比较持久,对人体健康的影响也不小。人如果长期处于精神压抑的状态,则容易患上胃溃疡等疾病更是为常人所熟悉。持续的消极情绪常常会诱发高血压、结肠炎、皮炎、溃疡、神经衰弱、精神分裂等慢性疾病。而其他并非由"七情"直接引起的疾病也往往会因为"七情"发作而旧疾复发或者加重。比如,人的颈椎病本来属于骨骼疾病,却也会因为情绪的低落而加重。《红楼梦》中的林黛玉由于自幼父母双亡,在外祖母家中居住又心生寄人篱下之感，使她多愁善感，长期的忧郁和伤感之情损害了她的心肺健康，爱情上的失意又给了她沉重的一击，最终落得个香消玉殒的下场。

由于医家详细地阐述了内伤和外邪对人体微妙的影响，受中医理论的影响，我国民间习语中有一种说法：人悲伤的时候就会"伤心"，人若是伤心过度，甚至会"肝肠寸断"。中国古代医家的这种观点也早已被现代医学所证实，除先天心脏病以外，有些人的心绞痛、心肌梗塞、心肌炎、心率失常等心脏病就是由精神刺激引起的。据此，古代医家主张，人们要自觉地调整自己的心态，保持一种乐观而平和的心态，将有助于人的肉体的健康与身心的和谐。因为在同样的外邪或内伤刺激的情况下，精神乐观、勇敢旷达、性格豪放的人，就不易受到伤害，或者受到的伤害程度较轻；而精神悲观、胆小谨慎、性格内向的人，受到伤害的可能就会大些。这一点中国古代医家早有认识，《黄帝内经·素问·经脉别论》中就说：

> 凡人之惊恐恚劳动静，皆为变也。是以夜行则喘出于肾，淫气病肺。有所堕恐，喘出于肝，淫气害脾。有所惊恐，喘出于肺，淫气伤心。度（同"渡"）水跌仆，喘出于肾与骨，当是之时，勇者气行则已，怯者则着而为病也。故曰：诊病之道，观人勇怯骨肉皮肤，能知其情。以为诊法也。

古代医家在诊治疾病时，将人在"惊恐恚劳动静"方面的个体性差异考虑在内，认为即使遇到同样的不幸遭遇，也会产生"勇者气行则已，怯者则着而为病也"的不同后果。还有，在疾病已经缠身的时候，病人不同的精神状态也会深深地影响其病情的发展变化。如果患病之人自己悲观失望，有厌世轻生之念，那么，虽有良医精工也回天乏术。所以，《黄帝内经·素问·汤液醪醴论》中明确讲："精神不进，志意不治，故病不可愈。今精坏神去，荣卫不可复收。何者？嗜欲无穷，而忧患不止，精气弛坏，荣泣卫除，故神去之而病不愈也。"这是因为，一旦人失去了活着的意义，精神就会散漫而无所依托，情绪低沉，这时候，人的免疫力就会急剧下降，"配合"着该人颓废的精神而逐渐走向不愈之路。

中国古代医家宏观地观察宇宙大整体、体察人体小整体，自觉地把自然界中的四时冷暖寒热变化相结合，突出人与自然之间的整体性，揭示人、天之间的"天人相应"关系；将人的情绪、情志等精神活动与人的脏腑功能联系起来，来考察人体小整体的状况。在此基础上，医家提倡，对外人们须顺应自然界中的各种变化，对内须调整自己的七情六欲，使身心和谐，才能保持身心的健康。这种整体性思维方式是中医理论的一大特色。整体性思维方式也是中西医理论的根本区别之一。

（二）在养生与治疗方法上以"中和"为原则，以达到自身阴阳平衡、身心和谐为目的

医家将阴阳对立统一原理和五行生克变化规律应用于医理和医术。医家认为，阴阳的对立统一是宇宙间万事万物产生和发展变化的普遍规律。人体也不例外，同样受此规律的制约。人体在正常情况下阴阳平衡，身体是健康和谐的。疾病的产生都是因为人体自身的阴阳失去了平衡，即阴阳出现了盛衰偏颇，影响了人体正常的阴阳关系。《黄帝内经·素问·生气通天论》对此有专门而集中的论述："凡阴阳之要，阳密乃固，两者不和，若春无秋，若冬无夏，因而和之，是谓圣度。故阳强不能密，阴气乃绝；阴平阳秘，精神乃治；阴阳离决，精气乃绝。"正因为阴阳平衡如此重要，于是，医家祛病疗疾的一个重要原则就是调整阴阳。使阴阳恢复平衡，使之达到"和"的状态，从而达到祛病的目的。《黄帝内经·素问·生气通天论》曰："阴者，藏精而起亟也；阳者，卫外而为固也。阴不胜其阳，则脉流薄疾，并乃狂。阳不胜其阴，则五脏气争，九窍不通。是以圣人陈阴阳，筋脉和同，骨髓坚固，气血皆从。如是则内外调和，邪不能害，耳目聪明，气立如故。"在具体施治方法上，则讲究"有余泻之，不足补之"① 的原则。

医家认为，体内的气血通畅是健康人体的重要保证。《黄帝内经·灵枢·邪客》中说："补其不足，泻其有余，调其虚实，以通其道而去其邪。"医家认为阴阳二气的平衡与协调是人体健康的前提，在调理、治疗疾病时讲究"补其不足，泻其有余，调其虚实"，以打通人体的经脉，从而除掉人体内的淤、积、堵、塞等病邪，使得人体内的气血保持通畅，否则，气滞血淤就容易生病。这一观点也得到了现代科学的证明。一位从医治疗癌症多年的医生总结自己的临床经验道：在近三十年的治癌经

---

① 《黄帝内经·素问·调经论》。

验中，深深体会到癌症是由于气血积聚不畅所致。据此，该医生提出治疗癌症的基本原则在于：清理凝滞、疏通淤塞，使气血和畅，经络畅通。稍微联系一下现实，我们不难发现：癌症有好多种，什么胃癌、肺癌、肠癌、皮肤癌等，却没有心脏癌。究其原因，就在于心脏总是在跳动，它时刻不停地在喷血，因此，它不存在气血凝滞的问题，正可谓"流水不腐，户枢不蠹"。中国古人早就认识到了这一点，为了活动筋骨，保持体内气血通畅，古代医家创造了不少修炼功法，比较著名的如三国时华佗根据虎、鹿、熊、猿、鸟五种动物的动作姿势而创造的"五禽戏"等。

概括地说，中国传统医家在遵循自然规律、四时变化的基础上，总结出一套养生、保健之道，用以指导人们进行合理地生活。

第一，在饮食方面——饮食有节。

中国古代医家在修炼与体悟的基础上，体察到体内脏腑功能的循环变化，结合五行、术数的理论，总结出一套饮食的养生方法。医家的饮食养生除了讲究饮食的结构之外，还讲究饮食的时间安排。

在战国时期就已经出现的辟谷术认为："食草者善走而愚，食肉者多力而悍，食谷者智而不寿，食气者神明不死。"这是古代养生家概括了饮食结构对包括人在内的动物特性的制约性，认为"辟谷"、"服气"的方法至少可以延年益寿。这种思想也影响到后来的医家，认为食素比食荤更益于健康和智慧，并进而提倡人们素食，主张除非在患有某些疾病、确实需要进食一些动物的肉来做必要的补充，在日常生活中应该断绝肉食，多吃素食，尤其是一些植物的果核和根茎，可以使人聪明多智慧，少患疾病。

医家认为，饮食的合理不仅表现在食物的品种和类别上，还表现在五味的和谐上，如果五味不平衡，食物味道偏颇，就会影响到人体的健康，严重的还可以导致疾病的产生。《黄帝内经·素问·生气通天论》中有言："阴之所生，本在五味，阴之五官，伤在五味。是故味过于酸，肝气以津，脾气乃绝。味过于咸，大骨气劳，短肌，心气抑。味过于甘，心气喘满，色黑，肾气不衡。味过于苦，脾气不濡，胃气乃厚。味过于辛，筋脉沮弛，精神乃央。是故谨和五味，骨正筋柔，气血以流，腠理以密，如是则骨气以精，谨道如法，长有天命。"这段话说明了食物的五味不调和对于人体内部脏腑、经脉等的伤害，主张平衡、调和五味，从而改善人体的筋骨、气血状况，以达到延年益寿的目的。《黄帝内经·素问·五脏生成》还从反面论证了五味不调和所产生的其他不良后果："是故多食咸，则脉凝泣而变色；多食苦，则皮槁而毛拔；多食辛，则筋急而爪枯；多食酸，则肉胝䐃而唇揭；多食甘，则骨痛而发落，此五味之所伤也。故心欲苦，肺欲辛，肝欲酸，脾欲甘，肾欲咸，此五味之所合也。"可见，日常生活中这不太起眼的食物味道对于人体健康的重要意义。因此人们必须注意食物的合理搭配与五味的调和，不能一味地跟着感觉走，自己喜欢哪种食物和味道，就不加节制地暴饮暴食，而对自己讨厌的味道和食物，则一口不沾。不良的饮食结构和偏颇的五味习好会给健康带来损害。如果保持一种合理的饮食习惯，就可以在无形之中调节了自身的气脉，有利于身心的健康发展。

从饮食时间上来讲，医家认为，饮食习惯最好是一日两餐，早餐时间在辰时比较合适，而晚餐在未时或者申时为宜。这是因为，按照中医和术数的原理，辰时和未时为土，主消化；申时为金，主吸收。所以，人们在辰时、未时或申时进餐，有利于人体对食物的消化和吸收。孙思邈在《千金要方》中也讲"饮食以时，饥饱得中"，即主张饮食不仅要讲究时间，而且所摄食物的数量要适中。

第二，在男女方面——节阴阳而调刚柔。

医家主张男女之性事须节制。《黄帝内经·素问·上古天真论》就批评了起居无节、饮酒纵欲的荒唐生活："今时之人不然也，以酒为浆，以妄为常，醉以入房，以欲竭其精，以耗散其真，不知持满，不时御神，务快其心，逆于生乐，起居无节，故半百而衰也。"认为贪色、纵欲、酗酒都会严重损害人的健康，使人过早地衰老。讲到男女之事，不免会涉及繁衍后代的问题。古代医家认为，以繁衍后代为目的的男女交合，宜选择一个适宜的环境进行。不仅在社会环境方面要求交合的地点没有刀光剑影，交合的男女不是刚刚争吵格斗之后还怒气冲冲，在自然环境方面还要求四周环境要和谐宁静，而且最好气温不高不低，湿度也要求不燥不湿，没有电闪雷鸣、风雨交加、天降冰雹等恶劣的气候现象。否则，在恶劣环境进行交合而产生的后代在身心方面出现疾患的概率较大。

中医历来认为，精、气、神是人体的三宝，不可损害，如果损害则会造成精亏、气虚、神弱等不良后果。故而主张寡欲以养精，寡言以养气,寡思以养神。

第三,在起居、作息方面——注重自然节律。

人活着并不仅仅是为了填饱肚子,人更重要的活动还有工作。在作息安排上,医家也有自己的主张。《黄帝内经·灵枢·五乱》中讲:"五行有序,四时有分,相顺则治,相逆则乱。……经脉十二者,以应十二月。十二月者,分为四时。四时者,春秋冬夏,其气各异,营卫相随,阴阳已和,清浊不相干,如是则顺之而治。"传统医家认为,人体的各种生理活动与宇宙中的昼夜变化、四时变化、月亮晦朔等自然节律密切相关,因此,人们的各种行为乃至生活方式也应该遵循自然的规律,符合自然节律、自然节拍,才能因顺而得生。据此,医家认为,最好的作息方式就是"日出而作,日入而息",这样做才能顺应自然,减少因与自然规律相抵触而带来的能量消耗,最大限度地保存自身能量。

此外,中国传统医家在生活细节方面还有大量阐述,用以引导人们遵循一种健康的生活方式。孙思邈在《保生铭》中曰:"饮酒忌大醉,诸疾自不生。食了行百步,数将手摩肚。睡不苦高枕,唾涕不远顾。寅丑日剪甲,理发须百度。饱则立小便,饥乃坐旋溺。行坐莫当风,居处无小隙。向北大小便,一生昏幂幂。日月固然忌,水火仍畏避。每夜洗脚卧,饱食终无益。忍辱为上乘,谗言断亲戚。思虑最伤神,喜怒伤和息……"传统医家总结出一套养生之道,不仅涉及人生大道理,还涉及大量生活琐事。其中不少都不乏科学的道理,至今仍应为人们所遵守。

总的说来,中国传统医家认为人的肉体与精神之间相互影响、相互作用,只有在身体方面拥有充足的气血,调和的脏腑,丰满的肌肉,健壮的骨骼,并且拥有平和的心态,稳定的情绪,乐观的精神,豁达的性格,才能达到身心的和谐与健康。

第四节 人与社会的和谐

人际关系的和谐是中国传统"和"文化的重要内容。因为,人际关系的和谐不仅是社会稳定和谐的前提,还是国家政治和谐的基础。在我国的早期典籍《易经》中对人际和谐的威力作了有力而有趣的说明:

"二人同心，其利断金。同心之言，其臭如兰。"① 认为，两个人如果同心协力，就像锋利的刀一样，可以切断金属。而那同心的话语，就像兰花那样芳香。大体说来，在人与社会的关系问题上，中国传统思想上的各个流派尽管众说纷纭，但是其基本观点大体一致，即认为：和、安、稳等是社会的常态，或者说应该是社会的常态，而矛盾与冲突则属于暂时状态。究其原因，还是在于中国人根深蒂固的"家"观念——在中国人的意识里，社会中所存在的各层次团体和社群都与"家"无二致，是建立在自然关系基础上的。

一、修身——实现人与社会和谐的前提

中国以文化之邦、礼仪大国闻名于世，素来讲究修身之道。在中国古人看来，修身是人生大事，直接关系到个人的生存和发展。因此，中国古代的贤人志士对修身进行了较为系统的理论论述，并积累了不少实践经验，在人们的健康生活、和谐人际关系等方面发挥了重要的作用。

中国古老的经典《易经·乾》提醒人们说："居上位而不骄，在下位而不忧。故乾乾，因其时而惕，虽危而无咎矣。"认为人们应该谦虚而谨慎，时刻小心警惕，那么即使有点小危险也无关大碍。《易经·坤》也说："君子以恐惧修身。"进一步说明了君子应该将提高警惕性作为修身的内容。《易经·坤》还对君子提了一定的要求说："君子敬以直内，义以方外，敬义立，而德不孤。"《易经》中的这些记载说明，"修身"自古以来就受到人们的重视。

（一）儒家

在孔子那里，修身是君子最起码的日常功课。当子路向孔子询问何谓君子的时候，孔子毫不犹豫地回答说："修己以敬。"② 子路追问道：就如此而已吗？孔子补充道："修己以安人。""修己以安百姓。"③ 显然，在孔子那里，君子修身的目的并不全然为了自己，而是为了更有能力地去帮助他人，去治国安邦。

儒家的经典之一《礼记》中的《大学》篇明确指出："古之欲明明德于天下者，先治其国；欲治其国者，先齐其家；欲齐其家者，先修其

---

① 《易经·系辞上》。
② 《论语·宪问》。
③ 《论语·宪问》。

身；欲修其身者，先正其心；欲正其心者，先诚其意；欲诚其意者，先致其知；致知在格物，物格而后知至；知至而后意诚，意诚而后心正；心正而后身修，身修而后家齐；家齐而后国治；国治而后天下平。自天子以至于庶人，一是皆以修身为本。"通观《大学》篇，其核心思想就是"修身为本"。在儒家那里，修身、齐家、治国、平天下是一个不可分割的事业链，这个事业链作为一种人生理想贯穿于"君子"的一生。在儒家"修身、齐家、治国、平天下"的人生理想中，"修身"无疑是实现这一人生理想的前提。因此，儒家的个人修身并不是最终目的，修身只是修、齐、治、平的起点和基础，同时也是达到治国平天下必不可少的步骤和手段。

因为修身如此重要，所以，儒家格外重视修身，许多思想家从不同角度、不同侧面阐述了自己对修身的认识、体会，提供了不少可资借鉴的修身方法。

在修身方面，孔子提出："君子有九思：视思明，听思聪，色思温，貌思恭，言思忠，事思敬，疑思问，忿思难，见得思义。"① 对人们在日常生活中的各种行为举止作了明确的要求。孔子比较重视反省自查、向人学习的功夫，他曾说："见贤思齐焉，见不贤而内自省也。"② 他还提倡谦虚好学的精神，不断吸取别人的长处来提高自己。他在《论语·述而》中说："三人行，必有我师焉。择其善者而从之，其不善者而改之。"……

在《论语》中，孔子的弟子曾参每天三次对自己的思想和行为进行检点与反省，作为自己的修身功夫。他说："吾日三省吾身：为人谋而不忠乎？与朋友交而不信乎？传不习乎？"③ 孔子的另一名弟子子夏曾经劝导因没有兄弟而忧愁的司马牛说："君子敬而无失，与人恭而有礼，四海之内，皆兄弟也。"④ 子夏认为，只要个人有修养，待人接物有礼有度，那么四海之内到处都是兄弟。

孟子认为，君子与常人的不同之处在于"存心"之不同，君子之所以是君子，是因为君子的心由"仁"、"礼"所充塞。他讲："君子所以

---

① 《论语·季氏》。
② 《论语·里仁》。
③ 《论语·学而》。
④ 《论语·颜渊》。

异于人者，以其存心也。君子以仁存心，以礼存心。仁者爱人，有礼者敬人。爱人者人恒爱之，敬人者人恒敬之。"① 根据反馈原理，以仁存心之君子，心中充满对人的爱意；而以礼存心之人，懂得尊重别人；所以，君子也能够赢得别人的尊重与爱戴。与孔子"君子求诸己，小人求诸人"②的思想一致，孟子也主张仁人君子要善于反省自己的不足。他说："仁者如射，射者正己而后发。发而不中，不怨胜己者，反求诸己而已矣。"③ 孟子还提倡"与人为善"，认为"取诸人以为善，是与人为善者也。故君子莫大乎与人为善"。④

荀子曾著有《修身》一篇，专门阐述了自己对"修身"的看法与主张。荀子在《修身》篇中开宗明义道："见善，修然必以自存也；见不善，愀然必以自省也。"强调了自觉向善与自我反省的重要。《荀子·修身》中既涉及了"治气养生"之术，又阐发了"体恭敬而心忠信，术礼义而情爱人"的具体方法，全面而详细地对修身的重要性、修身的具体方法等进行了阐述。

唐朝名相张九龄认为"夫修身固治国平天下之大本也"。他指出，修身须从四个方面着手。他在其著作《千秋金鉴录》中专门有"修身"篇，详细地说明了修身的四个方面内容："其一，在于正其志虑也。……其一，在于端其形体也。……其一，在于广其学问。……其一，又在于养其性情也。"⑤

宋代朱熹认为，修身首先要从思想认识上下工夫，他明确提出"格物致知"的修身方法，以达到"心性修养"的目的。他还强调节操自好，须"存天理，灭人欲"。朱熹这种"存天理，灭人欲"的原则可谓达到了修身的极致，特别是其后儒学的部分畸形发展，使这种修身方式已经失去了它原有的积极意义，而变成了对人的一种戕害。

中国的先人们深切地认识到实现远大志向道路上的艰难和曲折，认识到人们在各种欲望面前所表现出的犹豫和懦弱，于是古人特别指出自我修养必须重视去除生活中的各种欲望。认为生活中种种口腹之欲、金

---

① 《孟子·离娄下》。
② 《论语·卫灵公》。
③ 《孟子·公孙丑上》。
④ 《孟子·公孙丑上》。
⑤ 《千秋金鉴录》卷五，《修身第十章》。

钱美色之欲、权力地位之欲往往会成为实现高远志向的障碍,只有坚决摒弃种种欲望的诱惑,才有可能实现自己的志向。

古人认为,自私也是人性当中的一大弱点,在公与私利益的较量中,人们常常因私而损公,因私而难以为公,不去私则不能行大义。因此,古人还将去私作为修身的一个重要内容。吕坤在《呻吟语·修身》中警告说:"人一生大罪过,只在自是自私四字。"

值得一提的是,中国古人在修身功夫中颇具特点的一个重要内容——慎独。所谓"慎独",即在无人监督的情况下,依然能够自觉地恪守道德规范,做到人前人后一个样。实际上,中国古代所讲的"慎独",相当于一种高度自觉的自律,是一种理想的道德境界。康德曾说,令人们敬畏的事物莫过于头上的星空和人间的道德规范。这是因为大自然和人类社会中的秩序常会使人感到它们仿佛来自于某种超自然的力量,从而让人不由自主地收敛自己的行为,不敢恣意妄为;而中国古人所提出的"慎独"则完全出自于自觉自愿:在完全知晓自己不受任何监督、没有任何外力约束的情况下,却仍然乐于忠实于自己内心的操守。可以说,这种高度的道德自觉在层次上显然高于慑于外在力量而被动采取的道德自律。

总之,儒家不仅阐述了"修身"的重要性,而且提供了不少关于修身的具体方法与途径。《易经》中曾告诫人们要"以恐惧修身",《论语》中曾子提倡"三省吾身",孟子强调了"养心"、"寡欲"、"养浩然之气"的重要,荀子在《修身》中集中论述了"治气养生"、"以礼正身"等各种方法……

(二)道家

由于儒家的入世精神颇为强烈,儒者们往往自觉地担当起"齐家、治国、平天下"的艰巨任务,修身不仅仅要提升个人的素质与境界,还承担着为建功立业奠定基础的重任。因而,儒家的修身就带有更多的社会要求与世俗的考虑。与儒家相比,道家的修身思想没有那么沉重,因而也显得更加轻松、潇洒与从容。这里仅以老子与庄子为例,来一窥道家的修身思想。

1. 贵柔守柔——老子的处世之道

老子认为,"道"不仅存在于自然,还存在于社会,人们的行为也有"道"。"道法自然"不仅适用于人们在自然界中的行为,也适用于人们的一切社会行为。老子"道法自然"的思想贯彻到安身立命的活动中去就是"贵柔"、"守柔"。

老子在《道德经·第四十章》中说:"反者道之动;弱者道之用。"在老子看来,向着相反的方向转化发展,是"道"的运动,而保持柔弱的地位,则是"道"的运用。所以,在老子那里,"柔弱"具有非同一般的意义:柔弱非但不是劣势的象征,反而是坚强的代表。老子在《道德经·第三十六章》中讲:"柔弱胜刚强。"他还在《道德经·第五十二章》中说:"见小曰明,守柔曰强。"看来,老子是铁了心地认为"守柔"好过"刚强"了。那么,老子为什么会持这种有违于常人观点的思想呢?

老子在《道德经·第五十五章》中揭示了其中的道理,他说:"物壮则老,谓之不道,不道早已。"在老子看来,宇宙中的万事万物都有一个产生、发展和灭亡的过程,因此,当事物发展到高峰期,达到了它的顶点的时候也就迎来了它的衰落时期,事物不仅不会再前进和发展,反而会一步步走向灭亡。此外,老子在《道德经·第四十三章》中这样说:"天下之至柔,驰骋天下之至坚。无有入无间,吾是以知无为之有益。不言之教,无为之益,天下希及之。"因为,在老子看来,天下最柔弱的东西,能够在天下极坚硬的东西里穿梭来往、畅行无阻。空虚无形的东西可以在没有缝隙的东西里出入往来。老子以此就认识到了无为的好处。因此,在老子看来,不用空谈的教化,守柔无为的益处,普天之下的事物很少能够赶得上它。除了道理的阐述,老子还列举了具体的实例来证明自己所言无虚。想必大家都听说过"水滴石穿"的故事,老子就是通过这个让人惊讶的现象来说明以弱胜强的道理的。他在《道德经·第七十八章》中说:"天下莫柔弱于水,而攻坚强者莫之能胜,以其无以易之。弱之胜强,柔之胜刚,天下莫不知,莫能行。"老子认为,普天下没有比水更柔弱的了,但是要论对坚强的东西进行攻击的话,却没有什么能够胜过水的。因为它是没有任何东西可以代替得了的。以水之柔之所以能够胜过刚,弱之所以能够胜过强,普天之下没有哪个不知道,然而,却很少有人能够自觉地照此行事。

老子清醒地认识到了宇宙中万事万物产生、发展和灭亡的规律,有鉴于此,老子认为,与其发展到顶点正要面对衰落和灭亡,还不如正处在事物的上升阶段,以后还有很长的一段发展历程将要度过,还有相当一段旖旎的风光有待观赏。

此外，老子敏锐地观察到人活着的时候身体是柔软的，人死后躯体就变得僵硬。草木生长的时候是柔韧脆弱的，它死后就变得枯萎干硬了。由此，老子总结出一个基本规律：坚硬刚强的东西属于即将迈向死亡的那一类，而柔弱的东西则属于易于生存的那一类。从而，他得出一个结论说，用兵逞强就不会取胜，树木长大到强壮就会被砍伐。凡是强大的就处于下降的地位，凡是柔弱的反而处于上升的地位。因此，他在《道德经·第七十六章》中说："人之生也柔弱，其死也坚强。草木之生也柔脆，其死也枯槁。故坚强者死之徒，柔弱者生之徒。是以兵强则灭，木强则折。强大处下，柔弱处上。"其实，老子的这一观点包含着这样一层含义：坚强的物体往往已经失去了生机，柔弱的物体则充满着勃勃生机。老子虽然没有像马克思那样明确地提出"新生事物"的概念，也没能确切地阐述"新生事物不可战胜"的理论，然而，他的话语中却暗含了类似的思想。

综上所述，可以看出，在老子看来，"守柔"具有以下几种意义：

第一，"守柔"是保存实力的一种方式。守柔与逞强相对，逞强是将自己的实力完全展现出来。这样做，虽然可以给人尤其是给敌人看到自己强大的面貌，让人心怀畏惧。可是，这样做也给自己带来一份危险：因为逞强毕竟也不是容易的事情，也需要消耗一定的物质和能量，会加速自己走向衰落的进程。此外，逞强还会让别人尤其是敌人摸清自己的底细，终究不是什么好事情，怀有敌意的他方会根据自己所暴露出来的实力来进行防控安排；一旦跟别人交起手来，由于自己的强大，会激发敌方拼上全力进行战斗。因此，逞强总会带来过多的危险，非但不会导致幸福和安康，反而常常招致危险的到来，加速地步入死亡之旅。其实，在中国传统文化中，表达类似思想的话语比较多，比如："树大招风"、"出头的椽子先烂"、"枪打出头鸟"等，说的都是这一意思。相反，守柔却不必消耗那么多的物质和能量，可以将省下来的力量用于自己的发展，壮大自己的实力。即使真的壮大了，也保持一种含而不露的姿态，让人摸不清自己的深浅。

第二，"守柔"还可以促进与别人的友好关系。逞强的行为毫无保留地暴露了自己的实力，这种做法会招致别人的戒备之心。即使自己并没有侵犯别人之心，别人也会把你当成一个潜在的敌人。相反，守柔却可以省却这份担忧。因为人们习惯于将强大的对手看作死敌,总想消灭之而后快,一日不消灭,一日心里不安稳。而对于貌似柔弱的一方,则常怀"恻隐之心"①,通常并不将其列为敌人。有时候,甚至还会给予一定的援助。如二战失败后,战败国日本和德国都受到外国的大力援助,从而在很短的时间内迅速地恢复了国力,并发展成为新的强国。这样,在柔弱的掩护之下,人们就可以从容生活了,何乐而不为呢?

第三,"守柔"是麻痹别人的一种方式。人们为了生存,需尽量避免引起争斗与消耗以保存实力;而为了发展壮大,则需要在一个相对和平与稳定的环境中进行。这时候,就需要韬光养晦,万万不可锋芒毕露,以免引起别人尤其是竞争对手的注意而带来不必要的麻烦。于是,就可以摆出一副柔弱、单薄的样子,借以麻痹别人,从而赢得宝贵的时间,在默默无闻中积蓄力量,可以顺利生存,乃至发展壮大。老子在《道德经·第五十六章》中谆谆教导说:"和其光,同其尘",也是教导人们收敛自身的光芒,混同于芸芸众生之中做到"光而不耀"②不露痕迹。

尽管"贵柔"在老子那里具有多重作用,但是,无论如何,主张以柔和的方式待人接物,在客观上总会减少一些人际冲突,有利于人际关系的良性运转。

2. 逍遥自在——去名利之累的庄子

庄子认为,人们应该去除世俗当中干扰意志的因素,摆脱心灵的种种束缚,杜绝那些牵累道德的情绪,摒弃堵塞大道的行为,内心就会平正,继而达到内心的宁静与明澈,从而达到内心的虚空,最终做到恬淡顺应无所作为而又无所不为。他在《庄子·庚桑楚》中说:"彻志之勃,解心之谬,去德之累,达道之塞。贵富显严名利六者,勃志也。容动色理气意六者,谬心也。恶欲喜怒哀乐六者,累德也。去就取与知能六者,塞道也。此四六者,不荡胸中则正,正则静,静则明,明则虚,虚则无为而无不为也。"

庄子进一步讲了这种建立在"同乎天和"之基础上的"无为而无不为"在社会中的意义:"故敬之而不喜,侮之而不怒者,唯同乎天和者为然。出怒不怒,则怒出于不怒矣;出为无为,则为出于无为矣。欲静

---

① 《孟子·告子上》。
② 《道德经·第五十八章》。

则平气,欲神则顺心。"① 意思是:敬重他却不感到欣喜,侮辱他却不会愤怒的人,只有混同于自然顺和之气的人才能够这样。发出了怒气但不是有心发怒,那么怒气也就出于不怒;有所作为但不是有心作为,那么作为也就出于无心作为。想要宁静就得平和气息,想要精神自然就得顺应心志。②

此外,中国道教史上的重要人物葛洪指出:"欲求仙者,要当以忠孝、和顺、仁信为本。若德行不修,而但务方术,皆不得长生也。"③ 葛洪从修炼的现实需要出发,明确指出,如果连世间的基本德行都不能遵循的话,那么想长生或者成仙则无从谈起,根本不具备起码的修炼资格。

(三)佛家

佛家多讲因果报应、三世轮回,从这些基本思想出发,佛家主张人们心怀慈悲,关爱众生,多做善事,回报四恩。

第一,认清因果,行善积德。

因果报应是佛家的一个基本思想。《僧伽吒经》曰:"若造善业者,则有乐果报;若造不善业,则受于苦报。"佛家认为,善有善报,恶有恶报;如果做善事,就会有快乐美好的果报,如果做坏事,就会最终受苦,得到苦的报应。

基于这种原理,为了自己将来乃至来世的幸福,人们要尽量多做善事。《大哀经》督促人们要"身行善,口言善,心念善"。总之,一个人的行为、语言、心念都要处处向善。《无常经》则给人们的善行提供了美好的报酬,它说:"但自持善根,险道充粮食。"其意为,一定要保持住自己深入而长久的善心善行,这些善能作为自己在危险时的依靠。佛家的智者看到了人性当中趋利避害的特点,抓住人们向往美好幸福生活的心理需求,晓以利害,将行善积德与自己的人生幸福挂起钩来,以使人们勤加修炼身心,自觉地行善积德,而不去为非作歹。

第二,善护心田,清净无染。

有了修身的理由,当然应该付诸行动。在修身功夫方面,佛家也提出了不少具体的原则与要求。佛家认为,一切唯心造,世界的善恶美丑都是人的心灵的折射。《心地观·厌舍品》曰:"心清净故,世界清净;

---

① 《庄子·庚桑楚》。
② 《庄子全译》王强模译注,贵阳:贵州人民出版社1993年版,第425页。
③ 葛洪:《抱朴子内篇·对俗》。

心杂秽故，世界杂秽。"其意为，由于人心清净的原因，世界也就清净；人心杂乱肮脏，世界也就杂乱肮脏。由此，佛家主张做人一要行为清净无染，二要语言清净无染，三要意念清净无染。《大集经》云："一者净身，二者净口，三者净意。"那么，怎样才能修得内外清净呢？

首先，要善于反省己过。佛家认为，人活世上难免会有过失，因此必须经常反省自己。经常自我反省，不但能够避免重蹈覆辙，还可以减少祸患与灾殃。《那先比丘经》明确指出："愚者作恶不能自悔，故其殃大。智者作恶，知不当所为，日自悔过，故其殃少。"佛家进行自我反省的方法与途径是什么呢？《方广大庄严经》曰："惭是法门，内清净故；愧是法门，外清净故。"佛家认为，"惭"，就是一个修行的法门，自惭于己，所以有了"惭己"心，内心就会清净。"愧"也是修行的法门，愧对于人；这样持心，人的外在的行为也会清净的。佛家痛斥各种妄想、妄语，认为妄想、妄语不仅会污染人的心行，还会导致人际间的矛盾与争斗。《杂阿含经》提出："善护于身心，及一切业。惭愧而自防，是名善守护。"主张人们要善于护持自己的一切行为、语言和意念，对一切过恶具有羞耻心，如果犯错，就自惭于己，愧对于人，以自心而设防，人就不会犯过失，这就是善于守护其身、口、意的行为。

其次，佛家主张人们面对生活中的各种诱惑与刺激，要稳得住，不动心。如何做到常常保持内心的宁静而不动心呢？《大宝积经》说道："心不贡高，亦不卑劣。"意为心不骄傲自大，也不卑陋恶劣。《吉祥经》则说得更加详细："八风吹不动，无忧无污染。宁静无烦恼，是为最吉祥。"其意为，在人世间，不被利、衰、毁、誉、称、讥、苦、乐这"八风"撩动其心，引起苦乐爱憎等感受，心灵中没有忧愁也没有污染，安宁清静而没有烦恼，这是人生最吉祥的事。

再次，佛家号召人们减少欲望，知足常乐，以保持清净的心念。佛家认为，世间的一切功名利禄、荣华富贵皆为过眼烟云，转瞬即逝，不值得留恋。对此，《杂阿含经》有着精辟的比喻："如恒河驶流，一逝而不返。富贵亦复然，逝者不复返。"与世俗的看法不同，佛家认为，衡量一个人贫苦抑或富贵的标准并不是占有物质财富的多少，而是他的内心是否自由与安乐。《大宝积经》指出："积则虽千亿，贪着心不舍。智者说此人，在世恒贫苦。彼虽无一物，安住舍离心。智者说此人，世间最富贵。"在佛家看来，虽然积累了成千上亿的财富，但对财物依然充满着贪婪执著的心。有智慧的人说这种人活在世间，依然是贫苦的人。而那些虽然没有什么财物但安心定念、能舍弃人间物欲的人，智者说这种人才是人间最富贵的人。既然这样，人们就不要因利益、生活的欲求而染污了自己清净的心。《大宝积经》谆谆告诫道："无以利养垢，染污清净心。"《增一阿含经》则曰："少欲、知足、乐静之处，多诸方便，念不错乱。"佛家主张做人要少欲、知足、喜欢安静的地方，做事待人要有更多的善巧，而自己的心念绝不能错乱。佛家认为，如果人们能做到知足常乐，就会少造恶业，从而减少今生与来世的恶报与痛苦。《大集经》对此有明确论述："不以邪业而求利益，其心少欲而常知足故。"

第三，烦恼过失，勤加对治。

俗话说，人非圣贤，孰能无过？人们一旦染了缺点、犯了过失怎么矫治呢？对此，佛家一一给了对治的方法。《增一阿含经》云："身行恶者，当修身善行；口恶行者，当修口善行；意恶行者，当修道善行。"佛家认为，行为上有杀、盗、邪淫之恶者，当修身行善以止恶；语言方面有两舌、恶口、绮语、妄语者，要修口的善德以止恶；思想方面有贪、嗔、痴三恶者，要在意的方面修善以止恶。《杂阿含经》则曰："不怒胜嗔恚，不善以善伏。惠施伏悭贪，真言坏妄语。"主张人们用不发怒的修养制胜生气恼怒的情绪；用善的行为、念头制伏不善的行为、念头；用布施的心行制伏吝啬的习气；用真实的语言破除虚妄不实的话语。

佛家的对治对象不仅是针对自己的过失，还包括所有众生的偏执、贪欲以及因偏执、贪欲而导致的病症。《佛说大乘菩萨藏正法经》卷二十三云："于诸有情，发起对治，于诸欲境，不生耽著。"主张对所有的众生，要对症治病，面对所有诱发人的贪欲之境，而不生出享受执著之心。

综上所述，尽管佛家并没有专门而集中的修身经典，但在浩如烟海的佛家经典中却随处可见关于修身的智慧语言，像散落在佛法之海中闪闪发光的宝石，指引着人们走向一条光明之路。

（四）墨家

墨子很重视修身，他的弟子录有专门的《修身》篇，记录了墨子关于修身的思想主张。

《墨子·修身》曰："见不修行见毁而反之身者也，此以怨省而行修矣。谮慝之言，无入之耳；批扞之声，无出之口；杀伤人之孩，无存之心，虽有诋讦之民，无所依矣。故君子力事日强，愿欲日逾，设壮日盛。君子之道也：贫则见廉，富则见义，生则见爱，死则见哀；四行者不可虚假，反之身者也。藏于心者，无以竭爱；动于身者，无以竭恭；出于口者，无以竭驯。畅之四支，接之肌肤，华发隳颠，而犹弗舍者，其唯圣人乎！"墨子认为，君子不能修养自己的品行而受人诋毁，那就应当自我反省，因而怨少而品德日修。逸害诽谤之言不入于耳，攻击他人之语不出于口，伤害他人之语不出于口，伤害人的念头不存于心，这样，即使遇到好诋毁、攻击的人，也无从施展。所以君子自身的力量一天天加强，同时，志向也一天天日益远大，庄敬的品行也一天天日趋完善。所谓君子之道应该包括以下几个方面：贫穷时表现出廉洁，富足时表现出仗义，对生者要慈爱，对死者要哀痛。这四种品行是自然素养的流露，而不是装出来给人看的。凡是存在于内心的，是无限的慈爱；凡表现于全身的，是无比的谦逊恭敬；嘴上谈说的，是无比的温言和语。能使这四种品行始终畅达于自身，直到花白的头发谢顶都遵循不弃的人，大概可以称得上圣人了。可见，对待个人道德方面的修身，墨子不仅要求有一种对道德的自我内省体验，还强调要有一种言行合一的实践精神。墨子提出了对"君子之道"的四项要求——"贫则见廉，富则见义，生则见爱，死则见哀"，这四项道德要求虽然严格，但经过努力却可以做到。

需要一提的是，墨子在《墨子·贵义》篇中强调了"义"的重要性。他在《墨子·贵义》中开篇明义道："万事莫贵于义"，墨子提出，万事没有比义更珍贵的了，人们的一切言论行动，都要符合义。他在《墨子·贵义》中说："必去六辟，默则思，言则诲，动则事，使三者代御，必为圣人。必去喜，去怒，去乐，去悲，去爱，去恶，而用仁义。手、足、口、鼻、耳、目从事于义，必为圣人。"墨子主张，在修身养性以超凡入圣的过程中，一定要去除喜、怒、哀、乐、恶等个人感情的偏颇，而全身心地投入到实现仁义的事业中。沉默无事的时候就冷静思考如何实现仁义，开口说话就以仁义学说教诲别人，行动做事就致力于实现仁义的事业。使这三者交替进行，一定能达到道德修养的最高境界，成为圣人。墨子在世的时候就是将实现仁义理想与修身相结合的典范，他身体力行，努力践行着自己的学说主张，被他的弟子们与社会上的人们称为圣人。

总体上说，墨子的修身要求比较明确而具体，具有可操作性，在人们修身养性、追求完美人格方面具有指导意义。

从以上几个学派的论点来看，修身是中国古人非常重视的一个重要方面。概而言之，中国传统的修身思想与修身实践的核心问题在于心、言、行三方面的修炼功夫。其中，"心"指人的思想、感情；"言"不仅包括我们现代意义上的口头语言，还包括人的肢体语言乃至人的各种音容笑貌；行则指人们的行为、动作表现等实践活动。

中国古人注重修身，不仅是为了使自己身心和谐，更重要的是为了人际关系的和谐。如果一个人通过有意识的自我修养，拥有不凡的精神境界，那么，他就能够在世俗的喧嚣中自觉保持内心的宁静与安详，不为外物所牵累和诱惑，以一种达观而自然的态度去应对人与事。如果社会上每个人都进行必要的修身，自觉地提高自身素质与修养，学会做人，做个较高层次的好人，那么，人与人之间的关系就会得到相应的改善，社会和谐的系数也会大大提高。

二、家和——人与社会和谐的摇篮

家庭是个人成长的摇篮，也是社会的基本单位。个人在出生以后，最先面对的就是自己的家庭成员。个人在走向社会之前，家庭是其主要活动场所；即使个人在走向社会之后，家庭也仍然是其重要活动场地。尤其特殊的是，正如英国学者吉登斯所说："'传统的家庭'包含着很多含义，在过去的不同的社会和不同的文化中，存在过各种各样的家庭和血缘体系，中国的家庭就与西方有很大的差异。"① 中国古代社会是一个家国同构的社会，家庭就是国家的缩影，家庭的结构、家庭的状况反映着国家的面貌。因此，家庭的和谐是社会和谐的重要体现。中国古人常讲"家和万事兴"，说的就是"家和"的重要性。

《礼记·礼运》曰："父子笃，兄弟睦，夫妇和，家之肥也。"认为父子相互笃爱，兄弟之间和睦相处，夫妻和谐幸福，是家庭的大幸。左宗棠在其家书中，曾对其家人谆谆教导，强调"家和"的重要。他说："家庭之间，以和顺为贵。严急烦细者，肃杀之气，非长气也。和而有节，顺而不失其贞，其庶乎用财有道，自奉宁过于俭，待人宁过于厚，寻常酬应则酌于施报可也。济人之道，先于其亲者，后其疏者；先其急

---

① ［英］安东尼·吉登斯著：《失控的世界》，周红云译，南昌：江西人民出版社2001年版，第51页。

者，次其缓者。待工作力役之人，宜从厚偿其劳。广惠之道，亦远怨之道也。"① 可以说，中国的"家和"文化源远流长，是中国传统"和"文化的重要组成部分。中国古人为了保持家庭的和谐美满，建立了包括夫妻、父母与子女、兄弟以及其他家庭成员之间的伦理规范。

（一）夫妻和睦——家庭和谐的龙头保证

《易经·序卦传》曰："有夫妇，然后有父子"。意思是，首先必须有男女结为夫妻，成立一个家庭，然后才有子女的产生。而一个家庭的和谐美满，也在相当大的程度上取决于夫妻之间的和睦。因此，中国古人对于夫妻和睦给予了高度的重视。

中国传统观念把男女比作阴阳，并认为"孤阳不生，孤阴不长"，因此，男女要结合才能实现阴阳的平衡发展。而在这个由男女两性组成的夫妻关系中，要夫妻互敬互爱。在反映我国早期社会风气的重要作品《诗经》中，有不少篇章描绘了夫妻恩爱、彼此眷恋的美好画面。如《诗经·小雅·鹿鸣·常棣》就描写了一幅令人神往的兄弟和乐、夫妻和睦的美好家庭生活图景："傧尔笾豆，饮酒之饫。兄弟既具，和乐且孺。妻子好合，如鼓瑟琴。"

为了争取美满的夫妻生活与幸福安康的家庭，中国的先人们制定了繁复的礼仪来约束人们的行为。《礼记·礼运》中讲："礼义以为纪，以正君臣，以笃父子，以睦兄弟，以和夫妇，以设制度。"可以说，从男女的订婚、成婚，到生儿育女、抚育子女、娶妇嫁女，"礼"都为人们规定了详细的规则，以保证每个环节都有章可依，不至于发生额外的分歧与争执。仅以婚前礼为例，《仪礼·士昏礼》规定，明媒正娶的婚姻仪式从议婚到完婚一般需经过六道程序，所以被称为"六礼"，按照先后顺序依次为纳采、问名、纳吉、纳征、请期、亲迎。古人之所以制定那么多繁复细密的礼仪与礼节，其中一个重要目的就是使夫妻关系达到和睦的理想状态。

在古人看来，夫妻关系的理想状态是和。诸葛亮郑重地说："夫妇上下，以和为安"②，而程允升在《幼学琼林·夫妇》中告诫人们说："夫妇和而后家道成。"古人认为，家庭的和睦在很大程度上取决于夫妻的和

---

① 《左宗棠全集（诗文·家书）·与癸叟侄》，长沙：岳麓书社1987年版，第5—6页。
② 《诸葛亮集》卷三，《便宜十六策·君臣》。

谐。为了取得夫妻和睦的效果，古人提倡夫妻之间应该相敬如宾，互敬互爱。

概括地说，在我国早期社会中，由于"三纲"、"五常"等约束女性的封建礼教尚未形成与巩固，婚姻相对比较自由，夫妻关系也比较宽松。在那时候的一些家庭里，夫妻关系比较和谐、快乐。然而，随着父系家长制的确立，尤其是随着夫权的不断强化，男尊女卑的观念得以滋生、蔓延。由此引发出女性服从男性、妻子服从丈夫的思想。显然，这种思想决定了家庭当中妻子与丈夫之间地位上的不平等。在夫妻地位严重倾斜的家庭中，夫妻之间的相敬如宾、互敬互爱之说自然大打折扣。因此，在实际的生活中，夫妻之间的和睦、家庭的稳定与和谐却常常是以压抑女性的个性为代价的。这一点在后面还要详谈。

（二）"父慈"与"子孝"——家庭和谐的重要内容

父母与子女之间的关系是家庭关系的重要内容，中国古代特别强调子女对父母的孝。《说文解字·老部》对"孝"字的解释是："善事父母者。从老省，从子；子承老也。"① 可见，从字源学上讲，"孝"是子女对待父母的一种行为准则，其具体要求为"善事父母"、"子承老"，即善待父母，继承、传递父母的生命、品性，尊重、顺从、实现父母的愿望等。需要指出的是，在中国传统家庭里，比较强调父母对子女的权威，正所谓"父为子纲"。然而，在讲究权威的同时，也不乏要求做父母的对子女要慈爱、要抚育并教导子女。子女则须孝敬父母、赡养父母。《春秋左传·昭公二十六年》中有"父慈而教，子孝而箴"的说法。《礼记·礼运》则将"父慈、子孝"列为十大"人义"之首。颜之推在《颜氏家训·治家》中谆谆告诫："父不慈则子不孝。"他认为，父慈与子孝有一定的因果关系：父母须对子女施以慈爱与关怀，子女才能反馈父母以孝敬与顺从。父慈与子孝是构成中国传统家庭和谐的重要内容。

父母对子女的"慈"主要包含有两方面的内容。

首先，慈表现为父母对子女的关爱与抚育。孩子在幼年时期，身体孱弱，智力不健全，如果没有父母的关爱与抚育，就很难长大成人，这一点毫无疑问。只是在中国古代，由于过于强调父母的威严，使得父母

---

① 《说文解字新订》，[东汉] 许慎撰，臧克和、王平校订，北京：中华书局2002年版，第556页。

对子女的爱以一种比较曲折、隐蔽的方式表现出来。

其次，慈表现为父母对子女的教育。除了抚育和关爱子女，父母还承担着培养和教育子女的责任，不仅应教以生存与生活的知识和技能，还要教以各种做人的道理，使子女成为符合社会规范的人。《春秋左传·隐公三年》记载，石碏谏曰："臣闻爱子，教之以义方，弗纳于邪。骄、奢、淫、佚，所自邪也。"《春秋左传》将教导孩子杜绝不良习气作为爱孩子的重要内容。《三字经》中则讲："养不教，父之过；教不严，师之惰。"特别强调了父母尤其是父亲教育子女的责任。父母是子女的第一任老师，父母的言传身教对子女人格的形成起着潜移默化的影响。家教的好坏，直接关系到子女的做人与成才。

《韩诗外传》卷七云："夫为人父者，必怀慈仁之爱，以蓄养其子。抚循饮食，以全其身。及其有识也，必严居正言，以先导之。及其束发也，授名师以成其技。十九见志，请宾冠之，足以成其德。血脉澄静，聘内以定之，信承亲授，无有所疑。冠子不詈，髦子不答，听其微谏，无令忧之。此为父之道也。"这里所讲的"为父之道"比较全面，既包括父母对子女在物质上的供应，又包括对子女在知识、技术、品德等方面的教育。尤其难能可贵的是，这段话涉及对子女进行教育时的方式与方法："冠子不詈，髦子不答"，说的是如果孩子已经到举行成人礼的年龄，则不能责骂，以免伤害到孩子的体面、自尊心；孩子尚为幼童的时候，则不能进行鞭笞这样的体罚。在这里，包含有爱护孩子的身体、关注孩子的健康、尊重孩子的人格尊严的思想，具有相当的科学性与合理性。

"孝"就是指孝顺父母。在中国古代，格外强调"孝"，尤其是儒家。

儒家将"孝"看作百行之本，儒家以仁爱为基础的学说也以孝敬双亲为家庭伦理的起点。据《论语·为政》记载，孟懿子曾向孔子询问孝的问题，孔子回答说："无违。"在孔子看来，顺从父母的意愿，无疑是一种孝的行为。当樊迟向孔子询问其含义时，孔子曰："生，事之以礼；死，葬之以礼，祭之以礼。"孔子认为，无论是父母活着，还是死去，如果人们能够做到用"礼"的要求来对待父母，那么也就能做到"孝"了。当孟武伯向孔子问有关孝的问题时，孔子就说："父母唯其疾之忧。"意思是要关心、忧虑父母的疾病与痛苦。因为，当父母生病的时候，心中尤其忧虑不安，在这个时候，作为子女，要特别注意安慰父母，并积极地为父母治疗疾病。可见，孔子比较重视子女在精神上赡养父母，细心观察父母的精神状态，在精神生活方面体贴照顾父母，要做到在态度上尊敬父母，让父母保持愉快的心情。所以，当子游向孔子问关于孝的问题时，孔子曰："今之孝者，是谓能养。至于犬马，皆能有养；不敬，何以别乎？"其意为，现在所谓的孝，只是说能赡养父母就行了。就是狗马这样的动物都能得到饲养，如果对父母不敬，赡养父母与饲养动物又有什么区别呢？故而，孔子将对父母的尊敬作为孝道的重要内容。据此，孔子认为，人要对父母尽孝，难也就难在这精神的方面。他在《论语·为政》中说："色难。有事，弟子服其劳；有酒食，先生馔，曾是以为孝乎？"意思是，难的是对父母要和颜悦色。只是有事情子女去做，有酒饭给父亲、兄长吃，这样就可以算尽孝了吗？可见，孔子更加强调对父母、兄长精神上的愉悦。孔子认为，为人子者要尽孝道，还应该充分遵守与延续父母的心愿。他在《论语》中说："父在，观其志；父没，观其行；三年无改于父之道，可谓孝矣。"① 可见，在孔子那里，"孝"是包含多方面要求的：既有在物质上对父母的供养，又有在精神上对父母的尊敬与关心，还有在日常生活中对父母的体贴，顺从父母的意愿，等等。甚至，孔子还进一步设定了可以考核与检验人们对父母的孝行的标准：父母活着的时候要顺从父母的话，即使父母过世，也不能轻易抛弃在世时候的训导。总之，在生活的方方面面上都要按照"礼"的规定来对待父母。

孔子及其弟子甚至把"孝悌"看作其仁爱学说的根基，并将"孝"的意义上升到国家政治问题的层面。孔子晚年的弟子有若说："其为人也孝弟，而好犯上者，鲜矣；不好犯上，而好作乱者，未之有也。君子务本，本立而道生。"② 认为一个孝顺父母、敬爱兄长的人同样也会遵守社会法则，不会轻易犯上作乱，从而使社会能够保持安定和谐的状态。孔子的弟子有若接着说道："孝弟也者，其为仁之本与！"③ 因此，孔子在《论语·学而》中主张："弟子入则孝，出则弟，谨而信，泛爱众，而亲仁。"故而，孔子认为身居上位的人厚待亲人，民众就会兴起仁爱的社会

---

① 《论语·学而》。
② 《论语·学而》。
③ 《论语·学而》。

风气。他在《论语·泰伯》中说:"君子笃于亲,则民兴于仁。"总之,在孔子那里,"孝"具有非凡的意义,已经不仅仅局限于家庭,而是突破了家庭地盘,走到了国家政治生活领域。

孟子继承了孔子的相关思想,他在《孟子·尽心上》中说:"孩提之童,无不知爱其亲者;及其长也,无不知敬其兄也。亲亲仁也,敬长义也。"他还在《孟子·离娄上》中指出:"仁之实,事亲是也。"他的这一思想与孔子是一脉相承的。

儒家把孝、悌、忠、信称为"四德",不仅如此,《大戴礼记·卫将军文子》还把孝看作"德之始",书中讲:"孝,德之始也;弟,德之序也;信,德之厚也;忠,德之正也。"显然,孝悌是做人的重要美德。而《孝经》中也说:"不爱其亲而爱他人者,谓之悖德。"

儒家将父子相亲、兄弟和睦、夫妻和谐的家庭看作家庭健康运行的标志,《礼记·礼运》云:"父子笃,兄弟睦,夫妇和,家之肥也。大臣法,小臣廉,官职相序,君臣相正,国之肥也。"反之,则是家庭的不幸:"是故四马不和,取道不长;父子不和,其世破亡;兄弟不和,不能久同;夫妻不和,家室大凶。"① 意思是:如果拉车的四匹马不互相配合,就走不了长路;父子不和,他们的世系就会破亡;兄弟不和,不能长久居住在一起;夫妻不和,家庭就有大灾难。

《孝经》作为儒家的经典,非常有针对性地集中阐发了对社会各阶层人员"孝"的要求、方法等,可谓面面俱到。

《淮南子·本经训》中讲:"父行其慈,子竭其孝,各致其爱而无憾恨其间。"认为父慈子孝可以使父子相爱。

佛家同样积极地提倡孝道。释迦牟尼就以自身的实际行动树立了一个"孝子"的形象:释迦牟尼尽管弃家修道,然而,他在悟道之后还是报答了父母之恩——他曾在三十三天为自己去世的母亲讲说佛法,然后再降临人间继续宣讲佛法。

尽管佛家以超脱生死、脱离轮回为最高境界,然而,在尚未修成正果以前,人们还是要本分做人。《佛说延命地藏菩萨经》发出号召说:"一切男女,欲得我福,不问日凶,不论不净,孝养父母,奉事师长,言色常和……"显然,这里主张为人子女者要孝养自己的父母。不仅如此,

---

① 《刘向说苑·敬慎》。

《佛说观无量寿佛经》还将"孝养父母，奉事师长"作为"修三福"的重要内容。而《佛说孛经》则将"孝顺父母。敬事师长。"作为施行"十善"的重要内容之一。佛家有一部专门的经典——《父母恩重难报经》，用以阐述父母对于子女难以估量的恩情，劝诫天下的子女孝敬父母。

中国的佛教徒认为，在"孝"敬父母方面，比起儒家来，他们的思想和行为更加彻底。因为，儒家讲孝敬父母，也只是在物质上赡养父母，在精神上愉悦父母。而佛家则主张使自己的父母皈依佛教，从而获得不可估量的福祉。也可以说，佛家孜孜以求的是让自己的父母脱离苦海，到达幸福的彼岸。由于佛家认为，轮回的力量使得有生命的东西会以各种不同的形相不断转世再生，所以，今世的有情生命，有可能就是往世的父母兄弟等亲人。出于这种观念，佛家主张人们要平等地看待一切生命，不杀生，善待一切有情。因此，佛家认为，他们所倡导的孝道境界更高、范围更广。

墨翟把"孝"理解为子女对父母做到爱和利。他说："孝，以亲为爱而能利亲。"①

父慈子孝并不是中华民族文化的专利，笔者相信，在世界各民族文化中都有相关内容。然而，恐怕没有哪个民族会比中华民族更加强调"孝"。可以说，"孝"文化是中国传统文化的特色文化。尽管中国传统的"孝"因深深地打着"父为子纲"的烙印而带有更多父子不平等的色彩，可是，不容否定的是，"孝"在维系中华传统大家庭的和谐稳定方面曾经发挥了重要作用；而且，经过漫长时间的作用，"孝"已经沉淀于中华儿女的血液之中，成为民族精神的重要组成部分。而"孝"文化也成为中国传统"和"文化的重要内容之一。

（三）兄友弟恭——家庭和谐的重要内容

由于中国古代的家庭一般都是大家庭，常常是多个兄弟在一个家庭之内共同生活，因此，协调兄弟及其各自小家庭之间的关系对于整个大家庭的稳定与和谐就显得格外重要。故而，中国古代伦理尤其是儒家伦理对兄弟之间和睦相亲有相当的要求，儒家强调"兄友弟恭"。在儒家看来，兄弟和睦对家庭与家族的巩固和兴旺非常重要。具体地说，"兄友

---

① 《墨子·经说上》。

弟恭"主要包括两方面的内容：

　　首先，作为兄长的要关心和爱护弟弟。管子曾教导人们说："为人兄者宽裕以诲。"① 而荀子也说："请问为人兄？曰：慈爱而见友。"② 意思为，当哥哥的应该对弟弟慈爱而表现友好。总之，作为兄长，对弟弟不仅要慈爱、友好、关爱，还负有一定的教诲的责任，要做出实际表率来。

　　其次，弟弟须敬重兄长。兄弟之间的关系是双向的，兄长对弟弟负有关爱的责任和教诲的义务，弟弟对兄长则要尊敬和服从。《左传·昭公二十五年》曰："弟敬而顺。"管子也有类似的言论："为人弟者比顺以敬。"③

　　孔子曰："朋友切切偲偲，兄弟怡怡。"④ 他认为，朋友之间切磋勉励、兄弟之间和顺相处才可以叫作"士"。可见，孔子将兄弟和睦看作衡量"士"的标准之一。孟子也对为人弟者提出了要求："仁人之于弟也，不藏怒焉，不宿怨焉，亲爱之而已矣。"⑤ 荀子曰："请问为人弟？曰：敬诎而不苟。"⑥ 他进一步强调了弟弟不仅要恭敬和顺从兄长，而且还不能马马虎虎。

　　《颜氏家训·兄弟》中的一段话阐述了兄弟相爱的理由，它是这样讲的："兄弟者，分形连气之人也，方其幼也，父母左提右挈，前襟后裾，食则同案，衣则传服，学则连业，游则共方，虽有悖乱之人，不能不相爱也。"它讲了人类各民族兄弟之情的一般由来。可以说，兄弟之情是世界各民族中普遍存在的情谊，然而，唯独在中国，兄弟之情受到格外的重视，其原因何在？笔者认为，这还要从中国古代宗族制度的影响中去寻找答案：受宗族制度的影响，中国古代社会比较重视大家庭以及家族、宗族，在一个大家庭或者家族、宗族里，家庭成员或者宗族成员之间的关系是非常密切的，他们不仅有着牢固的感情纽带，还常常有着密切的经济利益和政治利益方面的联系。为了维护大家庭成员乃至宗族成员之间的亲密关系，中国传统的封建礼仪制定了一整套繁复细密的章法来加强兄弟以及延伸的兄弟之情。

---

① 《管子·五辅》。
② 《荀子·君道》。
③ 《管子·五辅》。
④ 《论语·子路》。
⑤ 《孟子·万章上》。
⑥ 《荀子·君道》。

可以说，从古至今，在中国的文化里"手足之情"都比较浓厚，这一点可以从汉语言中体现出来：在汉语词汇里，有伯伯、叔叔、舅舅、姑父、姨父、表叔、表舅、伯母、婶母、姑姑、姨母、堂兄、堂弟、表兄、表弟、堂姐、堂妹、表姐、表妹……等等称呼，而在英语词汇里，则没有这么多的名堂，与父亲同辈的男性长辈统称为"uncle"，而与母亲同辈的女性长辈则统称为"aunt"，与自己辈分相同的男性统称为"brother"，与自己辈分相同的女性则统称为"sister"。并不是说，在英语国家里，他们就没有这些亲属，而是因为在他们的社会里，像中国古代那种大家庭的情况并不普遍，所以，在他们的文化里也就相应地体现了出来。因而，中国之所以较其他民族更加重视兄弟之间的情谊，可以说是与传统中国社会中所特有的大家庭现象分不开的。

总之，中国古人特别强调"家和"的重要性，认为，如果一个人能够处理好父子、夫妇、兄弟关系，成功建立一个和谐之家，那么，他就有足够的德性与能力处理各种复杂的社会关系，甚至可以参与国家的管理。尤其是对于父母的孝敬，更是被古人作为衡量一个人道德品质的重要标准。在中国古代，"举孝廉"就是通过考察人的孝行作为提拔做官的依据的。

三、仁爱、不争、贵柔、守静、兼爱等——人与社会和谐的润滑剂

古今中外，社会公德作为社会的粘合剂，在维系人们之间的正常关系、促进社会和谐方面发挥着重要作用。在中国传统社会中，由于占据主导地位的儒家大力提倡自我修养，强调"修身、齐家、治国、平天下"，造成"私德"过盛的局面，以至于繁荣昌盛的"私德"在某种意义上取代了部分社会公德的功能。因此，许多社会公德都暗蕴于"私德"之中，以一种道德自律的形式发挥着作用，这是中国传统社会公德的一个特点。

尽管如此，中国传统社会公德的内容还是比较丰富的。比如，在公私关系上，中国传统社会伦理中提倡人们"大公无私"、"公而忘私"、"舍己为公"、"先公后私"、"至公无私"、"克己奉公"、"奉公守法"、"公私分明"、"公私兼顾"。极力批判那些"自私自利"、"假公济私"、"损公肥私"的行为。在人际关系上，则提倡人们"舍己为人"、"舍己

救人"、"扶危济困"、"先人后己"、"克己为人"、"成人之美"、"和衷共济"、"同舟共济";为人处世以"礼让"、"谦让"为美;以"损人利己"、"与邻为壑"甚至"乘人之危,落井下石"为丑恶。在社会经济活动中,提倡"公平"、"诚实"、"守信"等美德。中国传统的社会美德在漫长的历史中起到了促进人际和谐、社会有序的作用。这些社会公德强化了传统中国社会中人们之间的凝聚力,推动了中国传统社会的和谐发展,可谓中国传统"和"文化中颇具中国特色的内容。在这里,笔者仅仅介绍中国古代几位著名的思想家的主要观点。

有学者认为:"在人与人的关系问题上除了法家的主张与西方类似即强调人与人的对立、抗争外,其他各家均倾向于注重统一和谐。"① 这种说法有一定的道理。在中国古代众多的思想流派中,法家的思想的确是个例外。在儒家、道家、墨家等思想派别纷纷扬扬地大力倡导"和谐"、"和睦"、"和平"的时候,唯独法家在那里冷漠而决绝地颂扬竞争。法家认为人生在世,无非就是在竞争。法家的著名代表韩非子就振振有词地说:"上古竞于道德,中世逐于智谋,当今争于气力。"② 在韩非子看来,即使是道德,也是一种竞争的手段。尽管法家的思想在众多的思想流派中独树一帜,然而总起来说却并不得人心。除了在秦朝法家受到秦始皇的赏识以外,秦亡以后法家作为一个思想派别就沦于有名无实的境地。法家崇尚竞争的观点为秦朝以后的历代思想家、政治家乃至普通百姓所诟病。

(一)儒家的"仁"

在中国传统道德体系中,"仁"是一个比较重要的概念。在中国古代的文献中,"仁"这一概念常常与忠、信、义、孝、敬、智、勇等并列而用的。许慎在《说文解字·人部》中说:"仁,亲也,从人,从二。"③ 可见,从字源上讲,"仁"是指人们之间友好相亲的关系;"仁"字本身就包含着将人生的幸福理解为与他人和谐相处。对于"仁",儒家、道家、佛家、墨家等都有各自的见解,其中影响最大的当属儒家。

---

① 张岱年、程宜山著:《中国文化与文化论争》,北京:中国人民大学出版社1990年版,第109页。
② 《韩非子·五蠹》。
③ 《说文解字新订》,[东汉]许慎撰,臧克和、王平校订,北京:中华书局2002年版,第518页。

在儒家的成熟时期,"仁"成为儒家"五常"之首,受到儒家的极力推崇和重视。

《孔子家语·执辔》中讲:"仁义礼智信之法也,故亦唯其所引,无不如志,以之道则国治,冢宰治官以之德则国安,德教成;以之仁则国和,'礼之用,和为贵',则国安;以之仁则国和,以之圣则国平。通治远近则国平也,以之礼则国安;事物以礼则国定也,以之义则国义。义平也,刑罚当罪则国平,此御政之术。"儒家关于仁、义、礼、智、信的思想至今仍有其现实意义。

当弟子樊迟向孔子问"仁"时,孔子干脆地答道:"爱人。"① 孔子的爱人落到实处,便是其深切的以人为本的精神。据《论语·乡党》记载:有一次,"厩焚。子退朝,曰:'伤人乎?'不问马。"马棚失火了,孔子退朝回来,问:"伤人了吗?"却没有问马的情况。在这里,深刻地体现了孔子对于人的生命价值的关注。

与"仁"相联系,孔子还提倡"克己复礼"、"忠恕"之道。据《论语》记载,当颜渊向孔子问"仁"的时候,孔子曰:"克己复礼为仁。一日克己复礼,天下归仁焉。为仁由己,而由人乎哉?"② 在孔子看来,仁是人们内心的道德自觉,而非对外在戒律的执行,成仁与否都与他人无涉,关键在于自己是否具有为仁之心。具体来说,为仁就是做到"非礼勿视,非礼勿听,非礼勿言,非礼勿动"③。显然,孔子将对"礼"的遵从作为克制自己的标准,而这种"克己复礼"的行为就是"为仁"。当仲弓向孔子问"仁"的时候,孔子则说:"出门如见大宾,使民如承大祭。己所不欲,勿施于人。在邦无怨,在家无怨。"④ 此外,孔子还曾讲:"其恕乎!己所不欲,勿施于人。"⑤ 孔子曾与子贡谈论"仁"道:"何事于仁,必也圣乎!尧舜其犹病诸!夫仁者,己欲立而立人,己欲达而达人。能近取譬,可谓仁之方也已。"⑥ 因此,所谓忠恕之道,就是"己欲立而立人"、"己所不欲,勿施于人",也就是将心比心、推己及人、设身处地地站在别人的角度想一想。这种换位思考和成全别人的思

---

① 《论语·颜渊》。
② 《论语·颜渊》。
③ 《论语·颜渊》。
④ 《论语·颜渊》。
⑤ 《论语·卫灵公》。
⑥ 《论语·雍也》。

想品德能够有效地加深人们之间的相互理解。

在孔子看来，解决人际关系中的矛盾与冲突途径有多种，但诉讼并非好办法，而通过道德教化来消灭诉讼案件最理想不过。他在《论语·颜渊》中说，"听讼，吾犹人也，必也使无讼乎！"说来说去，孔子还是将维系社会和谐的希望寄托在"仁爱"的力量上。

孟子继承并发展了孔子的仁爱思想，他认为人的恻隐之心是"仁"的发端："恻隐之心，仁之端也。"① 孟子还曾在《孟子·离娄下》中说："君子所以异于人者，以其存心也。君子以仁存心，以礼存心。仁者爱人，有礼者敬人。爱人者人恒爱之，敬人者人恒敬之。"孟子认为，君子以仁存心，仁者拥有一颗爱心，能够关爱他人，也能够赢得他人的关爱。然而，"仁"在孟子那里更多地与政治结合了起来，从而演化成为"仁政"思想，"仁"摇身一变，由民间走向了宫廷，成为统治者维护政治统治的工具之一。不过，提倡"仁政"的政治主张，是以一种温柔的力量来进行统治，也不失为一种政治上的"和"文化。

朱熹比较较真，他认为"仁"与"爱"是有区别的，他说："仁者，爱之理，心之德也。"② 朱熹对"仁"的阐发表明，仁是爱的法则，是人心具有的德性，仁与爱并不等同。因此，不能将"仁"仅仅归结为爱，也不能将爱等同于仁。仁是儒家的爱，是具有自己特殊内涵的爱，与其他思想派别所说的爱，与世界上其他文化所说的爱，有所不同。

在个人与他人之间的关系问题上，儒家也格外强调"仁"的精神。"仁爱"是中国传统道德中处理人际关系的一个基本准则。而且，不仅限于此，推而广之，"仁爱"精神还是中华民族保持民族团结、维护民族凝聚力最基本的原则和方法。总起来说，作为儒家重要概念的"仁"，是一种贯穿于儒家思想的基本指导原则，无论是处理国家大政，还是协调琐屑的人际关系，都要求用"仁爱"作为最基本的指导精神。具体来讲，将"仁"运用于治理国政，就是所谓的"德治"、"仁政"；将"仁"应用于人伦关系，就产生了"孝"、"悌"等伦理道德要求；将"仁"运用于人际关系，就引申出"仁慈"、"仁义"、"宽容"、"礼貌"等基本社会道德范畴。然而，不管"仁"如何演绎，以何种面貌出现，它的目的都是为了促进人际关系的亲密、团结与和谐。

---

① 《孟子·公孙丑上》。
② 《论语集注·学而》。

在历史上，儒家的仁爱思想对于增进人们之间的友好和互助、促进中华民族的大团结、培养中华民族谦和友爱的精神风貌和道德风气等方面曾经起到了一定的作用。即使在今天，也仍然具有一定的积极意义。荣格曾说："社会需要一种感情的纽带，需要仁爱的原则，需要基督徒对邻人的爱。他告诫我们：'在爱失落的地方，就会滋生权力、暴行和恐怖。'"① 可以说，仁爱是人际关系的润滑剂，谁具有了一颗仁爱之心，他也就拥有了良好的人际关系。正如一首歌里所唱："只要人人都献出一点爱，世界将变成美好的人间。"

（二）道家的"不争"、"贵柔"与"守静"

老子思想的基本特点是"无为"。在"无为"思想原则的指导下，老子提出了一套处世之道，其中最重要的观点有"不争"、"贵柔"与"守静"等。

老子在《道德经·第八章》中讲："上善若水。水善利万物而不争，处众人之所恶，故几于道。……夫唯不争，故无尤。"他认为有道者最好的品格就像水一样，而水的品格就在于善利万物而不与之争，它总是处于众人所愿意处的地方，所以也最接近道。而只有不去争，才不至于产生患得患失的烦恼。同时，"夫唯不争，故天下莫能与之争"。② 也只有不争，才不至于招致因争斗而产生的对手。老子在《道德经·第六十六章》中重申了他的这一观点："以其不争，故天下莫能与之争。"就是因为他以不争为宗旨，所以天下之人都不与他争高论低。

老子在《道德经·第八十一章》中说："天之道，利而不害；圣人之道，为而不争。"他认为，自然界的规律是施利而不为害，人之道与之相通，应该效法自然之道，有所作为，而不是争名夺利。可见，老子的不争，正是他"师法自然"的结果。

老子还有一个与众不同的观点，即"贵柔"。他在《道德经·第四十三章》中感叹道："天下之至柔，驰骋天下之至坚。无有入无间，吾是以知无为之有益。不言之教，无为之益，天下希及之。"在老子看来，天下最柔弱的东西，能驾驭天下最坚硬的东西。无形的力量能够穿透没有间隙的东西。于是就知道了无为的益处。少言者的教益，无为的益处，

---

① 转引自［美］拉德米拉·莫阿卡宁著：《荣格心理学与西藏佛教：东西方精神的对话》，江亦丽、罗照辉译，北京：商务印书馆1996年版，第144页。
② 《道德经·第二十二章》。

天下很少有人能做到这一点。老子认为，作为一个明智的无为者，他的处世原则就是保持温和、柔静的品性，而不是盛气凌人。

与"贵柔"相联系，老子还将"守静"视为处世的另一个重要原则，主张人们在心理上、行动上都要保持宁静的状态，做事不能轻举妄动。他在《道德经·第十六章》中讲："万物并作，吾以观复。夫物芸芸，各复归其根。归根曰静，静曰复命。复命曰常，知常曰明。不知常，妄作凶。"老子通过考察万物蓬勃生长、不断往复的道理，看到那万物纷纷纭纭，各自返回到它的本根；返回到它的本根就叫作清静，清静就叫作复归于生命；复归于生命就叫作自然，认识了自然规律就叫作聪明。如果认识不到这种自然规律而轻举妄动的话，就容易导致危险。于是，老子就将"守静"作为趋吉避凶的处世之道。

老子之所以对"不争"、"贵柔"与"守静"推崇备至，其原因还在于老子坚信物极必反的道理，他认为事物的发展遵循相反相成、互相转化的规律，弱小总是暂时的，柔弱者最终能战胜那些锋芒毕露的所谓坚强者。由此出发，老子崇尚"不争"、"贵柔"、"守静"等处世之道，不露锋芒，谦和低调，与人为善。老子的这种处世之道有利于减少社会的纷争与人际关系的冲突，在一定程度上缓和了社会矛盾，从而促进社会的和谐有序发展。

讲超脱物外、返璞归真、与世无争、不为名利所累，是老子和庄子关于人生处世思想的主旨。

(三) 佛家的利他、"爱敬"、"布施"

佛家的一个基本观点是因果报应，认为善有善报、恶有恶报。《佛说布施经》中讲，人们如果行施"十善"，则得十种报应。这"十善"是："不杀生、不偷盗、不淫欲、不妄语、不绮语、不恶口、不两舌、不贪、不嗔、不痴。"因此而获得的十种报应则是："命不中夭、财无散失、眷属清洁、所言诚谛、离诸嫉妒、人所喜见、亲友和睦、不坠贫贱、颜貌端正、智慧相应。"由此出发，佛家主张，对待他人乃至世间万物都须持善心，常怀利他之心；主张人们在社会当中多多行善积德，以善心、善行来与他人结善缘。

第一，利他。

在对待众生、对待他人的态度方面，佛家有着彻底的利他思想。众生平等是佛家的一个基本思想主张，在佛家看来，无论是人类、动物，还是植物，都是地位平等的生命。生命可贵，无高低贵贱之分。《增一阿含经》曰："平等无二心，此是佛法义。"认为一切现象在本质上是同一的，一切众生在本性上也是平等的，不应有高下、远亲等区分，这才是佛法的真义。基于这种思想，佛家主张人们以平等之心、慈悲之心来对待他人以及其他各种有情生命。《佛说布施经》中则讲："慈心不杀，离诸嫉妒，正见相应，远于不善，坚持禁戒，亲近善友，闭恶趣门，开生天路，自利利他，其心平等。"《大宝积经》主张人们爱天下一切人，就像爱自己一样。它说："慈爱众生如己身。"《杂阿含经》则云："四维上下，一切世间，心与慈俱，无怨无嫉，无有嗔恚。"其意为，对整个宇宙空间的一切世界的人，我的心与慈悲相伴，永远没有怨仇，没有嫉妒，没有愤怒。

佛家甚至主张，即使别人首先伤害了自己，自己也不能以怨报怨。《杂阿含经》云："见瞋莫瞋报，于恶莫生恶。"如果以怨报怨则冤冤相报无穷了，人们只有心怀慈悲才能断除心中的怨恨与不满。《大宝积经》曰："慈能断除忿恚根栽，慈能永灭一切过失……慈能超越热恼所侵，慈能生长身语心乐。"其意为，慈悲心能断除我们心中忿怒仇恨的苦根；慈悲心能永远灭除我们的一切过失，慈悲心能超越一切烦恼对我们身心的侵害，慈悲心能生长身心活动的快乐。

第二，爱敬。

佛家主张，对待他人最恰当的态度是"爱敬"。佛家认为，人们在社会交往中，不可能与每个人都关系密切，因此，与并不太熟悉的人打交道的时候，需注意分寸，不可过于亲昵。《佛说孛经》曰："结友不固，不可与亲，亲而不节，久必亵渎。"佛家认为，人与人之间仅有爱是不够的，还要有适度的"敬"，有爱有敬才能保持长远的友谊。《佛说孛经》曰："善交接者，往来以时。亲而有敬，久而益厚。……接我以礼，当以敬报；待我以慢，当以远避。"佛家认为，善于社交的人，应该有张有弛，把握分寸，亲而不狎，爱而有敬。关于"爱敬"，《佛说孛经》有着较为具体的阐述，它说："爱敬有五：柔和能忍。谨而有信。敏而少口。言行相副。交久益厚。"《坛经》中也有类似的教导："若修功德之人，心即不轻，常行普敬。心常轻人，吾我不断，即自无功；自性虚妄不实，即自无德。"佛家认为，如果是真正修功德的人，心里不能轻视他人，而要经常不分亲疏、贵贱、贫富地尊重一切人。心里常轻视别人的人，由于对自我的执著没有断除，所以也就无功可言。自己的心性修养方面，虚妄不实，也就无德可言。在人际关系方面，"爱敬"是佛家颇具特色的观点之一。

第三，布施。

仅有好的态度是不够的，佛家主张利益众生要落到实处，要采取一定的行动。其中，"布施"就是利益众生的一个重要途径。《大宝积经》曰："布施及爱语，利益与同事，以此度众生。"佛家认为，布施有施财、施法（使人明白宇宙人生的真理）、无畏施（使人内心无恐惧）；爱语指对众生要以善言良语；利益就是做有利于众生的事；同事就是与众生同处同作。用"布施、爱语、利益、同事"四法，来帮助众生解脱烦恼。《吉祥经》号召人们"布施好品德，帮助众亲眷。行为无瑕疵，是为最吉祥"。能够给他人财物以助其渡过难关，能给他人讲述真理而使其不犯错误，能给他人勇气而产生无畏的精神，佛家认为这三方面都达到了，才是布施的好品德。这样的人，乐于帮助所有的亲人、眷属，行为上没有任何缺点，这样的人生是最吉祥的人生。

当然，佛家关于人与他人、与社会之间关系的主张绝非仅限于以上这些思想，这里仅取几个代表性的观点加以简单介绍。比如，佛家思想中有不少关于持戒、忍辱的训导，实际上起着调节社会关系的作用。

（四）墨家的"兼爱"

与儒家讲"仁爱"不同，墨子在中国思想史上首次提出了爱无等差的"兼爱"思想。

墨子对当时的社会动乱情况作了分析和总结，他说："圣人以治天下为事者也，不可不察乱之所自起。当察乱何自起？起不相爱。臣子之不孝君父，所谓乱也。子自爱，不爱父，故亏父而自利；弟自爱，不爱兄，故亏兄而自利；臣自爱，不爱君，故亏君而自利，此所谓乱也。虽父之不慈子，兄之不慈弟，君之不慈臣，此亦天下之所谓乱也。父自爱也，不爱子，故亏子而自利；兄自爱也，不爱弟，故亏弟而自利；君自爱也，不爱臣，故亏臣而自利。是何也？皆起不相爱。虽至天下之为盗贼者亦然：盗爱其室，不爱其异室，故窃异室以利其室；贼爱其身，不爱人，故贼人以利其身。此何也？皆起不相爱。虽至大夫之相乱家，诸侯之相攻国者亦然：大夫各爱其家，不爱异家，故乱异家以利其家；诸侯各爱其国，不爱异国，故攻异国以利其国。天下之乱物，具此而已矣。察此何自起？皆起不相爱。"① 具体来讲，则是："诸侯不相爱则必野战，家主不相爱则必相篡，人与人不相爱则必相贼，君臣不相爱则不惠忠，父子不相爱则不慈孝，兄弟不相爱则不和调。天下之人皆不相爱，强必执弱，富必侮贫，贵必敖贱，诈必欺愚。凡天下祸篡怨恨，其所以起者，以不相爱生也，是以仁者非之。"② 墨子将国家之间的争战、君臣之间的不和、人与人之间的斗争、家庭之间的不睦的罪魁祸首统统归结为彼此"不相爱"。进而墨子认为："若使天下兼相爱，国与国不相攻，家与家不相乱，盗贼无有，君臣父子皆能孝慈，若此，则天下治。"③

既然病症和病因都已明确，于是，墨子就大胆地开出了医治这一社会弊病的药方——"天下之人皆相爱"。他说："视人之国若视其国，视人之家若视其家，视人之身若视其身。是故诸侯相爱则不野战，家主相爱则不相篡，人与人相爱则不相贼，君臣相爱则惠忠，父子相爱则慈孝，兄弟相爱则和调。天下之人皆相爱，强不执弱，众不劫寡，富不侮贫，贵不敖贱，诈不欺愚。"④ 墨子真诚地认为，如果诸侯之间相爱，就不会发生野战；家族宗主之间相爱，就不会发生掠夺；人与人之间相爱就不会相互残害；君臣之间相爱，就会相互施惠、效忠；父子之间相爱，就会相互关爱、孝敬；兄弟之间相爱，就会相互融洽、协调。天下的人都相爱，强大者就不会控制弱小者，人多势众者就不会强迫人少力薄者，富足者就不会欺侮贫穷之人，尊贵者就不会傲视卑贱之人，狡诈者就不会欺骗愚笨之人。⑤

因为墨子主张人与人之间是平等的关系，所以墨子提倡"有力者疾以助人，有财者勉以分人，有道者劝以教人"。墨子认为，这样才能达到自己的社会理想："若此，则饥者得食，寒者得衣，乱者得治。若饥则得食，寒则得衣，乱则得治，此安生生。"⑥ 在这一美好社会图景中，没有饥饿、贫寒、动乱，到处一片宁静祥和的气氛。为什么"爱"具有如此的威力呢？墨子自有他的道理，他在《墨子·兼爱中》中说："夫爱人者，人亦从而爱之；利人者，人亦从而利之；恶人者，人亦从而恶之；

---

① 《墨子·兼爱上》。
② 《墨子·兼爱中》。
③ 《墨子·兼爱上》。
④ 《墨子·兼爱中》。
⑤ 参见舞龙辉译注：《〈墨子〉白话今译》，北京：中国书店1992年版，第74页。
⑥ 《墨子·尚贤下》。

害人者，人亦从而害之。"墨子的这段话包含有心理学上的"反馈原理"和日常生活中朴素的因果关系原理，既容易使人理解和接受，又容易使人验证和实践。

《墨子·兼爱下》中讲："《大雅》之所道，曰：'无言而不仇，无德而不报。投我以桃，报之以李。'即此言爱人者必见爱也，而恶人者必见恶也。"墨子用人们日常生活中"投之以桃，报之以李"的普遍心理现象来解释仁爱者必被人爱、邪恶者必被人嫌恶的道理。墨子是想让人们相信，"兼爱"的主张并非简单的教条与说教，人们并不难实行，"兼爱"具有现实可操作性，人人都可以做到。在这里，墨子的高明之处在于，他用因果关系来解释"兼爱"理论的可实践性，而他所说的这种因果关系又并非宗教中的因果报应思想，墨子的话语只是质朴的生活经验的总结，具有更大的令人信服的效果。

为推行自己的思想主张，墨子及其弟子们身体力行，他们不仅亲身参加劳作，还行侠仗义，急他人之所急，想他人之所想，为别人排忧解难，甚至不惜牺牲自己的利益。正因为如此，墨子的"兼爱"旗帜一举，就立即赢得了广大小生产者的响应与支持，从而使得墨学在当时成为与儒学相抗衡的另一"显学"。

可以说，墨子的"兼爱"说既是墨子心目中消除国与国、家与家、人与人之间争斗的根本，又是墨子倡导的最高理想境界。然而不难看出，墨子所说的"兼爱"与同时期孔子所讲的"仁爱"不同：从表面上看，墨子也讲人与人之间的爱，但是墨子最大的特点在于其"爱"的普遍性，而以孔子为代表的儒家提倡的"仁爱"却以关系亲疏、等级为基础，二者有着根本的区别。对此，林顿先生有所认识，他说："它的基本原则是兼爱，但是它不注重以关系亲疏为基础来决定爱的程度，以关系亲疏来决定仁爱是儒家强烈坚持的主张。墨家主张，个人的爱应该平等地遍及于天下一切人的身上。"① 从这一点来看，墨子的"兼爱"思想与西方的"博爱"思想有相似之处。

英国学者汤因比先生曾对墨子的兼爱思想给予很高的评价，他说："我们不要再随意解释儒教对爱的观点，而应该向前发展一步采取墨子的立场。就是说，现代人应当为追求实现没有阶段、没有限制的普遍的爱

---

① ［美］拉尔夫·林顿著：《文化树——世界文化简史》，何道宽译，重庆：重庆出版社1989年版，第295页。

而努力。墨子之道，的确比孔子之道更难实践。但我认为墨子之道，比孔子之道更适合现代人的实际情况。"①

墨子的"兼爱"思想主张对于和谐人际关系所起的重要作用在新的历史时期仍然有其积极意义。现代心理学揭示：在人爱别人或者被别人爱的时候，身体中都会分泌一种使人愉悦的物质，并能在一定程度上增强人的免疫力；帮助和关爱别人同样会获得身心愉悦的回报。可以说，人们一旦对别人付出了关心、友爱和帮助，就会提高自己的身心健康水平，在使别人获得益处的同时自己也同样获得益处，这是一种互利双赢的事情。那么，我们为什么不以"兼爱"作为自己待人接物的原则呢？

综上所述，在先秦的儒、道、佛、墨四家之中，儒家所提倡的"仁"、"仁政"，老子所讲的"不争"、"贵柔"与"守静"，佛家的利他等思想，以及墨家所说的"兼爱"、"非攻"，都可以说以追求人际关系的和谐、社会的有序与国家的安定为目标。到了汉朝，由于汉武帝接受了董仲舒"罢黜百家，独尊儒术"的主张，不仅将儒家思想作为官方意识形态，而且把儒家的政治主张作为治理国家的指导思想。因此，汉武帝以后，原来与儒家形成强劲竞争的法家受到统治阶级的摒弃，从而沦为隐文化。道家、佛家虽然流传不绝，偶尔也能得到统治者的垂青，然而在争得统治者的普遍宠爱方面却终究无法与儒家相抗衡。而儒家凭借自己官方意识形态这种得天独厚的地位，对中国传统文化产生了深远的影响。由此，儒家道德至上的思想主张给中国传统文化打上了深深的烙印，儒家所提倡的和谐理念，所提倡的德治政治原则，都成为中国传统"和"文化的重要特色和内容。

（五）正确处理义利关系

在生活中，人们常常遇到利益与道义的冲突。在社会交往中，人与人之间难免会产生一些利益纷争，并涉及是非善恶等道德问题。因此，义利关系也关乎到人与人、人与社会的关系问题。能够正确处理义利关系问题，也在很大程度上影响到人际关系的和谐与社会秩序的稳定。

在中国古代，一直有关于道德与功利之间的关系问题的争辩，即"义利"之辨。所谓"义"，指的是人们的思想行为符合一定的道德准

---

① ［英］阿诺德·汤因比、［日］池田大作著：《展望二十一世纪——汤因比与池田大作对话录》，荀春生等译，北京：国际文化出版公司出版1985年版，第413页。

则;而"利"则是指利益、功利。这里的"利"并不仅仅指经济利益,但是,肯定包括经济利益在内。各家各派在不同时期对"义"与"利"的关系提出了不同的看法,形成了不同的观点。

《易经·乾·文言》曰:"利者,义之和也。"认为义与利是统一的,人们的道德行为一定会给自己带来利益。就儒家的主流来说,在义利观上持"贵义贱利"的基本主张。孔子认为最具有价值的是道德,获取功利的行为不一定道德:"君子喻于义,小人喻于利。"① 因而,孔子主张用义来节制人们的思想和行为,要求人们"见利思义","义然后取"②,认为"不义而富且贵,于我如浮云"③。反对不合道义的利益。然而,孔子并未将"义"与"利"对立起来,也不完全排斥物质利益与功利,而是主张在重义的前提下,"因民之所利而利之"④。

孟子进一步发挥了孔子的思想,他慷慨而言:"非其义也,非其道也,禄之以天下,弗顾也。"⑤ 他还曾不满地责问过梁惠王:"王何必曰利?亦有仁义而已矣。"⑥ 孟子带有某种轻视功利的思想倾向。他主张"唯义所在"⑦,为了"义"甚至可以"舍生而取义"⑧,从而极力反对"后义而先利"⑨。

荀子把处理义与利的关系问题上升为治国大政,他在《荀子·大略》中说:"义与利者,人之所两有也……义胜利者为治世,利克义者为乱世。上重义则义克利,上重利则利克义。故天子不言多少,诸侯不言利害,大夫不言得丧,士不言通货财。有国之君不息牛羊,错质之臣不息鸡豚,冢卿不修币,大夫不为场圃;从士以上皆羞利而不与民争业,乐分施而耻积藏。然故民不困财,贫窭者有所窜其手。"他号召君主、大臣、卿、大夫、士们以身作则,不仅不要"与民争业",而且还要"羞利"、"乐分施而耻积藏",这样才能达到富民强国的目标。

---

① 《论语·里仁》。
② 《论语·宪问》。
③ 《论语·述而》。
④ 《论语·尧曰》。
⑤ 《孟子·万章上》。
⑥ 《孟子·梁惠王上》。
⑦ 《孟子·离娄下》。
⑧ 《孟子·告子上》。
⑨ 《孟子·梁惠王上》。

西汉的董仲舒尽管要求圣人应该"为天下兴利"①，对普通人却大力提倡要"正其谊（义）不谋其利，明其道不计其功"②。董仲舒把义与利对人类生活的作用和意义作了区分和说明，他在《春秋繁露·身之养重于义》中这样说："天之生人也，使人生义与利：利以养其体，义以养其心，心不得义不能乐，体不得利不能安。义者，心之养也，利者，体之养也，体莫贵于心，故养莫重于义，义之养生人大于利。"他认为人生在世，离不开义与利：义用来满足人的精神需要，使人与畜牲区别开来；而利则能够满足人的肉体需求，是人得以存在的物质条件。所以义与利二者都不可或缺，缺少利，人的生命体就会丧失，而缺失了义，人活着就成了行尸走肉。

到了汉晋间的傅玄也说"丈夫重义如泰山，轻利如鸿毛"。这种观点带有明显的重义轻利思想倾向。

北宋程颐认为"夫利，和义者善也，其害义者不善也"③。他主张除去不合义的私利。南宋朱熹说："仁义根于人心之固有，天理之公也。利心生于物我之相形，人欲之私也。循天理，则不求利而自无不利；殉人欲，则求利未得而害己随之。"④ 他把仁义与天理联系起来，将利心与人欲相等同，为其"存天理灭人欲"的极端主张作了逻辑上的铺垫。

到了南宋的叶适，义利之辨在前代学者七嘴八舌的争论之后，经历了理论发展上正、反、合的过程到达了合的阶段，叶适反对程朱之说，认为义与利本来就是统一的，应该同存并重。他说："既无功利，则道义乃无用之虚语耳。"⑤

宋朝以后，义利之辨问题更加突出，清朝颜元鲜明地提出："正其谊以谋其利，明其道而计其功。"⑥ 而"全不谋利记功，是空寂，是腐儒"。他进一步将义与利统一起来，认为义利双行最为理想。

总起来说，儒家虽然崇尚"义"，却并不因此而否定"利"的合法性。然而，儒家又指出，对于人的健康生存、发展和社会的正常运行来说，义与利相比，义大于利，义重于利，人们应该贵义贱利、重义轻利。

---

① 《春秋繁露·考功名》。
② 《汉书·董仲舒传》。
③ 《二程遗书·伊川先生语五》卷十九。
④ 《孟子集注·梁惠王上》。
⑤ 《习学记言》卷二十三。
⑥ 《四书正误》。

因为如果人们把利作为生活追求之目标的话，那么，久而久之他就会逐渐忽视义，甚至丧失义，从而失去做人的精神准则。如此一来，即使他在物质上非常富有，也难以成为一个对社会有价值有意义的人。如果社会上的人都舍义而逐利的话，那么这个世界就会争斗不休。据此，儒家主张以义制利，用义来约束人们对于利的无止境的追求，对于个人自身来说，重义轻利可以防止陷于利欲的追逐而沉沦于茫茫苦海，使人确立正确的人生观和价值观；对于他人来说，重义轻利可以使人们不至于因为逐利而相互侵害，从而有利于人际关系的和谐与社会的稳定。不过，需要指出的是，儒家在谈论义利问题时，"利"通常指的是个人私利，而非公利。对于公利，儒家不但不否定、不轻贱，反而还大力提倡，号召仁人君子"为天下兴利"。显然，为天下兴利本身就是义举。

墨翟认为义与利是统一的，只有合乎义的行为才能给人们带来利益，不合乎义的行为也就不利。所以他说："义，利也。"① 墨子还公然以"利"言"义"。他说："仁人之事者，务必求兴天下之利，除天下之害。"② 针对当时人民贫困、缺乏起码的衣食之利的情况，墨子认为，兴利除害，保障人们的衣食住行就是仁人君子的义举。然而，在义、利之间，墨子更加看重义，认为二者之间，义占主导。他在《墨子·天志上》中讲："有义则生，无义则死；有义则富，无义则贫。"可见，墨子肯定的"利"，是以"义"作为前提的。对于"自利"，墨子则大加批判，并将之视为祸乱的根源。他说："子自爱不爱父，故亏父而自利；弟自爱不爱兄，故亏兄而自利；臣自爱不爱君，故亏君而自利，此所谓乱也。"③ 人们之所以"自利"，一方面是因为缺乏"爱"，另一方面是丧失了"义"。

法家的韩非比较注重功利，认为人与人之间首先是利害关系，利与义并不是非此即彼的矛盾关系，而是可以统一起来的，适当地设置利益目标可以引导人们积极主动地去行义。他说："正直之道可以得利，则臣尽力以事主；正直之道不可以得安，则臣行私以干上。明主知之，故设利害之道以示天下而已矣。"故"善为主者，明赏设利以劝之，使民以

---

① 《墨子·经上》。
② 《墨子·兼爱下》。
③ 《墨子·兼爱上》。

功赏而不以仁义赐"①。

综上所述,在义利关系问题上儒家、墨家、法家等各派主张并不相同,但是,在汉朝以后,由于儒家思想成为主流意识形态,所以,在义利关系问题上儒家的见利思义、以义为上等思想就占据了主导地位,主张正确对待和处理利与义的关系,提倡人们在义的前提下来追求利。只有正确处理利、义关系,才能减少冲突的发生,增加人际关系的和谐度。

四、提倡和平,反对战争——人与社会和谐的重要保证

中国传统"和"文化的一个重要内容就是爱好和平、反对战争的思想。《春秋左传·宣公十二年》中讲:"夫武,禁暴、戢兵、保大、定功、安民、和众、丰财者也。"将"禁暴"、"戢兵"、"安民"、"和众"、"丰财"等作为动用武力和战争的目的。在中国漫长的古代历史中,长期占据思想主流的儒家以仁义为本,主张战争只是用来禁绝暴政,消灭祸乱。

(一)"仁爱"、"仁政"——因仁而反战的儒家

孔子的"仁爱"思想,在国家关系上表现为反对战争。当子贡向孔子请教政事的时候,孔子曰:"足食,足兵,民信之矣。"子贡曰:"必不得已而去,于斯三者何先?"曰:"去兵。"子贡曰:"必不得已而去,于斯二者何先?"曰:"去食。自古皆有死,民无信不立。"② 这段话表明,孔子并不反对国家进行军事装备,却又认为在维系国家的安危存亡方面,相对于兵力和军备来说,国家的信用与食物供给更为重要。卫灵公曾经向孔子询问战争的问题,孔子回答说:"俎豆之事,则尝闻之矣;军旅之事,未之学也。"③ 俎豆是古代用于礼仪的放食物的器皿,在这里是用以指礼仪、礼治。在孔子看来,离开礼治来谈论军事是没有意义的。

孟子继承了孔子的仁爱学说,并进一步提出"仁政"的政治主张,认为君主的仁义是治国安邦的关键。他在《孟子·离娄上》中说:"君仁莫不仁,君义莫不义,君正莫不正。一正君而国定矣。"由此,孟子主张君主应该立志施行仁政,而不是要求臣民好勇善战。孟子认为,哪怕是通过一次不义的行为或者杀戮而谋取政治利益都不应该做:"行一不

---

① 《韩非子·奸劫弑臣》。
② 《论语·颜渊》。
③ 《论语·卫灵公》。

义、杀一不辜而得天下，皆不为也。"① 孟子极力反对诸侯之间的不义战争，他痛心地说："争地以战，杀人盈野；争城以战，杀人盈城。此所谓率土地而食人肉，罪不容于死。故善战者服上刑，连诸侯者次之，辟草莱、任土地者次之。"② 孟子提出"善战者服上刑"的观点，主张给予那些为争夺土地、城池而发动战争的人以最重的惩罚。尽管孟子坚决反对不义战争，却支持为除暴、安民、防御而进行的正义战争，并且还提出一些争取战争获得胜利的指导思想。他颇有耐心地分析道："天时不如地利，地利不如人和。三里之城，七里之郭，环而攻之而不胜。夫环而攻之，必有得天时者也；然而不胜者，是天时不如地利也。城非不高也，池非不深也，兵革非不坚利也，米粟非不多也；委而去之，是地利不如人和也。故曰：域民不以封疆之界，固国不以山谿之险，威天下不以兵革之利。得道者多助，失道者寡助。寡助之至，亲戚畔之；多助之至，天下顺之。以天下之所顺，攻亲戚之所畔；故君子有不战，战必胜矣。"③ 显然，孟子认为，统治者因实行道义与仁政所带来的万民团结才是赢得战争胜利的关键。

在战争问题上，荀子的思想与孔子、孟子一脉相承，他认为战争的关键是得到人民的支持，而战争的目的在于禁暴除害，而非为了争夺，他说："兵者，所以禁暴除害也，非争夺也。"④ 他还说："礼者，治辨之极也，强国之本也，威行之道也，功名之总也。王公由之所以得天下也，不由所以陨社稷也。故坚甲利兵不足以为胜，高城深池不足以为固，严令繁刑不足以为威。由其道则行，不由其道则废。"⑤ 在荀子看来，君主只有实行礼治，贯彻仁政的政治主张，才可以得到天下；否则，就会丧国失土。

先秦儒家将禁暴除害看作战争目的的思想对后世影响颇大，常常被人们作为衡量正义战争与非正义战争的重要标准，并作为是否发动战争、支持别国战争的重要依据。

（二）"不争"——主张不战而胜的老子

自古以来，中国的先人们就爱好和平，反对侵略战争，将战争视为

---

① 《孟子·公孙丑上》。
② 《孟子·离娄上》。
③ 《孟子·公孙丑下》。
④ 《荀子·议兵》。
⑤ 《荀子·议兵》。

国家的灾难。老子从对万事万物发展的一般规律中得出了"贵柔"、"守弱"的道理，主张有而不为。他在《道德经·第八十章》中说："虽有舟舆，无所乘之，虽有甲兵，无所陈之。"老子主张，为了维持国家的正常秩序以及防备别国的入侵，国家也可以置备部分常备军。但是，即使自己国家拥有军队，也不要忘乎所以地耀武扬威、四处招摇。

从其"贵柔"、"守弱"的原则出发，在战争方面，老子反对一切非正义的战争，他在《道德经·第三十一章》中讲："夫兵者，不祥之器，物或恶之，故有道者不处。君子居则贵左，用兵则贵右。兵者不祥之器，非君子之器，不得已而用之。恬淡为上。胜而不美，而美之者，是乐杀人。夫乐杀人者，则不可得志于天下矣。"在老子看来，军队是一种不祥之物，大家都厌恶它。所以有道之士不使用它。君子平时安居把左边看作上位，用兵作战时则把右边看作上位。所以兵器不是君子所需要的东西。尽管兵器是不吉祥的东西，不是君子所使用的东西，但是，实在不得已而使用它呢，最好是淡然处之。胜利了也不要得意洋洋，如果得意洋洋，那就表明以杀人为乐。以杀人为乐的人，是不能赢得天下的。

在老子看来，一旦发生战争，战争胜利的归属也有其定律。老子在《道德经·第六十八章》中说："善为士者，不武；善战者，不怒；善胜敌者，不与；善用人者，为之下。是谓不争之德，是谓用人之力，是谓配天古之极。"在老子看来，真正善于作战的人，是不轻易逞其勇武的；善于作战的人，不会轻易被激怒而作拼命之举。因为心中充满怒气的话，往往不能冷静地处理问题，打起仗来就容易失败；善于战胜敌人的，不与敌对斗而胜；善于用人的，对别人很谦下。这叫作与人无争的美德，这叫作利用别人的力量，这是自古以来的准则。老子认为，要想获得胜利，需达到"不争"的境界。老子在《道德经·第七十三章》中对"不争而胜"作了一番深刻的剖析，他说："勇于敢则杀，勇于不敢则活。此两者，或利或害。天之所恶，孰知其故？天之道，不争而善胜，不言而善应，不召而自来，繟然而善谋。天网恢恢，疏而不失。"意思是，勇气用于逞强争胜就不得好死，勇气不用于逞强争胜才会活得好。这两种不同人的勇气，有的用得恰当就会受益，用得不当就会反受其害。天道所厌弃的，谁知道其中的缘故？自然的规律，不争却善于取胜，不说话却善于应答，不用召唤而自动到来，因诚厚而善于谋划。自然就好像一张气势宏大的网络，不会疏漏遗失任何东西。在老子看来，自然无为是天之道，天道必然厌恶斗勇和争胜。天就像一张硕大无朋的网，宇宙万物无不在它的网络之下，它对于违背自己律令的行为总有制裁的方法。而主动发动战争无异于逞勇争胜，不过是自投罗网、自取灭亡而已。

　　老子虽然反对主动侵略别人的非正义战争，但是，他却并不反对自卫战争。因为，世间万象太过复杂，总有那么一小撮人不懂"道"理，在各种利益、欲望的驱动下，丧心病狂地拿有限的生命做注赌上一把，非要发动战争不可。老子认为，如果实在是万不得已要发动一场战争，那么在这种情况下，被侵略的一方也不应该一逃了之，而是应该积极迎战。为此，老子还总结了一些战争经验，制定了一套作战指导思想，用于指导正义的战争走向胜利。他在《道德经·第六十九章》中谆谆告诫道："用兵有言：'吾不敢为主，而为客；不敢进寸，而退尺。'是谓行无行；攘无臂；扔无敌；执无兵。祸莫大于轻敌，轻敌几丧吾宝。故抗兵相若，哀者胜矣。"老子主张，实在不得已要打的话，我方不敢主动挑起战争，确实不得已而应战的话，我不前进一寸，而宁可后退一尺。这叫作出兵行军却不见行列，奋臂上举却不见手臂，投射敌人却没有敌人，手执武器却不见武器，这样就无敌于天下了。祸害再没有比轻敌更大了，轻敌几乎等于丧失了我的三宝。所以，举兵相争时，如果双方势均力敌，那么那心中悲哀、愤怒的一方必定获得最后的胜利。

　　观世上的大多数军队将领，他们在战争胜利后往往是洋洋得意地陶醉于胜利的狂欢，常常还有人举办一些庆典仪式来祝贺战争的胜利。与大部分战争统帅的做法不同，老子对待战争结果的态度也颇耐人寻味，他在《道德经·第三十一章》中沉重地说道："杀人之众，以悲哀泣之，战胜以丧礼处之。"在老子看来，只要是战争，无论胜利与否，都是一种悲哀。失败了固然痛苦，胜利了也不为荣，因为，不管是胜利还是失败，战争总会造成很大的伤亡。所以，老子特别强调"战胜以丧礼处之"。老子的这种严肃而沉痛的态度，反映了他对于人的生命价值的关怀和珍视。老子认为，比起人的生命来说，其他一切权力、地盘、金钱、所谓的政治荣誉等等都不过是不值一钱的草芥而已。

　　老子的这种反对非正义战争的和平观具有一定的合理性。再拿中国的历史来说，中国大部分朝代的统治者都不主张主动侵略和掠夺别的国家，而是以睦邻友好为基本原则。然而，历史总会有一些特例，秦朝就是中国历史上的一个特例。当时秦朝君主，也就是后来的秦始皇嬴政野心勃勃，一心想统一中国，建立强大的帝国统治是他梦寐以求的事情。在此理念支配下，他起用了与他的政治理念颇为相合的李斯等一批法家人物，在政治上实行严刑苛法，在军事上穷兵黩武，以武力横扫天下，终于如愿以偿地统一了全国。但是，正如老子在《道德经·第三十章》中所说的那样："以道佐人主者，不以兵强天下。其事好远。师之所处，荆棘生焉。大军之后，必有凶年。"就在法家辅佐嬴政登上帝国皇帝宝座不久，历年穷兵黩武所带来的恶果便毫不留情地降临到了秦王朝：连年战争所造成的经济衰退、国库空虚、民生凋敝，还有因战争伤亡而造成的人口减少，活着的人民则流离失所，无以为生，更加严重的是被征服人民的仇恨与反抗。经济上的危机，再加上社会矛盾的激化，使得秦王朝好像大海上风雨飘摇中的一叶孤舟。正像荀子借孔丘之口所说的"君者，舟也；庶人者，水也。水则载舟，水则覆舟"① 那样，在疾风暴雨般的秦末农民战争中，曾经辉煌一时的、貌似强大的秦王朝变得不堪一击，最后落得个"流水落花终去也"的下场。并成为历史上著名的反面教材而被千古之人唾骂不休。

（三）"非攻"——用爱的柔情化解战争的墨子

在普遍的人际关系和社会规则上，墨子主张"兼爱"，与此相联系，在国与国之间的关系上，墨子则主张"非攻"。其实，"非攻"是墨子将"兼爱"原则施于国与国之间关系的结果。

春秋时期，诸侯国之间战争频繁，为争夺土地、物质和人口，强大的诸侯国常常发动旨在兼并弱小诸侯国的战争。对于这一现象，墨子看在眼里痛在心里，为了消除战争、减轻人民疾苦，墨子提出"非攻"的思想主张。墨子认为，如果天下人都能"兼相爱"，那么，所有的战争都将不再发生。从军事上来讲，必须反对势力强大的国家攻打、掠夺势单力薄的弱小国家。

为了说服那些盲目狂妄、急于取胜获利的征服者，墨子站在现实的立场上算了一笔账，他说："计其所自胜，无所可用也；计其所得，反不如所丧者之多。今攻三里之城、七里之郭，攻此不用锐，且无杀，而徒得此然也？杀人多必数于万，寡必数于千，然后三里之城、七里之郭且可得也。今万乘之国，虚数于千，不胜而入；广衍数于万，不胜而辟。

---

① 《荀子·哀公》。

然则土地者,所有余也;士民者,所不足也。今尽士民之死,严下上之患,以争虚城,则是弃所不足,而重所有余也。为政若此,非国之务者也。"① 墨子从现实中的得失利害来劝说统治者、征服者,如果劳民伤财、兴师动众、大举征伐所捞到的好处并不多,甚至得不偿失,那么发动战争就失去了意义。

应该予以说明的是,墨子并非一味地反对所有的战争,墨子的"非攻"主张反对的只是那些非正义的战争,而对于正义的战争,墨子不但不反对,而且还予以颂扬。墨子区别了正义的战争和非正义的战争,他将正义的战争称为"诛"②,而将非正义的战争称为"攻"。可见,墨子反对的只是非正义战争。墨子的"非攻"理论可以增进国与国之间的和谐相处,在今天仍然具有现实意义。

五、礼治与德治——实现人与社会和谐的制度支持

中国传统"和"文化具有广泛的内容,它不仅渗透在人们的日常生活当中,还渗透在国家的政治制度以及各种体制当中。"礼治"与"德治"就是中国传统"和"文化在国家政治制度上的典型体现。

众所周知,在中国历史上有着"礼治"与"德治"的政治传统。相对来说,对于"法治"则重视不够。而"礼治"与"德治"的共同点都在于希望建立一个和谐有序的社会,强调对百姓的道德教化,主张用道德规范、用"礼"来约束人们的行为,而不是依靠严酷的刑罚或者暴力。一方面,礼治与德治构成了中国传统政治"和"文化的重要内容。另一方面,礼治与德治制度的实现,又在一定程度上巩固了中国传统"和"文化的地位,并促进了"和"文化的发展。

(一)礼治

"礼"在中国文化里是个古老的概念,最初,"礼"常常与人类的祭祀活动相联系;后来,"礼"的作用范围渐渐扩大,开始作为道德准则在社会中发挥协调人际关系的作用。可以说,在中国漫长的历史里,"礼"发挥着"国之纪"③、"政之舆"④ 的功能。"礼"既具有道德规范

---

① 《墨子·非攻中》。
② 《墨子·非攻下》。
③ 《国语·晋语》。
④ 《左转·襄公十一年》。

的内容,又包括一定的类似法规律令的强制性特点。"礼"的精神不仅渗透于中国古代的政治、法律中,还作为一种制度——"礼治"直接作用于人们的政治生活、经济生活乃至日常生活。

"礼"的历史比较悠久,在周朝时,周公就已经"制礼作乐",自觉地用礼来进行协调人际关系、管理社会。春秋时期的管仲将礼、义、廉、耻称为"国之四维"①。由此可见,管子对"礼"的重视。晏子曾说:"礼之可以为国也久矣。与天地并。君令臣共,父慈子孝,兄爱弟敬,夫和妻柔,姑慈妇听,礼也。君令而不违,臣共而不贰,父慈而教,子孝而箴;兄爱而友,弟敬而顺;夫和而义,妻柔而正;姑慈而从,妇听而婉,礼之善物也。"② 可见,在我国春秋,人们已经比较普遍地接受"礼治"的观念,并自觉地运用"礼"来治理国家、协调家庭。到了春秋末年,社会处于转型时期,社会秩序大乱,礼乐废弃。孔子为恢复社会秩序大力提倡"克己复礼"的主张,因此,"礼"也就成为儒家思想的重要组成部分。在儒家的思想里,"礼治"与"德治"相得益彰,相互支持,共同在国家的政治生活与百姓的日常生活里发挥着重要作用。

大体说来,中国古代的"礼"主要包括四个层次的内涵。一是指整个社会等级制度、法律规范的总称;二是指整个社会的道德规范;三是指礼仪、礼节仪式和待人接物及处世之道;四是指一种具体的道德规范——礼让,强调"敬"与"让"。礼让,既包括在人际交往中尊重他人,又含有处事宽容谦让的意思。礼让主要要求人们在各种不同的人际交往中要以恭敬、谦让为原则,能够做到行事有利于他人,而不是斤斤计较个人的利害得失,从而使得人际关系处于和谐顺畅的状态。我们可以发现,后面三个层面含义下的"礼"具有比较明显的协调人际关系、和谐社会的功能。那么,第一层面含义下的"礼"即"礼治"又有哪些功能?第一,维护尊卑贵贱的社会等级秩序,规定长幼亲疏的差别。在中国奴隶社会、封建社会,人们有着较为严格的尊卑贵贱社会地位的等级区别,这种等级关系主要由"礼"来确认,也主要由"礼"来维护。亲疏关系亦如此,亲疏关系不同的人们之间的差别,也由"礼"来规定。《礼记·曲礼》中的一句话对此状况有着较好的概括:"礼者,所以定亲疏,决嫌疑,别异同,明是非也。""礼"通过它的这种功能使得不同等

---

① 《管子·牧民》。
② 《春秋左传·昭公二十六年》。

级的人们有了比较明显的界限区分，从而使等级制度之下的等级序列更加明朗。在"礼"的理想中，尊卑贵贱长幼亲疏不同的人们安分守己地恪守着自己的生活原则与生活方式，互不侵犯，互不混杂，社会处于一种有序的状态之中，人们的生活也就会和谐、稳定。

然而，这种社会的有序与和谐却是建立在人们不平等的基础上的有序与和谐，因此，这种有序与和谐也是潜伏着危机的有序与和谐，并不是真正的有序与和谐。尽管如此，在人类社会的特定阶段里，等级制又是必然存在的社会现象，在当时这种大的社会背景之下，"礼"与"礼治"尽可能地促成社会的有序与和谐，也是具有一定积极作用的。

（一）德治

在中国传统社会里，以强调道德教化为主要特征的德治受到大部分统治者格外的垂青。日本学者大隈重信曾说："首先中国的道德思想自古以来都主张同政治合为一体，认为谈道德必然包含政治，谈政治当然包含道德。所谓政治乃是'祭事'，意味着执行天道、法则即是道德。离开道德就没有政治，离开政治就没有道德。首先要修身，最后才能治国平天下。——这就是自古以来的中国思想。"[1] 正如大隈重信先生所说，中国古代这种政治与道德紧密结合的特点，使中国的政治带上了某种温情的色彩，也就是说，中国的政治谋求以统一、和平、稳定为重要目标，而不是强调侵略、进攻和控制。

在古代中国，政治与道德的联姻由来已久。《周书·虞书·大禹谟》曾记载禹说："德惟善政，政在养民。"而皋陶则说："帝德罔愆，临下以简，御众以宽；罚弗及嗣，赏延于世。宥过无大，刑故无小；罪疑惟轻，功疑惟重；与其杀不辜，宁失不经；好生之德，洽于民心，兹用不犯于有司。"从这些话可以看出，在大禹时代，就已经有了德治思想的萌芽，尽管当时还没有"德治"概念的明确说法。在《夏书》、《商书》中同样充斥了大量臣子对君主的"德"之说教。如据《尚书·商书·咸有一德》记载，商代的伊尹曾专门作了一篇《咸有一德》的文章，用以劝诫商王广施德政，以便赢得上天的支持和百姓的拥护。在夏朝、商朝两代，曾经出现了两位著名的暴君——桀、纣。他们的统治也因其暴政而

---

[1] [日]大隈重信著：《东西方文明之调和》，卞立强等译，北京：中国国际广播出版社1992年版，第77页。

败亡。于是，到了周朝，在反省夏桀与商纣王的失败教训时，就格外加强了对"德治"的重视。《尚书·周书·微子之命》就有"抚民以宽，除其邪虐，功加于时，德垂后裔"这样的说法。在周朝，德治已经成为统治者自觉的政治理念。

到了儒家的创始人孔子那里，"德治"成了儒家的重要思想内容。他说："为政以德，譬如北辰，居其所而众星共之。"[①] 在他那里，法律、刑罚等一切都是围绕德治教化这个国家的政治中心任务而展开的。他接着解释道："道之以政，齐之以刑，民免而无耻；道之以德，齐之以礼，有耻且格。"[②] 孔子认为，用法制禁令来引导百姓，用刑罚来统一百姓的行动，百姓只是求得免于犯罪受罚，却没有羞耻之心，用道德教化来引导百姓，用礼制来统一百姓的行动，百姓就会有羞耻之心，并且自觉地走上正道。据《论语·颜渊》记载，季康子问政于孔子曰："如杀无道，以就有道，何如？"孔子对曰："子为政，焉用杀？子欲善，而民善矣。君子之德风，小人之德草。草上之风，必偃。"意思是，季康子曾向孔子询问怎样治理政事说：如果杀掉无道的人来成全有道的人，怎么样？孔子回答说，你治理政事，哪里用得着杀戮的手段呢？只要你想善，百姓就也会善。在位的人的品德好比风，在下的人的品德好比草。风加到草上，草一定会顺风倒下的。孔子认为，一个国家政治的好坏主要取决于统治者的道德修养，因为统治者的个人品德会在无形之中引领和教化着百姓，从而影响着整个社会风气。到了孟子，则主张以"仁义"治国，提倡统治者"施仁政于民"，发挥了孔子的"德治"思想。他说："行仁政而王，莫之能御也。"[③] 认为施行仁政的统治者威力无比。

西汉时期的董仲舒建议汉武帝"罢黜百家，独尊儒术"获得支持以后，儒家在中国历史上的思想主导地位得以确立，自此以后，"德治"也相应地受到统治者的重视，并被不少君主、政治家所推行。"德治"思想的重要特征就是：强调道德教化的作用，主张通过温和的手段来统治百姓，反对暴政，以建立和谐有序的社会为其重要目标。可见，"德治"思想本身就有不少"和"文化的内容，而"德治"政治主张的推行与实施，又在一定程度上进一步强化了"和"文化的发展。

---

① 《论语·为政》。
② 《论语·为政》。
③ 《孟子·公孙丑上》。

在中国古代社会里,在中国传统"和"文化的土壤里,孕育出了具有中国特色的"礼治"、"德治"等社会制度,而这些制度又反过来加重了中国传统文化中"和"的色彩,促进了中国传统"和"文化的进一步发展,丰富了中国传统"和"文化的内容。

第五节 国家与国家之间的和谐

爱好和平是中华民族的优良传统。在国家与国家之间的交往问题上,历来的思想家们都比较强调民族和好、国家和谐,以建立和谐的国家关系为理想,并反对以武力或战争的方式来处理国际关系问题。

一、以建立和谐的国际关系为理想

中国是世界著名的文明古国,其爱好和平的历史也源远流长。早在上古时期,中国思想家们就提出了建立睦邻友好的、和平主义的国际关系主张。《尚书·虞书·尧典》曰:"克明俊德,以亲九族。九族既睦,平章百姓。百姓昭明,协和万邦。黎民于变时雍。"其义为,尧能够重用同族中有才有德之人,使族人都亲密地团结起来;族人和睦团结了,他便又考察百官中有善举的人加以表彰,以资鼓励;百官中的事务处理好了,又努力使各个邦国之间团结起来,亲如一家。天下臣民在尧的教化引导下也都和睦相处。尧作为中国上古时期的贤明领袖一直被后代所传颂和赞扬,他所倡导的"协和万邦"的思想也成为中华民族处理民族关系、国家关系的指导思想。

战国时期儒家著名代表荀子说:"此君义信乎人矣,通于四海,则天下应之如讙。是何也?则贵名白而天下治也。故近者歌讴而乐之,远者竭蹶而趋之,四海之内若一家,通达之属,莫不从服。夫是之谓人师。诗曰:'自西自东,自南自北,无思不服。'此之谓也。"[①] 荀子认为,优秀的儒士辅佐君主,可以使君主的名声远播海外,传遍四海,于是天下的人就会齐声响应,其原因在于尊贵的名声显赫于世,天下的人们都倾慕。所以,君主周围的人就歌颂他、欢迎他,远方的人也不辞辛苦地投奔他。四海之内就如同一家人,凡是舟车所至、人迹所达的地方,没

---

① 《荀子·儒效》。

有不服从的,这就是做人的表率。

中国很早就建立了与外国沟通的海陆交通。汉朝时,我国开始自觉地与世界上不少国家友好交往。据《史记》记载,张骞曾两次出使西域,到过许多国家,通过友好接触,不仅进行了有益的交流,还加深了与那些国家之间的相互了解。随着与世界各国的友好往来,逐渐开辟了通往西方各国的丝绸之路,建立了一条互通有无、连接友情的友谊之路。西汉时期,我国的大海船从广州出发,经由马六甲海峡直至印度南部与斯里兰卡,与当地的人们进行贸易。明朝时,我国航海家郑和率领船队出使南洋,与亚、非、欧三大洲的许多国家建立了友好的关系。

睦邻友好、和睦相处是中华民族长期的外交主张,中国政府常常主动向邻国派出友好使节,而邻国使团来到中国,也会受到中国政府与人民的热情接待。在唐朝,中日之间就曾多次大规模互派使团,向对方积极示好。从公元631年至公元839年,日本至少15次派出遣唐使来中国。

中国人民与其他国家人民之间的深厚情谊与友好往来,除了官方的正式友好交往,还有大量的民间交往。商人、学者、僧侣、旅行家等人常常在经济、文化上互通有无,起着重要的桥梁作用。

二、国际关系问题上的反战思想传统

中国古代的思想家们很早就提出反对使用武力或战争来处理国与国之间的关系。春秋时期的管子曰:"外内均和,诸侯臣伏。国家安宁,不用兵革。"① 在春秋后期,各个诸侯国之间为了争夺霸权、土地、人口等不断发动战争,使得人民流离失所、苦不堪言。针对这种社会状况,儒家的创始人孔子发扬光大了西周时期的德治思想,他不但主张在一个国家内部实行德治,而且将道德教化推行到处理与邻国的关系上,提倡用德治教化来影响和感化诸侯与邻国,反对使用武力征伐来统一天下。据《论语·子路》记载:叶公向孔子询问如何管理政事,孔子答道:"近者说,远者来。"孔子并没有详细地阐述复杂的政治原理,而只是简单地指明了处理国际关系的一个基本原则——使近处的人高兴,远方的人来归附。如果"远人不服",又该怎么办呢?孔子又说了:"盖均无贫,和无

---

① 《管子·四称》。

寡，安无倾。夫如是，故远人不服，则修文德以来之。"① 在这里，孔子不但讲到了贫富悬殊的程度对于社会稳定、和谐的影响，而且还论及协调处于边远地区人们的关系的原则——用修治自己的礼乐政教来招致他们，他们来了，就帮助他们安定下来。因此，孔子将桓公不凭借武力而多次主持诸侯盟会归功于管仲的仁德。他说："桓公九合诸侯，不以兵车，管仲之力也。如其仁，如其仁。"② 孔子通过对管仲的赞扬，表明了他反对使用武力来处理国家关系的主张。

墨翟也强烈反对攻伐与战争，他的"兼爱"、"非攻"思想，不仅适合于国内社会关系问题，还同样适合于国与国之间的关系问题。

在反战思想传统指导下，中国历代的统治者们极少主动发动侵略战争，在面对国际矛盾的时候，尽量选择一种和平的方式来解决争端。在中国封建社会鼎盛时期的汉、唐时代，凭借当时的国家实力，打败邻国并不困难，但是，就是在那种实力悬殊的情况下，汉唐的统治者们都没有主动发动战争去侵犯别国。相反，为了睦邻友好、建立和谐稳定的国际关系，还主动派遣使团出使他国，并与之建立友好的国家关系。

纵观中国漫长的历史，在确立了儒家思想为主导地位的汉朝以后，尽管也不乏中国与外国之间的战争，但大多是出于自我防御目的的被动的战争。除了元朝以外，中国的统治者们很少主动地侵略别国。而元朝之所以例外，在很大程度上是因为它由蒙古族建立，其最初的立国思想也与儒家思想无关。在中国历史上还有一个令人深思的现象是：恰恰在中国最为强盛的汉唐时期，却与周边国家保持着较为和睦的关系。强盛时期的中国，非但没有凭借自己的实力去侵略、掠夺别的国家，反而致力于发展友好的国际关系，与其他国家进行频繁的外交活动，互通有无，睦邻友好。可以说，在无孔不入的中国传统"和"文化的熏染、浸润之下，爱好和平、反对战争已经作为一种文化基因，溶解在华夏人民的血液里。

第六节　音乐的和谐

中国传统"和"文化涉及人们社会生活的方方面面，几乎在每个领

---

① 《论语·季氏》。
② 《论语·宪问》。

域都可以看到"和"的影子。除了前面五节中讲到的"和"思想以外，中国传统文化中还有其他和谐思想，如艺术中的和谐思想、建筑中的和谐思想、音乐中的和谐思想等。比如，中国传统绘画技法就提倡和谐思想在绘画中的贯彻与运用：构图、布局、颜色、浓淡、实物、人与背景、整体意境等无不体现着"和"的思想。再如，中国传统建筑学中也包含了和谐思想：建筑本身的布局要贯彻和谐的理念，建筑的局部与整体之间要和谐，建筑与周围环境之间也要和谐。甚至中国古代的军事思想当中，也没有遗忘和谐的思想。比如，《春秋左传·桓公十一年》中阐述了军队取得胜利的关键并不在于人数的多少，而在于是否团结一致："师克在和，不在众。"其中，音乐中的和谐思想尤其突出。中国古人不仅非常讲究音乐本身的"和"，而且认为和谐的音乐可以促进人的身心和谐与社会的和谐。

众所周知，"礼乐文明"是中国古代文明的重要组成部分。早在夏商周时代，中国的古代先贤们就通过制礼作乐，形成了一套颇为完善的礼乐制度，并将其推广为道德伦理上的礼乐教化，用以规约、教化万民，维护社会的有序运行。尤其是在公元前11世纪的周朝，在总结殷商典章制度的基础上，制定了严密的礼乐制度。"礼"用来区分并维护贵贱、等级，"乐"则用以调和人际关系、融洽感情，消解由"礼"带来的等级差别感，以促进社会和谐。自周朝以后，中国历史上每个朝代的兴起后，都要进行一番"制礼作乐"的活动，要么将前代流传下来的礼乐加以改造，要么根据当时的需要制定新的礼乐。

因而，中国古代的史书中大多都有专门的《乐书》、《乐志》或《礼乐志》，如《史记·乐书》卷二十四、《汉书·礼乐志》卷二十二、《晋书·乐志》卷二十二、《宋书·乐志》卷十九、《南齐书·乐志》卷十一、《魏书·乐志》卷一百八十九、《隋书·音乐志》卷一十三、《旧唐书·音乐志》卷三十二、《新唐书·音乐志》卷十一至卷二十二、《旧五代史·乐志》卷一百四十四和卷一百四十五、《宋史·乐志》卷一百二十六至卷一百四十二、《辽史·乐志》卷五十四、《金史·乐志》卷三十九至卷四十、《元史·礼乐志》卷六十七至卷七十一、《明史·乐志》卷六十一至卷六十三、《清史稿·乐志》卷九十四至卷一百一等。

由此可见，在中国古代，"乐"与"礼"一起，并列为圣人治理天下的手段之一，这一点尤为儒家所推崇。而礼乐文明在漫长的中华文明发展史上产生了重大而深远的影响。

由于中国传统文化中音乐的和谐思想较有特色，所以在此进行一些粗浅的专门的探索。

一、音乐本身是"和"的体现

中国古人认为，音乐本身即和谐的体现，唯有音律的和谐，才能组成美妙的音乐；如果音符不和谐，那么它们所组合在一起的声音就称不上是音乐，而成为令人讨厌的噪音。

中国古老的典籍中有很多关于音乐与"和"的叙述。《春秋左传·昭公二十年》中讲："声亦如味，一气，二体，三类，四物，五声，六律，七音，八风，九歌，以相成也。清浊，小大，短长，疾徐，哀乐，刚柔，迟速，高下，出入，周疏，以相济也。君子听之，以平其心。心平，德和。故《诗》曰：'德音不瑕。'"其意为，音乐中的发声，就像做菜调理味道一样，需要音调与音符之间恰如其分的配合与协调，音律之间要相辅相成，才能构成动听的音乐。

《吕氏春秋·大乐》中则说："声出于和，和出于适。和适先王定乐，由此而生。"认为声音产生于和谐，和谐产生于适当；和谐、适当就是先王制定音乐的根据，音乐也就产生了。《吕氏春秋·大乐》接着又讲："务乐有术，必由平出。"意思是，创作音乐是有技巧的，必须从平和中产生。《吕氏春秋·大乐》接着说："凡乐，天地之和、阴阳之调也。"意思是，大凡音乐，都是天地的和谐、阴阳的调和。

《礼记·乐记》曰："凡音者，生人心者也。情动于中，故形于声。声成文，谓之音。是故治世之音安以乐，其政和。乱世之音怨以怒，其政乖。亡国之音哀以思，其民困。声音之道与政通矣！宫为君，商为臣，角为民，徵为事，羽为物。五者不乱，则无怗懘之音矣。"《礼记》认为，音乐发自人心，是人的情感的流露；因而，从音乐不仅可以看出一个国家人民的精神面貌，也可以看出该国的兴盛抑或败亡；《礼记》用五音比喻社会的不同角色，说明要有序协调，才能奏出和谐之乐。

在中国古人眼里，音乐绝非音符杂乱无章的无序凑合，而是音律之间的相互协调与配合；因而，音乐本身即为和谐的体现，唯有音律的和谐搭配，才能成为真正优美动人的曲调。

二、和谐音乐可促进人的身心健康

中国古代先贤认为，和谐优美的音乐对人的身心都产生良好的调理作用：一方面，和谐优美的音乐可以促进人体五脏六腑的良性运转，从而更好地发挥其作用；另一方面，和谐美妙的音乐还可以陶冶人们的品德与情操，使人在潜移默化中提升自己的精神境界。也正是从这一理念出发，中国古人在预防和治疗人的身心疾病时，将音乐疗法作为医疗手段之一。

《春秋左传·昭公二十一年》中讲："夫音，乐之舆也。而钟，音之器也。天子省风以作乐，器以钟之，舆以行之。小者不窕，大者不摦，则和于物，物和则嘉成。故和声入于耳而藏于心，心亿则乐。"《春秋左传》认为，音乐可以经耳入心，影响人的情志。

司马迁在《史记·乐书》卷二十四最后一段中细致而深入地阐述了音乐对人的影响："太史公曰：夫上古明王举乐者，非以娱心自乐，快意恣欲，将欲为治也。正教者皆始于音，音正而行正。故音乐者，所以动荡血脉，通流精神而和正心也。故宫动脾而和正圣，商动肺而和正义，角动肝而和正仁，徵动心而和正礼，羽动肾而和正智。故乐所以内辅正心而外异贵贱也；上以事宗庙，下以变化黎庶也。琴长八尺一寸，正度也。弦大者为宫，而居中央，君也。商张右傍，其余大小相次，不失其次序，则君臣之位正矣。故闻宫音，使人温舒而广大；闻商音，使人方正而好义；闻角音，使人恻隐而爱人；闻徵音，使人乐善而好施；闻羽音，使人整齐而好礼。夫礼由外入，乐自内出。故君子不可须臾离礼，须臾离礼则暴慢之行穷外；不可须臾离乐，须臾离乐则奸邪之行穷内。故乐音者，君子之所养义也。夫古者，天子诸侯听钟磬未尝离于庭，卿大夫听琴瑟之音未尝离于前，所以养行义而防淫佚也。夫淫佚生于无礼，故圣王使人耳闻《雅》、《颂》之音，目视威仪之礼，足行恭敬之容，口言仁义之道。故君子终日言而邪辟无由入也。"

嵇康在《声无哀乐论》中说："声音和比，感人之最深者也。"由于音乐对人的影响是潜移默化的，它像春雨一样润物细无声，但却常常使人在不知不觉的情况下改变了心情、情绪、意识，日久天长，音乐中所包含的思想情绪就会慢慢沉淀在人们的潜意识当中，从而默默地影响人们的思想观念。

在中国古人看来，和谐、优美的音乐旋律、节奏、音调对人体可以产生一种良性刺激，能够影响并调节人的情志与脏腑机能，而不同的音乐，可产生不同的治疗作用。音乐的音符虽然有限，但它们千变万化的组合却可以形成数量无穷的美妙音乐，有的音乐轻如袅袅青烟，使人心旷神怡，精神愉悦；有的音乐则重似电击雷鸣，使人气血通畅、发人深省。

也正是基于音乐对人身心的特殊调理功能，中国从古代起，就产生并发展了音乐疗法的理念，利用音律对人的五脏六腑进行调理，从而优化脏腑功能，促进人的身心健康。

《黄帝内经·灵枢·经别》曰："人之合于天道也。内有五脏，以应五音、五色、五时、五味、五位也；外有六腑，以应六律，六律建阴阳诸经，而合之十二月、十二辰、十二节、十二经水、十二时、十二经脉者，此五脏六腑之所以应天道。"《黄帝内经·灵枢·邪客》将音调分为宫、商、角、徵、羽五音。在传统中医思想中，五音与人体的五脏、五行是相互对应的：脾应宫，属土；肺应商，属金；肝应角，属木；心应徵，属火；肾应羽，属水。据此，传统中医认为，可以通过五音合理搭配出的音乐来调理人的五脏六腑，进而调理人的情志、气血运行，从而改善人的身心健康状况。

明代医学家张景岳在《类经附翼》中列音乐理论专篇，成为音乐疗法的理论专著。曾著《乐府传声》的清代医学家徐灵胎，也是音乐史上备受中外推崇的音乐理论家。李时珍在《本草纲目》中对"乐府诸案"也有诸多论述。①

现代医学家根据传统中医的音乐疗法理念，在医疗保健方面推荐一些中外音乐名曲。比如金宏柱就说：养肝名曲我首推《胡笳十八拍》，益肝的天籁之音还有《春之声圆舞曲》、《蓝色多瑙河》、《江南丝竹乐》等角调式乐曲。这些乐曲构成了大地回春、万物萌生、生机盎然的旋律，曲调亲切爽朗，都具有木的特性，都是养肝的好曲子。② 他还推荐了《紫竹调》、《喜洋洋》、《步步高》等名曲作为养心音乐；将《春江花月

---

① 参见刘炎主编：《中华自然疗法》，上海：上海科学技术文献出版社1994年版，第730页。

② 参见金宏柱著：《寻找身体上的灵丹妙药：中医导引按摩金处方》，杭州：江苏人民出版社2010年版，第84页。

夜》、《月光奏鸣曲》等作为健脾曲目。①

当然，音乐也有优劣之分，只有那些和谐的好音乐才能够改善人的身心健康状况，而那些诸如靡靡之音的坏音乐则不仅不能改善人的身心健康，反而会使人的身心健康状况恶化。

三、优秀音乐能推动社会的和谐发展

作为拥有悠久"礼乐文明"历史的中国，一向对礼义与音乐有非同一般的重视。据史料记载，周代非常重视礼、乐的政治作用，周代统治者将礼、乐、刑、政四术作为统治手段。② 在古代中国，政府往往设立专门的乐官，专门负责宫廷礼仪时使用的音乐和对民众的音乐教化。可以说，从古代开始，中国就相当重视音乐以及音乐对人的教化作用，很多中国典籍曾有专门的论述。如《吕氏春秋·大乐》、《荀子·乐论》、《礼记·乐记》、《白虎通义·礼乐》，而中国古代的史书中大多都有专门的《乐书》、《乐志》或《礼乐志》。

中国古人尤其是儒家学者认为，音乐有优劣、高下之分，并非所有音乐都具有教化的功能，只有那些情感纯正、曲调高雅、节奏明快优雅、能够体现道德教化的音乐才能涤荡人心中的邪恶与污秽，调理血脉，疏通经络，澡雪精神。健康、和谐的好音乐具有调节人的身心健康、促进人际关系和睦乃至推进社会和谐的功能。战国时的荀子曾说："故乐在宗庙之中，君臣上下同听之，则莫不和敬；闺门之内，父子兄弟同听之，则莫不和亲；乡里族长之中，长少同听之，则莫不和顺。故乐者，审一以定和者也，比物以饰节者也，合奏以成文者也；足以率一道，足以治万变，是先王立乐之术也。"在荀子看来，音乐在人的社会生活中具有不可低估的教化、教育功能，在宗庙之中，在君臣上下之间、父子兄弟之间，音乐都能够发挥"和敬"、"和亲"、"和顺"的作用，从而达到推动社会和谐、有序发展的目的。那么，礼乐对人的化育功能具体表现在哪里呢？荀子明确说："听其雅颂之声，而志意得广焉；执其干戚，习其俯仰屈伸，而容貌得庄焉；行其缀兆，要其节奏，而行列得正焉，进退得

---

① 参见金宏柱著：《寻找身体上的灵丹妙药：中医导引按摩金处方》，杭州：江苏人民出版社 2010 年版，第 113、144 页。
② 参见田可文编著：《中国音乐史与名作赏析》，北京：人民音乐出版社 2007 年版，第 10 页。

齐焉。"其意为，人们听到雅乐、颂乐，心胸就会变得开阔；拿起盾斧之类的舞蹈道具，配合俯仰、屈伸之类的动作，体态容貌就显得庄严肃穆；排列成合适的队列，符合节奏，队伍就非常整肃，进退也非常得当。因而，荀子认为："夫声乐之入人也深，其化人也速，故先王谨为之文。乐中平则民和而不流，乐肃庄则民齐而不乱。"荀子认为，音乐对人的影响非常深刻，它化育人的效果迅速，因而先王谨慎地修饰音乐。音乐中正平和，百姓就和谐而不淫邪，音乐端正庄严，百姓就心齐而不混乱。因此，荀子又说："故乐行而志清，礼修而行成，耳目聪明，血气和平，移风易俗，天下皆宁，美善相乐。"① 其意为，好的音乐盛行，人们的心志纯洁；礼仪完备，人们的德行就可以养成。人人耳聪目明，心平气和，风俗习惯越变越好，天下就会安宁和平。

　　荀子认为，音乐是人情的一种需要，音乐不仅可以表现人的感情，而且可以使人得到娱乐。音乐具有"入人也深"、"化人也速"的强大精神感染力，因而可以起到移风易俗的作用。如果对音乐放任自流，那么，邪音就会将社会搞得一团糟。据此，荀子主张统治者制定正声雅乐来加以引导，使音乐激发并培育人的善心，从而使音乐为维护社会有序发展服务。

　　荀子在其著作《荀子·乐论》中讲道："乐者，天下之大齐也，中和之纪也，人情之所必不免也。"他就明确指出音乐是协调社会的纲纪，也是人情所需。礼乐文化是古代儒家文化的重要内容，也是中国传统文化的核心之一，从中国古代起，就格外强调音乐的价值与作用，音乐能够在潜移默化中调整人们的身心状态，使人们的行动整齐、情感的表现合乎礼仪。

　　《礼记·乐记》中也有类似的观点："故乐者，天地之命，中和之纪，人情之所不能免也。"还有："和，故百物皆化。"指出"乐"是协调世间万物的纲纪，具有教化万物的功能，它的作用是使人们各安其位，和谐相处。

　　而《孝经》中也说："移风易俗，莫善于乐。"认为音乐在移风易俗方面具有强烈的优势功能。《礼记·乐记》中也讲："乐也者，圣人之所乐也，而可以善民心。其感人深，其移风易俗易，故先王著其教焉。"

---

① 《荀子·乐论》。

《礼记》也认为,圣人所制作、喜欢的音乐可以教化人民,使民心向善,感人至深,容易移风易俗,因而先王才注重乐的教化。反之,如果音乐本身不健康,不是和谐之音,而是靡靡之音,那么,音乐对人、对国家、对社会就会起副作用。《吕氏春秋·侈乐》指出:"故乐愈侈,而民愈郁,国愈乱,主愈卑,则亦失乐之情矣。"《吕氏春秋·侈乐》还专门就夏桀和商纣的音乐和圣王的音乐的不同之处进行了对比,指出圣王的音乐是平和的、安定天下的音乐,而夏桀和商纣的音乐则是使人放纵本性的、奢靡的音乐,是亡国的音乐。

坏音乐对人的损害作用也是显而易见的。即使在现代社会,坏音乐对社会的负面影响也显而易见。在国外,曾经出现过一首被称为杀人的音乐——《绝望的星期天》。这首音乐在 1932 年由匈牙利作曲家鲁兰斯·查理斯在法国创作出来。这首音乐曾引起全世界的轰动,起因在于很多听过这首音乐的人都自杀了——他们受不了这首音乐无比忧伤的旋律,他们的灵魂无法忍受该音乐的强烈刺激。这首音乐在其存世的 13 年中,至少有 100 人为此而自杀,1945 年,此曲被各国联合毁掉。

虽然现在讲文化的多元化,允许人们有个人的爱好与口味。但是,国家还是要提倡创作并传播那些积极向上的音乐,引导文艺工作者创作有利于人民身心健康、和谐的音乐。

中国特殊的社会和历史、现实环境,孕育了中国传统"和"文化,这种文化反过来又浸润和塑造了中国特色的社会。中国传统"和"文化并不是封闭的、保守的、凝固的,而是开放的、发展的、运动的。它所特有的包容性使它不断随着社会条件的变化而吸收、补充新的元素,从而使之魅力永驻。

今古相比,尽管历史现实基础不同,但中国传统"和"文化在现代仍然具有潜在的活力,渗透于人们社会生活的方方面面,在我们日常生活中,现在经常谈起的词汇就有:和谐、和协、和睦、和畅、和平、和气、和蔼、和爱、和缓、和解、和乐、和美、和好、和暖、和风、和洽、和善、和顺、和婉、和煦、和悦、和易、和调、和合、太和、泰和、中和、亲和、谦和、柔和、温和、宽和、暖和、平和、随和、祥和、谐和、协和、调和、讲和、媾和、缓和、保和……人们把争执之后归于和好叫作"和解",下棋不分胜负的一局称为"和局",如果是终局则叫作"和棋",为和平而举行的谈判为"和谈"或者"和议",战争双方为了正式结束战争状态而举行的会议称为"和会",通过结亲建立友好关系叫作"和亲",交战双方订立的结束战争、恢复和平关系的条约则称为"和约"……此外,风和日丽、惠风和畅、和风细雨、和风拂面、和颜悦色、和衷共济、内和外顺、和以处众、民和年丰、政通人和、和平共处、心平气和、和气生财、家和万事兴一类的成语或者习语也都是中国的独家发明,在外国的文字里是绝对找不到的。可以说,无论是中国的政府官员、知识分子,还是平头百姓,其思想无不带有"和"文化的印记。

第四章　中国传统"和"文化的隐忧

过犹不及。

《论语·先进》。

马克思主义认为，凡事都要讲究一个"度"，做事情应该适可而止。做不到位固然不好，做得过分同样糟糕，即所谓的"过犹不及"。因中国传统"和"文化的影响，人们无论在社会上，还是在家庭中，无论是在事业中，还是在日常生活中，都往往追求"和"。追求"和"并不错，但是，如果超过了一定的限度，事情就会走向反面。无论是在中国历史上，还是在我们的现实生活中，都存在大量因"和"过了头而造成的问题。因此，中国传统的"和"文化，既有健康的、积极向上的一面，也有不健康的、消极保守的一面；既有充满魅力、让人心驰神往的一面，也有宿疾暗带、令人隐隐作痛心怀忧虑的一面。

第一节　在"和"的宗旨下丧失基本原则

马克思主义主张，无论做任何事情都要把握一个度。所谓度，就是一定事物保持自己质的量的限度，是和事物的质相统一的限量。度的存在，要求人们在一切实践活动中都应当掌握"适度"的原则。"适度"的基本含义就是，主观的认识与行动必须同客观事物的度相符合。所谓"注意分寸"、"掌握火候"、"过犹不及"等，说的都是这个道理。[①] 无论是在工作中，还是在日常生活中，我们应该有意识地、尽量严格地将事物控制在它所要求的范围之内。过分与达不到——不及一样，都会破

---

① 参见肖前主编：《马克思主义哲学原理》，北京：中国人民大学出版社1994年版，第223—225页。

坏"适度"的原则,从而破坏事物的存在和发展。在中国传统"和"文化中,由于对"和"的强调与过分追求,使得某些人的思想与行为在一定程度上偏离了"和"的正确轨道,走上了"过犹不及"的方向,从而给自身、周围的人们乃至社会带来了一些不良影响,甚至产生了一些严重的消极后果。

一、"和事佬"与"好好先生"

中国古贤虽然贵和,但同时也承认并尊重人际交往中"不和"的存在。孔子在《论语·子路》中说过:"君子和而不同,小人同而不和。"孔子认为有德之人用自己正确的观点纠正他人的错误,而不是盲从附和;而无德之人则只知盲从附和,却不肯表示不同意见。在孔子那里,和并非同:和是辩证的统一,而同是简单的一致与同一。因此,孔子所提倡的和的修养,并非求同一,而是要求与持不同意见的人相互切磋、交流。《中庸》中有语:"故君子和而不流,强哉矫。"其意为,善于与人相处而又不随波逐流,是君子能成为刚强之人的首要条件。"和而不流"中的"流",是对缺乏原则性的一种形象表达,形容就像水一样散漫而流,随势而下,没有定准。用以形容人们无原则地随波逐流,为取悦于他人与世俗而不断改变自己的立场。"不流",就是强调君子应当不随俗从流,不同流合污。因此,中国传统"和"文化体系中尽管也主张人们在社会交往中要关爱、尊敬他人,但同时明确,对人的仁爱与尊重并不是无原则的,而是讲究一定的标准与尺度。孔子曰:"唯仁者能好人,能恶人。"他还说:"我未见好仁者,恶不仁者。好仁者,无以尚之;恶不仁者,其为仁矣,不使不仁者加乎其身。"① 其意为,我没有见到过爱好仁德的人和厌恶不仁的人。爱好仁德的人,是不能再好的了;厌恶不仁的人,他行仁德,是不让不仁的东西加到自己身上。孔子说明恶不仁者是为了使自己不沾染不仁的情感与行为。孔子在贵和的同时痛斥:"乡原(原:通"愿"),德之贼也。"② 孟子对孔子的这一思想作了进一步的解释,他认为,"乡愿"并非真正的和,就是因为乡愿"同乎流俗,合乎污世;居之似忠信,行之似廉洁;众皆悦之,自以为是,而不可与入尧

---

① 《论语·里仁》。
② 《论语·阳货》。

舜之道,故曰德之贼也"①。二程曾说:"世以随俗为和,非也,流徇而已矣。君子之和,和于义。"② 由此可见,在儒家人际交往"和"思想中,主张的是爱憎分明、爱善与憎恶同时并行,"和"首要的前提是不违背基本道德与基本道义。真正的"和"并不是为了取悦于人而不讲原则地迎合,如果只是为了"和"而一味地仁爱与尊重,却善恶不分,那就不是真正的"和"。

尽管古代先贤早已明确了"和"文化中"和而不同"、"和而不流"的可贵立场,并从理论上作了深刻的说明。然而,在现实生活中,有些人却因盲目追求"和"而迷失了自己,不加区别地为"和"而"和"使他们丧失了基本的原则,从而违背了"和"的本意。在社会生活中,只要稍稍注意,我们就经常可以看到时时处处搞"一团和气"的人,他们逢人就笑,遇事不争,遇到别人有矛盾,还经常主动充当"和事佬"——无原则地进行调解争端的人。碰到事情,需要他表态的时候,他总是说"好,好"。因此这类人又被称为"好好先生"。

因此,社会上总有那么一些人扛着"和"的大旗,做着歪曲"和"的事情,"和事佬"、"好好先生"就是其中的典型。这类"和事佬"、"好好先生"们之所以选择了这种无论何时无论何地都不愠不火的行事风格,当然有他们的道理。他们之所以心甘情愿地高举"和"的旗帜,一脸和蔼,口出和言,对于个人来说,可以搞好群众关系、同事关系、领导关系等。周围的人际关系处好了,如果再有点能力的话,就不愁受到领导的赏识,从而捞得个一官半职的,那么自然就可以吃香的、喝辣的。不仅如此,当"好好先生"还有另外一个好处,那就是不管风云如何变幻,他自岿然不动。因此,无论哪个皇帝当权,都可以保住自己的职位;不管哪个领导上台,都不会受到排斥。有些人就是凭着这一点成了"不倒翁"的。五代时期的著名官场"不倒翁"冯道就是一个典型的例子,他一生历经后唐、后晋、后汉、后周四朝,曾先后为十个皇帝效劳,其中做过六位皇帝的宰相。欧阳修曾将其与断臂保贞的李氏作比,讥讽冯道曰:"士不自爱其身而忍耻以偷生者,闻李氏之风宜少知愧哉。"司马光也称他是"奸臣之尤",近代的范文澜在《中国通史》中也花了相当的篇幅鞭挞了冯道。毛泽东也曾说:"五代纲维横决,风俗之坏

---

① 《孟子·尽心下》。
② 《河南程氏粹言》卷一。

极矣，冯道其代表也。"①

在某些时候，"和事佬"、"好好先生"们的存在确实可以起到和谐人际关系、缓和人际冲突、润滑社会的积极作用。但是，过分地强调"和"、突出"和"，以妥协、回避矛盾的办法处理人际冲突与社会纷争并非最佳选择。那些"和事佬"、"好好先生"们以"冤家宜解不宜结"为最高原则，主张人们放弃斗争，将矛盾消解在一团和气中。然而，追求和谐并不是要妥协退让，不是委曲求全，也不是姑息与迁就，更不是包庇与纵容。人们在面对邪恶现象与不正当行为的时候，不能为了所谓的"安定"、"团结"而姑息迁就，更不能包庇而为其作掩护。而应该勇敢地打破一团和气的宁静，揭露其阴暗面，中断腐败行为的发生与继续。暂时打破平衡的局面，是为了今后更加长期的平衡，失衡之后重新达到新的平衡，在新的基础上实现新的和谐，这才是真正的有利于和谐。从长远来看，"好好先生"们这种貌似以"和"为贵的处事方式并不利于社会的发展与进步。因为，以一方的妥协、委曲求全为前提，矛盾只是能够得以暂时的推延，却并没有得以真正的解决。随着时间的推移，遇到时机，矛盾还会卷土重来，乃至更加激化。

二、忍耐、顺从的民族性格

中国传统"和"文化中所包含的向往和平的社会心理一方面培养了中华民族宽容、包容、温和、善良、仁慈、热情、乐于助人的美好性格；另一方面，也在一定程度上助长了中华民族妥协、随遇而安、委曲求全、忍辱负重、竞争意识淡薄、逆来顺受等消极的民族性格。"和事佬"、"好好先生"们的存在虽然也比较常见，但是，他们毕竟是一些个体的人。他们的存在，无论是发挥积极作用也好，还是产生消极影响也罢，其影响范围都比较有限。然而，作为一种民族性格特征之一的忍耐与顺从，对我们整个民族、国家的发展与进步都产生着不可估量的深远影响。

在漫长的历史过程中，贵和、重和的观念深入人心，在这种文化氛围中，固然培养了普通民众珍惜生活、礼尚往来、爱好和平、向往和谐社会的美好愿望，但是同时，由于整个社会都过于强调"和"，在稳定、和平压倒一切的社会情势下，人们为了保持稳定、和平、和谐与安宁，

---

① 中共中央文献研究室、中共湖南省《毛泽东早期文稿》组编：《毛泽东早期文稿》，长沙：湖南人民出版社，第591页。

常常放弃斗争，以息事宁人的态度来对待社会矛盾或者生活冲突，长期以往，就逐渐形成了温顺柔和、安分守己、妥协退让、委曲求全、逆来顺受等懦弱性格。即使在面对自己的正当权益受到不法侵害时，也不是积极使自己免于损害，而常常选择消极退让的态度。传统中国人的这种独立个性的缺乏主要表现在两个方面：

一方面，在日常生活方面。在中国传统"和"文化的浸染下，人们须时时处处收敛起自己的个性：为了家和，人们需服从父母，晚辈服从长辈，妻子们还要顺从丈夫；为了朋友之和，人们需礼让；为了邻里之和，人们需谦让；为了上司之和，下属们需忍让……总之，既然要"和"，就不妨将身子低下来，低到不能再低为止。因此，在中国"和光同尘"的处世思想常常受到人们的提倡与鼓励，而锋芒毕露则往往受到人们的谴责。

另一方面，在政治生活方面。维持和平、稳定的政治环境是中国传统"和"文化中的重要内容之一。中国老百姓受到最多的教育是要安守本分、服从领导；长期以来，中国老百姓已经在中国传统"和"文化的潜移默化中形成了忍耐、顺从的文化心态。在这种文化心态的支配下，如果统治者比较开明、政通人和最好，那么全国上下皆大欢喜。如果不幸遇到统治者荒淫无道、暴政虐民的话，那么，为了国家的安定、个人生活的稳定，人们常常选择苟且偷安，而不是奋起反抗，积极争取社会的公平与正义。

在中国传统文化中，与和谐相配套的内容比较多，如：忍耐、坚韧、包容、宽容、包涵……在中国历史上，有一个大家庭比较有名，全家上百口人，几世同堂生活了很长时间，当人们请教这家主人翁有何秘诀妙方来维持这个大家庭的时候，这家主人翁只说了一个字——忍。也难怪，"忍"在中国传统文化中的市场这么大，都是对"和谐"的过分强调给逼的。清朝王永彬在《围炉夜话》中就有教导说："不幸家庭衅起，须忍让曲全，勿失旧欢。"因而，与中国传统"和"文化相配套的是"忍"文化的兴盛与发达。

《尚书·君陈》早就有言曰："必有忍，其乃有济；有容，德乃大。"孔子曾在《论语·卫灵公》中告诫人们说，"小不忍则乱大谋。"宋朝苏轼在《贾谊论》中讲："君子之所取者远，则必有所待；所就者大，则必有所忍。""忍为上"，"百忍成金"，"退一步海阔天空，忍一时风平浪静"等都作为劝世良言而广泛传播。元朝时期，杭州人吴亮曾著有《忍经》一部，其后数年，他的同时代人许名奎著《劝忍百箴》，更是将"忍术"奉为万事通行的圭臬。能忍甚至被视为品德好、有修养的表现。一些人能够忍受常人不能忍的事情被认为是预示将来能成大器的标志之一，常常被传为千古佳话。如，越王勾践卧薪尝胆终雪耻，韩信忍受胯下之辱而成就了大将之才……

中国人的忍耐、温顺在世界上是出了名的。面对国内统治者的腐败与暴政，老百姓常常抱着苟且偷安的心态，宁可遭受统治者无情的剥削与压迫，也不愿奋起反抗，与统治者进行斗争，争取自己的权利与幸福。"有一口饭吃也不造反"是中国老百姓普遍的心态。人们只有在民不聊生、忍无可忍的时候才揭竿而起。在历史上，中国老百姓这种安于现状、消极忍耐的社会心理，在一定程度上造成姑息养奸的不良后果。

在民族、国家关系方面，由于中国传统"和"文化热爱和平之下的"不侵略"主张，中国历史上尽管较少地主动侵略别的民族或国家，却不乏为了暂时的和平而屈膝求和的事例。面对敌人的入侵，不反抗或者消极反抗都不能得到侵略者的慈悲怜悯与心慈手软，而是会招致变本加厉的掠夺与摧残。北宋时期，公元1082年，宋徽宗赵佶即位。赵佶皇帝是个昏庸的主儿，他过着花天酒地、穷奢极欲的生活。在位期间，他重用了蔡京、童贯等奸臣主持国政，贪污横暴，滥征暴敛，弄得民怨沸腾，国库空虚，天下大乱。靖康二年，即公元1127年，金兵南下攻打宋朝，由于统治者以身作则进行消极抵抗，使得金兵没费多少力气就将宋徽宗赵佶、宋钦宗赵桓俘获，致使北宋王朝就此灭亡。部分皇室成员率领朝中官员、百姓逃到南京，建立南宋政府。金兵入侵之后，在民族英雄宗泽、岳飞的率领下，宋朝军队率兵北伐，并取得了节节胜利。就在这种胜利有望的情况下，被金兵吓怕了的以宋高宗、秦桧为首的统治集团却决定与金国讲和，宋高宗竟然在一日之内连下了十二道金牌召岳飞回师，致使"十年之功，废于一旦"。

在历史上，我们民族的忍耐与顺从，固然曾经赢得过一定的相对稳定的生活空间，可也极大地助长了封建统治者的腐败与暴虐、侵略者的贪婪与凶残。今天，我们的民族如果为了目前发展经济的利益而希望保持一个稳定的政治环境，而选择继续与那些腐败、不民主的现象保持妥协的话，那么，实际上是不利于我们国家的长远发展的。同时，面对世界上其他国家对我们国家的指手画脚、某些不公平的对待，我们也应大胆地说"不"！

民族的团结、国家的和平与社会的稳定固然要紧，但是，民族的独立、国家的尊严更为重要。一个有骨气、有勇气、有胆略的统治者，是宁愿站着死也不愿跪着生的，一个团结向上、有着较强凝聚力的政府是宁愿战败而亡也绝不会妥协投降的。斗争也是争取和平的手段，要敢于斗争，擅于斗争，该出手时就出手，不能妥协退让，更不能卑躬屈膝地作出政治上的让步来换取暂时的和平与稳定。

第二节　高扬"家和"旗帜下对于爱情的忽视、对于女性的压制以及父母对子女的"统治"

在中国传统社会里，除非特殊情况，人们一般不会离婚。对女性来讲，往往将"从一而终"看成重要美德。人们在祝福新人结婚时，往往说"白头偕老"。总之，在中国传统社会里，婚姻是出奇地牢固，家庭是出奇地稳定。在推崇大家庭、崇尚"家和"的中国传统社会里究竟埋藏着怎样的秘密才会出现这样的状况？

一、以夫妻之间的恩情而非爱情来维系婚姻的和谐

前面已经提到，在中国的传统家庭里，由于受到封建思想的束缚和封建礼教的压制，女性在家庭里的地位比较低下。且不说"三纲五常"中"夫为妻纲"对妇女的限制，就连相对来说对待妻子比较温柔的"举案齐眉"、夫妻相敬如宾的道德说教也并没有慷慨到将妻子放在与丈夫完全平等的地位上，也还是要求妻子对丈夫要"尊敬"，而非"亲爱"。妻子对丈夫的这种"敬"多于"爱"的家庭道德说教，在一定程度上限制了妻子与丈夫之间对等的思想沟通和感情交流。

在中国古代，正如刘介民先生所说："中国传统道德较少注重夫妇之间的爱，而较多地注重夫妇之间的义。"[①] 中国传统的夫妇之道较为重视夫妻之恩义，对爱情则相对重视不够。分析起来，这种现象与中国传统家庭的结构、特点、功能等密切相关。在中国古代，家庭的规模比较大，

[①] 刘介民编著：《中国传统文化精神》，广州：暨南大学出版社1997年版，第295页。

不像现代的小家庭，常常是三口之家，甚至是不要孩子的二人世界的丁克家庭。古代人在家庭方面的追求是规模大、人口多。规模大，指的是家庭的成员构成比较复杂，除了夫妻、子女之外，常常还有祖父母、叔伯、堂兄弟姐妹等；因此，三世同堂是古代较为普遍的家庭现象，像巴金在其著作《家》中所描写的那种四世同堂的封建大家庭也不足为奇。在这种大规模的家庭中，人口多几乎就是必然现象。中国传统的观念以多子多福、人丁兴旺、子孙发达为生活的一大理想。

在古代这种家庭规模庞大、家庭人口众多、家庭成员关系复杂的情况下，男子娶妻就不仅仅是个人的生活问题、幸福问题，而更多的是整个家庭乃至宗族的繁荣兴旺问题。因为，无论是娶妇，还是择婿，除了关系到种族的繁衍、侍奉父母、操持家务等大家庭的日常维护，还关系到整个家族的发展、社会关系的拓展、社会地位的巩固等问题。《礼记·昏义》曰："昏礼者，将合二姓之好，上以事宗庙，而下以继后世也，故君子重之。"《礼记》认为男女的结合，关系到两个姓氏家族的社会关系的确立问题，关系到对于祖宗的侍奉问题，关系到子孙的延续问题，所以才受到君子的格外重视。显然，在这里，没有提及个人的爱情与幸福，没有提及个人的情感需要。美国学者汤森先生曾这样评价传统中国的婚姻："传统的中国家庭是日常生活的控制机构，这一地位出于儒家对家庭责任和礼节的高度重视而得到肯定。婚姻首先是一种家庭事业，因而家庭的联姻和财富上的优势往往主导了婚姻安排。"① 在某种程度上可以说，中国传统社会中男女之间的婚配活动在一定意义上是整个大家庭的问题，而非个人问题。在这种情况下进行娶妻或者择婿，考虑更多的是门当户对，而非爱情；父母在为子女选择配偶时并不太在意男女当事人的个人感受。所以，"父母之命，媒妁之言"成为婚配的主要途径，而非男女的相知、相悦与相爱。

正是出于这种种生活现实与家庭义务的考虑，对维系一个大家庭、促进整个家族的发展来说，男女之间的爱情就变得相对不是那么重要了，而女方的身体健康、品德修养、家世背景等世俗的东西则上升到较为重要的地位。也正是因为这种原因，《红楼梦》中的贾母等人，才会不顾贾宝玉与林黛玉之间那缠绵悱恻的爱情，忍痛割舍了林黛玉而选择了身

---

① [美]詹姆斯·R. 汤森、布兰特利·沃马克著：《中国政治》，顾速、董方译，南京：江苏人民出版社1996年版，第183—184页。

体健康、性格温婉的薛宝钗。就林黛玉那多愁多病之躯来说，爱情实在算不了什么。因为，孱弱的身体、虚无缥缈的爱情与多疑乖戾的性格难以承担传宗接代、料理家族事务的重任。也正是出于这种现实生活的种种需要，中国传统的夫妇之道更多地强调夫妻之间应尽的义务，尤其是妻子应该承担的责任与义务。只有这样，封建大家庭才得以顺利维护与延续。

这种以门当户对为指导原则、以"父母之命，媒妁之言"为途径而结合的夫妻，本来就没有爱情作基础，如果幸运的话，能够先结婚后恋爱，在婚后培养出深厚的感情乃至爱情，那么，婚姻当然会比较稳定而牢固。但是，幸运并不总是发生。如果男女在结为夫妻之后，仍然不能培养出爱情的话，那么，婚姻的维系、家庭的延续也就只好依靠"义"了。所以，在中国传统的夫妇之道的道德说教中，格外强调"义"的重要。《春秋左传·昭公二十六年》曰："夫和而义，妻柔而正。"这里，无论是丈夫的和气与义气，还是妻子的温柔与正派，说的都是道德修养，而不是感情。《礼记·昏义》中讲："敬慎重正，而后亲之，礼之大体；而所以成男女之别，而立夫妇之义也。男女有别，而后夫妇有义；夫妇有义，而后父子有亲；父子有亲，而后君臣有正。"《礼记》的这段话说明，在维护家庭乃至国家的稳定中，"礼"起着重要的作用。即使是夫妇，其关系也遵循着"礼"的原则，而"礼"的要义却首先是"敬"，然后才是"亲"，压根儿就没有提到"爱"。《陆贾新语·道基》中讲："百姓以德附，骨肉以仁亲，夫妇以义合"。以此看来，夫妇之间，关键讲的是"义"；至于爱情，有还是没有，似乎并不重要，就只好随它去了。

二、家庭的和谐以牺牲女性的权利为代价

在中国古代社会，由于妻子承担着侍奉父母与祖宗、生育子女、料理家务等重要任务，所以，中国古代在讲"家和"的时候，尤其强调妻子"顺从"、温柔、贤惠等品德。因而，在漫长的中国封建社会中，中国传统的道德伦理对丈夫和妻子们提出了不同的要求，夫妻的和睦是以牺牲女性的个性与自由为代价的，而中国传统的家庭也呈现出与众不同的特色。

在中国传统社会，为了维护家庭的稳定与和睦，对丈夫和妻子都各自提出了一定的道德要求，规定了一系列的责任和义务。总起来说，中

国传统社会对妻子们提出了更多的道德义务,制定了更多的道德束缚,而对丈夫们则相对较为宽松。其原因主要有两点。

首先,在中国传统的"男尊女卑"观念下,男女、夫妻之间社会地位的不平等。

中国传统"和"文化中关于维护夫妻和睦的伦理规范以儒家思想为典型代表,由于受家庭结构、特点、功能的制约,受中国封建等级思想和制度的影响与制约,其基本思想是男尊女卑、夫唱妇随,主张女性要嫁鸡随鸡、嫁狗随狗,提倡妇女的"三从四德"。三从,即"未嫁从父,既嫁从夫,夫死从子"①。《礼记·昏义》曰:"成妇礼,明妇顺,又申之以著代,所以重责妇顺焉也。妇顺者,顺于舅姑,和于室人,而后当于夫;以成丝麻布帛之事,以审守委积盖藏。是故妇顺备,而后内和理;内和理,而后家可长久也。"由此可见,在中国古代,格外强调妻子们的柔顺。对于妻子顺从丈夫的过分强调,到了后来就逐渐发展成为对于女性的压制。

《礼记·郊特牲》中也有:"男帅女,女从男,夫妇之义,由此始也。妇人从人者也,幼从父兄,嫁从夫,夫死从子。夫也者,夫也;夫也者,以知帅人者也。"这种思想后来由儒家发展成为"三纲"中的"夫为妻纲"。到了宋明时代,关于"存天理,灭人欲"的口号,只是单方面地对女性所提出的要求。这种男女之间的不平等、夫妻之间的地位悬殊在中国传统社会是一种较为普遍的现象。

其次,在中国传统社会中,男女的社会分工不同。

由于中国传统社会讲究的是"男主外,女主内",所以,丈夫所承担的主要责任是养家糊口、光宗耀祖、建功立业等,即所谓的"齐家、治国、平天下",他所从事的工作也以社会事务为主,这种社会分工决定了丈夫们的活动地盘主要在家庭以外的广大社会领域。于是,家庭的地盘就留给了"主内"的妻子们。她们的主要责任是侍奉老人、生养后代、料理家务等。与丈夫们和妻子们的社会分工相对应,中国传统社会对他们所提出的道德要求也有所偏重:对丈夫们的道德要求更多的是强调建功立业所需要的道德品质,而对妻子们的道德要求则更多的是强调家庭道德,且以辅助丈夫们的建功立业、为其解除后顾之忧为前提。

---

① 《仪礼·丧服》。

由于以上原因,在中国世俗的夫妻伦理当中,讲究的是妻子对丈夫的顺从与依附,以压抑妻子们的个性来维护家庭的安宁与稳定。《孟子·滕文公下》中讲:"以顺为正者,妾妇之道也。"孟子认为,妻子们顺从丈夫是天经地义的事情。荀子在《荀子·君道》中说:"请问为人夫?曰:致和而不流,致临而有辨。请问为人妻?曰:夫有礼则柔从听侍,夫无礼则恐惧而自竦也。"可见,尽管荀子认为,做丈夫的应该极其温和不放荡淫乱,极其崇尚礼义、夫妻有别。但是,身为妻子,丈夫言行有礼节就温柔地服从他、侍奉他,丈夫没有礼节就担心畏惧,自己很恭敬。显然,丈夫与妻子的地位并不平等,妻子的地位从属于丈夫,必须时刻看着丈夫的脸色行事,一切以丈夫的情绪和意愿为转移。在丈夫的道德素质比较高的情况下,妻子们就会幸福,而当丈夫们素质较低,不懂得尊重妻子、爱护妻子的时候,妻子们就要遭殃。

在中国传统的夫妇之道中,即使是强调夫妻平等相处的道德说教,往往也是出于争取妻子们顺从的角度来考虑的。《颜氏家训·治家》云:"夫不义则妇不顺矣。"在颜之推看来,丈夫要"义",其原因是,如果丈夫不义,则容易招致妻子的反抗。为避免夫妻矛盾起见,做丈夫的还是厚道一些为好。不管怎样,颜之推等人能提出这种观点,在中国古代已经是相当开明的了。

在中国传统的家庭中,夫妻之间,因为封建纲常往往单方面地要求妻子服从丈夫,而不讲究夫妻平等。在中国封建社会,那种建立在夫妻不平等基础上的婚姻,其和谐与稳定常常以牺牲妻子的权利为代价。因此,婚姻的稳定、家庭的平静有时仅仅只是一种假象,其平静的背后隐藏着暗流,其稳定的表面隐含着感情、心理的危机。这种僵死的平静与稳定都不能称为真正的和谐。

需要指出的是:在古代婚姻和家庭中这种男女的不平等现象并不是中国的特产,更不是儒家思想的专利,而是正像英国学者吉登斯先生所指出的:"传统的家庭从一开始就存在男女的不平等现象。我相信任何人都不会否认这一点。在欧洲,女人是她们丈夫或父亲的财产,就像法定的财产一样。两性的不平等也体现在两性生活中。性的双重标准是与传宗接代相联系的。"① 吉登斯还说:"传统的妇道观一直处于统治地位。

---

① [英] 安东尼·吉登斯著:《失控的世界》,周红云译,南昌:江西人民出版社2001年版,第51页。

性的双重标准往往被认为是维多利亚时期英国人的发明,实际上,从某种意义上讲,它曾是所有非现代社会的核心价值之一。"①

男女之间的这种不平等现象是人类历史发展过程中的必然阶段,普遍地存在于世界上的众多国家中。其实,如果再往前追溯的话,在原始社会初期即已存在男女不平等现象,只不过那时正处于母系氏族时期,那时的男女不平等表现为妇女的地位高,而男性的地位反倒是低的。这种男女不平等的现象是由当时社会中男女两性谁在经济和生活中更占主导地位来决定的。在原始社会初期,人们刚刚从树上解放下来开始直立行走,双手刚获自由不久,还不会制造多少复杂的工具,人们主要靠采集野果和野菜来生存,男女两性在生理上的差别对于生产来说影响并不大;然而,在群体生活中女性却占有天然的优势——在一个群体中所繁衍的后代只知其母而不知其父,这样,女性在群体中成为天然的主导者。

只是到了后来,随着生产力的发展,人类的生产方式和生活方式也发生了相应的变化:人们可以制造各种复杂的生产工具,不再以采集为主要食物来源,人们的生产方式开始转向狩猎或者打鱼。这样一来,女性由于受生理方面的限制,在生产中的主导地位逐渐被男性所取代。人类社会也就慢慢从母系氏族过渡到父系氏族,男性在社会中的主导地位得以确立。后来,从维护家庭和社会的稳定出发,男性迫切地需要有确实无疑的后代来继承自己的私有财产,才一步步地将女性牢固地束缚起来,将其变为自己的私有财产,并用一套道德说教来禁锢女性的思想,让她们自觉地接受这种束缚和压制。

可见,男女两性之间的这种不平等具有普遍的意义,绝非中国古代特色。现在,有些学者在批评儒家的时候,将古代儒家关于对妇女的道德说教也列为一大罪状,将中国妇女千百年所遭受等级压迫的罪名毫不客气地扣在古代儒家的头上,这是极不负责的表现。即便是古代儒家思想中有所谓的"三纲"、"五常"的封建礼教,其中包含了对妇女的压制,他们也是根据社会的需要才提出来的,如果不能适应当时社会的需要,即使他们壮着胆子提出那些思想和观点,也会被社会所淘汰。而他们的思想之所以得以产生、存在和发展乃至延续下来,与社会的需要是分不开的。

---

① [英]安东尼·吉登斯著:《失控的世界》,周红云译,南昌:江西人民出版社2001年版,第52页。

有些学者在控诉封建社会对于女性的压制乃至戕害时，往往将矛头指向儒家的思想，认为是儒家思想害了中国的妇女，是儒家思想将中国古代妇女置于万劫不复的受害地位，以至于还绵延影响到近代和现代。稍微懂得世界历史的人都知道，在世界上的其他国家和地区的封建历史上，女性的地位同样非常低下。在欧洲漫长的中世纪，女性处于从属地位，属于父亲或者丈夫的私有财产，没有多少人身权利可言。即使在19世纪的美国，女性为了取悦男性，还继续着从欧洲传来的束腰传统，相信看过《乱世佳人》的人都不会忘记郝思嘉在黑人保姆的帮助下费力束腰的描写或镜头。外国女人的束腰与中国传统社会中女性的裹脚相比，尽管束缚的身体部位不同，但都是为了取悦于男人，都是男人主导社会的表现。而在今天印度的部分地区和阿拉伯地区，女性仍然受到压制，处于不平等的地位。即使在今天，世界上仍有不少国家的女性在婚后必须随夫姓，美国就是其中之一。相信不少人都知道那个发现了镭元素的居里夫人，她身为现代职业女性，所取得的科学成就举世公认。然而，"居里"却是她的夫姓，而非父姓或者母姓，出嫁以后的她，只能放弃原来的姓氏而随夫的姓氏。而在以上这些地方，都是儒家思想从未伸手或者染指过的地方，那么，女性地位的低下、女性所受的压制与迫害又由哪个学派来承担责任呢？

　　所以，我们在评判一种思想、观点或现象的时候，必须结合当时的社会现实来考察，而不能拿现在的或者历史上另外一段毫不相干的社会标准去衡量、去拷问、去追究、去痛批或者赞颂。我想，这也正是马克思主义所提倡的"历史地"分析事情的态度与方法。

　　在现代，由于生产力的发展，生产方式也发生了巨大的变革，社会生产由工业化生产代替了农业生产。按照马克思主义的原理，生产关系的变革也将带来社会关系的变革：由于社会化的大生产，一方面社会需要大量的劳动力去从事社会生产，另一方面是女性体质上先天的弱势由于自动化工业时代的到来而变得微不足道。而随着女性走向社会参加劳动，女性在经济上对男性的依附关系也随之解除。这一点必然会带来女性地位的改变，男女平等也成了必然的发展趋向。

　　所有这些——男女地位的变化：由最初的女权主义到男权主义，再到男女平等，都是社会需要的选择，而不是某个思想家或者学派单独可以决定得了的，他们至多是在某一程度上加速或者延缓、推动或者阻止社会所选择的潮流，却不能够制造或者发明社会潮流。也许用马克思他老人家的话来表述更加科学一点——历史的发展是社会合力的结果。

三、父母与子女之间地位的不平等

在中国古代，即便是一个四世同堂的大家庭，在日常运转时，也常常显得井然有序，其中一个原因就是：父母拥有对子女的绝对权威，子女唯父母之命是从。父母与子女之间的冲突被消解在父母的巨大权威之中。

《孟子·滕文公上》曰："父子有亲，君臣有义，夫妇有别，长幼有序，朋友有信。"五伦和顺，是先秦儒家关于人际关系的理想模式。"父子有亲"主要是指父慈而子孝。然而，在中国的奴隶社会、封建社会的绝大部分时间里，中国古代的父子关系却并不是建立在人与人之间平等的基础之上的，而是建立在"亲亲、尊尊"的尊卑等级基础之上的。父母与子女之间的地位是极其不平等的。

中国古代特别强调父母对子女的权威。《礼记·内则》曰："父母怒不悦，而挞之流血，不敢疾怨，起敬起孝。"《礼记》主张，如果父母不高兴，就可以鞭挞子女，哪怕并没有什么正当的理由，子女也不能心生怨恨之情，而是应该一如既往地孝敬父母。西汉时期的董仲舒以阴阳五行来比附人伦，认为人际关系取诸于天地阴阳："君为阳，臣为阴；父为阳，子为阴；夫为阳，妇为阴。"阳尊而阴卑。班固在《白虎通义》中将董仲舒关于处理君臣、父子、夫妇关系的原则概括为"三纲"，即"君为臣纲，父为子纲，夫为妻纲"。自此以后，"三纲"就成了处理人际关系的基本规则。所谓"父为子纲"是说，子女不仅应该孝敬父母，还应该"唯父母之所言，唯父母之所欲"，一切听从父母，一切以父母的意愿为转移，子女对父母应该绝对服从。如果子女有不服从父母意愿的行为，则往往被称之为"大逆不道"，父母拥有动用"家法"对"逆子"进行惩治的权力。宋朝的朱熹对"三纲"作了进一步的强调，他说："三纲五常，天理民彝之大节，而治道之根本也。"由于"三纲五常"有利于家庭、国家的稳定，所以，历代统治者都比较提倡这一原则，以维护自己的统治。

在中国古代社会里，由于家庭中父母与子女之间在地位上的不平等，父母不仅可以决定子女的事业选择，可以包办子女的婚姻，还左右着子女所有大大小小的日常生活琐事，即使在子女成年以后也是如此。子女则必须服从父母对自己的各种安排，即使心中并不情愿也不得违逆。在中国古代叙事诗《孔雀东南飞》中，虽然焦仲卿与刘兰芝有着真挚的爱情与深厚的感情，但是，在焦仲卿母亲的干预下，两人还是不得不忍痛而劳燕分飞。《红楼梦》中尽管贾宝玉对封建科举考试深恶痛绝，然而，在家长们的期望与逼迫之下，还不是乖乖地装出一副"用功"的样子？可以说，在中国古代的家庭里，在父母权威的威慑下，子女们一个个低眉顺眼，任由父母操纵着自己的各种人生选择，纵使有不平与委屈，也只好埋藏在心里而不敢违抗父母之命。

第三节　贵和的社会心理加剧了古代中国对法制的轻视

在中国古代，在贵和、尚和的思想背景下，德治受到大多数统治者的普遍青睐。并由此导致对法制建设的重视不够，中国传统法制体制的不健全几乎是一个不争的事实。然而，让西方人感觉更加不可思议的地方是：在中国古代，即使有法可依，人们争端既起的时候，居然根本就不诉诸法律，而是诉诸人——寻求认为可以信赖的"中间人"进行调解；不是靠法律客观性的裁决，而是靠人的"合情合理"的判断与裁决。

一、偏于倚重道德对社会的调节作用，相对轻视法制的建设

本来，道德与法律都是调整人们行为、维护社会和谐有序的重要手段。然而，中国古人对于"和"的情有独钟使得人们更加倚重道德教化的作用，而对于法律、法制建设重视不足。究其原因，还在于道德与法律各自的特点、功能有所差异：道德虽然属于软约束力，但是，它却能提高人的道德自觉，能够防患于未然；更为诱人的是，道德水平的整体提高，能够达到社会和谐的效果。法律尽管具有强制性的特征，也能对犯罪起到一定的威慑作用，但一般却只在犯罪发生以后才能起到事后惩罚的作用；因此，法律最多能够促进社会的有序性，却不能达到社会和谐的效果。中国古人深刻地认识到了这一道理，《淮南子·泰族训》曰："法能杀不孝者，而不能使人为孔（伋）曾（参）之行；能刑盗者，而

不能使人为伯夷之廉。"《盐铁论·申韩》中也讲："法能刑人而不能使人廉，能杀人而不能使人仁。"中国古人这种重视道德教化的特点在儒家表现得尤为明显。儒家的掌门人孔子早就定下了德治政治的基调，他在《论语·为政》中说："为政以德，譬如北辰，居其所而众星共之。"在他那里，法律、刑罚等等一切都是围绕德治教化这个国家的政治中心任务而展开的。他接着解释道："道之以政，齐之以刑，民免而无耻；道之以德，齐之以礼，有耻且格。"① 其后的历代接班人基本上没有脱离他所制定的这个政治纲领。孔子的忠实接班人孟子就对德治仁政推崇备至，他说："行仁政而王，莫之能御也。"②

在中国古代，由于儒家思想长期处于主流意识形态的地位，因此儒家所主张的德治也长期受到统治阶级的青睐。在传统的德治主义思想体系中，是以道德教化作为治国之本的，而法律、刑罚的存在只是道德教化的必要的补充。归根到底，法制的作用在于保障和支持德治的顺利落实和展开。在唐朝，儒家的这一政治纲领甚至写进了国家的根本大法——《唐律疏议》。《唐律疏议·名律例》说："德礼为政教之本，刑罚为政教之用。"明确地指出了"德礼"与"刑罚"在国家政治中的功能与地位。

由于中国的德治政治传统过于强调道德教化的作用，法制的作用没有受到应有的重视。因此，对于那些危害社会的犯罪行为，国家缺少相应的打击力度。尤其是对于那些统治阶级队伍中的败类，他们的不法行为更是无法得到遏制。德治一大弊端就在于统治者们的行为无法得到有效的约束，历朝历代，那些统治阶级都拥有一些常人无法企及的特权。由于儒家德治的前提是作为统治者的个人是道德的，而这种情况仅仅是一厢情愿的理论假设。事实上，人性本身就是复杂可变的，作为统治者的那些个人根本不可能"人人皆为尧舜"，君子和圣人也只是儒家的一种理想和期盼而已。理想人格的难以真正实现，这是动摇德治根基的一个基本因素。于是，在历史上那些身为凡夫俗子的统治者们的欲望和行为超越了合理的范围，从而强奸了民意，甚至践踏了法律的时候，却没有一种力量能够制止他们。每当此时，所有的道德说教都显得那样苍白和无力。与此同时，普通民众的基本权利也难以得到应有的保障，有的

---

① 《论语·为政》。
② 《孟子·公孙丑上》。

只是无穷无尽的各种义务，而权利却无从享受，有时甚至连起码的话语权也被统治阶级无情地加以限制或者剥夺。

中国的这种法制不健全的传统甚至一直影响到现在。表现在政治生活中，在不少地方，一些领导还在运用"三拍"来运作政务，而不是依据法律和规范来处理政事。所谓的"三拍"就是：一拍脑袋作决策，二拍胸脯表决心，而一旦决策失误，落实不力甚至犯下错误，就三拍屁股——走人。当然，依据"树挪死，人挪活"的原理，这里的"走人"，并不一定是受到什么处罚被发配去边疆，而常常是换个地方继续做官——红旗不倒。在经济生活中，一些商业活动不按照法律规定进行违规操作，一些合同无法得以正常履行，违反了契约得不到应有的惩罚等等现象更是司空见惯。在日常生活中，法律的缺位现象也是比较普遍的：当个人的合法权利受到侵害时，人们往往首先选择忍耐，而不是积极寻求法律的保护。如果被逼无奈而不得不诉诸法律时，人们又常常想到"找关系"——通过各种渠道取得与法官的联系，企图以法官的"情面"来达到自己的目的。

自从改革开放以来，由于中国商品经济的发展，社会主义市场经济的不断发展和完善，以及西方成熟的政治文明、精神文明的冲击，中国开始重视法制建设，提倡依法治国，不断制定符合社会各个领域发展要求的法律，不断完善社会主义法律体系。这些都是好的现象。我们应该借鉴西方法治传统中的法律独立、平等观念以及契约精神，努力克服强大的传统观念势力，革除中国传统的法制依附道德的旧习，进行彻底的改革，确立法律的独立的、富于权威的地位，从而真正发挥法律的作用。党的十五大第一次提出了"依法治国，建设社会主义法治国家"的口号。依法治国的核心在于实现国家政治生活、经济生活和文化生活的法治化。只有走以德治国与依法治国相结合的道路，建设社会主义和谐社会的理想才有可能实现。

二、调解取代法律充当解决争端的重要手段

在中国古代，在贵和、尚和理念的支配下，人们将"敦宗族，和乡里，戒诉讼"连在一起作为教化子弟的重要内容。人们不仅提倡和谐的人际关系，反对矛盾与争斗；而且一旦矛盾产生、斗争开始，人们还极力反对对簿公堂、有伤和气的诉讼途径，而是主张靠调解、协调的途径

来化解争端，使大事化小，小事化了。中国古人对法制建设本来就重视不够，调解制的发达又在一定程度上限制了法制的功能。

　　早在西周时期，地方官吏就设置有专门"司万民之难而谐和之"的调解民间纠纷的"调人"。秦汉以后，提倡调解、抑制诉讼进一步成为朝廷与各级官吏的重要职责。到了明朝，调解被法律规定为民事诉讼的前置程序：各乡都设有"申明亭"，由乡里老者调解处理民事纠纷，不愿讲和的，准予告官，但官府受理后，仍然先要调解，经调解达成的协议具有法律效力，当事人不得以相同的事实和理由重新起诉。明朝的这一制度被清王朝所继承。在中国古代，政府在考察官员们的政绩的时候，甚至将所辖区域内讼案的多少作为一个指标：讼案较少或者没有，就说明该地方官员清正廉洁，道德教化有方，因而民风淳厚，社会和谐。反之，则说明地方官员治理无方。

　　中国古人对诉讼的态度可以反映人们向往和平、崇尚和谐的心态。在中国古人的观念里，诉讼通常与危险、不吉利相联系。即使诉讼胜利，也不是光彩的事情。《易经》中的"讼卦"卦象为坎下乾上，水下天上。《周易浅述》曰："天水违行，乾刚在上以制下，坎险在下以伺上。又为内险外健，己险彼健，皆讼之象。"《易经·讼》曰："有孚，窒，惕，中吉，终凶。"可见，《易经》对"讼"的整体判断是凶的，是不吉利的。孔子在《论语·颜渊》中讲："听讼，吾犹人也，必也使无讼乎！"其义为：审理诉讼案件，我同别人也是一样的。重要的是一定要做到没有诉讼案件才好。可见，使人们不争讼是孔子的一个理想目标。孔子的"无讼"思想并不是孤立的，而是与"贵和"思想、德治思想密切联系在一起。孔子认为，"和"是一种理想的社会状态，要达到这一状态，靠的是人们内在的道德自觉，而不是外部的强制压力；因此，"和"所倚重的是道德观念，是"礼"，而不是"法律"的强制与胁迫。法律最多只能制造"有序"的情景，却不能营造"和谐"的气氛。

　　在中国古代，儒家思想长期占据着主导地位，孔子的"贵和"、"德治"、"无讼"思想也自然对社会产生着深远的影响。"冤家宜解不宜结"的观念在人们的心理中普遍存在。在社会上，甚至有专门的人来充当调解人。一般充当调解人的人要具备一定的条件，如：德高望重，辈分较长等。一旦纷争发生，双方当事人往往就要请一位大家公认的德高望重之人充当中间调解人来"摆平"事情，而不是诉至公堂，让法律去说话。在中国古代，不仅是邻里之间的纠纷靠调解，而且涉及行业冲突的时候，也是如此。

在乡村，一般不涉及什么行业冲突，矛盾斗争一般表现在家庭、家族内部成员之间感情纠葛、利益纷争等，或者是邻里纠纷等。因此，乡村调解人常常由一家之长、族长或其他威望较高的人充当。

在城镇，商业比较发达。同行或非同行之间都有可能发生一些冲突。有时，商业竞争也难免会带来一定的矛盾与斗争。斗争既起，人们也通常不愿靠官府通过司法程序来解决，而是习惯于找一"中间人"，靠相对客观、中立的第三方——"中间人"的个人判断来作出一个裁决结果，然后靠"中间人"的个人威望来执行裁决结果。由于在城市中的居民不像乡村中那样主要因血缘关系而聚居，许多并没血缘关系的人也聚居在一起，因而，调解争端、协调利益的中间调解人往往由当地威望较高、地位较高的人充当。城市里的行会组织里的首脑一般由大家公开推选，威望自然较高，说话行事能够服众。在调解大家争端的时候，他也常常会出头露面，担任调解人这一角色。长期以来，就形成了调解制这样一个传统。

时至今日，这种靠调解而不是靠法律来解决争端的"无讼"、"息讼"的现象仍然比较普遍，尤其是在广大的乡村社会，从而导致了中国的调解制比较发达。值得一提的是，中国的"居委会调解"制居然引起了美国相关部门的注意，曾派遣人员来中国考察、学习这一颇具中国特色的方法。诚然，尽管美国的法律健全，然而多如牛毛、繁复细密的法律也有其局限性：人们动则诉诸法律，已使美国的司法机关不堪重负，转而寻求其他可资替代的途径与方法也是时势驱使。

在中国历史上，法制建设没有受到足够的重视，固然有方方面面的原因，除了古代中国的农业经济、家国一体的社会结构、提倡尊尊亲亲的宗法传统、崇尚和谐稳定的政治追求等因素以外，以贵和、尚和为特征的中国传统"和"文化不失为其思想文化因素。

此外，从民族心理和民族精神上来讲，在对真善美的追求方面，中国传统"和"文化的这种"贵和"的传统，有利于美与善的发现、创造与发展，具有一定的优越性。然而，在求真方面却有一定的局限和弊端。求真一般要求人们必须具有强烈的奋斗精神，具有明显的"求异"思维方式，善于发现不同之处，能够迎接挑战，并为不同常人的学说而展开勇敢的竞争。显然，中国传统"和"文化并不具备这种思想特质。相反，由于过分地追求"和"的大好局面，常常导致人们因循守旧、随波逐流、难得糊涂、安于现状的消极心态。这种文化心态极不利于求真与创新。

当然，求真与创新是一个复杂的大问题，影响与制约求真与创新的因素很多——物质条件、知识储备、社会观念、思维方式、政府引导等，绝不是中国传统"和"文化一方面所能负责的；可以列举其中一个小小的因素：在中国古代，大部分中国人崇尚自然，安于在"天"的赐予下过朴素的生活，而将一些可以俭省人力的发明创造贬斥为"奇技淫巧"，认为这是一种类似投机取巧的行为而不予提倡。即便在这样的社会大环境中，在中国古代，颇具智慧的中国人曾有过很多发明与创造，也曾给世界文明做出卓越的贡献，中国的四大发明就是最好的明证。

中国传统"和"文化中的许多思想和观点，积极因素与消极因素并不是泾渭分明、一目了然，而是良莠混杂、优劣纠缠、精华和糟粕共处一体，经常是同一思想观点就具有两重性。例如儒家的"孝"，从其敬爱长辈、赡养并回报父母这一方面来讲，能够促进家庭的和谐与社会的稳定，应该给予继承并大力提倡；然而，中国古代儒家思想中的"孝"，却深深地打上了"父为子纲"的烙印，过于强调子女对父母的绝对服从与义务，忽视了子女们作为独立的个体所具有的平等的人格与权利。在此种前提下的"孝"往往会偏离了"孝"原来的意义，成为封建家长权威滥施权利的尚方宝剑以及子女盲目服从父母的理由，由此滋生出家庭不和谐音符。有时"孝"到极端，还会产生"愚孝"的悲剧，令人扼腕叹息。在中国传统文化中，类似的情况很多，如中庸之道、尚德贬法、贵义贱利等，都具有一定的两重性。

日本学者池田大作曾说："历史培育起来的传统，不论是好是坏，在人决定其未来的方向时，都会给我们提出宝贵的忠告。不过，要把所有的传统都变成有用的价值，还需要有看待传统的眼光，即洞察的眼光。"① 对于中国传统"和"文化，人们如果把握得度，它就能发挥

---

① ［日］池田大作、松下幸之助著：《人生问答》，卞立强译，北京：中国文联出版社2000年版，第457页。

巨大的积极作用；如果走了极端，它的消极影响也比较明显；无论是在历史上，还是在目前的现实生活中，中国传统"和"文化的优点与长处固然给中华民族带来无尽的益处，它的缺点与不足也同样对我们产生深远的消极影响；正因如此，所以才让人们对之有喜有忧、爱恨交加。

第五章 中国传统"和"文化须进行现代转化

向古人学习是为了现在的活人,向外国人学习是为了今天的中国人。毛泽东著:《毛泽东文集》第七卷,北京:人民出版社1999年版,第82页。

尽管中国传统"和"文化在中国的历史上发挥了重要的作用,充分展示了其独特的魅力。然而,与传统社会相比,今天的社会状况已经发生了巨大的变化,在传统中国的土壤里萌生、成长、繁荣的传统"和"文化,要想在现代社会中继续展示其魅力的话,就必须进行一定的现代转化,才能适应新时代社会发展的要求。而中国传统"和"文化的现代转化,既不是复古,不是简单地向传统"和"文化回归,也不是一味地照搬或者模仿西方文化;而是将继承与创新相结合,将继承本民族优秀文化与合理吸收外国文化相结合。这就要求我们要根据我国文化的社会主义性质,从我们的现实国情出发,对中国传统文化与外国文化进行分析、比较、鉴别,区分其中的精华和糟粕,学习、继承或者借鉴其精华部分,而有意地克服与避免其弊端和缺陷。

第一节 中国传统"和"文化进行现代转化的必要性

毋庸置疑,中国传统"和"文化曾经在中国历史上起到过一定的积极作用。当然,在人们过分强调"和"、追求"和"时,中国传统"和"文化也曾给人们带来一定的消极影响。中国传统"和"文化毕竟是形成于中国古代那种特定的社会土壤,并在漫长的历史中逐渐发展起来的,它丰富的内容来源于不断地吸收并融合不同民族、不同国家的外来文化。今天，当我们以现代的眼光来盘点中国传统"和"文化时，在惊叹其体系庞大而内容繁复之余，也不得不思考这样一个问题：由于今、古社会条件发生了很大变化，在内容丰富、优劣混杂的中国传统"和"文化中，即使那些适合于古代社会的文化精华，在今天也可能已经过时，不能再像过去那样发挥它应有的积极作用。

如前所述，中国传统"和"文化的产生与发展具有一定的历史条件和社会背景，它以自给自足的自然经济为基础，以重视血缘关系、以家族为本位的宗法社会为社会背景，以礼治、德治的传统为政治支持，在漫长的历史进程中得以不断地丰富与发展。中国传统"和"文化是中国传统文化的重要组成部分，它与中国古代的社会生产活动、社会生产关系、社会制度、社会心理等互动发展，贯穿于中国古代历史。到了近代，由于生产关系、经济基础、政治制度、宗法社会状况等发生了重大改变，作为中国传统文化组成部分的中国传统"和"文化已经发生了某种程度的相应变化。而到了现代，无论是生产关系、经济基础还是政治体制、政治制度、社会状况、文化交流，都出现了加速发展、变革的时期。社会的剧变，更是给中国传统文化带来前所未有的刺激与挑战，面对新时期的社会要求，中国传统"和"文化也不得不作出某种新的变化，以适应新形势的需要。因此，中国传统"和"文化的现代转化是经济基础决定上层建筑这一规律的具体体现，也是社会发展的必然要求。

一、经济基础发生了变化

经济基础决定上层建筑，这是马克思主义最基本的一条原理。一定的思想文化都是在一定的社会经济基础上产生的，并受一定的政治制度、社会结构的影响和制约。也就是说，文化的发展与变迁归根结底取决于或受制于社会的发展。毛泽东曾说："一定的文化是一定社会的政治和经济在观念形态上的反映。"[①] 一个民族或者一个国家在特定社会发展阶段的文化，不仅可以反映该民族或国家在科学技术方面的发展程度，反映这个民族或国家对自然、社会的认识水平与改造能力，还反映这个民族或国家的政治形态、经济状况、知识素养、思想状态、精神面貌、道德

---

① 毛泽东：《新民主主义论》，《毛泽东选集》第二卷，北京：人民出版社1991年版，第694页。

风尚等方面所达到的水平。

中国传统"和"文化是在中国传统社会以小农经济占主导地位的经济基础与以奴隶制、封建等级制为主要特征的社会结构中产生并发展的。我国在传统上是一个农业及封闭、半封闭社会。农业社会不仅意味着农业人口、农村地区在全国总人口、全国总面积中占很大比重,它还表明地域关系、血缘关系、行政关系等是维系整个社会的主要纽带,人员、物质、信息的流动非常缓慢。血缘关系在中国传统社会中无疑是一种非常重要的社会关系。这种社会状况决定了在中国传统社会中,在协调人际关系、社会关系时,必须首先照顾到人们之间的亲情、感情。因此,贵和、尚和的"和"文化自然衍生并受到推崇。而社会流动的缓慢培养了人们形成留恋故土、不肯轻易迁移的社会心理;而这种安土重迁的社会心理恰恰曾经是培养中国传统"和"文化的因素之一:在传统社会观念里,背井离乡不仅意味着远离自己熟悉的土地与亲人、朋友,还意味着一种迫不得已的无奈与悲凉。与之对应的封闭、半封闭,则意味着人们的认识、感知与社会交往等只囿于周围一块不大的空间范围。这一社会状况使得人们必须在有限的空间里尽量地创造一种稳定的社会环境,并努力保持一种和谐的状态;既然人们必须要在一个相对狭小、封闭的环境里生活,那么与人为善、和平相处无疑是一种最好的选择,这在某种程度上也强化了人们贵和的观念。

始于1978年的中国经济改革,从一开始就注定了要冲击中国社会上层建筑的命运,冲击中国传统人的传统生活方式与传统观念,冲击中国传统文化,中国传统"和"文化当然不能例外。自改革开放三十多年来,中国社会正在从农业社会向工业社会转变,从自给、半自给的产品经济社会向社会主义市场经济转变,从乡村社会向城镇社会转变,从封闭、半封闭社会向开放社会转变。

中国社会从封闭、半封闭走向开放,不仅表现在对外开放,还表现在内部的开放,这主要是指社会流动的加强。而对外开放的实行,则意味着面对异族、外国不同的文化特质,需要具有更大的包容性。

从经济功能看,在自给自足的自然经济时代和生产资料私有制的社会里,家庭是人们进行生产活动的最基本的单位,进入工业社会,生产由家庭转向社会化方向发展,工厂、农场的生产逐渐取代了家庭的生产,家庭不再是社会生产的基本单位。

三十多年过去了，改革的狂飙彻底改变了中国人习以为常的传统生活方式、生活理念：由市场经济的发展所带来的人口流动、剧烈竞争打破了人们宁静的传统生活，在商品、金钱的招引下，人们再也不能安守在家族祠堂的周围继续那种面朝黄土背朝天、靠从土里刨食的农业生活方式，而是纷纷背起行囊，踏上了通往城市的道路。于是，传统的那种安土重迁、安居乐业、耕读传家等过去被人们奉为幸福生活的标准已经不复存在。可以说，中国的对内改革，严重动摇了中国传统"和"文化赖以存在的经济基础。

在市场经济环境中，社会基本状况已经起了根本的变化：市场经济取代了小农生产，市民社会取代了宗法社会，社会交往的频繁化、人际关系的复杂化等，使得君子、统治者个人的榜样示范与道德教化已不能应付这么繁多复杂的社会问题，而必须依靠周密细致的法律。社会现实的变化客观上"需要一个可靠的法律制度和按照形式的规章办事的行政机关"①。市场经济发展使得竞争理念与商品货币关系渗透到社会的各个角落。这就意味着原来以农业经济为基础的某些人际关系发生了新的变化。经济的市场化与现代化必然导致对传统文化的严重挑战。

二、社会制度发生了变化

马克思主义认为，上层建筑的各个部分之间相互影响。作为上层建筑的社会制度与文化精神之间既有各自的独立性，又彼此影响、相互制约。新中国的建立，彻底废除了封建等级制与封建专制，必然使奉行了几千年的礼制造成颠覆，并严重动摇了巩固已久的道德权威与政治权威——维系传统社会稳定、有序的两个基石。中国社会这种乾坤旋转式的转化，使得传统文化的转化绝不可免。

（一）根深蒂固的等级制度和等级观念已发生了变化

中国传统文化中等级观念严重，尤其是在社会上长期占据主流意识形态地位的儒家思想，重视血缘和家族，强调尊卑和等级。没有树立西方希腊、罗马时代就已经确立的那种社会契约观念，也没有形成让每个社会成员以独立的身份平等地参与社会公共生活的习惯。而在中国传统

---

① ［德］马克斯·韦伯著：《新教伦理与资本主义精神》，于晓等译，北京：生活·读书·新知三联书店1987年版，第14页。

社会中，人们天生就是不平等的。每一个社会成员首先属于他的家庭和家族，"其社会地位既先天地取决于他的家庭在社会等级中的地位，又后天地取决于他个人在社会政治结构中所获得的身份。中国政法传统中缺乏法律面前人人平等的概念"①。

正是因为在漫长的封建社会中，中国存在着等级制度，人们在政治和经济上的差距，刺激了中国广大的农民、小生产者等下层人民。当然，大部分知识分子也往往包括其中。正因如此，人们为追求公平起见，常常幻想政治上的平等以及经济上的平均。于是，在中国传统文化中有不少思想家主张人们在政治上完全平等，在经济上平均财富，以此来达到社会的和谐。中国古代著名典籍《礼记》中所描写的"大同"社会，可谓一个人民富足安康的和谐社会，其基本政治特征就是"等贵贱"，其基本经济特征就是"均贫富"。可以说，《礼记》中大同社会的这种政治上以"等贵贱"为特征的平等思想和经济上以"不患寡而患不均"为特征的平均思想对我国后世思想影响较大。以至于在中国漫长的历史中，不断有人提出这种思想主张，在奴隶起义、农民起义的时候，"等贵贱，均贫富"常常被作为号召人民响应起义的口号；而在和平时期，也常有思想家或者政治家主张用政治上的绝对平等和经济上的平均财富来为国家稳定与社会和谐创造条件。

其实，这是一种不切实际的空想而已，具有极大的局限性。因为，绝对的平等和平均本身就是一种不公平。因为，由于人们先天的自然条件的差异，人们的素质、能力等不可能完全一样，他们对社会、对国家的贡献也不会一样。以不同的贡献去赋予相同的地位和身份，就是一种政治上的不公正。在经济上，由于人们能力的大小存在差异，于是，人们在社会中所付出的劳动的质量与数量也不可能完全等同，以不能等同的劳动去收获同等的果实，就是一种经济上的不公正。

因此，相对于主张绝对平等的思想来说，管子所主张的让人们按照"礼"的要求，本分地安于自己的等级和地位以维持社会稳定和谐的思想并不是像某些学者所批判的那样，是为统治阶级服务的一无是处的思想，而是具有一定的合理性。正像美国政治学家汤森所说："在传统中国的社会秩序中，等级制关系被认为是自然而必要的。支配社会等级制的

---

① 何新著：《中国文化史新论》，哈尔滨：黑龙江人民出版社1987年版，第93页。

原则是复杂的,包括对年龄、代属、亲缘、性别、财富、学业和官位的混合考虑。"①

社会主义新中国成立后,在中国存在了几千年的等级制被彻底废除。等级制的废除,并不等于等级制观念的自然消除。但这一重大社会变化必然会引起人们思想观念的巨大变革。正如汤森所说,中国社会在不断地发生变化,由于本世纪初国家儒学、帝国官僚和考试制度的寿终正寝都深刻影响了中国旧文化对社会的影响。②尽管汤森也表示了自己对中国彻底清除过去影响的种种忧虑,但他还是乐观地认为,在中国共产党政府的努力下,由于"一批勇于献身的党员和支持者组成的干部,以及中共所表现出来的军事优越性,这些都使它能够建立一个中国历史上前所未有的政治组织网络。随着这些资源被生气勃勃地调动起来,中国政治文化发生重大变化的前景尽管不能保证,但至少是可信的"③。

由于中国传统"和"文化是建立在等级制基础上,以专制的制度为前提,所以,被深深打上了等级制的烙印,这一点在中国传统政治"和"文化中得到比较集中的体现。这也导致尽管中国传统"和"文化有着较为丰富的内容,却难以在现实中得以尽善尽美地实现,即使实现了某种程度的社会和谐,也往往带有一些难以克服的缺陷与不足。比如,由于等级制的存在,恪守本分就成了维护上下、高低、尊卑的井然有序的必然要求。中国传统的礼制就是适应当时的这种要求而产生的。中国的封建礼制提倡用"礼"来规约人们的行为,维持社会的稳定与和谐。这个混合伦理与法律于一身的"礼",却恰恰就是以等级制为基础并以维护等级制为宗旨的。它从等级制当时这一现实出发,首先明确人是不平等的,然后,教导并规定人们必须安于自己既有的身份与地位,遵守"礼"所赋予的各种义务。中国传统的封建礼制,其目的就是为了维护不同等级之间的人们能够安于本分,和睦相处。

今天,在社会主义的新中国,我们已经废除了等级制,人们之间政治地位平等,男女之间地位平等。现代社会建立在个人人格平等的基础

---

① [美]詹姆斯·R.汤森、布兰特利·沃马克著:《中国政治》,顾速、董方译,南京:江苏人民出版社1996年版,第178页。
② 参见[美]詹姆斯·R.汤森、布兰特利·沃马克著:《中国政治》,顾速、董方译,南京:江苏人民出版社1996年版,第179—181页。
③ [美]詹姆斯·R.汤森、布兰特利·沃马克著:《中国政治》,顾速、董方译,南京:江苏人民出版社1996年版,第181页。

之上，人与人、人与社会的关系都发生了与传统社会截然不同的变化。人与人之间阶级的不平等、等级的不平等关系已经消除，取而代之的是人与人之间平等的关系；个人与社会之间不再是简单的个体对群体的隶属关系，而是一种比较复杂的合作关系。因此，原来建立在等级制基础上的中国传统"和"文化的内容也将发生根本的变化。现在，大多名目繁多的封建礼法已经没有了存在的社会土壤，它们已自然而然地随着等级制的废除而退出历史的舞台。

"和"的内容是不断变化发展的，和谐的社会状态具有层次性，不同的社会对社会和谐的向往与要求各不相同。在传统社会中，由于等级制度、等级观念的存在，人们遵守礼法、恪守本分，不同等级的人们安于自己的社会地位，社会等级秩序正常，就是"和"的体现。然而，到了现代，等级制度已被废除，人与人之间是平等的，这时候，人们对"和"自然会提出新的要求。人际关系的和谐、社会秩序的和谐也将呈现崭新的面貌。

（二）源远流长的专制制度与专制体制已经改变

中国的传统社会，在进入阶级和国家阶段以来，其经济形式基本上是一种小生产的自然经济；其社会关系特点是以血缘关系为纽带，以家族、宗族为单位的宗法统治势力较强。无论是在中国的奴隶社会，还是封建社会，均为血缘—伦理—政治三位一体的社会，在这种社会中，自然经济与宗法制紧密结合的社会土壤，培养了中国高度集中的专制制度与专制体制。尤其是中国的封建专制，因其存在时间的漫长及超稳定而举世闻名。

自秦朝建立了第一个封建的、专制的、统一的国家以来，追求政治上的"大一统"一直是各个朝代统治者的理想。在分散落后的农业社会，客观上也需要建立一个统一而稳定的国家秩序，才能保障大型农业水利工程建设的组织和实施，才能募集足够的兵员与物质去抗击外敌的侵犯。追求统一、稳定的政治取向，在客观上要求统治者必须在意识形态方面有意地强调"和"的思想。因为，唯有如此，才能尽可能地在一个较大的空间范围内保持和平与稳定，才能维持国家的存在与发展。

专制的体制，虽然要求强调统治者的个人地位与个人权威，却并不赞成统治者的残暴与专横。相反，在中国古代，无论是思想家，还是政治家，或者统治者本人，大多都极力主张一定要用温和的方式来统治国民。几乎每一位统治者都声称暴政不得人心,而自己并不打算使用暴力来压制百姓,维护政权。因而,就出现了一个耐人寻味的现象:尽管在中国漫长的历史过程中,封建专制占据了统治地位,但与其同时,在中国的政治思想中,"仁政"、"德治"也一直占有特别突出的地位,仁政、德治与教化的思想几乎伴随封建专制的始终。而仁政、德治也是中国传统"和"文化的重要组成部分。因此,在某种意义上可以说,中国古代专制的政治制度的客观存在,从反面刺激了中国传统政治"和"文化的滋生与繁荣。究其原因,大概是明智的思想家、政治家们在专制制度既成的事实面前,既然无法改变这种社会制度,为了削弱专制制度所可能引起的暴政,就只好大力宣扬"和"的思想理念:统治者要具备一定的道德品质,要采用温和的"仁政"、"德治",以此来作为暴政产生的预防剂。

长期以来,儒家思想指导下的封建统治者主张德治和仁政,提倡道德教化,而对法律和刑罚有所忽视。可以说,中国古代的"德治"传统适应了当时简单的小农生产方式、宗法社会结构以及专制的社会状况,曾起到了积极的作用,成功地维持了封建社会的长治久安,使得中国封建社会的历史之长举世无双,而且在延续中华文明不被中断方面也曾起到一定积极作用。

新中国建立以来,中国社会发生了天翻地覆的变化。在新的历史条件下,封建专制制度彻底废除,社会主义民主体制已经建立,并不断地完善和发展。在新型的民主体制下,政党之间相互合作,老百姓有比较充分的民主来参与国家的政治活动,统治者不是靠个人的权威而是靠民主与法律的程序来治理国家。新型的政治制度与政治体制必然带来文化精神、思想观念的变迁,中国传统"和"文化也将随之发生重大变化。尤其是中国传统政治"和"文化,几乎所有涉及政治和谐的内容都将因为前提的变化而呈现出截然不同的面貌。比如,在传统社会中那种强调个人修养,通过强调统治者的道德模范作用与道德教化的力量来维护政局的稳定、社会关系的和谐,在现代社会已经不合时宜,中国传统"和"文化同样需要与时俱进。

因而我们应该思考的是,在社会主义民主体制的新形势下,我们如何自觉地对中国传统"和"文化进行新的变革。如,创造哪种新的理念来推动依法治国与以德治国相结合,采取何种具体的选举体制或方法来促进国家政局的稳定与社会的和谐……

三、社会结构发生了变化

在中国古代奴隶社会和封建社会,血缘关系是联系人们的主要纽带。在中国漫长的历史中,以血缘关系为基础的家庭充当最基本的社会单位。家庭关系是中国传统社会结构的核心,社会关系是家庭关系的延伸与放大。在某种意义上说,家族、宗族还作为某种政治团体发挥着国家基本的政治功能。家国同构、宗法一体是中国封建制度的基石与主要特色,也是中国传统社会结构的重要特点。中国传统的社会就是由私人情感连接而成的网络,家人、族人、亲戚、同乡、朋友等"熟人"组成一个个互利互惠的小圈子。产生于此社会土壤之中的中国传统文化,无疑反映了当时社会状况的这种特点:因血缘关系的存在而注重亲情、互助、团结、和谐、统一、稳定、和平等精神理念。作为中国传统文化重要组成部分的中国传统"和"文化更是处处体现着这一特色。

到了现代,随着生产力、经济的发展,人口的流动性加强,社会结构发生了重大变化:家国同构、宗法一体的现象已经不复存在,以家庭为中心、按照血缘关系划分的社会格局向着按照地缘关系划分的现代社会格局转变,从封闭、半封闭的社会向着流动开放的社会转变。尤其是在现阶段,随着城市化进程步伐的扩大,农村人口大量涌入城市,居住在同一社区甚至在同一单位工作的人们不再具有血缘关系。于是,中国传统"和"文化中那些为维护社会的稳定与和谐、针对"熟人社会"所强调的以"情"为主导的伦理道德,逐渐被新型契约所取代。

第二节 中国传统"和"文化进行现代转化的可能性

如前所述,近现代以来,中国的经济、政治、社会结构、对外交流等发生了重大变化。所有这些变化在客观上必然引起文化的相应变化。同时,经济的发展、政治的进步、社会结构的优化、对外交流的加强也为文化的发展与进步提供了客观条件。新中国的建立,无产阶级政权的建立,为社会主义新文化建设提供了政治保障。十一届三中全会的召开,中国实行改革开放政策:对内改革使得中国的经济建设取得了举世瞩目的成就,为社会主义新文化的建设提供了雄厚的物质基础;同时,对外开放政策的实行,加强了中国与国际社会的交流,国外的先进技术、管理经验以及进步的思想观念传入中国,在很大程度上丰富和发展了中国传统文化。在这种情况下,作为中国传统文化组成部分的中国传统"和"文化也迎来了其现代转化的重要契机。

一、人的现代化是中国传统"和"文化现代转化的前提

人是文化的创造者,作为文化的主体,文化的存在、传承、传播与发展都离不开人。因此,人的认识能力、知识水平、思想素养等素质决定着文化发展与进步的程度。同时,人从一开始出生,就处于既定的文化包围之中,既受着传统文化的浸润,又可能受到外来文化的影响。可以说,在文化塑造人的同时,人也在不断地创造、塑造着新的文化,人与文化在共同的社会条件下互动发展,相互带动,相互促进。

(一) 人是文化的主体

人是文化的主体。文化的创造、传播、传承、丰富与发展都离不开人,都是人作用的结果。因而,人是文化发展变迁的主动力。人的基本素质如何,不仅关系到民族的兴亡、国家的振兴,还关系到现代化进度的快慢与民族文化的兴衰。

人类具有适应环境的能力。不同的民族与国家会以整体的形式适应所赖以生存的自然环境;在多民族共存的社会交往条件下,人们还要适应多种文化形式互相竞争的环境。一个民族在环境发生了变化的情况下,如果自己原来的观念体系不适应变化了的新环境,它就会自我更新原有的观念体系。在观念体系的转变过程中,一般情况下,人口较少的小民族要比人口众多的大民族灵活,适应新环境的能力也更强一些,而个人适应新环境的能力比起群体来又要更强一些,显示出更多的灵活性。作为个人,人们往往乐于接受先进的文明,对于先进的文化形式表现出浓厚的兴趣。在多种文明共存的生活环境中,除了一些极少的顽固的保守分子以外,人们往往出于本能地倾向于先进的文明生活。也许在开始的时候,一些人可能会由于思想准备不足、知识和经验的欠缺、生活方式的惯性等原因,在一段时间内暂时不能接受先进的文明,甚至可能还会产生心理上一时的抵触,但这种不适应很快就会克服,转而"随大溜"地融入周围人们所掀起的大潮流中。这也许可以解释为什么在进行现代化过程中,农村人口以一种不可遏制的势头涌入城镇,而城市人却极少

主动自愿下乡长期生活。这是因为，先进的文明形式更加适合一般人的需求与愿望：先进的物质文化产品能够使人们生活得更加舒适，先进的精神文化产品能够提供更多的耳目视听的娱乐享受，先进的生产技术与设备能够大大降低人们的劳动强度、减少人们的劳动时间……

在现代化与全球化的合力作用下，面对各种文化的冲击，人们有时候会出现一些无所适从的迷失：本民族的传统文化与各种外来文化交汇在一起，形成一个漩涡，使得一些人在某些时刻似乎失去了方向感。文化的多样性给人们提供了多种可能的选择：人们在形形色色、光怪陆离的文化大餐、文化小吃面前尽情地品尝。多种文化在给人们提供丰富养料的同时，也给人们带来某些不适：并不是所有的文化都适合人们的需要，有些文化确实是色香味俱全，既能满足人们的口味，又能给人们补充营养；而有些文化尽管看起来挺好，别人吃起来也津津有味，然而，一旦自己食用，却难以消化、吸收，有时甚至还引起上吐下泻，带来不良后果。"桔生南国为桔，桔生北土则为枳"，同一种文化在不同的地域、不同的国家会表现出不同的形式，起到不同的社会作用。

因此，在现代化、全球化、信息化的过程中，人们必须保持清醒的头脑，拥有一定的"文化自觉"意识，主动培养自己的鉴别能力，才不至于在形形色色的文化选择面前迷失了自己。费孝通先生指出，"文化自觉"是指生活在一定文化中的人对其文化有"自知之明"，明白它的来历、形成过程，所具有的特色和它的发展方向，不带任何"文化回归"的意思，不是要"复归"，同时也不主张"全盘西化"。自知之明是为了加强对文化转型的自主能力，取得决定适应新环境、新时代文化选择的自主地位。① 在现代化的过程中，在全球化潮流的挟裹下，各种文化汇集在一起，难免泥沙俱下、鱼龙混杂。人们在选择、接受不同文化的时候，出现一些盲目、不适是现代化过程中经常出现的现象，尤其是世界上那些后发国家，这种现象更是其现代化过程中所必然出现的。然而，人毕竟是一种理性的动物，作为文化的主体，在各种文化冲击人们头脑的同时，人们的头脑也在选择、鉴别、改造着文化。在经历了一定的盲目、混乱以后，人们会逐渐变得更为清醒、更加理性，尤其是那些具备了一定的"文化自觉"意识的人们，在我国的社会转型时期，一定不会

---

① 参见费孝通：《人文价值再思考》，乔健等主编：《社会科学的应用与中国现代化》，北京：北京大学出版社1999年版，第12—13页。

辜负自己作为文化主体的神圣地位，主动担当起中国传统文化现代转化的历史使命，在继承中国传统文化与吸收国外先进文化的基础上创建出社会主义新文化。

（二）人的现代化与中国传统"和"文化的现代转化

随着改革开放的深入，我国社会进入了转型时期，即从自然经济向商品经济转变，由农业社会向工业社会转变，由传统向现代转变。现代化的潮流已经不可逆转地改造着传统人们的生产方式、生活方式、娱乐方式、思维方式。再加上全球化、信息化的推波助澜，人们在很大程度上已经步入或者即将步入现代化的行列。现代化的人已经不满足于传统文化所提供的精神食粮，开始在不同的文化中汲取自己所需的养料。而全球化所带来的文化交流正好又为此提供了必需的条件。人们迫不及待地通过各种手段吸收各种新奇的文化，并通过各种方式表明自己与时俱进的现代性，以证明自己是一个跟上时代潮流的现代人，而不是一个保守的、落伍的、陈腐的人。

目前，我国正在进行社会主义现代化建设，经济的发展、政治的进步、对外交流的加强使我们国家的社会环境日新月异。生活在这种社会环境已经大大改变了的个体的人，在思想观念上也理所当然地发生相应的变化。一个人生活在什么样的社会环境中，就会产生什么样的思想情绪与心理状态，从而影响他的生活方式与行为方式。一个从农村跑到像北京这样的大都市环境中谋生的人，面对城市的现代化管理，面对公司、企业中处处以法律、法规规定的人际关系，他原来在家乡长期养成的思维方式、人际关系、处事原则等等都会或主动或被动地改变。社会条件发生了变化，还会导致传统的道德标准、价值标准等等都发生不同程度的变化。比如，在过去生产力比较落后的农业社会里，社会交往活动普遍较少，"不远游"、独处乃至隐居，都是比较正常的，甚至被认为是一种美德而受到人们的尊崇。孔子在讲"父母在，不远游，游必有方"①的时候认为，为人子者在父母活着的时候不离开父母远走高飞是为了免除父母的思念与担心，是一片孝心的表现；然而，在通讯手段、交通手段如此发达的今天，即使孝子，也不必太拘泥于"父母在，不远游"的道德规约。在古代，一人独处甚或隐居常常被认为是为人本分、具有较

---

① 《论语·里仁》。

高内在修养的体现而受人尊重。然而，在社会交往活动普遍比较频繁的现代工业社会里，如果还有人足不出户的话，则往往被认为是落后、是孤僻。

总之，文化的发展与人的发展是一种双向互动的关系。中国新时期的现代化建设必然引起人的现代化，而现代化的人的出现必然对包括中国传统"和"文化在内的传统文化进行反思与变革。人的现代转化首先表现为观念的转化。在传统"和"观念体系中，有些思想已经不适合甚至阻碍现代社会的发展，使得社会的发展产生种种不和谐的因素。因此，在某种意义上可以说，传统观念的变革在社会的变革中起着开路先锋的作用。在人与自然的关系方面，传统观念的变革通过采用现代科学技术解决了某些传统生产方式难以解决的问题，从而保护了自然环境与资源，维护生态的平衡，在某种程度上缓解了人与自然之间的冲突。在人与人、人与社会的关系方面，它以现代的科学管理理念指导和调节现代社会生产活动的运行，使生产关系更加科学、有序；同时，传统"和"观念的变革通过自我批判的方式，或者从外部输入其他文化的进步观念，引导和教育人们选择更加科学的生活方式，克服旧有的人与人、人与社会之间的矛盾与冲突。

二、社会条件

恩格斯曾说："我们自己创造着我们的历史，但是第一，我们是在十分确定的前提和条件下进行创造的。其中经济的前提和条件归根到底是决定性的。但是政治等等的前提和条件，甚至那些萦回于人们头脑中的传统，也起着一定的作用，虽然不是决定性的作用。"[①] 恩格斯的话揭示了既有的经济、政治等社会条件对人们创造历史的重要作用。具体到我国的新文化建设，毛泽东同志曾讲："我们要革除的那种中华民族旧文化中的反动成分，它是不能离开中华民族的旧政治和旧经济的；而我们要建立的这种中华民族的新文化，它也不能离开中华民族的新政治和新经济。中华民族的旧政治和旧经济，乃是中华民族的旧文化的根据；而中华民族的新政治和新经济，乃是中华民族的新文化的根据。"[②] 建设新文

---

① 《马克思恩格斯选集》第 4 卷，北京：人民出版社 1995 年版，第 696 页。
② 毛泽东：《新民主主义论》，《毛泽东选集》第二卷，北京：人民出版社 1991 年版，第 664 页。

化，离不开旧文化，我们要从新时代的政治、经济条件出发，顺应社会发展、进步的要求，对旧文化进行"扬弃"，取其精华，去除糟粕；同时，有所选择地借鉴和吸收外来文化中的优秀成分，取长补短，使自己民族、国家的新文化日臻完善、日趋完美。

现在，我们国家的经济、政治状况在变，社会结构等社会条件在变。同时，我们又处在国际大环境的影响之下，尤其在全球化浪潮的冲击下，世界各国以前所未有的速度迅速联成一体，形成一个"地球村"。在"地球村"里的人们，经济上相互依赖，政治上相互影响，文化上彼此交流。在此国内外环境的影响下，人们的生产、生活方式在变，社会价值观念以及社会风尚亦在变。所有这一切，为中国传统"和"文化弃旧图新的转变提供了必要的社会条件。

（一）国内条件

历史表明，中华民族文化体系的转型与更新，是在经济体制和政治体制改革的相互作用中进行的。中国传统"和"文化也随着我国经济现代化、政治现代化建设而不断生发出新的内容、呈现出新的形式。

第一，经济现代化与中国传统"和"文化的现代转化。

文化的发展与创新离不开一定的物质条件、经济条件作基础，现代文化的构建须与经济、政治的现代化同步、配套进行。经济的现代化是文化现代化的必要条件之一。

经济现代化离不开经济体制的改革。自1978年实行改革开放政策以来，我国的经济体制已经发生了重大的变化。在新的经济条件下，人与自然、人与人、人与社会之间的关系与传统社会中的这些关系大相径庭。单纯地依靠原来的传统"和"观念已不能维系人与自然、人与人、人与社会之间的稳定、和谐关系，经济的发展为人们提供了新的视角与途径以达到新的和谐。

同时，我国的经济体制改革极大地解放了生产力，生产力的提高以及经济条件的改善，使得国民教育日益普及，文盲不断减少，教育水平逐步提高，科学知识的增长，信息传播的广泛而迅捷，极大地带动了文化的积累和发展。诸如平等、互助、公平、正义、契约、合同等等颇具现代特色的价值观日益渗透到社会生活的方方面面。

第二，政治现代化与中国传统"和"文化的现代转化。

文化是一个比较宽泛的概念，政治文化也是构成文化的重要方面。

中国传统"和"文化的现代转化本身就需要转变落后的政治理念，建立新型的政治模式；同时，中国传统"和"文化中的非政治文化方面的现代转化也需要现代的政治条件与政治环境作为条件，政治的现代化是中国传统"和"文化现代转化的制度支持。

政治现代化的主要标志是民主化与法制化。因此，中国传统"和"文化的现代转化离不开对传统政治体制的改革与创新，离不开社会的民主化与法制化。

在民主化建设方面，中国的民主化改革是一个不断推进的过程。新中国建立以来，我国的民主化建设已经取得一定的成果。传统社会中建立在宗法等级制基础上的身份特权、"一言堂"、家长制作风盛行等不和谐现象正逐渐被杜绝。在新的民主制基础上，国家与公民的关系重新厘定，确定公民是国家的主体与社会权利的主体，以及政府是公民社会的服务者与维护者这一基本关系。公民是社会的真正主人，社会的管理体现公民的意愿，公民有参政议政的权利，可以自由表达自己的意见并受法律保护。国家建立了完善的权力监督和制约机制，有效地降低了权力滥用的可能性。这些成果为社会的和谐有序发展提供了制度的保障。

在法制化建设方面，我国目前正在进行的法制改革也是一个不断深化、不断推进的过程。我国的法制建设不是一蹴而就的，而是一个渐进的过程，改革开放以来的三十多年是中国法制建设大发展的年代，我们借鉴了不少西方国家比较成熟的法律体系，结合自己国家的现实国情，制定并颁布了不少新的法律和法规。从目前的情况来看，涉及社会生活各个重要方面的法律都已经基本制定，并在实践中不断完善与发展。法制建设的现代化极大地改变了中国传统的伦理型社会特征，与此相适应，法治将取代传统社会中的"人治"，我国民主化建设也必须由健全的法律来保障实施。公民在法律面前人人平等，他们的自由和权利受到法律的有力保障。法制是社会主要的调控机制，社会生活普遍纳入法治的轨道。任何组织与个人都必须在法律规定的范围内活动，任何权力都不能超越法律之上。法律真正体现绝大多数公民的意志，立法民主化，司法程序化。整个社会建立了完善的有法可依、有法必依、违法必究的法治机制。一方面，在人与自然、人与人、人与社会的关系方面，法律都制定了详细而明确的规定。另一方面，现代化的法制的建立，可以强有力地打击那些各种破坏社会和谐的行为。在现代化法律的有力保障下，和谐社会的建立指日可待。

总之，中国传统"和"文化的现代转化离不开政治的现代化，没有开明的政治制度作为制度保障，社会的和谐与有序就无从谈起，现代"和"文化的建设也将成为空中楼阁。

需要指出的是，中国政治体制的改革、中国的民主化建设和法制化建设，使得中国的政治朝着更加合理、进步、文明的方向发展，所有这些进步，除了为中国现代"和"文化其他方面的建设提供必要的条件以外，它们本身就属于中国现代"和"文化建设的重要组成部分，属于中国现代政治"和"文化的基本内容。

（二）国际条件

目前，在全球化的大背景下，哪怕是最开放的国家，也不可能完全摒弃本民族的传统文化；反之，哪怕是最为保守的国家，也不可能绝对不受全球化的影响。在这种情况下，我们是被动地消极等待着外来文化冲击、消解我们的本土文化，还是主动地积极地对自己的民族文化在内容与形式上进行必要的改造，使之适合新形势的客观需要而产生新的活力呢？

毛泽东在《新民主主义论》中讲："中国应该大量吸收外国的进步文化，作为自己文化食粮的原料，这种工作过去还做得很不够。"[①] 毛泽东清醒地认识到，我们只有在与外来文化进行相互交流时，才能发现中国传统文化的弱点与不足，才能有目标、有选择地借鉴和吸收外来文化的优点与长处。现在，由全球化浪潮所引发的文化全球化为中国传统文化的现代转化提供了最佳的机遇，创造了前所未有的外部条件。

目前，文化全球化已经是无法阻挡的客观现实，是世界文化发展的必然趋势。只要一个国家对外开放，它就必然要被纳入文化全球化的轨道之中，中国也不例外。因此，对于中国来说，与其被动地进入文化全球化进程，不如主动地参与文化全球化进程。笔者认为，中国参与文化全球化进程不仅是无法回避的历史必然，还是实现中国传统文化现代转化的必要途径。因为文化全球化的最大好处就是可以实现世界不同民族文化之间的优势互补。无论一个民族、一个国家的文化传统多么优秀，它总会受到本国特定历史条件和社会现实的限制，从而带有这样那样程

[①] 《毛泽东选集》第二卷，北京：人民出版社1991年版，第706页。

度不等的缺点与不足。只有在文化全球化的过程中，在与其他民族、其他国家文化的激烈碰撞与交锋中，才能使一国文化的发展在目前条件下最大限度地摆脱固有传统与思维定势的束缚，在古今中外各种文化成果中，明智地选择那些适合现代社会发展要求的文化成分，进行优化组合，使世界整体的文化发展达到最优状态。

美国社会学者罗伯逊认为，"各种文化在接受别种文化的成分时是有选择性的"。[①] 诚然，一种文化是不可能轻易而迅速地接受异域文化的，它必须经历一个艰难的磨合期。在此期间，异域文化的内容不仅要经过本土文化主体的过滤、选择、加工，异域文化的形式也会结合本土传统文化的需要而进行修正、再造。不同文化类型的接受是一个进入、反应与融合的过程。进入使得异域文化获得与本土文化进行对话与交流的机会，在面对面的相互审视中获得某种对对方的认识与估量。反应阶段则类似于贴面吻抑或肉搏战：本土文化主动邀请异域文化来加入时会送上贴面吻，这种情况通常是本土文化占据主导地位，自信而优雅地取过异域文化的礼物；不过，反客为主、客大欺主的情况也时有发生，这正如作为宠物引来的外来物种，反而造成本土物种的受损。不经本土文化的允许、异域文化霸道地闯入时一般会发生肉搏战，这种文化交锋有时会发生拉锯战，此消彼长，占上风的一方将占据主导地位。融合并不是相互接触的两部分内容的重合与叠加，而是两种不同文化交配之后所生出的新生儿，新生儿同时具备两种文化的基因，往往综合了双方文化的优点与长处。

过去，在一个相对封闭的有限地域里，中国传统"和"文化只能在本土进行单亲繁殖，翻来覆去总是脱不了旧有的胎记。现在，全球化为中国传统"和"文化送来了形态各异、品性多样的众多异域文化，经过一定时期的检验与筛选，它一定能够挑出最出色的文化并与之相结合，从而衍生出适合时代要求的新型现代"和"文化。环顾当今世界，新加坡、日本、韩国是在其现代化的过程中比较成功地将传统文化进行了现代转化的典范，创造出了具有传统汉文化特点的现代文化，对经济的发展起到了推动作用。它们之所以在短时期内成功崛起，原因之一就是能够将以儒家为主导的传统汉文化进行现代转化，使之与资本主义精神具

---

① ［美］伊恩·罗伯逊著：《社会学》上，北京：商务印书馆1991年版，第98页。

有内在的一致性,从而促进社会的发展。新加坡政府在这方面自觉而主动地采取了一些措施,制定了一些政策,甚至制定了相关的法律,以政府号召或强制的方式来弘扬传统汉文化。比如,新加坡政府制定法律强令人们遵守公共道德,爱护环境等。日本则将传统儒家的道德伦理融入现代企业管理,发展出具有高度凝聚力的现代企业文化。由于我们与新加坡、日本、韩国同属东亚文化圈,它们已经能够将传统汉文化进行现代转化,它们的成功先例,不仅为我国对传统"和"文化进行现代转化带来了信心,还为我们提供了一些有益的启示。

三、文化自身的条件

马克思主义认为,文化固然是由人类作为主体所创立的,但它却具有不依赖于主体主观愿望的客观性。由于文化本身具有超越主体的客观形式,具有自己特定的结构与功能,形成人类社会特有的遗传机制。[1]文化存在的客观性与独立性,使文化的发展与变迁呈现出自己的规律性。

(一) 文化具有相对独立性

马克思主义认为,上层建筑具有相对独立性。上层建筑一般分为政治上层建筑与思想上层建筑两部分。文化虽然并不等同于上层建筑,但文化与上层建筑的诸要素之间存在着交叉重合、相互涵盖的关系。因此,文化具有与上层建筑相同或相似的特点。

由于文化具有自身相对独立性的特点,文化的发展就成了"自己构成自己"的过程。文化的发展与变迁走着具有自身特色的特殊道路。[2]一方面,文化可以不必随着经济基础等因素的变化而亦步亦趋地发生变化,或者稍迟一些再发生改变;它也可以根据实际需要只发生部分改变,而适当地保留某些具有永恒性的精神理念。另一方面,文化的相对独立性也使得文化中的某些部分的改变走在经济、政治变革的前面,从而成为社会变革的先导。如果我们能够正确认识文化的相对独立性这一特征,就可以发挥人的主观能动性,根据社会发展的要求对自己的传统文化进行必要的改造,使之成为社会变革的动力源泉。

---

[1] 参见肖前主编:《马克思主义哲学原理》,北京:中国人民大学出版社1994年版,第688—691页。

[2] 参见肖前主编:《马克思主义哲学原理》,北京:中国人民大学出版社1994年版,第695页。

(二) 文化具有稳定性

文化一旦产生，便具有一定的稳定性。一个民族的文化精神体现在该民族的政治、道德、宗教、艺术、哲学、法律、科学等各个领域。一个民族的文化中的精神实质、思想观念贯穿于该民族的生产、政治、经济、外交以及一切日常生活的实践活动之中，并对它们的形态与特质产生重要影响。特定的民族文化经过长期发展，更是可以积淀成为该民族的深层心理结构。

文化的稳定性使得它一代一代地被人们继承下来，使用下去。即使科学技术、经济、政治等已经发生巨大变革，文化仍然可以在相当长的时期内延续下去，而不会立即改变。即使发生某种程度的变化，往往也只是部分的改变、渐进的改变。

(三) 文化具有民族性

马克思主义认为，由于具体民族、国家的社会历史条件千差万别，世界上几乎每个民族都有自己特殊的历史、文化传统与思维方式。各个民族历史因素的差异造成文化的民族性与文化形态的多样性。

不同民族的文化是在各自民族所处的地理条件、经济形态、历史传统中逐渐形成的，它是各个民族在解决自己生产、生活中的疑难与问题的过程中不断丰富发展的。由于不同的民族所处的地理环境、生产方式、经济形态等各不相同，它们在生产与生活中遇到的问题也不会相同，因此，不同民族的文化也千姿百态，各具自己的特色。因此，不同的民族文化具有相对的独立性与不可比性。因而，在不同民族的文化相遇、碰撞、交流的时候，一方文化对另一方文化的被动接受或主动同化都是有选择的，都是有其内在根据的——根据解决自己现实问题的需要。长时间来看，它总是选择异族文化中那些能够帮助它解决自己的现实问题的部分，而舍弃于自己无益的部分。

就当前世界文化发展的状况来说，在全球化浪潮的冲击下，全球文化朝着多元化方向发展。在文化全球化的激荡中，不同民族的文化相互交流，经常在同一时间处在同一个地域，保留自己民族文化的特色是使自己立于世界文化之林的前提条件。如果丧失了自己文化的民族特色，那么也就丧失了与其他民族文化进行平等交流与对话的资格。世界上其他国家文化现代化的过程使人们认清一个问题——"只有民族的才是世界的"。因为文化艺术比较忌讳千篇一律，越是民族色彩浓郁，越是具有本国特色,也就越能为世界所承认。在全球化浪潮汹涌澎湃的今天,在某些文化"趋同"的现象背后,更加深刻的是文化上的"逐异",保持民族个性、追求本国特色是全球化时代的一个重要特征。有一个现象可以说明这个问题:越来越多的国家在加大经济开放步伐的同时,却对外国文化的输入增加越来越多的门槛,以保护本国文化不受外国文化的同化或破坏。现在,在我们国家也有越来越多的有识之士正在加入振兴本民族文化的行列。

综上所述,由于文化具有相对独立性、稳定性、民族性等特征,为我们正确认识文化发展与变迁的独特规律、自觉地根据现实社会需要对传统"和"文化进行现代转化提供了可能。

第三节 中国传统"和"文化现代转化的指导思想

与其他事物的发展过程一样,任何时空当中的文化变迁都既是一个"发展的环节",又是一个"联系的环节"。说它是发展的环节,是指文化的变迁具有连续性,它必然从传统中产生,并延续其中的部分内容;说它是联系的环节,是指文化的变迁不是孤立的,它必然与周围其他地域的文化发生或多或少、程度不同的交流与融合,并由此产生新的内容与形式。而继承与创新体现了文化的这两方面特征。我们正确认识了文化变迁的特点,就能有意识地利用这一特点对自己的传统文化进行自觉转化。

中国传统"和"文化的现代转化是一个在传统基础上的新创造,是一种根据现实社会需要,继承并弘扬了传统"和"文化精华、吸收外来进步文化的、多项文化成果的综合创新。具有中华民族特色的"和"文化,从传统走向现代化,仅靠扬弃传统是不够的,还须汲取世界上其他民族先进文化的精华,为自己补充必要的营养,增强自身的活力。在这个意义上说,适当学习与借鉴其他民族的先进文化正是中国传统"和"文化进行现代转化的题中之义。

我们对中国传统"和"文化进行现代转化不是盲目的、散漫的,须有一定的指导思想,概括来说,就是"坚持一个原则,做好两方面的工作"。"坚持一个原则"就是坚持有利于中国现代化发展的原则,"做好两方面工作"是指一方面做好对中国传统"和"文化的扬弃工作,另方面要做好合理吸收外国先进文化的工作。

一、坚持有利于中国现代化发展的原则

我们在对中国传统"和"文化进行现代转化的过程中,免不了要继承传统与借鉴外国文化,至于哪些部分应该继承,哪些内容可以借鉴,应该有一个标准与尺度,这个标准与尺度就是"是否有利于中国现代化的发展"。凡是合乎中国现代化建设的需要、有利于中国现代化的发展的东西,无论是中国固有的传统,还是异域的外族文化,我们都要果断地拿过来;凡是不能满足中国现代化建设的需要、不利于中国现代化发展的东西,无论它曾在中国有过怎样辉煌的历史,还是在异域有过怎样动人的经历,我们都要毫不犹豫地摒弃掉。在这个过程中,我们要超越那种狭隘的文化沙文主义与民族沙文主义,既不要因偏袒自己的传统文化而搞文化保守主义,也不要因盲目崇拜外国文化而搞文化上的崇洋媚外。

对于传统"和"文化,由于今古社会状况发生了巨大的变化,有些内容过去曾经推动社会发展,在今天可能非但不能促进社会的发展,还会阻碍社会的进步;而有些内容则由于自身优秀的内核,尽管其形式已不能适应现代社会发展的要求,但是其精华仍在,只需对其形式稍加改造就可以继续发挥其积极作用。对于外国文化,由于中外历史传统、现实国情的不同,有些部分在外国能够推动社会的进步,移植到中国,未必就能产生积极的作用;而有些部分则具有普适性的价值,拿到中国来用,也能促进中国的现代化发展。总之,是取是舍要坚持有利于中国现代化发展这个原则,看其是否满足中国现代化发展的需要。

二、扬弃中国传统"和"文化

中外历史已经证明,没有凝固不变的传统,也没有与传统断绝开来的现代化。社会主义现代化建设,不能脱离中国的现实国情,而中国的现实国情中又包含着各种历史因素的延续和渗透。由中国千百年的历史所形成的传统"和"文化,广泛而深刻地影响着、塑造着中华民族的性格、心理、思维方式与价值观念。在对于包括中国传统"和"文化在内的中国传统文化的评估过程中,那些认为非好即坏,要么全盘肯定,要么全盘否定的极端的、片面的观点与做法,早已经被证明为幼稚的、不可取的。

由于今、古社会不同，经济、政治、社会结构等发生了巨大变化，所以，对中国传统"和"文化进行原封不动的继承已不能适应现实的需要。即使那些放在任何时空当中都毫无疑义的"和"之精义，它在古代与现代也会有着不同的表现形式。对传统"和"文化的继承与弘扬，不仅是内容的剥离，是精神的抽取，还是形式的扬弃。在对中国传统"和"文化的内容进行分析、批判、剥离、抽取的基础上，我们还应该思考如何与时代精神相结合，如何赋予传统"和"文化以新的形式，让其在新的历史条件下发挥更大的作用。我们在继承与弘扬中国传统"和"文化的过程中需要注意以下几个问题。

第一，以马克思主义思想为指导，对传统"和"文化进行扬弃。对中国传统"和"文化的现代转化离不开马克思主义的指导，在分析、批判的基础上对其进行"扬弃"。扬弃是继承与革新的结合，我们要继承的是中国传统"和"文化所包含的合理内核，所体现的优秀理念，所确立的正确原则；革新则是除去其中过时的陈腐内容与僵化教条的封建形式，而代之以符合现代社会发展要求的新内容、新形式。

由于今古社会状况已经发生了重大的变化，在历史上曾经起积极作用的文化，在今天可能不再起积极作用，甚至还有可能起消极作用。因此，我们对传统"和"文化的继承与弘扬绝不是原封不动地拿来继续使用，而必须建立在对其内容进行"扬弃"的基础上。这种"扬弃"应该以马克思主义为指导，以是否符合中国现代社会发展的要求、是否符合现代化建设的需要为标准，来检验中国传统"和"文化的精神实质、具体内容与形式，然后决定取舍，决定如何改造。

在中国传统"和"文化中，既有可以继承的瑰宝，也有必须铲除的毒草；既有超越时空界限、博大精深的真知灼见，对人类具有永恒的积极意义，也有落后于现实、陈腐有害的谬论邪说。而且，精华与糟粕往往纠缠在一起，难分难解。即使是同一种思想，把握得度就是精华，过犹不及即为谬论。比如，"和为贵"，如果"贵和尚中"，该和时就和，不该和时不妥协就是真正的"和"的精义；如果过于强调和，该斗争时不斗争，该出手时不出手，只是一味的懦弱、妥协，则是走向了"和"的反面。又比如"孝"，做子女的如果在精神上尊敬、抚慰父母，在物质上帮助、赡养老人，那么，他（她）就是孝顺的；如果偏执于教条，恪守封建礼教，对父母早请示、晚汇报，就没有必要，如果不幸中了封建思想毒害，做出一些类似郭巨"埋儿奉母"的事情来，就成了"愚孝"。在这种情况下，我们就只能将精华部分从整体中剥离出来，只抽取其中合理的思想精神，将那些过时的内容与形式抛弃掉。因此，在某种意义上说，对中国传统"和"文化的扬弃，更多的是指对其优秀的精神理念的继承，对其过时的陈腐内容、教条形式的抛弃，按照新时代的要求与现代化建设的需要创造出新的表现形式，赋予其以新的内涵。

在这方面，我们可以适当借鉴日本、新加坡、韩国等国家的经验。日本在发展现代经济、建设现代企业文化的时候，将儒家的仁爱精神融入其中。如松下、三菱以及其他一些私营公司都为单身年轻职工建了宿舍，为结婚雇员提供购买住房的押金。公司宾馆为雇员提供了休假地点，公司餐厅与阅览室为下班后的雇员提供了消遣场所。儒家仁爱精神在新加坡同样受到重视，被认为是现代的、和谐的劳工关系的关键因素。在新加坡，儒家仁爱精神由政府所属的劳工联盟、国家工商业联盟议会推行。这个联盟议会开办了某种连锁的超级市场，可以廉价地向工人提供日常用品；它也经营某种合作保险、牙医中心、一些连锁的餐厅等福利性机构。① 在新加坡，还由儒家的仁爱精神发展出发达的现代公共慈善事业，基于互爱互助的仁爱理念，由社会企业、公司或个人自愿捐资，用于资助那些因贫穷、疾病或意外陷入困境的人们。新加坡、日本、韩国等国在现代化的过程中，不仅没有将传统文化当成包袱，反而从中挖掘出珍贵的思想精华，果断地采取措施，使用新的形式来发扬光大，并成功发展出具有时代特征的现代文化。它们的做法为我国传统"和"文化的现代转化带来了希望与启示。

第二，注意发挥政府以及各种媒体的作用。在继承与弘扬我国传统"和"文化的过程中，政府的支持与引导、各种媒体的积极介绍与宣传不仅是必要的，而且是重要的。近些年来，在学者的积极倡导下，我国政府、各种媒体开始重视对传统文化的介绍和宣传。各种传统文化的研究机构、民间团体等如雨后春笋般先后成立。尤其是近几年来，在我国政府的大力倡导和支持下，我们的"非物质文化遗产"申请工作取得重大进展，一大批传统文化入选世界"非物质文化遗产"名录；中国的春节、中秋节、端午节等不少体现中国传统"和"文化理念的内容榜上有

---

① 参见［美］小 R. 霍夫亨兹、K. E. 柯德尔著：《东亚之峰》，黎鸣译，南京：江苏人民出版社1995年版，第138—139页。

名；这对于中国传统文化走向现代化、走向世界创造了条件。我国政府对传统文化的重视显而易见：在海外设立300多所"孔子学院"和500多个孔子课堂，举办各种活动，向国外介绍、宣传中国传统文化……从2008年开始，我国政府更是将中国四大传统节日——春节、中秋节、清明节、端午节定为法定假期。法定假日设定的意义，不仅在于为人们与家人的团聚、亲情的巩固、家庭的和谐提供了机会与保障，更重要的还在于它表明了我国政府的一种态度：对中华民族传统文化的重视、对建立和谐家庭的重视。政府的这种措施作为一种舆论导向，在更大的范围内引导着各种媒体、社团组织、个人在思想上更加重视对民族传统文化的重视与发扬。

总之，中国传统"和"文化不仅表示已经逝去的历史，同时也构成正在发展的现实，它绝非一种仅供人们考古与凭吊过去的东西，而是至今绵延在人们的心理、气质与性格当中，渗透在民族的思维方式、行事风格、风俗习惯当中。那些合乎情理、仍具现实指导意义的传统"和"文化就具有继续存在的价值，就应该使其融入主导时代的现代文化主流，如：讲究夫妻互敬互爱、父慈子孝、兄弟姐妹之间互爱互助，提倡家庭成员之间和睦相处的家庭生活理念，在现代社会中仍然具有积极作用，就应当构成现代"和"文化的一部分。而那些封建时代的陋俗，诸如为了家和而单方面要求妻子服从丈夫、子女孝敬父母中的"愚孝"，为了社会的和谐稳定在经济上追求"均贫富"思想等等，则随着时代的发展被淘汰。离开对传统"和"文化的批判继承，现代中国"和"文化的发展就会成为无源之水、无本之木，也就谈不上什么现代转化了。

三、合理吸收外国先进文化

中国的现代化与英国等早发型国家不同，我们国家是一个后起的现代化国家，其现代化的性质与特点也与别国截然不同。像中国这样的后发型国家的现代化大多不是自己内部现代性自生自长、不断积累与成熟的结果，而是对外部的现代化冲击与挑战所作的一种自觉或不自觉的反应。因而，在中国这类后发型国家里，外部的现代化冲击与内部的反应构成现代化过程中的两个重要方面。外部现代化对中国的冲击是全方位的，既有经济的冲击，也有政治的冲击，当然也包括文化的冲击。在全球化浪潮席卷一切的今天，世界经济一体化、政治趋同化、文化全球化正在轰轰烈烈地进行。不管你愿意不愿意，一个国家要想保持不受外来文化影响的、纯粹的民族文化已不太现实。国外先进文化的输入，在不同程度上开阔了中国人的视野，减少了自己的狭隘性与局限性，使我们有机会在中西文化的对比中，进一步反思自己传统文化中的优点与缺陷。

在文化全球化的作用下，当今中国文化的发展应是民族文化与外来文化交互作用的结果。如果缺少全球意识，中国文化的发展将游离于世界文化发展的轨道之外，如果缺少民族意识则不能创造出具有特色的文化。与其被动地让汹涌而至的外来文化将我们的民族文化淹没乃至同化，不如我们主动出击，在将我们优秀的民族文化推向世界舞台的同时，积极地吸收外来文化中的精华部分，服务于本国现实社会需要。在引进、借鉴外来文化的过程中，我们需要注意以下几个问题：

第一，避免盲目引进。在文化全球化的冲击下，蜂拥而至的外来文化中既有精华，也有糟粕，有时候精华与糟粕夹杂在一起，有些甚至是已经被人家抛弃的"洋垃圾"。如果不加鉴别地盲目引进，不仅无益，反会有害。有些人被外来文化光怪陆离的包装、名目繁多的花样弄得不知所措，再加上崇洋媚外所带来的文化自卑心理，怀着崇敬的心情不加鉴别地吸收外来文化，结果却是引狼入室，给我国的文化现代化建设带来严重危害。

第二，避免照抄照搬。在一些人眼里，现代化就是西方化。因此，在学习、借鉴西方文化时，他们会不加变动地照抄照搬，原封不动、生搬硬套地拿来使用，其结果不是在中国行不通，就是勉强应用却带来不少消极影响。诚然，西方国家的现代化起步较早，它们在经历了现代化的阵痛以后，已经发展出相当成熟的现代化模式，也建立了适合现代文明的进步文化。但是，由于中外历史传统不同、现实国情各异，适合于外国的文化，并不一定完全适合中国。即使是进步文化，如果不进行必要的改造就囫囵吞枣地咽下，就会引起文化上的消化不良，轻则产生一阵痛楚，重则还会酿成其他文化弊病。比如，民主选举制本来是西方政治文明进步的成果，构成了西方进步文化的重要部分。在不少西方国家，由于推行了民主选举制，大大地提高了政治公平性与透明度，促进了社会的和谐有序发展。然而，民主选举制引进中国后，却并不适合像西方国家那样大搞全民选举。因为，中国本来就没有民主的传统，中国人口众多，国民素质参差不齐，如果不顾这些历史传统与现实国情，猛地一下实行全民选举,那么不但不会达到预期的效果,反会为政治投机制造机会,造成不必要的混乱。这从一些小范围的全民选举试点中得以证实:一些村委会的选举实行全村法定人口普选制,结果有的候选人通过家族关系、熟人等关系拉人情票,有人利用手里的金钱"以钱买票",甚至还有人雇凶杀人,将竞争对手消灭掉……因此,从我国现实国情出发,我们国家现在进行全民选举的普选制条件还不成熟,还不适合搞全民选举。但是,现在不搞全民选举,并不意味着永远不搞全民选举。在不久的将来,等条件成熟,全民选举将适时而行。

总之,要想将中国传统"和"文化进行现代转化,必须立足于本国,面向世界。从中国现代化建设的实际需要出发,以开放的胸襟,融贯古今,会通中西,取长补短,批判地继承、吸收古今中外一切优秀文化成果,不失为一种明智的态度。

第六章 中国传统"和"文化现代转化的目标

在我国现代化进程中,包括"和"文化在内的中国传统文化既是我们现代化建设可资利用的一笔巨大的精神财富,又是一个颇难跨越的思想障碍。因为一切事物都具有两重性,中国传统"和"文化也不例外。它既有优点,又有缺点,它的长处与弊端杂糅在一起,难分难解。因此,我们必须结合时代的特点与现实的需要,对中国传统"和"文化进行分析与甄别,加以批判地继承、改造、充实与发展,使之就像"凤凰涅槃"一样,在社会主义现代化建设的烈火中获得新生,从而焕发出更大的魅力。

第一节 人与自然之间的和谐:摆正人与自然的关系,建设生态型社会

在人与自然的关系问题上,中国传统文化的主流认为,人是自然的一部分,受自然规律的制约。尽管儒家与道家都承认人类的尊贵地位,然而,这两家都主张人与自然的顺应关系。老子将人作为与天、地、道相提并论的"域中四大"之一。而儒家也认为,与自然界中的其他物种相比,人具有更为尊贵的地位。人在万物中的优越地位并不代表人就可以凌驾于自然,与作为整体的自然相比,人的渺小仍然是显而易见的。正是基于此种认识,儒家、道家异口同声地主张人与自然和谐相处的重要性。而在西方传统文化中,虽然也有赫拉克利特"按自然行事,听自然的话"这样的教导,但是更多的是主张人类要征服自然、改造自然。尤其是到了近代,西方由于科学的发展和技术的进步,不断增强了人类

改造自然、征服自然的信心和决心。在这种征服自然的雄心壮志的支配下，人类不断地对自然发起一次次的进攻：拦截大坝、砍伐森林、炸掉高山、填海造田、猎捕动物……人类以种种壮举确实显示了自己在大自然面前的威力。可是，大自然也并没有示弱，大自然以一种更加辽阔的势头给人类以颜色：全球变暖，冰川融化，物种的灭绝，气候的恶化……不少西方国家，在饱尝了"征服自然"所受到的环境污染、生态危机等惩罚之后，痛定思痛，已经反思到了大自然的可畏、自然规律的神圣难违，从而提出了以充分尊重自然为指导思想的"可持续发展"观，强调人与自然的和谐。

目前在我国，由于追求经济的高速发展，从而造成在发展的过程中存在一定程度的以牺牲环境、生态破坏为代价的现象。所幸的是，我国的有识之士和政府领导已经认识到了问题的严重性，在继承中国古代人与自然和谐相处思想和借鉴西方发展思想的基础上，提出了"科学发展观"的正确理念，以防止我国在现代化的过程中重蹈西方工业国家的覆辙——在人类社会的发展过程中破坏了自然环境和生态平衡从而造成人与自然的矛盾和对立。

一、正确看待人与自然的关系

人与自然的和谐是中国古代思想家们的一个重要思想，也是中国传统"和"文化的重要内容之一。

中国传统"和"文化中有一个比较著名的观点是"天人合一"，这一观点比较集中地反映了中国古人对人与自然关系的认识：人与自然同处于一个整体之中，具有一种一荣俱荣、一损俱损的关系。"天人合一"思想表达了中国古人对人与自然和谐关系的向往与追求：希望通过人对自然规律的认识，自觉尊重和利用自然规律，以达到人与自然的同步、和谐与统一。这一观点也是在中国古代占据主导思想地位的一个观点。在这种"天人合一"的思想背景之下，中国古代的思想派别与思想家们各自提出了自己的具体观点和主张，其中以儒家、道家与佛家的思想最为典型。

在古代，生产力比较落后，人的活动受制于种种恶劣的自然条件。洪涝、干旱等各种自然灾害的频繁发生，各种凶猛野兽的威胁，人类的力量比较弱小，在这种情况下，人类渴望的是能够与自然和平相处，自然能够与自己和谐就已经是非常幸福了，哪里还敢奢望自己在自然界中处于多么崇高的地位？因此，中国古代的"天人合一"思想是一种原始的、天然的、朴素的天人统一关系，人把自己看成隶属自然界的一个有机组成部分。因而，中国古代以"天人合一"为代表的人与自然和谐相处的思想带有一定的局限性。

尽管如此，在中国古代"天人合一"思想的大背景下，中华民族的先人们自觉地顺应自然法则，就有了保护自然环境的意识，黄帝时代就注意水土保持工作。在汉代，发现了煤，但是其名字却是"劫灰"。由于在中国古代的观念里万物皆有灵，大地也具有生命，不可随意侵犯和损害，所以中国古人虽然清楚地知道可以把煤用做燃料，却不许挖掘和开采。以此来保障大地的完整性，从而也护佑子孙后代能够永远在这块土地上生息和繁衍。可见，中国传统的"天人合一"思想虽然形式比较原始、朴素，明显带有主客不分的印记，但其内容却毫不含糊地以尊重自然、珍惜生命、仁爱万物为主导，这一学说对于中国数千年来维护人与自然的和谐关系、保护生态平衡不受破坏等方面起到了积极的作用。

然而，到了近现代，随着西方经济、文化的入侵，中国的传统观念受到严重冲击，中国恪守了几千年的生产方式、文化观念、行为方式不断发生改变。中国在接受了西方文化的同时，在发展模式上也亦步亦趋地步入西方的后尘。

今天，工业生产是世界经济的主要形态，现代科学与技术之间互相促进，使大多数国家的经济得到飞跃性的发展。人民的物质财富不断增长，生活水平也不断提高。然而，工业化经济高度发展的结果，却是以地球资源的浪费、自然环境的恶化和生态平衡的破坏为代价的。人类在20世纪以来所耗费的资源总量超过了过去几十万年的总和，在已经耗费的资源中，有不少属于不可再生资源；我们的居住环境，有不少已经被污染到难以忍受的地步；而地球上的物种有不少已经灭绝，有些则濒临灭绝，生态的失衡正严重地威胁到人类的继续发展。与自然状况相伴随的是，随着工业化进程的加剧，国家与国家之间发展的不平衡也在不断加剧，富国变得更富，而贫国更贫；贫富差距的加大也进一步加深了国家之间政治和经济上的不平等。富国倚仗自己强大的综合国力抢占更加有利的市场，抢夺更多的资源，以更快的速度进行发展；而贫国则因在政治、经济上都处于不利地位而不能像富国那样占据优势，在发展速度和发展规模上不能与富国相提并论。因此,吉登斯断言:"不断扩大的不平等加上与之相关的生态环境危险是全世界社会面临的最严重的问题。"①

所有这些现象和后果,在某种程度上基于人类的一种文化观念——在主客二分的前提下,人类自以为高明地将自己从自然万物中分离开来,将除自己以外的自然万物都当成自己认识与改造的客体、对象。人类以为自己是世界万物的主宰,人类能够并应该征服自然,让自然为人类服务。这种起源于西方的文化观念已经随着西方强势的政治、经济和文化的扩张而向全球扩散,深深地影响到全人类的理念,从而改变着整个地球的面貌。如果这种文化观念得不到适时地纠正而任其泛滥的话,用不了多长的时间,人类在这种观念指导下所进行的挥霍无度的任性行为将会把整个地球损毁,到时候人类自己也将面临着同归于尽的危险。

人与自然的关系是人类面临的一个永恒的主题,当然也是思想史上的重要课题。马克思主义认为,要实现社会的和谐发展,就必须摆正人与自然的关系。马克思、恩格斯早在一百多年之前就告诫人类,对自然界的破坏必将带来自然界的惩罚。恩格斯曾明确指出:"我们不要过分陶醉于我们对自然界的胜利,对于每一次这样的胜利,自然界都报复了我们。每一次胜利,在第一步都确实取得了我们预期的结果,但是在第二步和第三步却有了完全不同的、出乎预料的影响,常常把第一个结果又取消了。"② 恩格斯接着列举了一些具体事例来说明自然界对人类不合理的改造自然的行为所给予的严重惩罚。恩格斯进一步忠告说:"因此我们每走一步都要记住:我们决不像征服者统治异族人那样支配自然界,决不像站在自然界之外的人似的去支配自然界——相反,我们连同我们的肉、血和头脑都是属于自然界和存在于自然界之中的;我们对自然界的整个支配作用,就在于我们比其他一切生物强,能够认识和正确运用自然规律。"③

如今,世界不少国家的发展历程已经验证了马克思、恩格斯当年的

---

① [英]安东尼·吉登斯著:《失控的世界》,周红云译,南昌:江西人民出版社2001年版,第11页。
② 《马克思恩格斯文集》第9卷,北京:人民出版社2009年版,第559页。
③ 《马克思恩格斯文集》第9卷,北京:人民出版社2009年版,第560页。

警告和预言。西方发达国家在经历了相当程度的经济发展、环境污染、资源匮乏、能源危机、生态失衡之后,已经痛定思痛地作了认真的反省,从而深刻地认识到经济发展与所付代价之间的因果关系:人类对于自然的征服应该是有限度的,无节制的开发和利用,必将带来自然对于人类的反馈作用。科学与技术都是双刃剑,在科学起到积极作用的同时,也会产生相应的恶果。吉登斯先生一针见血地指出:"在所有传统文化中、在工业社会中以及直到今天,人类担心的都是来自外部的风险,如糟糕的收成、洪灾、瘟疫或者饥荒等。然而,在某个时刻(从历史的角度来说,也就是最近),我们开始很少担心自然能对我们怎么样,而更多地担心我们对自然所做的。"① 人类能够认识到自然对人类行为的反馈作用是人类认识上的一大进步。但是,仅仅认识到自然对人类行为具有反馈作用还远远不够,我们必须做的首先是摆正人与自然之间的关系:现在我们对人与自然之间关系的认识,是在主客二分基础上的自觉的天人合一。其次,在此基础上确立以不破坏自然界平衡为前提的正确发展道路,建设一种人与自然和谐相处的生态型社会。

二、走可持续发展道路,建立生态型社会

中国传统观念特别推崇"天人合一"的观点,肯定人与自然是一个整体而不是敌对关系,同时将一种主客不分、物我两忘、人与自然和谐交融的状态作为一种理想的境界。在这种思想指导下,在我国古代,人们就已经有了保护生态环境、有节制地利用自然资源的思想,表现出了一种朴素的可持续发展思想萌芽。我国关于保护自然资源、自觉维护生态平衡的思想与活动有着悠久的历史。

过去,我们在中国传统人与自然和谐观的一贯指导下,总是在尊重自然的前提下有节制地利用自然;而征服自然和滥用自然,则是近些年来因受西方文化的影响和经济发展的刺激抛弃了传统文化的基本理念和发展模式以后才发生的事情。近现代大量的事实已经证明,西方那种强调人类征服自然、认为人类可以无限地开发和利用自然的观念是不可取的。人类对自然无节制的开发和利用已经受到了严重的惩罚,自然的反馈作用已经毫不客气地对于人类无理性的征服行为给予

---

① [英]安东尼·吉登斯著:《失控的世界》,周红云译,南昌:江西人民出版社2001年版,第23页。

了报复。

现在，让我们来反省一下我们的现实状况：世界上已经有不少国家的政府都明确采取行政或者法律措施来限制人们使用塑料袋、氟、农药、化肥、激素、抗生素、各种食品添加剂等。难道说这些东西发明出来就没有好处吗？这些东西都失去了作用吗？都不是，它们在被合理和有节制地使用时，还是可以起到好作用的，然而，对它们不合理地、不加节制地使用，却已经给人类造成了灾难，严重地威胁到了人类的安全。面对这种状况，有不少有识之士认为，东方文化中那种与自然和谐相处的观念应该代替西方文化中那种主宰自然、征服自然的观念，作为处理人与自然关系的基本指导思想。现在人们越来越深刻地认识到自然的可贵，崇尚自然、回归自然已经成为越来越多人们的现实渴望。越来越多的人以"纯天然"为美、为健康、为安全。现实中的这种趋势表明，中国传统"和"文化中人与自然关系的观点具有合理因素，中国传统儒家、道家、佛家思想的真理性，他们的学说和观点穿过了历史的时空，在今天仍然发出不可磨灭的思想光辉。然而，在近现代西方科技、文化冲击的形势下，我们却不知珍惜地将其抛弃了。因此，我们自己应该重新审视自己的传统文化，发掘其中的精华，并借鉴相应的新的理念，对之进行整合，使其在新的时代发挥自己的积极作用。

现在，在主客二分的视野中，我们已经认识到：自然是人的改造对象，人通过对自然的改造来推进社会的进步；同时，自然也是人赖以生存的家园，人以自然的存在作为自己存活的资源与环境前提，因此，我们必须建立并保持与自然的和谐关系。我们应该尊重自然，珍惜自然资源、生态和环境，我们生活在这个世界上，并不能一切以自己为中心，自私地单单为了自己眼前的利益打算。我们对于自然的尊重，其意义还在于我们应该有一种比较长远的打算，为我们的子孙后代留一份自然的恩赐，而不是为了一己的享受，在目前就将视野内的所有资源都毫无节制地挥霍一空。

中国传统"和"文化中大量关于人与自然和谐关系的思想，包含着不少生态智慧，对于避免人与自然的尖锐对立、保持人与自然之间的平衡具有积极作用，对于面临生态危机、资源匮乏、环境恶化的现代文明社会具有特殊的启迪作用。中国传统的人与自然和谐的思想可以为我国实施可持续发展战略提供价值导向与理论借鉴。考察中国传统"和"文化中的自然、生态、环境意识可以指导我们为建设人与自然和谐相处的生态型社会而努力。

第二节　人自身的和谐：强健体魄调整心理，塑造身心健康和谐的现代人

健康是一个生物概念，同时也是一个心理概念与社会概念。世界卫生组织曾给健康下过一个定义，它在其宪章第一条中，第一句话就是对健康的定义所作的陈述："一种身体上、精神上和社会上的完满状态，而不只是没有疾病和虚弱现象。"该定义将健康的范围界定为生物、心理与社会三个方面。因此，在判断一个人是否健康的时候，不仅要看他的躯体是否有疾病存在，还要看这个人的心理是否健全、精神状态是否饱满，还应看此人的社会行为是否有失常现象，能否对社会刺激作出正常反应。由此看来，人的心理、精神健康与躯体健康是密不可分的，"身心健康"是衡量一个人健康水平的起码标准。

在现代的社会，由于科学与技术的发展，逼迫得人们不由自主地加快了工作与生活的步伐。紧张而忙碌的工作，再加上生活中的种种问题与压力，使不少人都患上了轻重不同的"现代病"：紧张、焦虑、压抑、敏感……人们的身心健康水平也随之下降。不少人都出现了程度不等的身心不和谐状态。为了解决这种身心不调的痛苦，一些中外的现代人不约而同地将求助的目光投向了东方传统的修炼方法，希冀能够从中找到灵丹妙药，以解除身心不和所带来的疾病与痛苦。于是，在当代的中国，尤其是20世纪的八九十年代，曾经掀起过一股气功热潮；与中国的气功热潮遥相呼应的是世界上的瑜伽热潮。无论是作为历史遗迹，还是作为现代的文化热潮，练功、修道都是一个重要的现象，值得人们去进行深入研究，以揭示其中的奥秘，并为现代人们身心的健康发展而服务。

现代的科学技术以一种一般的、外向型途径与方法来探索世界，包括人的生命本质。而这种工具性的、理性的探求方法是很难达到古人那种在特殊的、内向型的修道状态下所体验到的身心和谐的生命境界的。

中国传统的儒家、道家、佛家、医家、武学等典籍中包括丰富的身心修炼理论与方法，都涉及人的身心和谐，着眼于培养人们健康的人格，提高人们的生命质量。可以说，在中国传统文化中，包含大量能够提高

人的身心和谐度的珍贵文化遗产，其中凝聚着一代代古人的心血乃至生命。这种文化遗产是古人从其亲身实践中总结出来的理论精华。由于受到当时社会历史条件的限制，这些身心修炼方法理论的指导思想和表述方式等可能存在不少错误，对于这些错误，就需要我们用现代的科学眼光去鉴别和厘定。还有些身心修炼方法理论的内容尽管正确无误，但由于古今时代的不同，其阐述方式不能为现代的普通人所理解和领会，对于这部分内容，就需要我们从浩瀚的卷帙中撷取精华，借助各种研究方法对其加以整理、解读，揭开其神秘的外衣，用现代的语言来阐释其内容与含义。

一、强健身体

在强身健体方面，中国传统文化中有着丰富的理论与方法。大致说来，中国古人主要从两方面来进行：

第一，通过主动的训练以强身健体，防病于未然。

在原始社会，人们在劳作之余还进行一些舞蹈等活动，借以放松身心，解除疲劳。三国时期的医生华佗，模仿五种动物的形态动作，创制出一套强身健体的功法——"五禽戏"。"五禽戏"的产生具有重要意义，它标志着中国古人为了强身健体，以高度自觉的态度，利用人体气血发展规律以及筋骨活动特点创造成套功法的开始。以后，中国历史上层出不穷地产生了各种功法，这些功法主要包括武术和一些导引术等。

通过对身体的锻炼达到强身健体的目的在中华武术中表现得比较充分。中华民族的武术源远流长，在原始社会，人们从原始的狩猎、战争、舞蹈、劳作等活动中抽取一些动作加以专门的编排，用以强身健体、与人或者兽进行格斗乃至战争，就形成了最初的武术。然而，耐人寻味的是，中国传统的武术却并非以伤害对手为目的，其目的在于强身健体与必要时候的自卫。这一点从"武"字的结构可以看出："武"字由"止"与"戈"两字组合而成。《汉书·武五子传》曰："以武禁暴整乱，止息干戈，非以为残而兴纵之也。"因此，与中国传统武术一起发展起来的是中国传统的"武德"。在中国漫长的历史时期里曾出现过不少武术套路，至今比较著名的主要有少林武术、内家拳、太极拳、形意拳、八卦掌、南拳、象形拳、长拳、少年拳等。而少林寺的"易筋经"则是著名的导引术。这些武术功法可以分为练内与练外两大部类，即武林中人常说的

"内练一口气,外练筋骨皮"。练内,主要是改善习武者的意念、气息、经络、气血、经脉、脏腑等方面的状态,以达到"内壮"为目的;而练外则以练形体为主,通过一定的动作来强健人的筋骨,疏通气血,增强力气。中国武术主张内外结合,在强身健体方面功效显著。

现在,名目繁多的中国武术和导引术等流传到海外,被亲切地称为"中国功夫",受到海外人士的喜爱。据悉,从2011年冬季,美国斯坦福大学开设了少林功夫课。

第二,通过饮食、药物的调理,使已经患病的身体恢复健康。

这方面的内容在中国传统医家思想中多有体现。在《黄帝内经·素问·四气调神大论》中,以"天人合一"的观念为指导,强调四时气候变化对于人体生理的影响,针对不同季节的特点,采取相应的保健养生措施,以调节人体各内脏器官的功能以及人的心理状态,尽可能地维持身心和谐、喜乐自生的良好状态,使人更加积极地去面对工作与生活。《黄帝内经》这种把四时气候变化乃至天体运行状况与人的脏腑功能和情志活动相联系的整体观,克服了西医将人体各个器官、部位割裂开来进行局部分析的弊端,从一个更加广阔的视野来认识和把握人的生命活动的规律和特点,这是西医所望尘莫及的。

从宏观整体方面来认识人的生命活动,主动地顺应宇宙自然的变化,自觉调整身心,应该是现代人所认真思考和面对的重要养生方法。

二、调整身心

身体的健康只是身心和谐的一个基础,要想达到身心的健康、和谐发展,还需正确处理和认识各种身心矛盾,并自觉地通过一定的途径和具体的方法进行必要的修炼,以便不断地提高自己的身心和谐度。

要达到身心和谐,需先清醒地认识自身的身心矛盾。人们有时候会抱怨自己做事"身不由己"。其实,不光是"身不由己"的问题,人们更多的时候是"身不由心"——身与心处于相互割裂的矛盾之中。比如做一件坏事,无论他是好人,还是坏人,在还没有做的时候,他也能认识到自己将要去做的事情的性质,他的良心告诉他说不应该做这件事情;然而,他的身体却并不服从良心的指令,而是受着欲望的支配,就那么去做了,这就是身心的矛盾。做了以后,良心上又感到不安,从而陷于心理的痛苦乃至引起身体的不调,这就是身心矛盾所带来的痛苦。

将人们各种各样的身心矛盾归结起来,可以看出其根本原因在于人们的各种欲望。由于欲望的搅扰,人们想得到不该得到的,想得到不能得到的东西,于是身心冲突的痛苦也就随之产生。

既然身心矛盾普遍存在,那么,发挥人们的主观能动性,自觉地对身心矛盾进行调解就成了必要。在中国传统文化里,有不少理论和方法,都是以调节身心、使身心达到和谐为目的,我们可以进行适当借鉴。

(一) 端正生活态度

儒家创始人孔子终生以"克己复礼"为己任,为了实现自己的政治抱负而奔波于列国之间,希望得到某个国君的理解与支持,然而,他却终生不得志,理想与抱负都付之东流。他曾被形容为"累然如丧家之狗",然而,孔子听说后却"欣然而叹曰:'形状末也,如丧家之狗,然乎哉!然乎哉'"![1] 可见,孔子在失意的时候,却并不郁郁寡欢,更不悲观失望,而是对生活抱有一种积极乐观、豁达从容的态度。前面已经提到,在孔子向众弟子询问他们各自的人生理想时,孔子非常赞同曾皙暮春郊游的理想,也从另一个侧面表现了孔子的情趣与洒脱。在对待生活方面,董仲舒提倡一种"中和"的态度,他在《春秋繁露·循天之道》中这样讲:"外无贪而内清净,心和平而不失中正",主张人们不要对外界抱有太多的欲求,保持内心的清净,心态平和中正。

老子认为,在生活当中,人们应该"虽有荣观,燕处超然"[2]。只有淡泊名利,知足常乐,才能获得身心的和谐。庄子更是主张"纯粹而不杂,静一而不变,淡而无为,动而以天行,此养神之道也"[3]。认为对生活保持一种恬淡无为的态度,使思想宁静专一、情绪稳定、少起思想波动,就有利于身心的和谐。

佛家更是主张人们在生活中摒弃各种欲念与妄想,以达到"心"的清净,而心的清净正是身心和谐的首要条件。

中国传统医家从维护人体阴阳平衡的基本观点出发,认为人的七情六欲都会损害人的健康,大喜大悲等激烈情绪都对人体脏腑功能产生不利影响。所以,中医一贯有"七情内伤"的说法。由此出发,中国传统医家主张以一种乐观而平和的态度来生活。

---

[1] 《孔子家语·困誓》。
[2] 《道德经·第二十六章》。
[3] 《庄子·刻意》。

总而言之，在端正生活态度方面，我们至少可以看出中国古人比较重视保持乐观、豁达的生活态度。主张人们在得意时不忘乎所以、得意忘形；在失意的时候，不必情绪低落、悲观失望，以免引起体内气血运行的反常变化。中国古人还提倡减少对生活的各种欲求。中国古人认为，正是人们的各种欲念与妄想驱使人们费心把力地去争名夺利，为了争名夺利甚至不惜采取不正当的手段和方法，有时候还做出损人利己的事情。不仅会妨害到别人，还损害了自己的身心健康。

在我们现代的社会里，由于科学的进步和技术的发展，物质文明得到了极大的提高，可是，人们却普遍感到并不够幸福。有关调查机构最近对于"幸福指数"的调查结果显示：人们的"幸福指数"与人们的经济地位和物质财富并不成正比。那么，究竟是什么妨碍了现代人们的幸福呢？究竟是什么导致了现代人们的身心疾病呢？

早在若干年前，英国学者罗素先生曾说："我是想提出一种对文明国家里绝大多数人遭受的日常不幸进行医治的处方，这种不幸由于没有明显的外部原因，看来几乎无法加以回避，因而使人更不堪忍受。我认为，这种不幸在很大程度上是由对世界的错误看法、错误的伦理观、错误的生活习惯所引起，结果导致了对那些可能获得的事物的天然热情和追求欲望的丧失，而这些事物，正是人和动物的一切幸福、快乐最终有赖于它们的。这些事物的获得本在个人的能力范围之内，我因而提出这样一些转变方法，只要我们有一般的好运道，便能通过这些转变得到幸福。"① 罗素的话在一定程度上揭示出了现代人们生活痛苦的一个重要根源——没有树立正确的生活态度，是错误的生活态度将人们引入歧途，陷入不幸的泥淖不能自拔！美国学者乔兰德先生则认为，人们所患的一些身心疾病是由于不当的生活态度、生活方式所引起，因此，修正生活态度、生活方式即可起到一定的治疗作用。乔兰德先生说："态度本身就有治疗作用，或者是由这种态度引发一种有治疗作用的反射。任何可以唤起希望和信心的事情都可以抑制疾病的发展并使得治疗能够起作用。如果得了病的人改变了他原来的引起这种疾病的生活方式，从而转向一

---

① ［英］罗素著：《走向幸福：罗素精品集·人为什么有不幸》，王雨、陈基发编译，北京：中国社会出版社1997年版，第35页。

种更有活力的生活风格,那么他不仅可以恢复健康,而且还可以永葆健康。"① 乔兰德甚至主张将治疗的方向从医学转向宗教,他说:"我相信,随着研究的进一步深入,治疗的医学方法在方向上要转向宗教的方法,因此,药物和手术治疗将逐渐为休息、冥想以及改变致病的生活方式、为保持健康的生活方式等等技术所代替。"② 乔兰德的思想也许过于夸大了宗教的作用,但不可否认的是,相当多的宗教教义中包含着合理的思想。

在物欲横流的现代社会,人们常常颠倒了生活的目的与达到目的的手段,误将事业的成败得失作为衡量人生价值的唯一标准,而忘记了人活着首先应该活得健康、从容。于是,人们忙忙碌碌地追逐着各种功利,奔波于形形色色的名利场,真可谓"天下熙熙,皆为利来;天下攘攘,皆为利往"。面对汹涌澎湃的竞争浪潮,人们更多的是选择投身于拼命地工作,拼命地挣钱,拼命地花钱。在名利场的刀光剑影中充分感受到的尽是一些残酷无情的竞争和倾轧,早已忘记了放松、从容、闲适、温情的幸福与快乐。即便是那些功成名就的所谓成功人士,拥有超出常人的金钱、地位,却也常常有失落之感,并没有体验到多少真正的快乐。更有甚者,有些正当壮年的成功人士,在事业正在走向辉煌的时候,却因过劳而猝死,倒在了名利途中。究其原因,没有树立正确的生活态度是现代人陷入不幸的重要原因之一。

因此,让我们回顾中国古人、外国智者的生活观,体验他们的人生态度,有意识地对自己的内心世界进行调适,使自己不断地朝向一种恬静自如、安宁祥和、从容淡泊的心态迈进。

首先,积极乐观,心平气和。

心平气和有利于长寿,这已经为现代医学所证明。如果人们能够长期使自己的内心保持一种宁静安详的状态,不仅可以使自己的五脏六腑得以调节而达到和谐的最佳状态,还可以减少自身能量的消耗。

2008 年 5 月 12 日,我国四川汶川发生 8 级特大地震。据震后救援统计显示,就整体状况而言,无论是救援出的人数来说,还是个体状况来

---

① [美] S. M. 乔兰德著:《健全的人格》,许金声、莫文彬等译,北京:北京大学出版社 1989 年版,第 326 页。
② [美] S. M. 乔兰德著:《健全的人格》,许金声、莫文彬等译,北京:北京大学出版社 1989 年版,第 326 页。

说，女性都要多于和优于男性。还有多名年老的女性被掩埋在废墟之中，经受了100多个小时的严峻考验之后最终获救。按道理来讲，男性的体格强壮，应该更容易生存才是，其实不然。其中的原因就在于，当灾难来临之际，女性更容易适应突如其来的灾难和发生了天翻地覆变化了的环境，女性的心态更容易恢复与保持平和的状态，女性的忍耐力更强，具有更强的耐受性和持久性，而这些心理上的有利因素克服了女性在体质上的不足，反而成为灾难考验之下的优胜者。

其次，减少欲望，知足常乐。

明朝的憨山大师在其《醒世歌》中警告世人说："麝因香重身先死，蚕为丝多命早亡。"君不见，树大招风，出头的橡木先腐烂，那么多的政客因权势过大而成为众矢之的；那么多的社会名流都为名所累，一举一动都受到公众目光的监督，从而失去了很多自由；而又有那么多的富豪因财招灾，在败落之后反倒不如普通百姓生活得幸福。明了这一点，人们凡事看开一些，不妨"以入世的态度对待工作，以出世的态度对待生活"：在为社会做贡献的时候尽可以充分发挥自己的才华与能力；而在世俗名利美色面前则"该放手时就放手"，不要事事争先，时时露头。在很多时候，名利到手之后反而成了一项重要的累赘。

笔者曾看到两副对联，印象颇为深刻，至今还记得。其中一副出自《菜根谭》，上联是"去留无意，望天上云卷云舒"；下联是"宠辱不惊，看庭前花开花落"。这副对联吸引人之处在于其洒脱而从容的生活态度，还多少包含有"有容乃大，无欲则刚"的那种大气、大度。另一副对联则带有浓厚的佛教色彩，我记得是若干年前在济南千佛山上一处建筑的大门上看到的，说的是："晨钟暮鼓，警醒世间名利客；经声佛号，唤回欲海梦迷人。"所谓晨钟暮鼓与经声佛号，都是佛教用语。在这里是劝诫世人抛弃不必要的名利和欲望，以潇洒从容的态度来面对生活，就能增加心灵的安宁与肉体的闲适。否则，人们如果总是贪得无厌地去追求各种名利和美色，就可能陷入"欲求不得"的痛苦，又怎能达到身心的和谐与健康？因此，在中国古代，"知足常乐"成为儒家、道家、佛家等多种不同思想派别的共同主张。这一思想，至今也有其积极意义。

其实，只要洞彻了人生的实质，明白了世间所有的功名利禄、荣华富贵都是"生不带来，死不带去"的东西，一切的痛苦忧愁、爱憎恨欲都会被时间的洪流席卷而去而终将成空。个人在宇宙中是极其渺小的，个人的一切在整个宇宙的时空变化中显得那么不值一提！看开这一点，人们就可以"放下"很多烦恼与忧愁。既然人生这样短暂，人们又何必执著于种种欲望，劳神费力地苦苦相争，在欲望、争斗与满足的交替中度过？又何必那么急急忙忙地争名夺利甚至为之不惜损人利己？何不放下各种无谓的欲念，心平气和、随遇而安地生活？

再次，充满理智，富有节制。

一项现代医学科研成果表明，一般来说高学历、高智商、高情商的人群更加健康，也更加长寿，其中的原因就在于：拥有更多知识和学问的人群，不仅仅在于拥有更多的能力去获得更多的物质财富，从而拥有更加良好的生存环境。更重要的是：高学历、高智商的人由于知识面较广，因此在了解养生保健的知识方面更有优势，能够选择更加健康的生活方式，在搞好身体健康方面基础较好；同时，"三高"人群视野较为开阔，在遇到困境、危险、棘手问题的时候，能够更加积极主动地寻求解决的办法，将伤害尽量减小；而"高情商"则包括善良、乐于助人的品性以及乐观、豁达的心态，能够建立良好的人际关系，与他人友好相处；此外，他们能够更加理智地对待生活中遇到的种种不幸与挫折，以更加明智的态度去有效化解各种烦恼与痛苦。因此，善于自我调节情绪，积极寻求转化负面情绪与消极心理的方法，就是一种达到身心和谐的有效方法。季羡林先生、任继愈先生等人以自己的一生对此理论作了较好的诠释。

在这里，笔者提一下情商的问题。有不少人认为，感情丰富就是情商高，基于这种观点，人们误以为有着缠绵悱恻的爱情纠葛的林黛玉与贾宝玉之流，就是情商高人。其实不然，情商高的一个重要指标还在于有能力有效地控制自己的情感，使自己的情感状态与情感发展有利于自己的身心健康与社会发展。而林黛玉沉湎于与贾宝玉的爱情泥淖不能自拔；更糟糕的是，林黛玉爱使小性子，爱发小脾气，爱起小疑心，她不仅不能使自己心爱的人贾宝玉感到幸福与快乐，还常常折磨得贾宝玉失魂落魄、伤心落寞。林黛玉与贾宝玉的爱情更像一种彼此折磨的游戏。可见，林黛玉的爱情心理并不健康。就林黛玉的个性来说，一方面，她具有较高的智商，文学修养颇高，还拥有较高的审美情趣。但她并没有积极地利用自己的这种长处使自己更加健康快乐，而是将丰富的情感与过人的才华用在了感时落泪、睹物思人上面了。林黛玉因花儿零落而流泪伤怀，写出《葬花词》，一方面表明了林黛玉具有超人的才情，另一方面也暴露了她悲观消极的内心世界。而这种悲观和消极的心理正是导致她命运悲惨的致命伤。当然，她的这一病态心理与她自幼父母双亡、寄人篱下的生活遭遇有关。但是，她只看到了自己的不幸，却没有看到自己深受外祖母宠爱、众姐妹友爱、贾宝玉关爱、衣食无忧等等优越之处。她一味地沉浸于自己的悲伤，一遍又一遍地体验着伤痛的感觉，陷于一个恶性循环的伤感性的心理怪圈。中医认为，悲伤肺。林黛玉的重要身体疾病（咳嗽、咳血，据推测，很可能是肺病）正是与她的这一心理疾病密切相连。而她最终的去世则是她身心疾病发展的必然结果。如果她能多想一想自己的幸运，她就不至于那么消极悲观；如果她不那么消极悲观，她的身体也不会那么虚弱；如果她身心都健康的话，她也不会错失爱情（贾母之所以选择了薛宝钗，多是从传宗接代的健康妻子的角度考虑的，而非贾宝玉的爱情）！

最后，常怀善心，利益众生。

如果人们以仁慈为本，关爱万物，时常抱着与人为善的态度，在日常生活中多关心、理解、帮助别人，那么他自己也会身心和乐，愉快而健康。

中国古人多认为"仁者寿"，主张人们行善积德，从而促进身心健康发展，乃至达到长寿的目的。抛开佛家因果报应的说法不提，这其中有一定的科学道理：一方面，人们在做善事的时候，心情比较放松和愉快，助人成功之后，内心也会产生一种成就感；尤其是看到受惠人高兴与感恩的情景，当下就会自然而然地心生喜悦之情。而这种良好的心情有利于人们的身心和谐与健康发展。另一方面，从长远效果来看，如果一个人自觉地把做善事当成自己的常态行为的话，将会收到良好的反馈作用——曾经蒙受他的恩德的人，在有能力的情况下会对帮助过他的人进行一定的回报，这也是一种人之常情；更为重要的是，常常做善事的人，会赢得大家的尊敬与爱戴，享有较高的社会声誉，这一点既有利于他保持良好的心情，也有利于他在社会上事业的开展。

（二）调整生活方式

与生活态度密切相联系的是人们的生活方式。在这些方面，中国传统文化中也有不少精辟之论可资借鉴。

董仲舒的一段话颇为集中地阐述了他心目中理想的生活方式："是故

男女体其盛，臭味取其胜，居处就其和，劳佚居其中，寒暖无失适，饥饱无过平，欲恶度理，动静顺性，喜怒止于中，忧惧反之正，此中和常在乎其身，谓之得天地泰，得天地泰者，其寿引而长；不得天地泰者，其寿伤而短。"① 董仲舒将"中和"思想贯穿于生活当中，从而形成以不偏不倚、不走极端、适度中庸为特点的理想生活方式。

道家的基本主张是"道法自然"，在这一总原则的指导下，道家提倡人们顺应自然的规律和要求，以一种贴近自然的方式进行生活，不仅有利于人际关系的和谐与社会矛盾的和缓，还有利于人们的身心健康。庄子在《庄子·刻意》中讲："平易恬淡，则忧患不能入，邪气不能袭，故其德全而神不亏。"在庄子看来，如果人们能够保持平易恬淡的心态，过着平淡从容的生活，那么，自然就会远离忧患，于是就避免了因忧患而招致的邪气，精神上也就不会受到大的侵扰。而这些正是身心和谐的重要保证。

佛家认为在人的肉体与精神两者之间，人的精神——心起着非常关键的作用，人心是否清净决定着人整体的健康与和谐。从这种"心能转物"的基本思想出发，佛家更加注重对"心"的调适与修炼。它的名目繁多的各种思想理论与修炼方法也多是从调"心"入手，来达到使人身心和谐乃至得道的目的。与此相适应的是，佛家要求人们自觉减少金钱、美色、名利等等欲望，提倡一种清心寡欲的生活方式。

《吕氏春秋·尽数》中说："天生阴阳寒暑燥湿，四时之化，万物之变，莫不为利，莫不为害。圣人察阴阳之宜，辨万物之利以便生，故精神安乎形，而年寿得长焉。长也者，非短而续之也，毕其数也。毕数之务，在乎去害。何谓去害？大甘、大酸、大苦、大辛、大咸，五者充形则生害矣。大喜、大怒、大忧、大恐、大哀，五者接神则生害矣。大寒、大热、大燥、大湿、大风、大霖、大雾，七者动精则生害矣。"可见，《吕氏春秋》也是以遵循自然规律、四时变化为原则，主张人们在生活中应该避免极端的做法，无论是饮食起居还是情绪调节，务必都要做到适度。《吕氏春秋·尽数》还说："流水不腐，户枢不蝼，动也。形气亦然，形不动则精不流，精不流则气郁。郁处头则为肿为风，处耳则为挶为聋，处目则为䁾（miè，眼眵糊满眼眶的病。）为盲，处鼻则为鼽为窒，

---

① 《春秋繁露·循天之道》。

处腹则为张为疛，处足则为痿为蹶。"《吕氏春秋》的编撰者们虽然不一定是医师，但是他们从流水不腐、户枢不蠹的自然现象深深地认识到运动对于人体健康的重要性，不仅人体需要适当的锻炼运动，人体内的精、气同样需要保持通畅才行。如果人的形体缺乏运动，精就停止流动；精不流动，就会引起气郁；气郁又会引起人体不同器官的疾病。

医家关于培养正确生活方式的阐述比较丰富，有的非常全面、具体而详细，有的涉及生活的细节。孙思邈在《备急千金要方》第二十七卷曰："养性之道莫久行、久立、久坐、久卧、久视、久听，盖以久视伤血，久卧伤气，久立伤骨，久坐伤肉，久行伤筋也。仍莫强食，莫强酒，莫强举重，莫忧思，莫大怒，莫悲愁，莫大惧，莫跳踉，莫多言，莫大笑；勿汲汲于所欲，勿悁悁怀忿恨，皆损寿命；若能不犯者，则得长生也。故善摄生者常少思、少念、少欲、少事、少语、少笑、少愁、少乐、少喜、少怒、少好、少恶，行此十二少者，养性之都契也。多思则神殆，多念则志散，多欲则志昏，多事则形劳，多语则气乏，多笑则脏伤，多愁则心摄，多乐则意溢，多喜则忘错昏乱，多怒则百脉不定，多好则专迷不理，多恶则憔悴无欢。此十二多不除，则营卫失度，血气妄行，丧生之本也，惟无多无少者几于道也。"孙思邈从医家的阴阳五行平衡的基本思想出发，提倡的也是一种以"中和"为准则的生活方式：在日常行为方式上主张"适度"，在情绪上则提倡平和，避免情绪的大起大落。

中国古人从尊重自然规律的基本原则出发，主张人们过一种健康的生活方式，以养生、保健与祛病为目的，达到并维持人的身心和谐与健康。这些方法贯穿于人们生活的方方面面，包括人们的衣食住行等等。我们今天仍然可以加以继承与吸收，并根据时代的要求进行适当的变通。

第一，饮食方面，讲究合理的膳食结构。现在，生产力的发展、物质财富的极大提高为人们改善生活状况提供了必要的条件，这本来是一件好事。但是，有的人却把握不住健康饮食。于是，有的人不加节制地暴饮暴食，以满足自己的口腹之欲为目的，也不管是否有利于自己的健康。大口吃肉，大碗喝酒，豪爽倒是挺豪爽，可是，后遗症也比较明显。各种富贵病接踵而来，什么高血压、高血脂、酒精肝、胃下垂、脚气、糖尿病等等，很多都是由于不良饮食习惯引起的。这些都是不可取的，需要人们加以反省，并自觉改正。健康的饮食应该是，荤素搭配，尽量多吃些蔬菜、水果，少吃一些油腻的肉类食物；按时进餐，饮食有度，避免酗酒等等。

第二，在起居方面，尽量早睡早起，过有规律的生活。由于在现代社会中，人们的工作压力增大，工作节奏加快，娱乐方式增多，使得很多人不能按时作息。有的人习惯于过夜生活，在工作之余不是去休息或者进行适当的体育锻炼，而是去歌舞厅、酒吧、影剧院再去过把瘾。长此以往，这种纸醉金迷的荒唐生活只会损害人们的身心健康，而没有什么好处。还有的人则晚睡早起，为了工作变成了拼命三郎，为了名利放弃了健康。这些生活方式都不太合理，为了工作多付出一些无可非议，但不能连健康都不要了，如果失去健康，要那些名利又有何用？因此，理智的人们应该在允许的条件下，合理安排工作，按时作息，劳逸结合，避免因身体过劳而引起精力透支，避免纵欲过度；在业余时间内多从事一些体育运动，以改善体质，增强免疫力。为正常的工作、生活提供良好的健康条件。

第三，消费方面，提倡绿色消费，杜绝物质浪费。这一点在现在尤其需要注意。由于物质生活水平的提高，许多人在不知不觉中变得越来越大手大脚，追求豪华、奢靡的物质生活，认为这样才能充分地享受生活，才能展现自己的经济实力，体现自己的社会地位。于是，有时为了享受，有时为了攀比，有时仅仅是因为虚荣，人们有了香车，还得要豪宅；有了豪宅，又要买游艇、飞机……结果是，人们陷于物欲的追求不可自拔，消费的无度带来物质的极大浪费。然而，地球上的资源是有限的，我们不能在我们这一代将可以获得的资源全部消费掉了，而不考虑我们的子孙后代。因此，现代的人们应该适当调整自己的生活方式，以绿色消费为准则进行合理消费，在消费的时候不要忘记了节约的优良传统。

（三）采用一定的修炼方法，通过技术手段提高人的身心和谐度

中国传统儒家的理想是修身、齐家、治国、平天下，而仁政、德治又是其政治理想。所以，在儒家看来，一个人要想安身立命，身体固然重要，道德更加关键，精神上的濡养不可或缺。与此相对应，儒家在自我修炼方面也比较重视修德、养气、养性。

佛家的一个基本思想观点是三世轮回说。佛家认为，在生死轮回过程中，参与轮回的只有人们的灵魂，而人们今生的躯体并不能带到来世。

也许是因为这个原因，佛家的注意力主要放在了对于人们精神的提升上，考虑的重点是如何净化人的灵魂，修炼的关键在于保证一个纯洁的灵魂由今生转到来世；如果造化成全的话，甚至可以超脱生死轮回，摆脱灵魂的羁绊，加入往生的行列。在佛家看来，人的躯体不过是灵魂暂时寄居的躯壳而已，因而，佛家好像并不太关心人们的肉体。在佛家的修炼理论中，修炼的目的也是使灵魂成功地摆脱肉体的羁绊，达到超越生死的境界。佛家的修炼方法也偏重于炼"心"，至于肉体，反正只是一个外包装而已，扔掉了也不可惜，反倒可以轻装上路。

与佛家、儒家不同，道家的最终目的是得道成仙，而道家的成仙与佛家的成佛不同，佛家的成佛只是灵魂的解脱，肉体是不能携带到佛国的。道家的成仙则是灵魂与肉体一起飞升到仙界。出于这种现实的需要，道家格外看重躯体的健康状况。如果肉体不健康，就别指望能够得道成仙了。像铁拐李那样的跛仙人毕竟只是特例，是算不得常态的。因此，在道家的理论中，较为重视形神共养、性命双修。当然，比起以得道成仙为目的的形神共养、性命双修来，身心健康就只能算低层次的副产品了。仔细一想，别的不说，就拿中国土生土长的八仙来说，他们哪一个不是经过了种种磨难与考验才最终得道的呢？如果身体健康指标不过硬、心理素质差的话，早就被中途淘汰了，根本撑不到底。正因为道家的这种得道成仙的情结，所以，道家最重视修炼功夫。道家对人的身心状况及其发展规律作了细密的探索，提出了不少颇有见地的身心理论与修炼方法。其主要特点有：

第一，以"性命双修"为重要原则，修身与修心俱重。道家著作中有关形神关系的论述比较多，如《太平经》、《抱朴子内篇》、《形神可固论》等典籍中都有精辟的见解。在中国古代，形神的关系也就是身心的关系。道家关于形神关系的基本倾向是主张形神相互依存、身心统一。与此相对应，道家的基本修炼方法也讲究性命双修。所谓"形"，与"命"相通，指人的形体、躯体、肉体存在；而"神"，与"性"相通，指人的精神、心性、意识、灵性等。

形神与性命的称谓与内涵因时代的不同而不同。大致说来，在汉唐时期，形神共养说较为常见；而到了唐朝以后，性命双修的说法则较为盛行。由于形神说出现得比较早，因此，在内容上还比较简单、零碎，不太成系统。到了唐宋时期，道家学说进一步充实和完善，性命说逐渐取代形神说,其理论更加完备、系统。总起来说,尽管道家北宗与南宗在修炼程序上修性与修命的先后有所不同,丹道家的基本倾向是性命双修。李道纯曾说:"性无命不立,命无性不存,其名虽二,其理一也。"①《性命双修万神圭旨·性命说》曰:"神气虽有二用,性命则当双修也哉。"它还讲道:"是以神不离气,气不离神,吾身之神气合,而后吾身之性命见矣。性不离命,命不离性,吾身之性命合,而后吾身未始性之性、未始命之命见矣。"可见,性命双修是道家修炼理论的一个重要原则。

第二,在修炼方法上,"内练"与"外养"相结合。道家关于身心修炼的方法比较丰富,既重视命功的修炼,又强调性功的修炼;既重视内炼——心斋、坐忘、守神、气功、导引、内丹等,又不放弃外养——通过饮食,服用一些草药、金石、丹药等,以调理和养护自己的内脏与肌体。

在道家庞杂而繁复的修炼理论中,既有精华,也有不少糟粕,有兴趣的人不妨一试,但是一定要慎重,还要注意鉴别真伪,以防上当受骗,贻误终生。笔者有一点小小的体会:越是叫得欢的人,其水平就越值得怀疑。毕竟,"真人不露相,露相不真人"的说法还是有一定道理的:试想,如果有真本事,如果不怕名利所累,不怕被俗人纠缠,还想在世人面前露一把的话,根本不用自我吹嘘,自然流露的本事就足以让世人震惊,哪里还用吹牛?再说,真正的高人,并不以显赫的功名利禄为荣,反以为累。所以,老子才骑牛出走函谷关,远遁世俗的牵累;季羡林才力辞"大师"的称号,以免遭遇盛名之下名不副实的尴尬。也许这便是"大音希声;大象无形;道隐无名"②的道理吧。

在中国传统文化中,有着太多的修炼方法,它们分属不同的思想学派,在同一思想学派当中,又分不同的门派。笔者无意在此赘述,有兴趣的人们可以去查阅专门的典籍,或者请教真正懂行的老师去学习。可喜的是,中国传统的功法也受时代的影响,渐渐摆脱门户的约束,摒弃神秘的色彩,逐渐向大众化发展,一些过去不为人所知的由师徒"心口相传"的功法也逐步公开,向公众开放。这一方面有利于传统文化的延续,另一方面也有利于人们通过现代的科学方法对之进行研究、探讨,

---

① 《中和集》卷四。
② 《道德经·第四十一章》。

揭示其中的科学道理，从而为人们的身心健康服务，为现代化建设服务。

在现代，随着工业化、城市化的发展，人们的工作节奏和生活节奏普遍加快，并且经常处于较大的压力之下，传统生活方式下的宁静、舒缓和从容一去不返。在这里，笔者只想为读者推荐一种简便易行、适合现代人生活的小方法——静坐。

静坐在中国有着较为悠久的历史。在中国古代，不论是儒家、道家、佛家，还是医家，都对静坐给予了足够的重视。在中国传统的修身养性的方法中，静坐无疑是最主要、最基本的方法之一。中国传统的静坐，并不仅限于少数专门的修炼人员或者宗教人士，而是作为习俗普遍地存在于民众之中。人们常常通过对静坐的修习来解除身心的疲惫，从而达到身心的放松。而现在，静坐这一传统而古老的养生方式已经悄悄地远离了大多数的人们，尤其是那些都市中的新新人类们，他们甚至不知道"静坐"为何物。其实，在这种紧张而繁忙的生活方式下，人们更应该经常抽出一点时间用来静坐，静坐不仅可以缓解人们肉体的疲劳，还可以净化人们的思想、提升人们的精神境界。静坐提供了一种导致内心平静和保持心智健康的方法和途径，而这些效果是肉眼所看不见的。

尽管在具体的姿势要求上，也许传统的各家有所出入，不尽相同，然而，在对"静"的重视上却大同而小异。儒家著名代表董仲舒在《春秋繁露·通国身》中讲："治身者，务执虚静以致精"，"能致精，则合明而寿"。认为人们通过虚静的修炼，可以达到精诚的境界，从而增长人们的智慧与寿命。他在《春秋繁露·循天之道》中还说："君子闲欲止恶以平意，平意以静神，静神以养气，气多而治，则养身之大者得矣。"可见，在董仲舒那里，通过对心神的调养，达到"静"的状态，具有"养气"的功效。

道家若要想通过守窍运气等功夫获得成就，必须做到一心不乱，要内心澄净。而佛经则言：凡是不识本心，心外求法，皆是外道。因为天下任何事情都是由心所造，不管人们是修习密宗，还是念佛、参禅，都是"心"在做统领和指挥。通过守静做到"一心不乱"不光是道家、佛家修行的初步目标，其他任何修行方法，基本上都要求做到一心不乱。

道家的静坐方法与佛家的静坐方法有着差异，两者除了在求得灵魂解脱中静坐的概念、术语不同之外，静坐的具体方法也各有千秋。

传统的静坐对于提高人的身心健康水平来说，具有良好的作用和效果。用佛家的话讲，静坐可以调身、调息、调心、调饮食、调睡眠、调伏"三毒"——贪欲、嗔恚、愚痴。现代科学的研究则表明，静坐可以直接调节人的心理：可以使人们的身心清静，涤荡人们思想中的各种欲望，过滤人们的私心杂念。静坐还可以调节人们的生理，改善人的四肢、五脏六腑乃至神经的功能，优化人的呼吸系统、血液循环、新陈代谢。

尽管颇具传统特色的静坐修炼方法有着这么多的优点，然而，对于大多数现代人来说，中国古人的修炼方法和技术总是带着浓厚的神秘色彩。在大部分现代人的眼里，不管是佛家修炼者，还是道家修炼者，抑或是武林中人，他们应该或是藏身于峰峦之巅，餐云饮露；或是匿迹于岩洞之中，不食人间烟火。其实，正如人们只要懂得"只要心中有道，人间处处皆道场"的道理，那么，无论人们身份如何，只要心诚志坚，时时处处都可以修炼，红尘中的任何地方都可以作为修炼的场所。佛家也讲"一切世间法，不离世间觉"，认为人们只有先习世间法，通达了人情世故，才能超脱自己，才方便度众。入世之后才能出世，度己然后方能度人。专门的修道者尚且要入世磨练心性，以入世达出世。所以，现代人也完全不必认为只有躲到白云深处才能修炼，也不必隐居在深山老林才能做到身心和谐、人格健全而健康。只要人们有意修炼身心，哪怕身在现代都市，照样可以进行修炼而有所收获。现代人只要灵活机动地将中国传统文化中关于修炼的理论与实践融入具体的工作生活当中即可。如果一个人能够在一天中拿出半个小时至一个小时的时间，暂时告别喧嚣浮躁的现代生活，采用传统的身心修炼方法和技术，使自己的身心回归到自然状态，进入身心和谐之境。即使我们普通人达不到修道者那样的上乘修炼境界，至少可以达到一种灵性合一、身心俱安、精神愉悦的美妙状态；最不济也可以获得消减疾病、缓解疲劳、恢复体力、净化心灵、提升精神、开发智慧等功效。当然，要达到这样的效果，也必须付出一定的代价：不仅要求人们具备起码的素质和悟性，还必须具有一定的决心和毅力。浮光掠影般的浅尝辄止，蜻蜓点水似的仅仅停留于表面的体验，都不能起到应有的作用。

总之，为了达到身心的和谐、健康，在中国传统文化中有丰富的理论与方法，只要取舍得当，这些理论与方法就能为我所用，在新的社会条件下发挥新的社会作用，服务于大众。

第三节　家和万事兴：重塑家庭伦理，建立和美家庭

当代著名的现代化问题专家、以色列学者艾森斯塔德在研究了大量现代化国家特例之后认为，传统中的一些重要组成部分（如家庭、社区，甚至包括政治制度）的瓦解，所导致的并不是现代化，而是进行现代化的障碍——解组、断裂和混乱。可见，现代化与传统并不对立，现代化必须在对传统的适当继承的基础上才得以进行。现在，越来越多的有识之士呼吁加强对民族传统文化的继承与发扬光大，正是与对现代化的认识不断深入推进有关。英国著名学者吉登斯主张："要通过强调传统家庭、道德教育以及某种程度上新义务对权利的替代，在道德上为整项事业打下基础。"①

家庭是社会的细胞，保持浓厚的家庭观念，创造和谐的家庭氛围，维持和睦的家庭成员关系，也是建设社会主义和谐社会的重要内容。在今天，我国面对西方文化的冲击和传统家庭伦理的消解，我们如何继承中国传统文化中家庭伦理的精华，并吸收西方文化中的有利因素，并对二者进行合理的整合呢？

古人关于修身齐家、建立和睦之家的思想与经验至今仍有其借鉴意义。比如择偶时重才德而轻相貌，配偶之间互敬互爱，兄友弟恭，重视亲情，提倡家庭成员之间互相周济、互相帮助，逢年过节合家团聚，共同感受与分享家庭的温暖，等等，都是应该加以继承与弘扬的优良传统。

中国古代的夫唱妇随、父慈子孝等不少思想都是建立在封建等级制基础之上的，因此，这些道德除了其优点之外，带有很大局限性：这些道德具有单向性、不对等性等缺点。在丈夫要求妻子顺从自己的同时，并没有对丈夫们自身提出明确的要求；在父亲要求子女们孝顺时，往往以孝顺为名，要求子女绝对服从封建家长，顺从就演化成了盲从，效忠有时会发生愚忠的悲剧。要想建立现代意义上的和美家庭，就必须克服传统家庭美德中的局限性，其中重要的一点就是一定要消除封建等级制残余思想，树立平等、民主的观念。

---

① ［英］安东尼·吉登斯著：《失控的世界》，周红云译，南昌：江西人民出版社2001年版，附录一：《处于舞台中心的中左翼》，第79—80页。

一、以爱为基，平等互助，彼此忠诚，甘苦与共——
夫妻和谐、家庭幸福的重要条件

在中国目前的社会转型时期，人们的婚姻关系普遍比较薄弱，究其原因，主要有四点：

第一，盲目接受西方观念中的糟粕。

在改革开放的政策指导下，西方观念大量涌入，我国传统的道德观已经解体，旧有的道德约束不再，人们盲目崇尚西方的开放性观念，认为性自由就是进步，性开放就是时髦。其实，在西方，性自由和性开放是有一定限度的，并不是朝三暮四、朝秦暮楚地滥交。西方的基督教道德对人们家庭道德观念的约束比较深远，倡导人们过一种严肃认真的家庭生活，号召夫妻之间彼此热爱、忠诚。而通奸——婚外性生活是一种不道德行为，将受到上帝的惩罚和人们的严厉谴责。在20世纪的西方，曾经一度出现过性泛滥的现象，那时的"嬉皮士"们追求肉欲的满足，抛弃了西方的传统道德，在生活中恣意妄为。然而，这种状况并未持续太久，人们很快发现了这种荒唐生活的弊端和恶果：且不说因性行为不当而引起的社会纠纷增多，家庭变得更加不稳定，未婚生育使得人们对"年幼"妈妈现象见怪不怪，离婚率的上升使得单身妈妈和单身爸爸更加普遍，还有性病的加剧，使得西方的政府为之焦头烂额。在这种社会背景下，西方的有识之士强烈呼吁人们慎重地对待自己的私生活，号召人们重新"回到传统"，过一种"检点"而纯洁的生活。现在，西方社会早已走出那段荒唐的生活误区，重视婚姻、珍视家庭的观念开始成为人们的主流思想。西方的男女在婚前可以广泛地进行社会交往，以便在更大的范围内进行比较，寻觅自己的真爱，而一旦他们结婚，就会比较严肃地对待自己的婚姻和家庭，忠于配偶，爱护孩子，为家庭负责，不再到处以赢得异性的青睐为能事。然而，当他们一旦确定彼此确实感情破裂，他们就会理智而冷静地和平分手，而不是在婚姻的掩护下四处猎艳，既不离婚，又不忠于家庭。

我们今天崇尚西方的性开放，只是看到了其中的一面，并不了解人家西方人自己已经对此有所反省，并重新确立了尊重传统的理念。

第二，封建观念解放后的放纵。

中国在几千年封建思想的统治下，压制妇女地位，使得妇女长久地处于性压抑之下。人们对性自由的渴望在突如其来的解放形势下犹如烈马脱缰，有些山洪暴发、势不可当的气势。人们仿佛要变本加厉地捞回几千年来因受封建思想束缚而蒙受的损失，饥不择食地四面出击，撒大网、捕大鱼，把猎获异性的多少作为衡量自己魅力指数的一个指标。

第三，市场经济的负面冲击。

目前我国实行市场经济，可以说，市场经济的观念渗透于人们的一切社会生活领域。当金钱侵入到婚姻和家庭的地盘，不仅爱情会变味，婚姻也会受蚀。有些妻子不满丈夫的"无能"——不能挣足够的钱财供其挥霍，就会傍上大款、攀上高枝，以肉体换取金钱或者地位，有的甚至抛夫弃子，走上婚姻的不归路。而有的丈夫在妻子的支持下事业有成之后，就嫌弃妻子年老色衰，不够时尚，不懂浪漫，将猎取年轻女人作为新的追求目标；有的梦想"家里红旗不倒，外面彩旗飘飘"，希望结发妻子深明大义地与"二奶"、"三奶"们和平共处。说到底，这种男人内心里是向往封建帝王"三宫六院"和封建权贵们"三房四妾"的腐朽生活。还有的男人借口"没有共同语言"而抛弃妻子，另觅新欢。这种只能同患难不能共享福的男人，说到底，就是忘恩负义。

第四，家庭理念的变迁。

在现代的家庭中，夫妻之间缺少"恩情"，削弱了彼此的依赖与爱恋。在中国传统家庭中，比较强调夫妻之间的"恩爱"，其中包含着相当深刻的道理，但已经被今天的人们所忽视。在心理学上，人们往往对自己有"恩"的人产生感激、依恋、爱慕的心理；而正常的人对自己所爱之人也常常情不自禁地想要付出自己的所有，以博得对方的好感，在所爱之人需要帮助的时候总是心甘情愿地伸出援手，施以恩惠。因此，"恩"与"爱"是可以相互诱发、相互促进的：有了"恩"，可以加深人们之间的感情，使双方的联系更加紧密；而有了"爱"则容易促使人们更加主动而尽力地付出，给对方以"恩"惠。

"恩爱"在传统家庭里受到普遍重视并非人们刻意为之，而是具有一定必然性的。在过去，生产力不发达，生产方式也比较原始。在那种自给自足的自然经济条件下，在普通家庭里，生产用品、生活消费品不像在现代社会这样可以从市场上购买，而是必须亲自制作，家务劳动也不能像现代家庭这样可以交由社会去做，而是由家庭成员来完成。为了维持生存，夫妻往往有着明确的分工，通常情况下是男主外、女主内。

一个传统的家庭就相当于一个小小的生产单位，并且，夫妻之间的分工使得双方都依赖于对方的劳动及劳动成果。夫妻不仅是生活中的伴侣，在感情上相互依恋；还是工作上的合作伙伴，在生产中相互依赖。夫妻二人需要同心协力才能将生产、生活进行到底。这种分工、合作使夫妻双方谁也离不开谁，只有各自干好自己分内之事才能维持一个家庭的正常运转。否则，如果家里、家外的事情都由一个人来承担，不管担子落在谁肩上，长期下去谁都吃不消；而有些工作则无法由一个人来承担，比如，本来属于妻子的女红活计，做丈夫的一般都难以胜任；而本来属于丈夫的外交、重体力活，做妻子的也难以代替。在这种情况下，在夫妻中的一方看来，另一方对家庭付出的同时也意味着为自己的生产与生活创造条件、提供支持，对自己来说，无异于一份不可缺少的、难得的恩情。尤其是看到对方比较操劳、辛苦、劳累的时候，还会将这种恩情转化为爱的感动，继而对对方产生体贴、关怀之情。所有这些，都是增进夫妻感情的有效粘合剂。

在现代的家庭里，这种由"恩情"而产生的相互依赖、相互感激、相互关爱已经釜底抽薪般地丧失了存在的基础。原因主要在于，现代的家庭已不像传统家庭那样有着"男主外，女主内"的明确分工，男女享受同样的教育，可以从事同样的工作，甚至可以挣得同样数量的钱；同时，现代的科技发展为满足家庭所需提供了充足的条件和必要的保障，只要有钱，衣食住行都可以不用依靠家庭成员来提供。总之，无论在生产上还是在生活中，夫妻都大可不必在劳动与物质上依赖对方。尤其在那些比较"先进"的现代家庭中，夫妻可能都属于白领阶层，同样在外工作，同样的作息方式，挣差不多的钱，谁也不觉得对方比自己更辛苦，也就难以产生相互感激、相互体谅的感情。"恩情"的缺乏，使得爱意也淡薄了许多。以至于夫妻双方都有一种错觉，以为除了生理上的彼此需要与依赖之外，在其他方面都是各自独立的，谁也不必依靠对方，谁也不欠对方的恩情，分开以后完全可以独立生活。这种缺乏后顾之忧的、有恃无恐的心理大大削弱了夫妻关系的稳固性。于是，一旦感情破裂，婚姻常常也就走到了尽头。

由于以上原因，中国转型时期常常出现一些家庭问题。转型时期具有转型时期的特点：传统的家庭伦理差不多已经瓦解、破碎，而新的符合时代要求的家庭伦理还未完全形成。转型时期的家庭就在传统伦理与现代道德的较量中挣扎，同时，不断摸索着建立新的、能够维护家庭平衡、稳定、和谐的家庭关系、家庭伦理。

与西方强调夫妻感情与父子亲情、将"爱"作为维系家庭和睦的纽带不同，在中国传统家庭伦理中，主要是以"义"来维系婚姻稳定、夫妻和睦的。由此带来的结果是：从表面看来，如果以人口的多少来衡量，中国传统的封建大家庭似乎出奇地团结、稳定；如果以离婚率高低作为品评婚姻和谐度的依据的话，建立在"父母之命，媒妁之言"基础上的中国传统婚姻似乎最理想。然而，这种表面的稳定与和谐的背后，却掩藏着深深的痛苦与压抑。只是，这种个人感情上的痛苦与压抑都屈从于各种封建义务而无法得以扭转。因此，在寻求婚姻的可靠基础、维护夫妻感情的问题上，我们应该既继承、发扬中国传统文化中关于夫妻平等互助的思想精华，又要适当借鉴西方重视"爱情"的思想，以"爱"作为婚姻的基础，只有笼罩在温情的夫妻之爱当中，才能建立真正的和睦之家。

（一）爱情为基，慎重择偶

爱人是人一生中的重大选择之一，上古时期，男女杂居，人们的家庭观念普遍不强，男女之间的交往和交合大多基于双方的好感。在《诗经·国风·周南》里就有"关关雎鸠，在河之洲。窈窕淑女，君子好逑"等男女之间进行大胆爱情表白的描述。然而，到了中国的封建社会，由于"父母之命"、"媒妁之言"封建伦理的限制，使得本来可以自由选择、实现灵性美妙合一的婚姻因为爱情的缺席而黯然失色。这是因为在过去，尤其是封建社会，出于封建礼教的束缚，青年男女之间授受不亲，缺乏相互交往和交流的机会。缺乏产生爱情的土壤，因此，爱情是一种奢谈。

在封建社会中，人们择偶比较讲究"门当户对"。这一点往往受到奉行爱情至上主义的现代人的抨击与反对。这并非是说，门当户对与爱情势不两立，而是说，爱情是一种微妙的东西，它不受理性的制约，并不是给它创造了条件，它就一定会开花结果。门当户对固然有一定的道理，两个具有相似的生活背景、生活习俗、思维方式和行为模式的男女，比起两个在生活背景、生活习俗、思维方式和行为模式方面截然不同的男女来说，可能会更容易相互适应和彼此接纳，但是，是否能够就因此而产生爱情，却是另外一回事。我们最多只能说，门当户对为爱情的产生提供外在条件之一,却绝对不能担保爱情的滋生。

爱情的产生是一种心灵的契合,它完全可以超越外在的境况而单独地发生。尽管门当户对等外在条件不一定能培植出来爱情,但是爱情一旦产生却可以超越门户之见枝繁叶茂地成长。真正的爱情具有重要的作用,主要表现在以下几个方面:

1. 爱情有利于婚姻的和谐与家庭的稳定。

有人说爱情的实质是一种化学反应,这种说法有一定的道理。因为正处于爱情之中的男女两性,体内会分泌一种物质,使男女都变得格外富有魅力,并使男女双方相互吸引、相互激发。以爱情为基础的婚姻,夫妻之间更容易建立深厚的感情。夫妻二人比翼双飞,携手共建和睦幸福的家庭。

如果一位女士真的爱慕她的先生,她自会表现得柔情似水,风情万种。因为每一位正常的女性都有温柔的一面,即使她在众人面前比较严肃、严谨和端庄,她在自己心爱的人面前也会表现得比较娇媚而富于温情。因为她的爱人激发了她作为女性所具有的柔情。有的丈夫抱怨自己的妻子不温柔,那是因为他的女人并不真正地爱他,或者说他对她的爱也不够,程度不够深,还没有将自己女人的柔情激发出来。

如果一位男士真的爱慕一位女士,他自然会产生保护自己心爱女人的欲望,愿意为她去做任何事情,即使为她赴汤蹈火也在所不辞。深陷爱情之中的男人最具男子的阳刚之气。所谓的"英雄救美"在某种意义上可以说是美人造就了英雄,英雄之所以那么勇敢和坚强,也有美人的功劳——是美人的魅力激发了男人爱的激情,从而激发了男人的英雄气概,被美人之美眩花了眼睛、被爱慕之情弄昏了头的男人一时冲动,就稀里糊涂地做了英雄。有些妻子抱怨自己的男人对自己缺乏怜香惜玉之情,那么,显然,她的男人并不真正爱她,如果勉强说爱她的话,那么这种爱也并不强烈,以至于产生不出男人的阳刚之气与对女人的怜惜之情。

当然,爱情是双向互动的动态过程,一厢情愿的爱还称不上爱情,而只能叫作单相思。爱情需要双方共同的投入和相互激荡才会产生和维持。爱情也需双方较为平衡的投入才行,一厢情愿的爱如果不能顺利发展成为双向的爱情的话,即使结为夫妻,也不会有太大的幸福。

性爱是婚姻中的重要粘合剂,有些婚姻不能继续维持,在很大程度上因为夫妻性关系不和谐。而对于性爱来说,爱情是最好的春药,它胜过最好的催情药物,什么伟哥等在它的面前统统相形见绌。基于爱情的性交是一种灵性合一的双重交流,也是纯洁的和神圣的。

在现代这个物欲充斥的社会,爱情好像变成了稀有之物。人们谈婚论嫁并不是只考虑两人是否有爱情,而是常常要权衡对方的位子、票子、房子、车子、老子,要求最好能够"五子登科"。问题在于,物质的东西一旦满足,人们就会自然而然地要求获得精神层面的满足,这时候,如果不幸无法从配偶那里获得满足的话,就容易上演"红杏出墙"、"外面彩旗飘飘"的一幕了。

2. 爱情有利于夫妻双方的健康和长寿。

爱情对人们的意义不仅限于家庭的和谐,它还具有一定的医学功用。世界卫生组织的马斯·瓦格纳说:"多年来医学忘记了爱情是疾病防治中的一个重要因素,是非常不对的。"近一些年来,人们开始逐渐重视爱情医学。爱情医学认为,恩爱的夫妻关系,可以使人长久地保持青春的活力,延缓人体的衰老,也是促使人们健康长寿的重要因素。其根据是爱情具有双重性:既具有生物性,又具有社会性。

从其生物性来讲,当人们陷入爱情之漩涡的时候,人的大脑就会分泌一种物质,不但使人精神愉悦,而且能提高人的免疫力,增强人对于病毒的抵抗力,还可以使人精力充沛,充满活力。当爱情修成正果、相爱的男女结成夫妻的时候,虽然爱情不再像以前那样充满激情,而是慢慢转化成亲情。这种由爱情转化而来的温厚而醇香的感情,可以让夫妻双方感受到一种安全、温暖、宁静的幸福感觉,这种感觉有利于大脑皮质功能和机体免疫功能的生理协调,从而促进人体分泌出有益的激素、乙酸和酶。这些物质能将神经细胞的兴奋程度和体内的血液流量调节到最佳状态,有利于人们的身心健康,使人看起来更加年轻而充满活力。同时,婚后和谐的性生活,也可以使人延缓衰老,保持青春的魅力。相反,那些处在不幸婚姻之中的人们,则显得分外地憔悴和苍老。

从其社会性来讲,彼此相爱的夫妻,能够有福同享,有难共当,可以有效地舒缓夫妻双方的社会压力和生活压力。当面临生活灾难时,相爱的夫妻能够相互支持、相互鼓励、相互安慰,携手渡过难关。当幸福降临,他们可以共同分享快乐,一起享受生活的乐趣。

大量实例表明,那些拥有美满婚姻的人们更加健康、长寿。而那些婚姻不幸或者离婚者、丧偶者的身心健康水平要低于婚姻和谐、家庭美满者。

3. 夫妻之间感情深笃有利于优生优育，可以使下一代更加健康地成长。这主要表现在以下几个方面：

首先，夫妻感情融洽是顺利实行胎教的重要保证。据现代医学研究，胎儿在母亲子宫里就可以感受到外界的一切声音、氛围。所以，很难想象，一个孕妇经常在家庭战争的硝烟弥漫中能够保持轻松而愉快的心情，而孕妇的情绪会直接影响到胎儿在子宫中的发育。在和谐的家庭气氛中，孕妇不仅会在物质上受到更加体贴的照顾，而且会在精神上感受到家庭的温暖而产生愉快的心情，这些都有利于胎儿的正常发育。大量事实证明，在和谐环境中发育成长的胎儿，由于受到的良性刺激较多，出生之后，就会健康而聪明；而在夫妻不睦、争吵不安的环境中发育成长的胎儿，因为受到的恶性刺激较多，往往一出生就免疫力低下，发育不良，甚至带有先天的生理缺陷或者疾病。

其次，到了孕妇分娩的关键时刻，夫妻感情也会对婴儿的顺产或者难产产生相当的影响。据现代医学揭示，有丈夫在旁边鼓励、安慰、体贴和照顾的孕妇，由于有感情上的支柱，在心理上减少了孤独感与恐惧感，能够更加坚强和勇敢，有助于分娩，顺产的几率更大；而那些丈夫不知体贴和照顾的不幸孕妇，由于思想上愤懑和压抑，再加上面对分娩这样重大的事情，精神上感到恐惧和无助，不利于婴儿的分娩，难产的几率会大大增加。

再次，孩子一旦出生，家庭环境就成了孩子成长的重要因素。一个和睦、和谐的家庭有利于培养孩子健康的人格和性格。而一个父母经常吵架、武斗的孩子，常常会养成内向、偏执、暴躁等不良性格；而且，长期生活在家庭生活的阴影之中，孩子还有可能形成阴暗的心理，长大会仇视社会、仇视他人，给自己和他人带来不幸。

总之，爱情是健康婚姻和家庭的基石，是通向幸福之路的第一步。现代社会择偶标准虽然不像封建社会那样严格地讲究"门当户对"，也还是要求双方"实力相当"。"门当户对"诚然有门当户对的道理，因为两个出身、经历相似的人，在生活习惯、品性行为、价值观念、生活态度等等方面更为接近，相处起来比较容易相互适应，从而也更易培养感情、产生爱情。但是，如果将"门当户对"作为一个硬性指标的话，就难免会使本来可以成为良偶佳配的男女失之交臂。不以爱情为基础来建立婚姻与家庭，这也是现代的婚姻、家庭问题多多的重要原因之一。

（二）平等相处，互爱互助

由于受男尊女卑封建思想的影响，在中国传统的家庭中，夫妻的地位并不平等。地位的不平等使得夫妻双方的权利与义务很难真正的对等，因此，尽管中国传统家庭道德中也讲夫妻之间要互爱互助，而实际上则很难做到。原因就在于夫妻家庭地位的不平等正是夫妻感情交流的最大障碍。因而，夫妻平等是夫妻互相关爱、充分沟通的前提条件。这一点，在我国目前的社会阶段已经不是太大的问题。新中国建立后，新的《婚姻法》已经明确规定了夫妻在家庭中的平等地位。

提倡家庭之中的男女平等、夫妻平等，并非要求妻子也完全像丈夫一样行事，凡事都向丈夫看齐，连性情和脾气也要一样。完全的一致反而又成了另一种异化。因为男女各分阴阳，毕竟有先天的生理和心理上的差别。女性生来比较阴柔，如果也像男性那样阳刚，也是违背其天性，并不会给自己和别人带来幸福。

卢梭也曾探讨过男人和女人的问题，他认为男人和女人应该刚柔相济，才顺应自然，也有利于家庭的和谐与社会的稳定。他说："一个女人应当具备的第一个重要的品质是温柔，因为，她既然是生成要服从有那样多恶习和缺点的男人，则她从小就要知道她应当毫无怨言地忍受一个丈夫不公正的行为和错误。她之所以要这样温柔，不是为了他，而是为了她自己。做妻子的人如果泼辣和顽强的话，其结果只会增加她的痛苦和丈夫的错误行为；如果她们要想征服他们，就不能使用这种武器。天老爷并不是为了使她们变成爱吵闹的人才长得那么巧言令色地善于说话的；也不是为了使她们能够颐指气使地横蛮行事才长得那样柔弱的，也不是为了叫她们骂人才长有那样一副好听的嗓子的，也不是为了使她们能够横眉怒目地大发脾气才长有那样俊秀的面孔的。当她们怒容满面的时候，她们就失去了本来的样子了；尽管她们常常有发牢骚的理由，但如果她们大发雷霆地骂人，那就不对了。男性应当保持男性的态度，女性也应当保持女性的态度。"① 卢梭这段话主要是针对作为妻子的女性来

---

① 何祚康、曹丽隆等编译：《走向澄明之境——卢梭随笔与书信集·刚柔相济的男人和女人》，上海：三联书店上海分店1990年11月版，第102页。

讲的。其实，对于男性也一样：男性应该有一定的阳刚之气才好。男性的阳刚之气并不是指粗暴、专断、强硬、武断、专制、暴躁、固执，这些都不是阳刚之气。真正的阳刚之气并不排斥温柔，它是一种果断、勇敢、坚强、沉着、冷静、包容，其中包含着保护弱小、呵护女性、关爱妻子的温情。

结为夫妻的男女，无论其婚前的性情、性格、脾气如何，他们在结婚后，都会经历一个男女互动、相互激荡的过程，在这个过程中，他们原有的性情、性格和脾气都会发生一定程度的调整乃至改变。如果一个普通性情的女性在结婚之后，发现她的丈夫特别阳刚，那么，在阳刚丈夫的作用下，她将会变得更加温柔；相反，如果她在婚后发现她的丈夫比较阴柔，凡事缺少主见，做事优柔寡断，身体也并不强壮威猛，不能使她满足；那么，在这种情况下，她可能会变得比较阳刚，以弥补其丈夫阳刚上的不足。若以一位男性作为参照物，情况也类似。如果一位性情普通的男性结婚以后，发现他的妻子性格温顺、柔弱，在心理上也适当地依赖他，那么，他作为男性那阳刚的一面就会被激发出来，在妻子面前表现得足够的坚强和可靠。也可以说，是他妻子的温柔培养了他的阳刚。相反，如果，一位性情普通的男性在婚后不幸发现他的妻子原来是个母老虎，遇到一点小事就"河东狮子吼"，那么，他本来的阳刚之气也会因受到打击和挫折而大打折扣。大丈夫之气长期不能舒展，自然会渐渐萎顿下去，从而变得萎缩阴郁，向女性的方向发展，甚至郁郁而终。只有极少数的男人可能会在悍妻所制造的家庭逆境中得以超脱，修炼成智者乃至哲学家。中国著名词人苏东坡的朋友陈慥（字季常）就是一个例子，他在悍妻柳氏的长期考验、磨练中，虽然没敢逃出家去当和尚，却爱探索并谈论佛理，以至于令苏轼专门为他赋诗一首曰："龙丘居士亦可怜，谈空说有夜不眠。忽闻河东狮子吼，拄杖落手心茫然。"[1] 而古希腊的苏格拉底，据他自己披露，他之所以成为哲学家，他家的妒妻功不可没。他说："假如你的妻子是个妒恶的女人，你会成为一个哲学家。"但仔细想来，这两位因"惧内"而闻名于世的男士倒不一定没有"爱情"，他们也不见得就没有幸福，也许"痛并爱着"才是他们真实的生活写照。或许正是因为他们的妻子太爱他们，太在乎他们，才会对他

---

[1] 参见［宋］洪迈著：《容斋随笔·容斋三笔·陈季常》。

们明察秋毫，进行严格管理，以防止被别的女人浑水摸鱼瓜分了去。而他们之所以顶着"惧内"的恶名，冒着时时被别人耻笑的危险，居然并没有"休妻"或者离婚，恐怕也有因爱而舍不得的因素在内吧！只是，即使这种情况是爱的一种反常表现，那么，这种不健康的爱所带来的就不仅仅是积极作用了。

只有建立在地位平等的基础上，夫妻之间才能真正实现互爱互助。如果夫妻之间拥有健康的爱情，那么至少他们不会彼此之间疑神疑鬼，经常怀疑对方红杏出墙或者在外彩旗飘飘；更不会为了主宰对方而限制对方的行动与自由。健康的爱情体现为男女之间的互相信任、互相体贴、互相爱护、彼此珍惜、相濡以沫。

（三）洁身自好，忠诚负责

在中国传统社会里，由于男女地位的不平等，人们虽然也讲洁身自好，也讲对配偶的忠诚，但主要都是针对妻子们来讲的。对于男性则并不那么严格，所以，在封建社会，男子们可以纳妾，可以嫖妓。而女性则要"从一而终"，要"守节"。这些封建糟粕当然已经不符合现代社会的发展要求，现在，我们讲洁身自好，讲对家庭的负责与忠诚，都是针对夫妻双方来讲的。

没有爱情的人渴望爱情，而一旦拥有了爱情，有的人却不加珍惜，尤其是那些已经步入婚姻殿堂的人们。他（她）们以为一旦结婚成家，爱情就进了保险箱，自己的爱人就成了自己篮里的菜，至于如何处置，就看自己是否高兴了。于是，忘乎所以的夫妻们自然会产生一些懈怠的心理，对自己的爱人不再像以前那样重视，体贴和温柔的功夫也打了折扣，掺了水分。再加上在结婚以后，由于夫妻之间原来的那种神秘感也渐渐消失，有的男人和女人就对自己的配偶产生了审美疲劳，蠢蠢欲动地想尝尝路边的野花或野果。自制力强些的，或者有贼心没贼胆的，就一边流着涎水眼睁睁地瞧着别人家的好老婆或者好丈夫，一边抱怨自己的配偶。自制力弱些的，或者既有贼心又有贼胆的，瞅个机会就和别人暗度陈仓了。那些以征服异性的多少来作为自己魅力指数的男人和女人们，尽管能尝到不少新鲜异性，品尝各种味道，表面看起来他或者她很富有，拥有众多的异性，似乎艳福不浅。其实，这类人是最贫穷的，贫穷得没有一位异性真正属于自己。他们或她们所拥有的只有"性"，而没有"爱"。无爱之性比较普遍，普遍地存在于一切动物行为中，畜牲与人都可进行。

当那些情场高手得意于他（她）众多的爱情成果的时候，那么，他（她）原有的爱人离开他（她）的日子也就不远了，即使身体没有离开，心也会离开的。因为真正的爱情具有排他性，爱情是不能分享的，相互爱慕的双方都不能容忍自己的爱人另有所爱，更不能容忍自己的爱人移情别恋。一旦夫妻的一方发现了对方的背叛，就会严重影响夫妻感情和家庭和睦，严重的还会导致劳燕分飞的后果。

此外，夫妻之间的不忠行为，除了影响夫妻感情、容易导致家庭破裂、亲人离散以外，还会增加一些患上疾病的机会。比如一些不洁的婚外性关系往往使当事人染上淋病、梅毒、艾滋病等传染性疾病，有时还会殃及配偶与子女，给自己与家人造成严重的伤害。而那些从一而终的忠贞夫妻们，则不存在因性行为混乱而感染疾病的风险。从这一点来看，传统封建礼教的忠贞观念既有维护夫妻感情的功能，又能对人们的身体健康起到一定的保护作用。

不管是出于哪一种原因，夫妻之间的不忠行为必然会危害到当事人的生活幸福。弗拉金先生就认为，貌似热闹的婚外性行为对当事人来说并不是幸福，即使是那些被逼无奈的婚外性关系也不例外，他说："有一点可以正确无误地肯定，无论从心理学角度还是从生理学角度来说，婚外性关系必然是夫妻间的一种不幸。"① 其实这一点并不难理解，当男女们的感情外泄、肉体走私勾当到东窗事发之时，他（她）所面临的必然是夫妻感情的破裂，甚至是家庭的解体。即使是在多方面的斡旋之下，破镜能够重圆，婚姻得以保全，夫妻之间的信任也会遭受严重的破坏，夫妻感情也绝难回到从前。因为，破镜毕竟已经破过，再好的工匠使用再好的技术将其修复，也会留下一条痕迹，哪怕这条痕迹并不明显，它也会时时提醒夫妻双方有一段背叛的往事曾经发生。

尤其是那些已经生育孩子的夫妻，更不能随便地拈花惹草、红杏出墙，因为这种举动不仅伤害到配偶，还会伤害到孩子，使孩子幼小的心灵里埋下一颗薄情与怀疑的种子。正如弗拉金先生所说："还有问题的另一个方面，也就是孩子问题。如果男女相互背叛，另觅'新欢'，那双方就会在物质上和道德上有意无意地'偷走'了自己的孩子。这里所说

---

① ［苏］B.弗拉金、J.卡普斯京著：《婚姻的和谐》，陈松吉等译，哈尔滨：黑龙江人民出版社1988年版，第218页。

的'偷走',自然不是用其直义。"① 如果家庭解体,那么对孩子的伤害会更加严重。

因此,当爱情来临之时,尊重双方的感情,勇敢地将爱情进行到底;而当爱情修成正果后,应该珍惜这份来之不易的爱情成果,应该注意对爱情进行精心和细致地培护,使爱情之树常青。俗话讲,百年修得同船渡,千年修得共枕眠。说的就是爱情的不易与姻缘的难得,人们应该珍惜彼此的缘分。当人们步入婚姻的殿堂之后,随着家庭之中锅碗瓢盆等繁琐事情的增多,男女之间也揭开了最初的神秘面纱,夫妻之间审美疲劳的加剧,爱情之火往往会逐渐消退。此时,夫妻之间往往会产生失落之感,甚至产生厌倦的情绪,认为婚后的生活并不像未婚时所设想的那样充满浪漫和激情。此时,应正确调整心态,避免使婚姻走入误区。不能只看对方的缺点而对配偶不满、挑剔、抱怨、冷落,更不能将寻求感情补偿的眼光瞄向外面的花花世界,在第三者的积极配合下,上演一出绿叶(红杏)出墙的闹剧。而应适时地调整心态,认识到婚姻就是一支锅碗瓢盆的协奏曲,婚姻不光是花前月下的浪漫,还有油盐酱醋的混合;家庭不仅仅是两个人的卿卿我我,还有七大姑八大姨的来往穿梭,以及亲朋戚友不请自来的介入。当新的诱惑近身,应该多想想配偶的优点,千万不能将配偶的短处与"新欢"的长处相比;即使"新欢"更加年轻迷人,也应该理智地想想自己的家庭责任,不能喜新而厌旧。如果夫妻真的产生了问题,婚姻出现了危机,就积极地与对方进行思想沟通和感情交流,寻找产生不满的原因和解决办法,而不能将问题束之高阁、任其发展。

(四)贫富不移,甘苦与共

中国传统家庭伦理提倡男女一旦结为夫妻,就应该休戚相关,患难与共,长相厮守,相互扶持,在风风雨雨中共同走过漫漫人生长途。在这方面,古人也给我们做了不少优秀的典范。如东汉名吏宋弘在自己功成名就以后仍然尊重、关爱自己的原配夫人,坚持"糟糠之妻不下堂",拒绝光武帝为其姐姐湖阳公主所提的亲事。千百年来,宋弘被奉为丈夫中的楷模,一直受到人们的敬重与赞扬,与陈世美形成了鲜明的对比。

---

① [苏] B. 弗拉金、J. 卡普斯京著:《婚姻的和谐》,陈松吉等译,哈尔滨:黑龙江人民出版社1988年版,第219—220页。

现在，这种贫富不移、甘苦与共的夫妻伦理仍然没有过时，应该几乎不需改造地被继承下来。但在现实生活中，有不少夫妻都经受不了考验：有的是经受不了贫困、挫折的考验，在逆境中孔雀东南飞；有的是经受不了富贵、坦途的考验，在顺境里走马换将。尤其是不少家庭里的丈夫们，都属于"只能同患难，而不能共富贵"的类型，在事业不发达、家庭还比较贫困的时候，他们一般都能拽着自己的配偶与他一起过苦日子，一起艰苦创业。然而，一旦他们事业有成，手里有了钱后，就开始嫌弃被过去的苦日子折磨得早早地就变成了黄脸婆的妻子，并艳羡起别人年轻貌美的老婆来，于是，一场婚姻的变故就此拉开序幕。当然，因经不起考验而见异思迁的妻子也不少。

周恩来与邓颖超之间的真情厮守堪称当代爱情与婚姻的典范，他们不但拥有真挚的爱情，而且患难与共，彼此扶助，相互携手，共同经历了战与火的考验。尤为难得的是，在相对和平与安乐的生活环境中，他们依然保持了爱情的专一与彼此的忠诚。周恩来同志做了总理以后，工作非常繁忙，邓颖超同志就自觉地承担起一个普通妻子的义务，默默地在生活上关心、照顾着他。周恩来同志贵为一国总理，他不但富于智慧，而且相貌出众，风度翩翩，却没有像某些"伟人"和名人那样朝三暮四、朝秦暮楚，更妻子换情人如同换衣服一样频繁；而是从一而终地与邓颖超白头偕老。对他们的婚姻人们几乎疑为一个美丽而神圣的童话。

总之，夫妻关系在家庭关系中处于核心地位，因此，良好的夫妻关系是维持家庭稳定与和谐的关键。而良好的夫妻关系离不开爱情的基础、平等关爱的维系与忠诚负责的养护。

二、慈而民主，孝而有度——父母与子女融洽和谐的基本原则

中西方家庭中父母与子女之间的关系存在着显著的差异，究其原因，主要有：

首先，社会传统不同。由于中国古代特别重视家族和宗族的延续和发展，宗法势力在中国传统社会中比较强大，中国传统的父母与子女的关系，也深受封建礼教的影响。中国古代社会不仅规定了父母与子女之间不平等的地位，而且还特别强调父母对于子女的绝对权威。封建礼教中的"父为子纲"就规定了子女对父母要绝对服从，要"唯父母之所言，唯父母之所欲"，使得父母的地位高高在上，子女则匍匐在地，仰望

着父母的脸色，大气不敢喘。《礼记·内则》就号召天下子女们说："父母怒不悦，而挞之流血，不敢疾怨，起敬起孝。"这些封建说教在历史上曾起到维系中国父系的封建大家庭的作用；同时，也带来了一些消极的后果：那就是父母与子女之间由于地位的悬殊而产生的距离与隔膜。

而在西方，由于父母与子女之间并不存在悬殊的地位上的不平等，相应的，也就没有子女必须绝对服从父母的特殊要求。

其次，文化观念不同。在中国传统文化中，父母生儿育女是为了"养儿防老"，父母辛苦地抚养子女，对子女来说这是一种莫大的恩惠。因此，子女有义务无条件地孝敬和顺从父母，在父母年老体弱失去劳动能力的时候，更应该赡养父母，以报答父母的深恩厚德。

中国传统文化中子女与父母之间是一种从属的关系，这种关系并不对等。因为在父母眼里，子女都是自己的私有财产。所以，即使"父母即欲以非礼杀子，自不当怨，盖我本无身，因父母而后有，杀之，不过与未生一样"①。由于过分强调子女对父母的孝敬与顺从，中国传统家庭中的子女与父母之间往往有一种微妙的距离。

而西方的基督教文化将子女说成上帝对父母的一种恩赐，所以，在西方文化中，父母对子女的降生心存感恩，从内心里感激上帝的恩赐，同时认为子女是上帝赐给自己最为珍贵的礼物。因此，西方家庭中的子女与父母之间是一种较为平等的关系，父母与子女之间易于沟通思想、交流感情，关系比较亲密、融洽。

再次，家庭模式不同。在中国传统社会中，由于对血缘关系的重视和家族观念的影响，家庭的规模比较大，一个家庭往往是三代同堂、四代同堂，甚至五代同堂，家庭成员众多，家庭关系复杂，家庭事务繁多，为了处理各种家庭关系和事务，就需要"礼"来约束和调节。出于对庞大家庭的维护，自然需要用"礼"来树立家长的绝对权威，否则，这样大规模的家庭很难维持。因此，在中国传统的大家庭中，由于"礼"的束缚，大家庭里各个成员之间辈分分明，秩序井然，表面上呈现出一片和谐有序的现象。然而，也正因为这种严肃的"礼"节，限制了父母与子女之间的那种天然亲情的表达。

而西方的家庭则不是这样，家庭的规模较小，家庭成员不多，家庭

---

① 魏禧：《日录》。

关系也简单。在这种相对比较简单的小规模家庭里，家庭关系也比较单纯，对于树立一个能够发号施令、一统家天下之家长权威的需要相对没有那么强烈。因此，西方的家庭更注重"爱"在家庭中的维系力量，强调子女对于父母的爱恋，而不是服从。

综上所述，由于中国所特有的文化背景，在中国传统家庭里，虽然也讲父母对子女要慈爱、关怀、教导，然而，由于父母与子女的关系是建立在以"父为子纲"为代表思想的不平等的基础之上，所以，父母对子女的那种"慈爱"往往被父母的权威、严厉、专制所淹没，子女在父母面前缺乏独立的人格与自由。与其同时，子女对父母的"孝"却被提高到一个相当的高度：子女必须绝对服从父母，孝敬父母。尤其是到了中国封建社会后期，"孝"被无限拔高，走向了极端，甚至出现了不少"愚孝"的现象。《二十四孝》中所记载的事例中，不仅具有浓厚的"孝感"的迷信色彩，还有不少属于典型的"愚孝"。如郭巨"埋儿奉母"、吴猛"恣蚊饱血"、王祥"卧冰求鲤"、孟宗"哭竹生笋"等。

在西方国家，并没有类似传统中国"父慈子孝"的道德说教，它们的社会更强调父母与子女之间基于平等基础之上的爱。在西方相当长的历史上，家庭中父母与子女之间的关系比较宽松，他们尽管不讲父母对子女的"慈"，但是，父母却给予了子女更多的独立与自由，让子女的身心在一个相对比较宽松的环境中得以健康成长。只是，由于西方国家不怎么重视子女对于父母的义务，没有类似传统中国"孝"的观念，所以，西方国家的老年人比起传统中国社会里的老年人来说相对比较落寞：缺少在子女面前的绝对权威以及由此所带来的权利与福利。

在社会主义现代化建设的今天，为了建立更加和谐的亲子关系，我们应该反省中国传统文化中家庭伦理的优点与弊端，同时比照西方相关思想的长处与欠缺，对之进行思想整合，建立适合我国时代特点的新的父母与子女的关系。

(一) *慈而民主*

作为父母，爱护、关心子女是一项首要的义务。在这一点，大多数正常的父母都知道爱自己的子女。但是，至于如何给予子女以健康而合理的爱，则需要一定的艺术。并不是所有父母的爱都是有益的，有些不恰当的爱非但无益，反而有害。有些父母只知道一味地顺从子女，极力满足子女的各种欲望和要求，不讲原则地溺爱子女，这种爱对子女的健康成长极为不利，有时甚至还会害了子女。因此，父母对子女的慈爱也要讲究方法和艺术，做到合理、适度，只有合理的爱才是健康有益的。

第一，要关爱、呵护孩子。

俗话说"父慈子孝"，父慈与子孝连在一起讲是有一定道理的，二者之间具有一定的因果关系：父慈在先，为因；子孝在后，为果。父母对子女那种无私无尽的爱必然会以某种行动表现出来，孩子受到父母的呵护与关爱，往往会心生感动，尤其是孩子长大成人自己也为人父母以后，回忆起当年父母对自己所付出的爱与辛劳，内心的感动与眷恋体会更深，这种感动在适当的时候就会自然而然地以"孝"的形式回报给父母。相反，一个粗暴的父亲或者乖戾的母亲在孩子年幼时不但不给以慈爱与呵护，反而经常责骂、暴打无辜的孩子，给孩子的幼小心灵刻下道道伤痕。那么，这个孩子长大以后就很难由衷地孝顺父亲、母亲。一方面是因为他从小就没有被爱的体验，没有学会如何去爱别人；另一方面是缺乏被父母所爱的感动，从而缺乏孝敬父母的内在动力。即使他受到要孝敬父母的教育，他所孝敬父母的行动也是程式化的，理性有余而感情不足，如果真有这种情况，那么不能完全怪罪到他，怪只怪当年他的父母没有做好：播下的是跳蚤，怎能期望收获的是龙种呢？明白了这个道理，为人父母者就要注意了，如果自己没有准备好，就干脆别生孩子；既然生了孩子，就必须尽自己的一切能力去关爱孩子、呵护孩子，给孩子的成长营造一个和谐、健康的环境。

子女刚刚出生的时候，身体单薄而孱弱，不具备独立生存的能力，尤其需要父母无微不至的关心与爱护：不仅需要父母为其发育成长提供必要的物质，还需要父母在精神上的呵护与濡养。一个经常受到父母温柔的亲吻、抚摸的孩子，一个沐浴父母双亲慈爱阳光成长的孩子，将是一个心理健康、具备爱心的人。无论是对父母，还是对其他人，都能够比较容易地产生爱心。相反，一个在成长过程中受到父母冷落的孩子，一个缺少父母关爱的孩子，在他（她）长大以后就很难产生对父母强烈的亲近之感。因此，可以说，父母对子女慈爱，也就是在子女幼小的心灵上播下一颗爱的种子，使他（她）从小就懂得什么是"爱"，明白如何去爱他人，在长大成人之后，自然就会敬爱父母，体贴父母，孝敬父母。

据心理学家研究，父母的爱对孩子的心理成长至关重要。父母对幼小孩子无私的关爱与呵护，有助于孩子自尊、自爱、自信的树立。美国学者佩克先生认为："感到自己有价值——'我是一个有价值的人'——这对精神健康十分重要，同时也是自我约束的一块基石。这是父母之爱的直接产物。在童年时代如果没有这样的自信，在成年时期要获得它就极其困难。相反的，当孩子从父母之爱中感到自己有价值以后，成年生活中的成败荣辱就再也不可能毁坏他们的精神。"① 佩克先生解释说："由于整个童年时代沐浴在父母一贯的疼爱和关怀中，这样幸运的孩子在步入成年期时，内心深处怀有自我的价值感以及安全感。"② 佩克先生的话从心理学的角度揭示了父母之爱对培养孩子健康心理、健康人格的重要意义。

当然，这种爱也不是毫无限制的爱，更不是溺爱。爱也要讲究科学与技巧，盲目的爱非但不利于孩子的身心健康，有时甚至对孩子的健康成长产生负面影响。在某些独生子女家庭里，孩子被当成家里的"小皇帝"，父母对之进行无节制地溺爱，一切以孩子为中心；只要孩子提出了要求，无论是合理还是不合理，父母都无条件地满足。这种过度溺爱的结果往往是养成孩子一些不健康的习惯和心理：一切以自我为中心，不懂得体谅他人，以为别人对自己的帮助与关爱都是理所当然的；比较自私自利，只知道索取而不知道付出；责任意识薄弱，不愿甚至不知道要主动承担一定的家庭责任或社会责任。所以，父母对子女关爱也需讲究一定的方式与方法，盲目的爱、过度的溺爱只会害了孩子。

第二，给孩子以平等民主与适度的自由。

作为父母，要摒弃过去那种将孩子当成自己私有财产的思想，孩子作为一个独立的个体，虽然并未成年，但却具有与成人平等的地位与独立的人格。因此，父母必须尊重孩子的个性，不能将自己的意志强加给孩子。在孩子的问题上与孩子进行协商来解决，而不是命令或者强迫孩子接受自己的观点或主张。即使孩子年龄尚幼，自己还不具备独立地进行人生选择能力的时候，作为父母也应该首先给孩子讲道理，教给他必

---

① ［美］史考托·佩克著：《妙手回春——日常心理障碍的自我排除》，孙玉明、辰辰译，北京：中国城市经济社会出版社1990年版，第9页。
② ［美］史考托·佩克著：《妙手回春——日常心理障碍的自我排除》，孙玉明、辰辰译，北京：中国城市经济社会出版社1990年版，第9—10页。

要的知识，培养他独立决断的能力。

在孩子面临一些人生选择的时候，有的父母以"我吃的盐比你吃的饭多，我走过的桥比你走过的路多"为借口，以自己的人生经验为标准，强迫孩子接受自己的意见。在一些重大的人生选择问题如升学、就业、择偶、结婚等问题上，有些父母更是对孩子越俎代庖，以自己的意见取代孩子的意愿。这些剥夺孩子自由的做法仍然是将孩子当成自己私有财产的封建思想的遗留，应该坚决加以铲除。

当然，给孩子以平等民主和自由，充分尊重孩子，并不是对孩子听之任之，漠不关心；而是在必要时给孩子以合理的建议，让他在充分的思考与比较过程中，自己作出合意而合理的选择。

(二) 孝而有度

据报道，美国《海外校园》杂志曾专门就中美"孝道"的差异展开讨论，最后得出的结论是：中国文化趋于依赖子女，美国文化赞同独立；中国文化敬重长者，美国文化提倡平等；中国文化中的孝敬以责任、义务为基础，美国文化的孝敬以自由、尊敬为基础；中国传统社会没有为所有人提供社会福利和服务，而美国有比较完善的社会福利保障。然而，尽管美国有较为完善的社会福利制度来保障老年人的日常生活，但老年人在情感上与后代失去联系，感到无助、孤独，享受不到天伦之乐。中国人传统的生活方式是子孙满堂，这点很令美国老年人向往。曾有位美国牧师 Paul 对一位去美国的中国留学生感叹道："你们中国人对老人很孝敬，老人和子孙在一起，其乐融融，令我们很羡慕！"中美两国老人的晚景截然不同，主要是两国不同的文化使然。①

现在，一些西方的社会学家和不少有识之士，在反省自己国家的社会问题并寻求治疗时，开始将目光转向东方，希望从源远流长的中国古老文明中找到解决问题的办法。一些西方国家的元首也有意地增加与中国的文化交流，试图用中国的优秀传统文化来医治西方社会的顽疾。有趣的是，在一次访华活动中，刚刚离了婚的法国总理萨科齐因没有夫人可带，居然带了自己的老母随访。萨科齐的举动引起了法国纳税人的强烈不满，认为萨科齐滥花了纳税人的钱，带着自己的母亲出访是一种假

---

① 参见陈强：《老外看中国：中国人对父母真孝顺！》，《青年参考》，http://goabroad.sohu.com/20071126/n253474795.shtml。

公济私的行为，于是，在新闻媒体上大肆批判和抨击。面对新闻媒体的狂轰滥炸，爱丽舍宫巧妙地解释说萨科齐之所以带着母亲出访，是因为"母亲"在中国文化里非常重要。言外之意是萨科齐带母亲访华是对中华传统美德的尊重。尽管爱丽舍宫的托辞有狡辩之嫌，但，爱丽舍宫的话也从一个侧面反映了中华传统美德"孝"在世界上的影响以及当今西方人士对中国"孝"的重视。①

孝敬父母、尊重老人一直是中华民族的传统美德。中国传统的"孝"文化可以说是举世无双的。在我国古代，社会大力提倡"孝"，有所谓"百善孝为先"之说法。就连年轻人的奋斗也并不是完全为了自己的出人头地和享受，更多的成分是出于"光宗耀祖"的家族义务。可以说，"孝道"不仅贯穿于家庭之中，还渗透于社会公德与国家政治当中。一个人在家是否孝敬长辈，极大地影响到他的社会形象和政治前途。中国封建社会的不少朝代，都明确地将"孝"作为选拔官吏和考察官员的一个重要指标，有的国君甚至提出"以孝治国"的口号。"孝"在中国的历史上曾占有重要地位，也曾对巩固家庭、凝聚家庭成员起过重要作用。直至今天，"孝"文化仍是中华文化的重要组成部分。只是，今天我们所讲的"孝"已经不是历史上那种包含种种糟粕的"孝"，而是摒弃了种种不合理因素的具有新的时代内容的"孝"。

我们在对传统"孝"文化进行整合的时候，须比较一下西方的相关文化。与中国传统"孝"文化重视子女对父母的孝敬与顺从、更注重子女对父母的各种义务不同，西方更加重视子女对父母的爱恋，也不怎么强调子女对父母的赡养、抚慰等各种义务。就子女对父母的态度来说，中国传统文化中的家庭美德提倡子女对父母的尊敬和孝顺，而西方的家庭道德则注重子女与父母之间的亲密与融洽。因此，在西方社会里，子女生活得相对比较轻松，在未成年的时候，充分享受着来自父母的关爱与呵护，享受着比较充分的平等、民主与自由，身心得以健康发展；在成年以后，则既没有来自父母权威的各种压抑与压力，也不必承担过多的义务。但是，西方社会里的老年父母们则生活得相对来说不太如意：子女不在身边，晚年的孤独，精神上缺少抚慰……

可见，一个事物总是有利有弊，中国传统的"孝"固然有着这样那

---

① 参见《萨科齐访华带母亲》，http://news.cctv.com/world/20071207/106746.shtml。

样的弊端，却无可置疑地给了年老父母们以最大的物质保障与精神抚慰，整个社会具有良好的尊老爱老的社会风气，使得在整个社会中基本上人人都具有一种对老年生活无后顾之忧的安全心态。由于每个人都毫无疑问地一步步地走向老年，所以，中国传统"孝"文化为每个人都安排了一个令人憧憬的晚景，使人们不至于因为对未来的生活心存惶恐而忧惧不安。因此，尽管人们在年轻时饱受压抑，但一想到老有所养、老有所乐的美好前景，心里也会稍稍宽慰。而在西方，就没有传统中国社会里的父母们尤其是年老的父母们那么幸运。尽管西方国家也采取了各种应对措施，极力在物质上对老年人给予各种福利与保障，然而，仅有物质上的保障还远远不足以满足老年人的需求。其中，缺少家庭的天伦之乐，缺少子女在身边问候与照顾，缺少精神上的抚慰是一个重要问题。

因此，对于传统的"孝"，我们应该进行必要的分析来决定其取舍。合理的内容就保留；不合理的，则毫不留情地予以抛弃。

第一，尊敬、爱戴父母。即使在讲究父母与子女平等的今天，父母也毕竟是父母，他们辛苦抚养子女。他们是长辈，作为子女应该懂得尊敬他们。父母无论在物质上，还是在精力上都付出相当大的代价。对于他们的奉献，对于他们的付出、他们无私的爱，子女应该怀着感恩的心情回报以爱，抚慰父母因辛勤工作而时时疲惫的心灵。尤其是当父母年老体弱的时候，因为常常是已经退休在家，无事可做，或者想做些事却心有余而力不足。这时候的父母常常会产生失去人生价值的落寞之感，伴随着寂寞与孤独，往往会心情沮丧，意志消沉。在这种情况下，作为子女，就应该多关心父母的精神生活，多抽出一些时间来陪伴父母，用自己的爱心驱散父母心头的阴霾，让父母的生活多一些阳光与温暖。

第二，尊重父母的建议。现代的社会，已经不要求作为子女的要事事服从父母，唯父母之命是从。但是，由于父母的年龄较长，社会阅历丰富，考虑问题比较周全，又是真心关爱子女。所以，作为子女，在面临人生重大问题时，最好主动征询父母的意见与建议，并对之进行认真分析与思考，合理的就听从，不合理的则保留。

第三，在物质上赡养父母。尽管随着社会的发展，年轻人的负担越来越重，压力也不断增加，在就业、结婚、生子等等重负之下，常常是自顾不暇，因此，越来越多的父母们已经明智地放弃了"养儿防老"的观念，更多地倾向于自力更生。同时，随着社会福利事业的进步、社会保障机制的健全与社会养老保险的发展，赡养老人的责任越来越多地由社会来承担。但是，直至目前，社会养老的机制还并未健全，因此，仍然有不少的老人需要依靠自己或者亲人的力量来养老。然而，人们到了老年的时候，在经济方面实际收入一般都会比没有退休之前要降低，但是物价却常常不断攀升，这样一来，就容易造成老年人生活水平的下降。在老人无病无灾的情况下生活还容易维持，然而，一旦疾病降临，灾难靠近，生活将很快陷入困境。在这种时候，尤其需要子女的扶助。

以上几点是从子女的角度来讲的，事实上是每一个正常人都应该去做的。对于一个政府来说，也可以采取适当的政策来鼓励人们对父母尽孝。在这方面新加坡做得比较成功。新加坡是将传统文化进行现代转化得比较好的国家。新加坡总理李光耀在总结和分析新加坡腾飞的经验时，认为新加坡的快速发展深深受益于传统的儒家思想，他呼吁新加坡国民继续保留东方价值观和生活方式，并将儒家文化的精神概括为忠、孝、仁、爱、礼、义、廉、耻"八德"。政府为了鼓励子女与父母同住，规定在申请政府组屋时，对那些想要与父母住在一座组屋或毗邻组屋的人不仅给予优先选择权，还在价格上给予百分之五的折扣优惠。组屋区有专为老年人而设的"乐龄活动中心"；乐龄人士可以免费乘坐公交车……在今天的新加坡，尊老爱幼在社会上已经蔚然成风，华人家庭都把赡养父母看成天经地义的事情。除非万不得已，他们是不会将父母送进安老院的，尽管新加坡的安老院医疗卫生设施先进齐全，生活舒适。到了农历新年，华人无论身在何处，都要想方设法赶到父母身边，与父母一起过个团圆年，在父母膝前尽孝，与父母共享天伦之乐。① 在这些方面，我们应该借鉴新加坡的一些做法，由政府出台一些实际的措施来鼓励人们尽孝，并为人们的尽孝提供便利、优惠条件。

三、相亲相爱，团结互助——兄弟姐妹之间和谐相处之道

在传统家庭里，兄弟姐妹之间的关系尤其是兄弟关系是家庭关系的重要组成部分。有时候，手足之情甚至重于夫妻之情。封建家庭伦理中的"悌"就是专门讲兄弟关系的，"兄友弟恭"是一个基本的要求。做兄长的要自觉爱护、照顾弟妹，做弟妹的应尊重、爱戴自己的兄长，兄

---

① 参见张建立著：《中国能从新加坡学什么》，北京：华文出版社2006年版，第47页。

弟姐妹之间互助互爱，和睦相处，就这一点来说，中国传统文化里有着比较多的美好典范。"孔融让梨"说的是做弟弟的孔融在年龄很小的时候就懂得尊重自己的兄长，主动将大个的梨让给哥哥，自己要小个的梨。

然而，由于传统家庭伦理讲究长幼次序，所以在一个大家庭中，兄长往往具有较高的地位，理所当然地受到弟妹们的尊敬与服从。同时，长兄也相应地承担更多的家庭义务，自然地负有照顾弟妹的责任。俗话说"长兄如父"，就是指的这种情况，尤其是在父亲衰老或者去世的情况下，长兄一般就应该承担起原来属于父亲的家庭责任。弟妹在家庭中的地位一般比不上长兄，但相应地在家庭中所承担的责任与义务也相应较少。

现在，已经不像以前那样，兄弟姐妹工作、成家以后通常都要离开原来的家庭独立生活。彼此之间的相互依赖大大减弱，其关系也不像以前的大家庭那样复杂。但是，手足亲情却并不会因为空间上的分离而阻隔。我们一定要重视和珍惜兄弟姐妹之情，建立和谐融洽的关系。

（一）兄弟姐妹之间平等相处，彼此尊重

兄弟姐妹应该是天然的伙伴和朋友，现代的家庭已经不再像传统家庭那样讲究严格的兄友弟恭，兄弟姐妹之间没有严格的因长幼次序而带来地位上的差异，而是一种平等的关系。在地位平等的情况下，兄弟姐妹之间相互尊重，更容易建立亲密无间的情谊。

（二）兄弟姐妹之间互相关爱，互相帮助

兄弟姐妹是最近的旁系血缘关系，相互之间应该互相关爱，互相帮助。当我们在社会上因遭遇挫折与打击而陷入困境之时，除了父母、子女、配偶可以给我们提供无私的援助以外，恐怕就数兄弟姐妹可靠了。

（三）互相包容，相互体谅

由于同属一个大家庭，兄弟姐妹之间也难免会出现一些冲突与纠纷，尤其是成年后，各自建立自己的小家庭，家庭关系更加复杂。妯娌之间、女婿之间有时会出现互相攀比的心理，在赡养老人、继承财产等方面产生一些矛盾。在这种情况下，兄弟姐妹要头脑清醒，不要盲目听从配偶的教唆，要珍惜兄弟姐妹之间的情义，顾全大局，不要斤斤计较。在承担赡养、照顾老人等家庭义务方面，本着能者多劳的原则，有能力、有条件的子女主动多尽一份力；经济条件好的可以多提供物质的帮助，人手宽裕的子女可以多花些时间与精力照顾老人。各自发挥自己的优势条件，以不同的方式来孝敬、赡养父母。在继承父母遗产的时候，也不一定非要严格地以平均主义为原则，更不能挑肥拣瘦地斤斤计较，而是应该相互谦让、体谅一些，多考虑一下别人的情况和需要，适当照顾一下经济上比较困难的兄弟姐妹。这样，就能减少兄弟姐妹之间的纠纷，给自己的大家庭增加一份和谐的气氛。

自我国实行计划生育政策以来，有越来越多的家庭都只生育一个孩子，现在的80后、90后的年轻人大多都是独生子女。传统大家庭里那种兄弟姐妹一大群的现象已不多见。在这种情况下，如果我们有幸拥有兄弟姐妹的话，更应该珍惜这份难得的同胞之谊。

总之，中国传统"和"文化中，强调家庭和睦、相亲相爱，重视家庭成员之间互相团结、互相扶助，尤其是家庭成员遇到困难的时候，其他家庭成员更应该出手相助。帮助陷入困境的亲人共渡难关，不仅仅限于具有直系血缘关系的家庭成员，而是包括堂兄弟姐妹之间、伯叔姑婶姨舅与侄甥之间等等具有间接血缘关系的大家庭成员。亲人之间相亲相爱、相互帮助，不仅是家庭和睦的重要保障，还是促进社会稳定的必要条件。在当今社会剧烈变动、中外文化相互激荡的复杂形势下，将这种优秀的传统"和"文化继承下来，必将有助于抵制西方国家中普遍存在的父母与成年子女之间离多聚少、亲友之间人情淡薄等状况所带来的社会弊病。前几年，于2008年发端于美国、西欧国家的世界性经济危机严重地影响着人们的经济状况与生活水平，不少美国家庭陷于经济破产、生活困顿的境地。然而，有关统计数据却表明，同是经历经济危机，相对于土生土长的美国家庭来说，美籍华人家庭所受冲击明显较小，其原因除了华人具有节俭、储蓄等传统习惯以外，另一个重要原因是：由于华人家族观念较强，具有家族成员之间相互扶助的传统，在危机爆发、危难来临之际，那些相对比较富有、受危机影响较小的家族成员常常会伸出援手，帮助那些相对比较贫困、受危机影响较大的家族成员共渡难关，将破产的危险系数降到最小。因此，从整体来看，华人家庭的生活状况受经济危机影响的程度就较低。这种状况一方面体现了中国传统家庭道德提倡家庭成员之间的团结互助的优越性，另一方面也说明了中华民族传统家庭美德非但与现代家庭理念并不矛盾，而且仍然可以发挥积极作用。

第四节　构建和谐社会：加强社会公德建设，创建和谐人际关系

一般说来，社会公德有广义与狭义之分。广义上的社会公德包括个人生活中处理爱情、婚姻、家庭问题的道德以及与个人品德、作风相关的反映阶级与民族共同利益的道德。而狭义的社会公德就是人类在长期社会实践中逐渐积累起来的公共生活准则。本书所讲的社会公德指的是后者。

马克思认为，人的本质是一切社会关系的总和，社会性是人区别于动物的重要特点。作为社会个体的单个人，要在由无数个体构成的社会共同体中生活，就必须按照一定的方式、依据社会共同的准则与其他人进行交往和沟通。因此，就有必要确立符合社会共同规范的社会公德，用以调整人们的情感与行为。这样，社会才能不断得到调整，社会的和谐发展才有可能。法国哲人卢梭曾说："如果你想贯彻公共意志就应使一切个别意志与公共意志相协调，换句话说，就应确定美德的统治地位，因为美德只不过就是各个人的个别意志与公共意志的这种协调。"① 而社会公德，正是建立和谐社会关系的润滑剂。

有些西方学者认为，古代中国重视私德，西方国家重视公德。这种观点只是说明了一种表面现象，并没有看到问题的实质，具有一定的片面性。在中国传统社会里，比较重视个人道德。尤其是在社会上占据主流意识形态的儒家更是强调个人修养，"修身，齐家，治国，平天下"是一个人的理想追求。在传统思想观念中，修身是奠定齐家、治国与平天下的基础。可以说，在中国传统社会里，不是不重视公德，而是过于全面、系统而严格的私德之中已经包含了公德的大部分内容，不需要重复性地专门说明。在中国传统社会中人们通过个人的修身养性来达到私德与公德的有效统一，许多私德的内容，同时也正是公德的要求。比如，传统儒家讲的"仁爱"、道家提倡的"不争"、佛家强调的"普爱万物"、墨家注重的"兼爱"与"非攻"，这些本来大多是作为个人修养来讲的，属于私德的范畴，但是，谁又能说这些不是公德呢？从另一方面说，如

---

① 何祚康、曹丽隆等编译：《走向澄明之境——卢梭随笔与书信集·统治的艺术》，上海：三联书店1990年版，第139页。

果人们的私德不好,又何谈社会公德能够优良?

因而,尽管从表面现象上看,中国传统社会中的公德是不如私德发达,也并没有哪位思想家或者著作专门地就社会公德作出系统、全面而完整的表述。但由于私德内容涉及的范围广泛,实际上已经渗透到社会生活的各个领域,自然而然地将社会公德涵盖其中。这也是本书在前面"中国传统'和'文化的主要内容"一章中没有将传统社会公德拿出来专门论述的主要原因。今天,我们国家正在建设社会主义精神文明,社会公德的建设正系统而有序地展开,其中的不少内容都是从传统的私德中剥离出来的。

一、充满爱心,与人为善

无论是古代儒家、道家、佛家,还是现代的伦理道德、基督教、伊斯兰教;无论是在传统社会里,还是在现代社会中,都一致提倡"充满爱心,与人为善"。一个人如果心中无爱,不爱自己,不爱家人,不爱他人,不爱社会的话,那么,他的心中一定是一片荒凉,并长满了杂草。这样的人根本谈不上去帮助别人、奉献社会,他活着,也不过是行尸走肉罢了。只有充满爱心的人,才对生活、事业、社会抱有美好的憧憬与期望,争取处理好自己与别人的关系,努力改善自己和别人的处境。

充满爱心和与人为善是相辅相成的,充满爱心是与人为善的前提,一个人只有充满爱心,才会自然生出与人为善的观念,才会自觉地关心、帮助别人。同时,与人为善是充满爱心的具体体现,一个与人为善的人一定是内心充满了爱的人,一个人在对别人态度温和、友好的时候,在他理解、宽容别人的时候,在他向别人表达自己善意的关怀的时候,在他无私地帮助别人的时候,他会相应地感受到来自对方的善意的回馈,从而内心充满喜悦与爱意,享受到幸福的体验。

充满爱心,首先是要爱自己,爱护自己的身体与心理健康,珍惜自己的名誉,关心自己的事业和前途,努力奋斗,使自己生活得更加愉快、幸福。如果一个人连自己都不爱的话,很难说他会去爱别人。一个对自己不满意、甚至厌恶自己的人,在他观察社会的时候,在他将自己与周围人相比较的时候,他的心里往往产生不平、嫉妒与嗔怒之情。那么,他又怎会对别人充满爱心?又怎能与人为善?所以,一个对别人怀有爱心、与人为善的人一定是个自爱、自重的人。

充满爱心，还要爱家人、亲戚、朋友、同事等周围的熟人，与他们经常交流，关心他们的喜怒哀乐，尽力帮他们摆脱烦恼、克服困难。充满爱心，还要爱与我们并不相识的陌生人，在他们陷入困境、急需帮助的时候，能够毫不吝啬地伸出援手，尽己所能地给予帮扶。需要注意的是，人们在表达自己的爱心的时候，要区分对象，一首歌里唱得好："朋友来了有美酒，若是那豺狼来了，等待它的是猎枪。"对朋友充满爱心是应该的，如果像迂腐的东郭先生那样以蛇为友、滥发爱心的话，则无异于助纣为虐，有时候还会引狼入室、引火烧身，给自己带来不必要的麻烦或者祸端。

与人为善，是一个比较宽泛的词语，它更多地是指一种真诚地希望别人过得更好的善良心态，与人为善的人具有对人真诚友好的一贯态度、随时随地不求回报地为别人提供无私的帮助。因而，与人为善并不仅仅限于伸出援手帮助别人，还包括对别人善意的态度，理解、宽容别人，适时地为别人指点迷津。有时候，处于困境的人往往有当局者迷的糊涂，这时候别人一句善意的提醒，就会给困难的人指出一条出路来。

在竞争激烈的资本主义社会中，为了争夺各种利益，人们之间尔虞我诈、彼此倾轧。为了不落入别人的圈套，人们之间相互设防、互不信任。人们心中充满的不是爱心，而是怀疑、厌恶、嫉妒、仇恨等，更别提什么与人为善了。萨特曾悲观地宣称"他人就是地狱"，以一种极端的宣言表达了自己对于身处社会的失望与忧虑。现在，我们正在进行社会主义现代化建设，在市场经济条件下，人们之间的竞争加剧，衡量一个人成功与否的标准往往也以获得金钱的多少、地位的高低为参照，在这种情况下，有些人为了功名利禄放弃了内心的道德与良知，他们六亲不认，不择手段，在达到自己自私目的的同时，也扭曲了自己的人格，伤害了许多人的感情和利益，破坏了社会的和谐秩序。比如，2011年国际上发生的默多克"窃听门"事件，他们仅仅为了爆料独家新闻的目的，就采取卑鄙的窃听手段，结果东窗事发，作为世界丑闻而受到舆论的谴责。这种人可以作为我们的反面教材，应引以为戒。

二、扶危济困，助人为乐

扶危济困，助人为乐，是中华民族的传统美德。帮助弱者，关心他人，建立在真诚的关爱与同情的基础上。它要求人们不计亲疏、不图报答，对处于困境之中的人施以援手，即使是对与自己毫无关系的陌生人也是如此。

《水浒》中的众好汉尽管为当时的官方所不容，却受到广大人民群众的欢迎，其主要原因就在于他们能够行侠仗义、扶危济困。其首领宋江就有"及时雨"的美名，意为他总能在别人危难之际及时地提供无私的帮助，使人摆脱困境。在现代，我们当然不能效仿梁山好汉歃血为盟、占山为王的极端方式去杀富济贫，但是，他们的那种扶危济困、助人为乐的精神却仍然值得人们学习。

扶危济困、助人为乐贵在平时。人们在日常生活当中看到别人正处于困难之境，即应伸手相助。有人认为，只有遇到人命关天的大事的时候出手相助，才能体现扶危济困、助人为乐的价值，而那些繁琐的小事情则不值得关注。因此，这些人总是等啊等，期待有一天自己能遇到一件惊天地泣鬼神的大事，一出手就轰轰烈烈，一现身就成为感天动地的大英雄。其实，扶危济困、助人为乐不必讲究事情的大小。在日常生活中，哪有那么多惊天动地的大事？平凡的小事一样可以体现不平凡的精神。雷锋就是现代社会助人为乐的光荣典范，他就非常注意在日常生活中发光发热、助人为乐，长期以来受到大家的赞扬与尊敬，也是人们学习的榜样。"雷锋传人"郭明义同样在平凡的岗位默默奉献，以自己的实际行动诠释了助人为乐的光辉品质，成为人们敬仰的对象。

助人为乐贵在解人之困。人们在助人为乐时能给人锦上添花固然不错，但扶危济困的雪中送炭更能体现助人的可贵。对于那些陷入危难与困顿之中正在伤心绝望的人来说，哪怕别人一个关爱的眼神，都能激起他们生活的信心和勇气。

我们提倡扶危济困、助人为乐尽管并不图回报，但助人如助己，与人方便自己方便。俗话说，"种瓜得瓜，种豆得豆"，经常帮助别人的人自然可以拥有良好的人际关系，并受到众人的尊敬与爱戴，一旦自己陷入困境，同样也会得到别人的支持与帮助。此外，扶危济困、助人为乐这件事本身即可给人们带来快乐与幸福的感受。

2008年5月我国四川汶川发生8级强烈地震，在地震中许多人不幸遇难，侥幸存活下来的人有些已经残废，沉浸于肉体的痛苦；有些人则因失去了亲人而陷入痛苦悲伤的境地。地震使不少人家破人亡、身体残疾，在大面积的灾区，有大量的人急需外界的援助。面对这种情况，中华民族发扬了扶危济困、助人为乐的优秀传统，社会各界踊跃捐款、捐物，还有不少人做了志愿者，以各种不同的方式无私地表达自己的爱心。有些志愿者自费长途跋涉到达灾区，到第一线去抚慰灾区群众，参加运输、灾区清理等体力劳动，为灾后群众做心理疏导工作等，充分地体现了中华民族在大灾大难面前扶危济困、团结互助、携手共进的无私奉献精神。

三、遵守诺言，诚实守信

遵守诺言，诚实守信，是我国传统美德，也是现代社会应该遵守的基本社会公德。遵守诺言，诚实守信，通俗地说，就是"说话算话"，这是一个人在与他人交往中应该具备的基本品质之一。信，从人从言，含义为信守诺言，诚实可靠，待人处事要兑现自己的承诺，忠实地履行自己应尽的义务。

首先，遵守诺言，诚实守信，需要对每个人都如此。中国古人在经商的时候讲究"童叟无欺"，就是说，只要你来买我的东西，无论是智力还没有发育完全的孩童，还是年老昏聩的老人，我都实实在在，以诚相待，不抬价，给足量，不以次充好。遵守诺言、诚实守信，不应该选择对象，而是对生活、工作中的每个人都一视同仁，这才是真正的诚信。有些人因慑于对方的强大而只对强势人群或者权力部门遵守诺言、诚实守信，对于无力讨还公道的弱势人群则随意失信违约，这样的人非但没有真正的诚信，反而是更高一级的奸诈。有些人则本着"内外有别"的原则，只是在家里对自己比较亲近的人才讲诚信，至于在外面工作时打交道的那些人，则能敷衍就敷衍，能欺瞒的就欺瞒。不过，相信"路遥知马力，日久见人心"这句话吧，狡猾的骗子总是自以为高明，但没有一个不露马脚的。因此，人们讲诚信，应该贯彻到生活、工作、社会交往等各个领域，面对每个人都需要尊重对方，遵守自己的诺言，表里如一，言行一致。

其次，遵守诺言，诚实守信，还需长期坚持。一次两次的遵守诺言、诚实守信，并不代表该人就是一个诚信之人，他也不能取得人们完全的信任。只有长期坚持，持之以恒，才算真正培养出了诚信的优秀品格。有些商家或个人，为了提高知名度，故意搞一些活动，比如承诺假一赔十，并借机大肆宣传，以骗取顾客的信任，但接下来却暗中投机取巧，从事一些其他勾当牟取暴利。像这样的行为都是自作聪明，一时的作秀只会搬起石头砸自己的脚，东窗事发的那一天，也是其伪装被揭开的那一天。在现代的商品经济时代，竞争尤为激烈，任何的坑蒙拐骗都是一种短视的行为。只有那些长期坚持诚实守信的商户或公司才能赢得顾客的信赖与支持，从而获得长远的发展。而那些只图一时之利的奸商则在通过投机取巧获得了短期暴利之后就被市场无情地淘汰，永远地销声匿迹了。

遵守诺言，诚实守信，并不是一件轻松的事情。俗话说，"一诺千金"、"君子一言，驷马难追"，诺言一旦出口，是要下决心实现的。有的人为了遵守诺言，甚至付出了自己的生命作为代价。既然许诺不同儿戏，我们就不要轻易对别人许诺，在向别人许诺之前一定要慎重考虑一下，看看自己有无能力实现自己的诺言。如果不假思索地盲目许诺，一旦自己失信，不仅坏了自己的信誉，还使对方空欢喜一场，有时候甚至会耽误了别人的大事。

在生活中，如果不守信用，就会伤害亲人的感情，失去朋友的信任，有沦落成为孤家寡人的危险；在工作中，如果不守信用，就会失去领导、同事、下属的信任，从而影响自己的前途，严重时还有丢掉饭碗的风险；在商场上，如果不守信用，就会失去客户与合作伙伴，使自己的生意面临失败的威胁……总之，无论从事什么工作，无论进行什么活动，都要以诚信为本。遵守诺言，诚实守信，将会给自己赢来亲人的爱意、朋友的友谊、同事的信任、领导的欣赏、下属的拥护、客户的尊敬，我们何乐而不为呢？

四、惩恶扬善，见义勇为

惩恶扬善、见义勇为是中华民族最重要的传统美德之一。在传统文化中，惩恶扬善、救人于难一直受到人们的鼓励与赞扬。早在春秋战国时期，社会上就出现了"赴汤蹈火，死不旋踵"的武侠。古往今来，有多少光明磊落的武林好汉，侠肝义胆，不畏强暴，惩恶扬善，见义勇为，成为代代传颂的佳话。《史记》第一百二十四卷《游侠列传》就专门记载了历史上著名的见义勇为的游侠事迹。"游侠"是中国传统社会中一个特有的群体，大体相当于西方的"武士"，他们游离于政府的管理以外，不务农，不经商，不渔猎，专门以行侠仗义为业。他们往往是路见不平拔刀相助，杀富济贫，掠夺富豪，扶助孤弱，有时候还替人报仇雪恨。他们一般不在一个地方多待，打一枪换一个地方，做完某事以后迅速地离开。因此,他们被称为"游侠"。在中国传统社会里,还有一批人虽然不是专业的游侠,却身怀绝技,武艺高强,这批人被称为"武术家"。真正的武术家都非常讲究"武德",出手与人格斗时有"三惧三不惧"之说。所谓"三惧"是指老、幼、妇这些比较弱小的对象,武术家是"惧怕"与之争斗的,一般都避而让之。而"三不惧"则是指势力强大、身强力壮、功力高强、欺行霸市、无恶不作的恶霸地头蛇,对这些人武术家偏要斗他一斗,而且毫不留情,痛下杀手。① 无论是"游侠"也好,是"武术家"也好,他们出于正义与公道,挺身而出,锄强扶弱,在专制的社会里留下了一卷惩恶扬善、见义勇为的灿烂篇章。

惩恶扬善、见义勇为也是现代公共生活中的基本准则之一,提倡人们积极与那些损害他人利益或公共利益的坏人坏事作斗争,伸张正义,救人之危,助人于难。但是,我们不再提倡游侠的行为,他们的目的虽然是好的,行为也属于正义之列,但他们所采取的方式比较极端,不符合法律的规范。我们现在所提倡的惩恶扬善、见义勇为,是在法律、法规许可的范围内进行。

首先,惩恶扬善、见义勇为要有足够的胆量。见义勇为要有无畏的心理。在现实中,不管那些坏人在行凶作恶时气焰多么嚣张,他们在意识深处都有恐惧、心虚的心理,他们的嚣张气焰都是装出来吓唬人的,在面对正义、正气之时,他们都是畏怯的。因此,见义勇为的人一定要相信正义终究会战胜邪恶,迸发出大无畏的道德力量,勇敢地与邪恶势力作斗争。需要指出的是,笔者在这里讲勇敢,并不是蛊惑人们去拼命,笔者也不提倡为了救助别人而牺牲自己。笔者认为,即使是惩恶扬善、见义勇为这样的正义行为,也要量力而为。如果自己明明不具备那个实力,还要硬往上冲,那只能说他愚蠢!智者绝不会作无谓的牺牲。在不少宣传材料中,都将见义勇为者不惜牺牲掉自己的生命作为惩恶扬善、见义勇为的最高境界。笔者总觉得这种宣传并不妥,诚然,陷入困境、遭受欺凌的生命是可贵的,但谁能说见义勇为者的生命就是卑微的呢?同时,关爱、救助别人固然重要,关爱自己、珍惜自己也理所应当。而且,每个人首先应该对自己的生命负责。在爱护好自己生命的前提下,如果还有足够的能力去救助别人,那才是最理想的情况。

---

① 参见任海著:《中国古代武术》,北京:商务印书馆1996年版,第188页。

其次，惩恶扬善、见义勇为还要有足够的智慧，讲究一定的方式方法。见义勇为中的勇敢并不等于莽撞，见义勇为不仅需要勇气，更需要智慧，讲究恰当的技巧与方法，尽量用最小的代价换取最大的胜利。比如，如果你遇到歹徒拦路抢劫其他路人，传统的见义勇为多数讲究"拔刀相助"，但是，现在你不妨先打电话报警，一边等待警察的支援，一边根据自己的实力与歹徒适当地进行周旋。如果真的有那个能力的话，"拔刀相助"也未尝不可，但是一定要掌握分寸，别毫不留情地将歹徒杀掉：在见义勇为活动中如果有过激行为，超出了正常的范围与限度，造成不必要的伤害，同样要负法律的责任。一方面是因为歹徒行凶不一定都属于死罪或者重罪，不应该将他们一律杀掉或重创。另一方面是因为，歹徒行凶固然应该受到惩罚，但即使要惩罚，也应该由国家有关部门按照法律进行，不应该由个人去执行。再比如，看到有人落水，如果你刚好游泳技术高超，那么你就可以直接跳下水去救人；如果自己是个旱鸭子，那么跳下去无异于陪死，不但救不了人，反会给真正能救人的人添乱；这时候需要做的是迅速地报警，或者招呼、帮助会游泳之人前来施救，或者借助有效的工具进行援助……见义勇为不见得非要轰轰烈烈，正确的思路、恰当的方法更能体现见义勇为者的聪明智慧。历史上流传的"司马光砸缸"的故事就说明了这个道理。

五、严以律己，宽以待人

严以律己，宽以待人，是受到广大人民普遍推崇的传统社会公德之一，在今天仍然具有相当的社会价值，应该继续发扬光大。严以律己，是针对我们自己的态度，而宽以待人则是针对他人的态度。

严以律己是对自己来说的，通过对自己严格要求，可以使自己的人格更加完善，在生活、工作中更加认真、负责，谨慎小心，少犯错误，减少与别人的摩擦与纠纷。严以律己，培养自己具有较强的自律性。要养成自律的习惯，就要做到以下几点：

首先，要对于基本道德、法律有充分的理解，能够正确判断是非善恶，正确把握为人处世之道。无论是在生活中，还是在工作中，都有各种各样的道德规范、法律法规来约束人们的行为。平时，我们要注意了解哪些言行举止是正确的，是善良的，会给自己或别人、社会带来益处，将会受到道德的支持与法律的保护；而哪些言行举止则是错误的、恶劣的，会给自己或别人、社会造成不良后果，将会受到道德的谴责或法律的惩罚。并形成比较全面的是非善恶观念，为严以律己、自觉遵守道德与法律提供必要的前提条件。假设一个人连起码的是非善恶观念都不具备，那么，他又能如何做到严以律己呢？

其次，能够克制自己的欲望与情感。在生活中，正常的人都是有七情六欲的。作为一个人，有情有欲很正常，如果没有情感、情绪，那么他就是个冷血动物；如果没有适当的欲望，人们就会缺少奋斗的动力。关键是情与欲要合度，过度的情与欲会给自己、他人和社会带来伤害或灾难。

喜、怒、哀、乐、忧、思、恐，是人之常情，七情适度、协调是健康的标志。如果七情过盛，则会损害健康。传统中医关于七情对人们健康的影响在前面已经有所阐述，这里不再赘述。要想保持身心和谐、健康，就有必要自觉地克制自己的情绪、情感，调节自己的行为，防止过度的情绪、情感爆发与过激的行为给自己、他人与社会造成危害。比如，人们对异性产生爱慕之情本来无可厚非，如果感情健康，表达合理，就能够使双方当事人更加亲密，甚至可以喜结连理，成就百年好合。但是，如果一方或双方已婚，或者虽都是未婚，但对方并不接受，那么爱慕的一方就应适可而止，别再勉强。如果对自己的单相思不加克制，任由其泛滥的话，一方面会给自己的身心带来伤害，严重的可能会因此患上相思病。另一方面，可能还会给对方造成骚扰或不良影响。更可恶的是，爱慕的一方为了"得到"对方，费尽心机，不择手段，设置圈套，使用阴谋来达到自己的目的。俗话说"纸里包不住火"，这种卑鄙的行为即使暂时没被对方识破，在短时间内达到了目的，也早晚有被对方识破的那一天，等来的将是对方的厌恶与痛恨。对此，相信看过《强扭的瓜不甜》这部电影的人都会有深刻的认识。还比如，有的人脾气比较大，又不加克制，遇到自己不满意的事情就对人大发雷霆，不仅会对周围的人造成伤害，还容易引起别人的反感；如果不幸遇到一个与他脾气差不多的对手，那么一场战争则难以避免。

人们不仅要克制情感、情绪，还要克制自己的欲望。在生活中，面对种种诱惑，人们难免会产生各种欲望。功名利禄的欲望、感情肉体的欲望充斥着我们的生活。在这些欲望中，有些属于正当的欲望，可以通过正当的途径和方法得到满足，对自己、别人都不会造成危害；有些则属于不正当的欲望,只能采取不正当的手段才能达到目的,如果人们丧失了理性,一味跟着欲望走,就会踏上歧途,害人害己,危害社会。所以,人们要培养自律的习惯,节制自己的欲望,根据自身的条件与能力,适当设置自己的人生目标;不要过高地设置各种期待目标,不要贪得无厌,也不要与别人盲目攀比。有些事就坏在与别人的盲目攀比上,俗话说:"谋事在人,成事在天",事业的成功、爱情的丰收并不取决于单一的因素,而是能力、努力、机遇等各种因素共同作用的结果,有些事情是不能复制、克隆的。俗话说"知足者常乐",与别人盲目攀比只会徒增烦恼。

再次,严以律己还要把握适度的原则。需要注意的是,任何事情失去了度,就会走向它的反面。严以律己,也要适可而止,不必对自己过于苛刻。有的人带有明显的理想化倾向,以儒家的理想人格为自己的目标,一心想达到君子、圣人的境界,给自己制定了各种详细而又严格的条条框框,时时处处一副正襟危坐的样子,在工作中异常严谨,刻板而认真,缺少了必要的灵活与变通;在生活中向苦行僧看齐,没有丝毫的享受,甚至拒绝一切娱乐活动,对自己的种种限制甚至达到了虐待和残忍的地步。结果生生地将自己好好的一个大活人搞成了个人人侧目的怪物。俗话说,"水至清则无鱼,人至清则无友。"我们作为肉体凡胎的凡夫俗子,日日被包围在世俗生活之中,就入乡随俗地做个普通人比较好,普通人的享受,我们不必拒绝,普通人的娱乐,我们也不必排斥。即使自己不愿参与,也不要走极端。

宽以待人与严以律己相对应,宽以待人是对待别人的基本态度。要想做到宽以待人,需要做到以下几个方面:

第一,在与人交往的时候不要过分挑剔。俗话说"人无完人,金无足赤",在生活中真正的君子很少,圣人几乎就没有。如果我们一味地用理想中的君子的标准来衡量别人的言行,那么,不仅自己会常常伤心失望,还会不由自主地对别人产生厌恶、疏远的心理,乃至于对别人冷言冷语、批评攻击,从而造成人际关系紧张。尤其是在多元化的现代社会中,传统的与现代的交织在一起,中国的与外国的汇集于一处,人们的价值观、思维方式、生活方式、政治理念、宗教信仰等各不相同,我们不能一厢情愿地以正统自居,认为自己是正确的,别人就是错误的;也没有必要好为人师地去教育、纠正别人,更不能将那些与自己不同的人划作另类或异端而加以攻击、打击。在多元化的社会里，对待异己的正确态度应该是尽量地宽容、理解、包容，志同道合者可以做朋友，意见不同的可以少打交道、敬而远之。

第二，宽以待人还要适当地原谅别人的过失。对于无意之中的小过失或者非原则性的小错误要给予谅解，理解别人的处境，能够包容就包容，得饶人处且饶人，不必睚眦必报；尤其是没有多少危害的小失误，我们最好一笑了之，不必耿耿于怀；也不要在表面上原谅了别人，却暗暗记在心头，一有机会就暗地里打击报复；在与别人有利益之争的时候，不要斤斤计较。

第三，宽以待人也要适度。应该注意的是，宽以待人，绝不等于无原则性的烂忠厚或者姑息迁就。如果别人所犯过错尽管属于小错误，却是有意为之，那么，我们就不必忍耐，应该当面指出来，否则，下次他还会犯。不过，要适当注意方式方法，本着治病救人的原则，态度要尽量温和，如果对方承认错误，虚心接受批评，就给他改正的机会，尽量将事态化小；如果对方又臭又硬，不肯承认错误，态度恶劣，那么，该向组织汇报的就向组织汇报，该向有关部门举报的就坚决举报，决不能姑息养奸，更不能包庇纵容。殊不知，包庇恶行就相当于作恶，他今天可能还只是伤害到别人，可能明天就会伤害到你；今天犯的是小错误，如果不受谴责和制止的话，后天可能就会犯大错。

如果每个人都能够本着严以律己、宽以待人的原则来为人处世，对自己要求严格一些，对别人多一份理解与宽容，那么，就会减少很多不必要的矛盾与冲突，就会多一些团结和友谊。

六、明辨义利，见利思义

在中国古代，有着重视"义"的传统，"见利思义"、"以义为上"甚至"舍生取义"一直受到人们的赞扬与推崇。在传统观念里，"义"是重于"利"的，什么该拿，什么不该拿，是有一个起码的尺度作为衡量标准的，这个尺度就是"义"。合于"义"的，就可以拿，但取无妨；不合于"义"的，就不能拿，对不起，你就别伸手了，如果硬要拿的话，就是违背道德、道义，甚至是犯罪，就会遭人耻笑，或者受到惩罚。中国传统的"见利思义"、"以义制利"、"以义为上"的思想深入人心，不仅影响人们的日常生活、社会交往，还影响着人们的政治生活、经济生活等各个生活领域。

目前，我国正在大力进行社会主义现代化建设，在建设社会主义市场经济的过程中，"义"、"利"关系问题更加突出。在义与利一致的情况下，人们可以毫无顾虑地行动。然而，当义与利发生冲突不能兼顾的情况下，又该如何取舍？有些人在拜金主义、金钱至上、利益至上的思想指引下，不惜抛弃道义，违背道德，甚至违反法律，孤注一掷地、贪婪地攫取个人私利或者小集团、小团体的私利。有不少贪官、奸商就是这类人的典型。他们的行为不仅严重损害了国家人民的利益，还扰乱了正常的、安定的社会秩序，给社会制造了极度不和谐的因素。因此，我们应该重新树立正确的"利"、"义"观念，正确处理"义"、"利"关系。

首先，要正确判断取利行为是否符合"义"的要求。"义"既包括道义，又包括正义。"义"的概念并不仅限于道德的领域，还涉及法律的领域。"利"与"义"并不是一对矛盾。在社会生活中，人们的大多数行为都属于"利"与"义"一致的行为。一种行为，看它是否合于"义"，通常以这种行为是否损害国家、集体或其他个人的利益为标准，如果不损害国家、集体或其他个人的利益，那么这种行为就是可取的，就是合于"义"的，否则，就是不可取的，就不合于"义"。

其次，树立"以义为上"、"见利思义"的正确观念。中国有句俗话叫"君子爱财，取之有道"。这个"道"，就是道义、正义。即指人们在谋取钱财的时候，手段必须正当，途径必须合法，不违背社会道德，不损害他人正当利益，不谋不义之财。在国家社会生活中，如果人们在追求利益的时候，尊重社会道义，符合社会正义的要求，那么就会受到社会舆论的支持与国家法律的保护。如果人们为了追求利益不顾道义、正义肆意而行的话，不仅可能受到社会舆论的谴责，还可能会受到国家法律的审判与处罚。因此，人们应该自觉树立"以义为上"的观念。在谋利之前，首先想想自己的这种谋利行为是否符合道义，是不是一种正义的行为。对于符合"义"之要求的事情，人们可以放心地去做；不符合"义"之要求的事情，人们一定要三思而不行。《尚书·商书·太甲中》里讲："天作孽，犹可违；人作孽，不可活。"大意是，天行不义作了孽，不按自然规律行事，人们尚且可以违背天意，与天抗争；人若是作了孽有了不端行为，那么就没有什么可以救他的了。天网恢恢，疏而不漏。那种急功近利、见利忘义、唯利是图的小人，抱着侥幸蒙混过关的冒险心理而做下不义之举，即使暂时得逞，也终将难逃良心的谴责与法律的惩罚。

"利"与"义"本非非此即彼的对立关系，只要人们正确处理，完全可以将二者统一起来，实现利义双收。只要人们树立了正确的价值观、功利观，在追求个人利益的过程中，坚持利己与利他、利社会相统一，就可以既获取自己的利益，又能服务于他人、贡献于社会。

现代社会公德是一个庞大的体系，涉及社会生活的各个角落，以上几个方面仅仅是其中的一部分，也是传统社会美德与现代社会能够密切结合的几个方面。当然，还有更多的内容有待于挖掘、发扬与光大。

第五节　建设和谐世界：缓和国际冲突，促进世界和平

在全球化时代，国际形势总体上趋于缓和与稳定，但是天下并不太平。地区冲突、国际冲突时有发生，恐怖势力继续抬头，安全问题层出不穷，民族矛盾、宗教纷争不断。维护世界和平的道路曲折而漫长。

一、全球化背景下的国际冲突

在全球化的今天，世界经济一体化趋势明显，世界各国在资源、信息、技术、劳务、市场等方面加强了合作。同时，在现代化的通讯技术、信息技术的推动下，世界各国之间的联系与交流也达到了前所未有的速度与规模，整个世界正悄悄地发展成为一个"地球村"。然而，在这个"地球村"里却并不太平，国际上的政治冲突、宗教冲突、文化冲突不断，恐怖活动频繁，国际战争一触即发。2001年发生在美国的"911"恐怖活动至今使人心惊胆战，2010年美国刚从伊拉克撤军，叙利亚冲突又起……

德国前总理、著名学者施密特先生认为，随着农牧业社会向工业化社会的转型，随着城市化的日益加深，大量人口涌入城市，在一个相对狭窄的空间过着拥挤的生活，使得社会上的摩擦、冲突与犯罪事件越来越多。他说："在社会、经济或者政治的危急关头，人们就会制造机会使各种攻击性释放出来。如此一来，成为攻击对象的可能是政府、上层社会、邻居，也可能是与自己的宗教、语言、肤色和出生地不同的

其他人。人只要觉得处境不好或感到不满足，就往往容易把原因归咎于他人，或者归咎于某个团体、阶级的全部成员或其他国家。甚至执政者也经常将他们没有很好地解决国内问题的责任转嫁到其他国家和政府头上。"施密特还认为，由于全球化的影响，世界各国之间的国际经济依赖程度很高导致它们的国民经济容易受到伤害。"因此，一旦出现失误或遇到危机局面，各国政府就会向其他国家、世界银行、国际货币基金组织等等求助（目前许多东南亚国家的情况便是明显的例子）。只要觉得外来的帮助不足，利率过高或者贷款条件过于苛刻，他们就会产生这样一种日益强烈的意图，即在国内舆论界面前把造成困境的责任转嫁到外国人头上。"①施密特先生的思想颇有见地，他的观点在始发于 2008 年席卷全球，以美国、欧洲为重灾区的那场经济危机中得到了比较充分的印证：深陷经济危机中的美国为了逃避责任，转移国内舆论的矛头，不仅不肯承认自己管理上的失误，反而试图将经济危机爆发的原因归结为中国以及其他发展中国家对外贸易的扩大。

这些现象说明，全球化一方面使世界各国加强了交流与合作，另一方面也带来了不少矛盾与冲突。在全球一体化的表面现象下，是暗潮涌动的利益冲突以及由此带来的各种纷争。

二、加强国际合作，推动世界和平

中国有着历史悠久的"和"文化传统，爱好和平是中华民族的优良传统。在新的时期，中国仍将为推动世界和平而努力。

（一）在和平共处五项原则基础上发展我国同世界各国的关系

新中国建立之后，中国政府就确立了独立自主的和平外交政策。1954 年 6 月，周恩来总理在中印、中缅会谈时发表的联合声明中正式提出"相互尊重主权和领土完整、互不侵犯、互不干涉内政、平等互利、和平共处"的五项原则。半个多世纪以来，和平共处五项原则不但成为中国奉行独立自主和平外交政策的基础，而且被世界上绝大多数国家所接受，成为规范国际关系的重要准则。

和平共处五项原则不仅是处理不同社会制度、不同意识形态国家之

---

① ［德］赫尔穆特·施密特著：《全球化与道德重建》，柴方国译，北京：社会科学文献出版社 2001 年版，第 252—253 页。

间关系的原则，也是处理相同社会制度、相同意识形态国家之间关系的准则。它反对国际社会上以大欺小、以强凌弱、以富欺穷的强权行为，是反对帝国主义与霸权主义、维护世界和平的锐利武器。

（二）中国永远不称霸

近些年来，中国经济发展迅速，综合国力不断加强，国际地位不断提升，国际影响也日益加大。西方国家看到中国的崛起，并开始担心中国的崛起会威胁到它们的地位与安全。于是，西方国家中一些别有用心的人就散布"中国威胁论"的言论，企图以此来发动一些国家联合采取行动，抑制中国的发展。

对此，中国向世界表明了自己走和平发展道路的方针：中国将继续改善与发达国家的关系，在求同存异、协商对话的基础上妥善解决分歧。中国将继续加强与广大发展中国家之间的团结与合作，积极探索新形势下开展南南合作的有效途径。中国将坚持与邻为善、以邻为伴，继续推进睦邻友好、和平共处的政策。中国将积极参与多边外交活动，在联合国以及其他国际的、区域的组织中发挥建设性作用。我国政府有关领导人郑重宣布：中国永远不会威胁别人，永远不搞扩张，永远不称霸！

（三）积极推动建立公正合理的国际政治经济新秩序

和平与发展是当今时代的主题，和平是世界人民的第一需要，维护和平是世界人民最为关心的问题。但是，霸权主义与强权政治仍然是威胁世界和平、阻碍发展的主要根源。

第二次世界大战以后，在霸权主义与强权政治的操纵下，形成了不平等的国际政治经济秩序。少数大国凭借自己的经济、政治、军事实力垄断国际事务，干涉别国内务，在国际交往中以大欺小、以强凌弱、以富压贫的现象比较严重。同时，主要发达资本主义国家按照自己的需要和意志建立了一种经济秩序，不仅建立了以不合理的国际分工为基础的世界生产体系，建立了以不平等交换为特征的国际贸易体系，还建立了以国际垄断资本占统治地位的国际货币金融体系。这种国际政治经济旧秩序的实质就是霸权主义与强权政治。

国际政治经济旧秩序在当今世界仍然存在，严重影响了广大发展中国家的正常发展，并不断引起地区冲突与局部战争。因此，改变不合理的国际政治经济旧秩序，建立公正合理的国际政治经济新秩序，就成了维护世界和平与发展的重要工作。中国明确提出，各国在政治上应该互相尊重，共同协商，而不应将自己的意志强加于人；经济上应相互促进，共同发展，而不应造成贫富悬殊；文化上应相互借鉴，共同繁荣，而不应排斥其他民族的文化；安全上应相互信任，共同维护，树立互信、互利、平等协作的新安全观，通过对话与合作解决争端，而不应诉诸武力或以武力相威胁。作为重要的发展中国家，中国为建立国际政治经济新秩序作出了不懈的努力。我们相信，在"和"文化根深蒂固的中华大地上，中国将继续忠实地与世界上一切爱好和平的国家站在一起，致力于维护世界的和平与稳定、促进各国和谐相处的事业，积极地传承、发扬中国传统"和"文化的精髓，让人类这一美好的理念光华永驻，历久弥新！

社会制度的变革，往往需要具备比较成熟的社会条件之后才能发生。而意识形态、文化精神的转变则常常走在经济、政治、社会改革的前面。如果没有文艺复兴、宗教改革、启蒙运动作为先导，西方的现代化就无从谈起。在中国，如果没有"五四"新文化运动，那么就不会有北伐战争与新中国的成立。当代中国的改革虽然已经取得了巨大的成就，但存在的问题也显而易见。其原因之一就是缺乏文化精神与思想观念的现代化转变。

良好的社会人文环境是一个民族、国家健康发展不可缺少的条件。文化不仅在现代化建设的初始阶段，而且在其整个过程中都起着先导作用。谁拥有文化优势，谁就拥有竞争的优势与发展的优势。因而，应在全社会创造一个良好的文化氛围与人文环境。中国的现代化建设强烈要求文化精神、思想观念的现代化转化。作为中国传统文化的重要组成部分，中国传统"和"文化体系庞大，无论对个人，还是对集体、民族、国家都产生着深远的影响。如果能够根据现实情势将之进行成功转化，则将为中国的现代化建设提供无穷的动力。

经过现代转化、更新发展以后的中国传统"和"文化，既保留了传统"和"文化的精髓，具有中华民族的特色，又吸收了国外先进文化成分，具有现代化的时代特征。整合了中国优秀传统与世界先进文化的中国现代"和"文化，不仅仅为了自己所用，还可以作为中国人智慧的一部分贡献于世界，成为世界文化的组成部分，服务于人类，为世界其他国家的人民所吸收与借鉴。比如在美国，对家庭问题进行了深入的反思。

由于西方个人主义的制约，家庭道德在美国的发展并不充分，至少与中国相比，他们没有形成协调家庭成员的全面而细致的道德体系。当然，他们的家庭也有其优点，如父母与子女之间比较平等，子女拥有更多的权利与自由。但是，美国所存在的家庭问题也比较突出。例如子女的叛逆问题、老年人的养育与精神上的孤独问题等。经过对这些问题的思考，他们觉得中国的一些家庭道德有一定的优点，可以比较有效地约束家庭成员的行为，提高家庭成员的责任心、自律性，加强家庭成员之间的联系、互助，促进家庭的稳定、和睦。一些现代化起步较早的西方国家，现在已经进入后现代时期，先进的科学技术已经为他们创造了丰富的物质财富，但伴随现代化的发展也产生了种种的问题，人与自然、人与人的关系问题以及人的身心问题并不能完全靠技术的手段来解决。面对这些棘手的问题，他们要求学习东方，学习中国。古老的中国文化中追求和谐的、高远的理想，就成了某些后现代的西方国家探索的对象。

中国文化在与国外文化进行交流与传播的过程中，不断地展现自己独特的魅力。不同文化背景的人们，有着追求和平、和谐的美好生活的共同愿望，中国传统"和"文化的精华，经过必要的现代转化，将成为世界人民的共同财富。

结　语

　　中国传统文化历史悠久，经历太多，就像一位阅历丰富的睿智老人，在漫长的历史发展中既积累了丰富的经验，足以应对各种危机；又患有一定的疾病，由于自身的局限，一时还未曾得到彻底的治愈。

　　纵观中国文化发展的历程，自从上古时期直到秦汉时期，中国文化在经历了先秦诸子百家争鸣之后，基本确立了自己的主干——儒家、道家文化。自汉至明清，中国文化又相继吸收了佛教、西域文化、伊斯兰教等文化，并继续发展、巩固。自清代以来，由于西方列强的入侵，中国文化开始受到西方文化的冲击，中国传统文化在西方文化的冲击之下表现出两个极端：一是基于自卫和反击心理的强烈民族主义，一是表现为缺乏自信的西化论。近代的中国文化就在这两种截然相反的态度之间摇摆不定。当代中国实行改革开放的政策，国门一开，西方文化以排山倒海之势冲击过来，本来，中国文化的发展在近代以来就进入发展的低谷时期，不仅发展势头渐趋疲软，积重难返的沉疴宿疾也渐渐浮现出来，需要进行一次全身调理才可恢复健康。在这种情况下，中国文化又受到西方文化前所未有的冲击。内忧和外患交织在一起，使得中国传统文化表现出前所未有的虚弱与无力。

　　与中国传统文化的虚弱与无力不同，气势汹汹而来的西方文化却正因为资产阶级的兴起和得势而表现得生机勃勃。两相对照，越发显得中国传统文化的颓废与疲惫。西化论者打拱作揖地将西方文化迎进家门，给以极高的礼遇和赞美；而少数民族主义者则眼睁睁地瞪着西方文化大摇大摆地在中华大地上四处招摇，对自己的无能除了叹息还感到深深的无奈。

　　其实，我们对于中国传统文化大可不必妄自菲薄。因为，在近现代西方文化的冲击面前，中国人在进行中西文化对比的时候，常常因为自己文化暂时的虚弱而跟着情绪不高，在普遍缺乏自信的情况下，常常拿自己的短处去比西方文化的长处，而难以作出理性的分析。

再来看西方文化的历史，在近现代冲进中国大门的西方文化，并不是由古老的西方文化一直沿革而来的西方的传统文化，而是已经由近代西方资本主义工业文明洗礼后的西方文化。在资本主义文明秋风扫落叶般的洗礼过程中，西方传统文化当中那些腐朽落后的文化因子大多已经被毫不留情地革除，保留下来的是那些适合时代要求的精华。这些文化精华又加进了一些新兴资产阶级的进步思想，就越发显得精神焕发。这种经过脱胎换骨般的改造了的西方文化，身上正弥漫着西方资产阶级暴发户般的热情，以一种斗志昂扬的态度傲视着正处于内忧外患的中国文化，当然有一种优越之感。而中国文化也不由自主地产生一种相形见绌之感。这种状况是由特殊的历史情况造成的，短暂的历史现象并不是一种常态。一种文化是否优秀，一种文化是精华多于糟粕，还是糟粕多于精华，还必须拿到历史长河中去洗涤和磨砺，看其是否真正经得住考验，是沙还是金，最终要由长期的历史说了算。

所以，我们在检讨自己的传统文化时，一定要把它放在当时的历史背景中去考察。如果我们拿今天的西方文化的优点和长处去衡量我们传统文化的短处，就会产生文化自卑心理。我们一定要认识到，我国的传统文化确实存在着弊端，这些弊端都具有一定的历史背景，也是由当时的社会状况所决定的。有些弊端可能是由古代中国所特有的社会状况所决定，从而带有某种独特性；而有些弊端却并非中国专有，而是人类社会所有文化形态的通病，具有某种普遍性。因此，我们应该理性地看待中国传统文化中的消极因素，客观地分析其原因，切莫一叶障目不见泰山，只见树木不见森林，在泼洗澡水的时候将婴儿也一起泼掉。

总之，中国传统文化源远流长，是中国数千年来文明积淀的成果。中国传统文化历经沧桑和变化，在漫长的发展过程中，既有过辉煌，也有过低谷；既吸收过其他民族的优秀成分，也向其他民族输送过精华。但是，中国文明是世界上唯一从未曾中断过的文明，仅此一点即可见其内蕴的不可磨灭的强大生命力。承载着中国几千年文明的中国传统文化博大精深，内蕴深厚。然而，今天我们自己却在西方经济文化的冲击下迷失了自己，自己披褐怀瑾而不知，还要手持金碗去向别人乞讨，实在是可悲、可叹！

我们不仅应该重新审视我们的传统文化，发掘并发扬其中的精华，用以我们的国家建设；还应该让我们的传统文化走出国门，走向世界，为世界文化的形成提供优秀资源。在全球化的今天，世界经济、政治、文化都朝着一体化的方向发展，在全球经济、全球政治形成的同时，也将逐渐形成全球文化。从历史上说，中国是唯一未曾中断文明的古老国家；从现实来说，中国又是世界大国之一。我们有责任有义务为全球文化的形成提供自己的精华，以匡正其错误，弥补其不足，使全球文化日臻完美。我相信，中国传统"和"文化应该是中国新文化、西方文化和未来世界文化得以发展的因素之一。

参考文献

一、中文著作

《马克思恩格斯文集》，北京：人民出版社 2009 年版。
《马克思恩格斯全集》，北京：人民出版社第 2 版。
《马克思恩格斯选集》，北京：人民出版社 1995 年版。
《列宁全集》，北京：人民出版社第 2 版。
《毛泽东文集》，北京：人民出版社 1999 年版。
《毛泽东选集》，北京：人民出版社 1991 年版。
《邓小平文选》，北京：人民出版社 1993、1994 年版。
《易经》。
《左传》。
《尚书》。
《管子》。
《诗经》。
《论语》。
《道德经》。
《墨子》。
《商君书》。
《礼记》。
《大学》。
《中庸》。
《孝经》。
《孟子》。
《庄子》。

《荀子》。

《韩非子》。

《黄帝内经》。

《吕氏春秋》。

《孔子家语》。

贾谊：《新语》。

陆贾：《新书》。

刘安：《淮南子》。

司马迁：《史记》。

司马谈：《论六家之要旨》。

董仲舒：《举贤良对策》。

董仲舒：《春秋繁露》。

桓宽：《盐铁论》。

许慎：《说文解字》。

王符：《潜夫论》。

荀悦：《申鉴》。

葛洪：《抱朴子》。

颜之推：《颜氏家训》。

韩愈：《原性》。

李翱：《复性书》。

吴兢：《贞观政要》。

周敦颐：《太极图说》。

张载：《正蒙》。

司马光：《资治通鉴》。

程颢、程颐：《二程全书》。

朱熹：《中庸集注》、《论语集注》、《孟子集注》。

洪迈：《容斋随笔》。

吕坤：《呻吟语》。

顾炎武：《日知录》。

王夫之：《张子正蒙注》。

《佛说观无量寿佛经》。

《佛说孛经》。

《四十二章经》。

《太平经》。

《云笈七签》。

吴元樑著:《科学方法论基础》(增补本),北京:中国社会科学出版社 2008 年版。

吴元樑著:《社会系统论》,上海:上海人民出版社 1993 年版。

梁启超著:《先秦政治思想史》,北京:东方出版社 1996 年版。

钱穆著:《中国文化史论》(修订本),北京:商务印书馆 1994 年版。

朱贻庭主编:《儒家文化与和谐社会》,上海:学林出版社 2005 年版。

李泽厚著:《中国古代思想史论》,天津:天津社会科学院出版社 2003 年版。

陈全林著:《人生从这里走来》,北京:团结出版社 2009 年版。

张登本、孙理军主编:《全注全译黄帝内经》,北京:新世界出版社 2008 年版。

侯外庐等著:《中国思想通史》第一卷,北京:人民出版社 1967 年版。

徐中舒主编:《甲骨文字典》卷二,成都:四川辞书出版社 1989 年版。

高明编:《古文字类编》,北京:中华书局 1980 年版。

谷衍奎:《汉字源流字典》,北京:华夏出版社 2003 年版。

臧克和著:《中国文字与儒学思想》,南宁:广西教育出版社 1996 年版。

《说文解字新订》,[东汉]许慎撰,臧克和、王平校订,北京:中华书局 2002 年版。

苏宝荣:《〈说文解字〉今注》,西安:陕西人民出版社 2000 年版。

柏维春著:《政治文化传统——中国和西方对比分析》,长春:东北师范大学出版社 2001 年版。

钱逊、陈瑛主编:《中国传统道德:理论卷》,北京:中国人民大学出版社 1995 年版。

成少森、叶川主编:《西方文化大辞典》,北京:中国国际广播出版社 1991 年版。

《哲学大辞典》编辑委员会编:《哲学大辞典》,上海:上海辞书出版社 1992 年版。

肖前主编:《马克思主义哲学原理》,北京:中国人民大学出版社 1994 年版。

贾菁菁编选:《梁启超演讲集》,天津:天津古籍出版社 2005 年版。

吕振羽著:《殷商时代的中国社会》,北京:生活·读书·新知三联书店 1962 年版。

田广清著:《和谐论:儒家文明与当代社会》,北京:中国华侨出版社 1998 年版。

费孝通著:《乡土中国》,北京:生活·读书·新知三联书店 1985 年版。

吴枫主编:《中华思想宝库》,长春:吉林人民出版社 1990 年版。

张建立著:《中国能从新加坡学什么》,北京:华文出版社 2006 年版。

李晓东著:《全球化与文化整合》,长沙:湖南人民出版社 2003 年版。

何新著:《中国文化史新论》,哈尔滨:黑龙江人民出版社 1987 年版。

白寿彝主编:《中国通史纲要》,上海:上海人民出版社 1980 年版。

何祚康、曹丽隆等编译:《走向澄明之境——卢梭随笔与书信集》,上海:三联书店上海分店 1990 年版。

彭年著:《秦汉中华民族凝聚力研究》,广州:广东人民出版社 1999 年版。

谭鑫田等主编:《西方哲学词典》,济南:山东人民出版社 1992 年版。

《张岱年学术文化随笔》,北京:中国青年出版社 1996 年版。

张岱年、程宜山著:《中国文化与文化论争》,北京:中国人民大学出版社 1990 年版。

张岱年、成中英等著:《中国思维偏向》,北京:中国社会科学出版社 1991 年版。

《章太炎政论选集》,汤志钧编,北京:中华书局 1977 年版。

和文军著：《人文地理与中华伟人》，天津：天津人民出版社 1998 年版。

萧公权著：《中国政治思想史》，沈阳：辽宁教育出版社 1998 年版。

刘介民编著：《中国传统文化精神》，广州：暨南大学出版社 1997 年版。

张荣明主编：《道佛儒思想与中国传统文化》，上海：上海人民出版社 1994 年版。

王易等著：《救世才士——墨子》，北京：中国华侨出版社 1996 年版。

杨一民编著：《兼爱非攻——墨子谋略纵横》，北京：蓝天出版社 1997 年版。

郭齐家著：《中国古代考试制度》（增订版），北京：商务印书馆 1997 年版。

金诤著：《科举制度与中国文化》，上海：上海人民出版社 1990 年版。

陈秋祥、姚申、董淮平主编：《中国文化源》，上海：百家出版社 1991 年版。

张立文著：《和合学：21 世纪文化战略的构想》，北京：中国人民大学出版社 2006 年版。

张立文著：《传统学引论——中国传统文化的多维反思》，北京：中国人民大学出版社 1989 年版。

尹保云著：《韩国的现代化：一个儒教国家的道路》，北京：东方出版社 1995 年版。

冯理达著：《健康健美长寿学》第五卷，西安：陕西人民出版社 2007 年版。

庞朴著：《文化的民族性与时代性》，北京：中国和平出版社 1988 年版。

陈来著：《古代宗教与伦理：儒家思想的根源》，北京：生活·读书·新知三联书店 1996 年版。

刘长林著：《中国系统思维——文化基因透视》，北京：中国社会科学出版社 1990 年版。

任海著：《中国古代武术》，北京：商务印书馆1996年版。

顾鉴塘、顾鸣塘著：《中国历代婚姻与家庭》，北京：商务印书馆1996年版。

张涛著：《中国古代婚姻》，济南：山东教育出版社1990年版。

乔健等主编：《社会科学的应用与中国现代化》，北京：北京大学出版社1999年版。

柳肃著：《礼的精神——礼乐文化与中国政治》，吉林：吉林教育出版社1990年版。

二、外文译著和原著

［英］弗兰西斯·培根：《人性的探索——培根随笔全集》，何新译，哈尔滨：黑龙江人民出版社1989年版。

［美］莫蒂默·艾德勒、查尔斯·范多伦编：《西方思想宝库》，吉林人民出版社1988年版。

［德］马克斯·韦伯著：《新教伦理与资本主义精神》，于晓等译，北京：生活·读书·新知三联书店1987年版。

［德］赫尔穆特·施密特著：《全球化与道德重建》，柴方国译，北京：社会科学文献出版社2001年版。

［英］伯特兰·罗素著：《中国人的性格》，王正平译，北京：中国工人出版社1993年版。

［英］罗素著：《走向幸福：罗素精品集》，王雨、陈基发编译，北京：中国社会出版社1997年版。

［意］利玛窦、［比利时］尼古拉·金尼阁著：《中国札记》，何高济等译，北京：中华书局1983年版。

［英］阿诺德·汤因比著：《人类与大地母亲》，徐波等译，上海：上海人民出版社1992年版。

［英］阿诺德·汤因比、［日］池田大作著：《展望二十一世纪：汤因比与池田大作对话录》，荀春生等译，北京：国际文化出版公司1985年版。

［日］池田大作、松下幸之助著：《人生问答》，卞立强译，北京：中国文联出版社2000年版。

［意］安东尼奥·阿马萨里著：《中国古代文明——从商朝甲骨刻辞

看中国上古史》（修订版），刘儒庭等译，北京：社会科学文献出版社1997年版。

［美］费正清著：《美国与中国》，张理京译，北京：世界知识出版社2000年版。

林语堂著：《中国人》，郝志东、沈益洪译，杭州：浙江人民出版社1988年版。

［德］黑格尔著：《哲学史讲演录》第一卷，北京大学哲学系译，北京：生活·读书·新知三联书店1956年版。

［英］安东尼·吉登斯著：《失控的世界》，周红云译，南昌：江西人民出版社2001年版。

［韩］黄秉德著：《儒学与现代化——中韩日儒学比较研究》，刘李胜译，北京：社会科学文献出版社1995年版。

［以］S. N. 艾森斯塔德著：《现代化：抗拒与变迁》，张旅平等译，北京：中国人民大学出版社1988年版。

［美］吉尔伯特·罗兹曼主编：《中国的现代化》，国家社会科学基金"比较现代化"课题组译，南京：江苏人民出版社1988年版。

［美］杜维明著：《新加坡的挑战：新儒家伦理与企业精神》，高专诚译，北京：生活·读书·新知三联书店1989年版。

［美］詹姆斯·R. 汤森、布兰特利·沃马克著：《中国政治》，顾速、董方译，南京：江苏人民出版社1996年版。

［日］汤川秀树著：《创造力与直觉：一个物理学家对东西方的考察》，周林东译，石家庄：河北科学技术出版社2000年版。

［日］大隈重信著：《东西方文明之调和》，卞立强等译，北京：中国国际广播出版社1992年版。

［美］拉德米拉·莫阿卡宁著：《荣格心理学与西藏佛教：东西方精神的对话》，江亦丽、罗照辉译，北京：商务印书馆1996年版。

［苏］B. 弗拉金、J. 卡普斯京著：《婚姻的和谐》，陈松吉等译，哈尔滨：黑龙江人民出版社1988年版。

［英］莱芒·道逊著：《中华帝国的文明》，金星男译，上海：上海古籍出版社1994年版。

［美］S. M. 乔兰德著：《健全的人格》，许金声、莫文彬等译，北京：北京大学出版社1989年版。

［美］维尔·杜伦著：《东方的文明》，李一平等译，西宁：青海人民出版社 1998 年版。

［美］伊恩·罗伯逊著：《社会学》上，北京：商务印书馆 1991 年版。

［美］拉尔夫·林顿著：《文化树——世界文化简史》，何道宽译，重庆：重庆出版社 1989 年版。

［美］雷蒙德著：《埃及生死之书》，罗尘译，北京：京华出版社 2001 年版。

［美］史考托·佩克著：《妙手回春——日常心理障碍的自我排除》，孙玉明、辰辰译，北京：中国城市经济社会出版社 1990 年版。

［美］小 R. 霍夫亨兹、K. E. 柯德尔著：《东亚之峰》，黎鸣译，南京：江苏人民出版社 1995 年版。

Edward Shils: *Tradition*, Faber and Faber's, London, 1981.

Jamieson, Lynn. Intimacy: *Personal Relationship in Modern Societies*. Cambridge: Polity Press, 1988.

Holmes Rolston: *Enviromental Ethecs: Duties to and Value in the Natural World*, Temple University Press, 1988.

Anthony Giddens: *A Contemporary Critique of Historical Materialism*, 2ed. London, Macmillan Press, 1995.

Terence Irwin: *Classical Thought*, by Oxford University Press 1989.

三、其他资料

吴元梁：《科学发展观与和谐社会建设》，中国社会科学院哲学研究所编《2007 年中国哲学年鉴》，北京：哲学研究杂志社 2007 年版。

方克立：《关于和谐文化研究的几点看法》，《光明日报》2007 年 7 月 31 日。

陈强：《老外看中国：中国人对父母真孝顺!》，《青年参考》，http://goabroad.sohu.com/20071126/n253474795.shtml。

《萨科齐访华带母亲》，http://news.cctv.com/world/20071207/106746.shtml。

索　引

A
阿诺德·汤因比
安东尼·吉登斯
艾森斯塔德

B
《抱朴子》

C
《春秋繁露》
程颢
程颐

D
《大学》
《道德经》
董仲舒
大隈重信

E
恩格斯
《二程遗书》

F
《佛说观无量寿佛经》
费正清

G
《管子》
葛洪
顾炎武

H
韩非子
《韩非子》
《黄帝内经》
《淮南子》
桓宽
韩愈
赫尔穆特·施密特
黑格尔

J
贾谊
《举贤良对策》

K

孔子
《孔子家语》

L

列宁
《论语》
老子
《礼记》
《吕氏春秋》
陆贾
刘安
《论语集注》
吕坤
卢梭
罗素
利玛窦
林语堂
莱芒·道逊
拉尔夫·林顿
雷蒙德

M

马克思
毛泽东
《墨子》
《孟子》
《孟子集注》
马克斯·韦伯

P

培根

Q

《潜夫论》

R

《日知录》

S

《尚书》
《诗经》
商鞅
《商君书》
司马迁
《史记》
《说文解字》
《申鉴》
《呻吟语》
《四十二章经》
史考托·佩克

T

《太极图说》
《太平经》

W

王符
王夫之

维尔·杜伦　　　　　　伊恩·罗伯逊

X　　　　　　　　　Z

《孝经》　　　　　　　《左传》
荀子　　　　　　　　　子思
《荀子》　　　　　　　《中庸》
《新语》　　　　　　　庄子
《新书》　　　　　　　《庄子》
许慎　　　　　　　　　周敦颐
荀悦　　　　　　　　　张载
　　　　　　　　　　　《正蒙》
Y
　　　　　　　　　　　朱熹
《易经》　　　　　　　《中庸集注》
《盐铁论》　　　　　　《张子正蒙注》
颜之推　　　　　　　　张岱年
《颜氏家训》

后　记

此书是在我的博士后出站报告的基础上修改、完善而成。我的博士后合作导师吴元梁老师为本书的写作付出了智慧与心血，印象最深的是他不断教导我要培养科研工作中的"问题意识"。在写作过程中，吴老师不仅积极启发我寻找新的科研思路与方法，还为我提供了宝贵的书籍、资料；完稿之后，他认真审阅了文稿，提出了中肯的修改意见。吴老师为人随和、宽容，经常教导我、鼓励我。在此，我向他致以衷心的感谢！

此书在前期能够顺利写作，还因为中国社会科学院哲学研究所各位领导、老师的关心与帮助。李景源老师、李德顺老师、李存山老师、朱葆伟老师、王生平老师等在选题、论证以及评审过程中给予了宝贵的意见与建议。我还要特别感谢人事处的许秀婷老师，她非常关心我的学习、工作与生活，曾给予了可贵的帮助，使我难以忘怀。陈刚老师、妮莎老师为我的学习与科研付出了不少辛勤的劳动。另外，此书在前期曾获中国博士后科学基金资助，在此特表感谢。

此书能够出版，有赖于陈全林老师与董巍编审的大力帮助与支持：在陈老师的引见下，我得以有幸结识董老师；承蒙董巍老师的信任，帮我申请到国家社科基金后期资助项目，从而使我获得修改、完善、出版本书的机会；中央编译出版社的曲建文编辑为本书的出版做了很多工作；在此表示深深的谢意。

陈全林和曹敬岩夫妇是我多年的良师益友。曹老师在生活方面对我多有关照；而陈老师在中国传统文化研究方面颇有造诣，他曾在百忙之中抽出时间通读了全文，并提出一些宝贵的意见和建议，在此一并表示深切的谢意。

在我人生的道路上，得到过不少人真诚的帮助，在此，我要对上述提到与未提到的、不管采取何种形式关心与帮助过我的人们，表示最诚挚的敬意与感谢！

多少年来，我的家人总是无条件地支持我，不仅在我求学时提供必要的物质保障，还始终在精神上鼓励我，家人的爱是我不断前进的动力。

还有，本书提到和引用了一些中国古代的典籍，虽然儒家、道家、佛家、法家、墨家、医家等多派都有所涉及，但是以先秦诸子百家中最具代表性、最为典型的人物或典籍为主。由于本书涉及的范围较广，笔者的能力又有限，所以书中论述挂一漏万之处比比皆是，点到却未展开的地方也屡见不鲜。《中国传统"和"文化研究》作为一项课题研究，虽然可以暂时告一段落，但作为一个值得深思的问题，却给我留下了不少未竟的问题和继续思考的空间。由于本人的学识水平与文献资料的局限，不妥之处在所难免，敬请各位专家学者及同仁批评指正。

杨文霞
2013 年于北京

图书在版编目(CIP)数据

中国传统"和"文化研究/杨文霞著.
—北京：中央编译出版社，2014.5
ISBN 978－7－5117－2106－8

Ⅰ.①中…
Ⅱ.①杨…
Ⅲ.①中华文化－研究
Ⅳ.①K203

中国版本图书馆CIP数据核字(2014)第064576号

中国传统"和"文化研究

出 版 人：	刘明清
出版统筹：	薛晓源
责任编辑：	张　力　曲建文
责任印制：	尹　珺
出版发行：	中央编译出版社
地　　址：	北京西城区车公庄大街乙5号鸿儒大厦B座(100044)
电　　话：	(010)52612345(总编室)　　(010)52612339(编辑室)
	(010)52612316(发行部)　　(010)52612315(网络销售)
	(010)52612346(馆配部)　　(010)66509618(读者服务部)
传　　真：	(010)66515838
经　　销：	全国新华书店
印　　刷：	北京金瀑印刷有限责任公司
开　　本：	787毫米×1092毫米　1/16
字　　数：	326千字
印　　张：	20.5
版　　次：	2014年5月第1版第1次印刷
定　　价：	65.00元
网　　址：	www.cctphome.com　　邮　箱：cctp@cctphome.com
新浪微博：	@中央编译出版社　　微　信：中央编译出版社(ID：cctphome)

本社常年法律顾问：北京市吴栾赵阎律师事务所律师　闫军　梁勤
凡有印装质量问题，本社负责调换，电话：(010)66509618